改变，从阅读开始

1946
现代世界的形成
The formation of the modern world

维克多·塞巴斯蒂安 / 著

李斯　易丙兰 / 译

引言

作为一名记者,我报道过的事件包括了柏林墙的倒塌、苏联解体、中东地区巴以间的暴力与以暴制暴的反复循环。在此过程中,美国一直都发挥着超级大国的主导作用。通过对印度的数次访问,我目睹了一个极度贫困和保守落后的国家成功地转变为一个欣欣向荣的希望之地。在共产主义者的领导下,中国从持续革命转向了繁盛的市场经济模式。作为历史学家,当我尝试对所有事件和故事追根溯源时,我不断地回归到同一个参考点——二战结束后的第二年,即1946年,也是奠定现代世界基础的关键一年。正是在这一年,冷战开始,世界分裂成不同的意识形态阵营,欧洲开始被铁幕有形地分成两半。虽然以色列要到两年后才建国,但正是由于在1946年做出的建立犹太人家园的决定,导致了此后宿命般的结果。1946年是印度作为世界人口最多的民主国家独立于世的年份,也是曾经盛极一时的日不落帝国开始衰亡的一年。所有欧洲的帝国都在逐渐走向消亡,尽管帝国主义仍然会以不同形式存续于世。这是中国共产党在解放战争中向着最后的胜利发起冲击的一年,并最终使得中国以一个大国的姿态重新崛起。本书的目的在于展现在1946年做出的那些决定——以及做出这些决定的人——是怎样塑造了我们当今的世界。

1946年的世界,几乎到处都弥漫着一股悲观绝望的情绪。是年初,一位刚刚访欧归来的美国高级官员前往白宫,向美国总统哈里·杜鲁门(Harry Truman)发出如同世界末日般的预言,他声称,"我们有生之年所知晓的以及我们的祖辈父辈所知晓的世界的整个结构和根基"饱受威胁。这并非夸张之词。如以往一样,温斯顿·丘吉尔(Winston Churchill)以其最富说服力的言辞表达了数以百万计的民众的感受。1946年2月,他在描述二战的后遗症时说:"欧洲已经陷入一种怎样的困境?在许多地区,那些备受折磨、食不果腹、忧心忡忡和惶恐不安的人们一边战栗着向沦为废墟的城市和家园张望,一边随时提防着从黑暗的地平线上逼近的新的危险、暴政或恐怖。胜利者欢声雷动,失败者则默然无声。"[1]

丘吉尔指的是欧洲,但他可能同样也在讨论广阔的亚洲的局势。如同许多理性的人们一样,丘吉尔担心"一个新的黑暗时代——极其残忍与肮脏"即将降临。从未有过任何一场战争,能够在如此短的时间里夺去如此多的生命——6年,600万。现在世界大战虽然结束了,但死亡还在继续。1945年的"解放"时刻一度令人振奋,但很快现实问题出现了。在中国和希腊,战争将持续4年。乌克兰地区出现了反苏联的叛乱,民族主义者还与波兰人发生残酷冲突,导致5万多人丧生。亚洲各地的独立战争风起云涌。很难向现代读者们解释的是,经历了种族大屠杀后的东欧却爆发了反犹太主义,据说约有1500名犹太人本已逃脱纳粹的毒手,却在战后因此而丧命。

在欧洲的许多地方,没有学校,交通几乎断绝,没有图书馆,市场很不景气,商店关门大吉,生产活动近乎停滞。那里没有银行,但也没多大关系,因为钱毫无用处。因为缺乏法律和秩序,男人们和孩子们拿着武器在街头晃荡——以此保护自己或威胁别人。无论何种年龄和背景的女人,仅仅为了获得食物或保护就不得不卖淫。传统的道德和思想观念彻底变了,活下去才是最重要的。这就是成千上万的欧洲人在1946年的生存状况。

柏林和广岛向世人展示了最富震撼力的战争图景:在盟军连番轰炸和

---

[1] 阿瑟·施勒辛格(Arthur Schlesinger Jr.):《冷战的起源》(The Origins of the Cold War),《外交事务》(Foreign Affairs),1967年10月,第46号。

苏联坦克的炮火洗礼之下，这两个城市中四分之三的建筑灰飞烟灭。但是从塞纳河到多瑙河三角洲的欧洲核心地带也饱经蹂躏。在中国，日本人在战败前炸毁了黄河沿岸的所有堤坝，上万平方公里的良田被淹没，直到30年后才得以恢复耕种。

大规模的饥荒和经济危机也时有发生。在战争结束后的18个月内，德国东边的乌克兰和摩尔多瓦有300万人死于饥饿。在波兰利沃夫小镇，一位母亲为饥饿所迫杀死并吃掉了自己的两个孩子，类似这样的故事几乎很难见诸报端。在匈牙利，通货膨胀创下了高达1400000000000000%（这里有14个0）的难堪的世界纪录。货币在整个欧洲一文不值，取而代之的是以香烟进行物物交换，或向外国军队乞讨。北半球到处是逃亡者，特别是那些中欧的战俘，他们大多是纳粹集中营的幸存者，因长期强制劳动而瘦弱不堪，被胜利的盟军归类为"难民"。

第一次世界大战改变了原有的国境格局，新国家相继建立，但人们仍然生活在原来的土地上。1946年，相反的情况出现了。1200万德国人被驱逐向西。西欧有250万人被迫回到东部，但这基本上都并非他们自己的意愿，有的甚至是被西边盟军的枪口逼迫所致。

本书采取全球视角。二战后的整个世界发生了深刻变化——其情况远比一战后更为复杂。战争摧毁了存续数百年的奥斯曼帝国和哈布斯堡王朝。而在1945年后，仅存的几个老牌欧洲帝国，如英国等，虽然也曾努力地想要挽回昔日的荣光，但终究无法摆脱衰落的命运。帝国主义再非王朝形式，而成了意识形态——不再那么要求忠于国王/帝王，而更多地要求忠于一种思想意识。本书的大部分内容聚焦于欧洲，这可能令有些读者感到奇怪。但在持续40年之久的冷战过程中，欧洲正处于文明冲突最剧烈的地带，至少在一开始是这样。1946年在德国、东欧、英国和法国所发生的事件，被当时的主要参与者视为至关重要。如果说会有新的武装冲突——这一可能性在

1946年看起来确实存在——欧洲中心地带很可能将再次成为战场。因此，为了展现1946年的诸多事件如何戏剧性地塑造着亚洲和中东的未来，以欧洲作为本书的中心似乎较为适宜。

一个更强大的国家因这场战争而崭露头角。在主要参战国家中，只有美国本土未曾遭到入侵。美国成为世界经济和军事强国，并具备压倒性优势，始于1946年。战争使美国得以摆脱经济危机。美国在战争中积累了大量的新兴财富，与其敌人和盟友的日益贫困形成鲜明对比，这是二战的一个意义深远的后果。

在亚洲许多地方，用"解放"一词描述日本投降后随之发生的各类事件并不完全确切。欧洲各帝国试图重拾他们对旧殖民地的统治权，如法国对印度半岛、荷兰对东印度群岛、英国对马来西亚和新加坡，但传统方式的殖民统治再也无法延续。有些国家为此付出了更糟糕和更血腥的惨痛代价，比如法国在越南的屈辱撤离。在印度半岛，英国人竭尽所能地尽快撤离，用许多批评者的话说，简直是迫不及待，他们认为正是由于英国的"开溜"，导致了印巴分治和随后的暴力冲突。在我看来，英帝国的愚蠢在于他们认为自己本可以阻止屠杀，并为此调遣了数十万军队，而滑稽的是这其实远远不够。在印度，印度人与穆斯林几乎唯一达成一致的就是英国人不仅无法解决问题，其本身就是个问题。

阿瑟·施勒辛格（Arthur Schlesinger）是一位历史学家，并一度担任肯尼迪总统的顾问，他形容战后的调停是"与其说是一匹织锦，倒不如说是无可救药的一团乱麻"。一场旨在阻止德国主宰和掠夺欧洲的战争，却以苏联对德国领土的威胁而告终。在过去的四分之一个世纪里，欧美的政治家和历史学家的传统观点始终是西方把中欧和东欧"出卖"给了苏联，而这一决定主要是由美国总统富兰克林·罗斯福（Franklin Roosevelt）在1945年2月的雅尔塔会议上做出的，丘吉尔也助了一臂之力。这一观点进而认为，雅尔塔会议时的罗斯福已经病入膏肓，虚弱得只剩下几个星期的生命，以至于没力气抵抗斯大林，于是西方天真地将东欧拱手让给苏联，自己在协议中一无所获。这样的叙事模式由来已久，且一直占据正统地位，但1991年后苏联解密的档案揭示，当时的苏联曾竭力想要保住他们用武力所获得的战果。

东欧并非美国或英国有意"放弃"的。无论德国战败与否，苏联军队已经占领其大部分地区，而西方在雅尔塔会议时对此已经无能为力，只得承认这一既成事实。在雅尔塔——此时离原子弹引爆还有5个月——美国人认为进攻日本需要得到苏联的帮助。

西方盟国一点也不幼稚，而是刻薄寡义。他们让苏联人在东线拼死战斗和牺牲，这样一来，美英军队就能以较少的代价在诺曼底完成登陆。罗斯福和丘吉尔越是延迟进入法国，苏联就越能在东线获得更多地盘。这是直截了当和老谋深算的考虑：苏联人伤亡越大也就意味着美英伤亡越小。谁会说他们错了呢？自1946年以来，政治家和历史学家们的整体看法是西方领导人既现实也务实。战后和解是他们倾向达成的最佳选择，为了击败希特勒，这一代价也是值得的。那些针对西方盟国的批评从来语焉不详，未能揭示出盟国做了场多么划算的买卖，以及他们为了阻止苏联主宰东欧做了些什么。

在整个叙事中（如以上所述），我互换使用了中欧、东欧这样的地理术语，这可能有些不够慎重，但并非有意为之。所有书都把中欧的"意义"视为一种观念，它的终点也是东欧的起点。我的用意同样如此，只是为了尽可能避免重复的措辞而已。苏联、苏维埃社会主义共和国联盟、俄罗斯也是同样的情况。很明显，我知道"俄罗斯"并不等同于"苏联"。出于行文流畅的考虑，我在使用这些概念时并没有严格地加以区分。

对在这一人类历史上最具破坏性的战争结束后几个月内出现的"冷战"这一产物，我已经花费了大量笔墨。在1946年，除了饥饿和疾病，最令人们恐惧的是新的世界大战，这次战争可能要在曾经打败德国的盟国间打响。尽管由斯大林这样的人所掌控的统治与西方间的差异是如此巨大，以至于长期信任与合作的可能性从来都不高，但冷战并非不可避免。正如我所揭示的，领袖及其人民时而为误解所绊，现行政策与相互观念、利益和期望时不时发生的冲突，给数以百万计的两代人民带来了可怕的后果——在微观层面上，也包括我这个从暴政的铁幕之下逃离的难民。对我而言，这不仅是个故事，也是我寻根之旅不可或缺的一部分。

维克多·塞巴斯蒂安

2014年2月于伦敦

目录

第一章　我厌倦了让苏联为所欲为 / 001

第二章　美国的世纪 / 011

第三章　俄国人：沙皇人 / 021

第四章　零点：关键时刻 / 032

第五章　奥地利忘记过去 / 052

第六章　来自冷战的间谍 / 055

第七章　紧缩的英国 / 060

第八章　莫斯科大剧院的表演 / 073

第九章　冷战宣言 / 078

第十章　退位危机 / 084

第十一章　奸淫掳掠 / 099

第十二章　"德国人有麻烦了" / 110

第十三章　"只要回家" / 120

第十四章　"中国这个怪泥滩" / 128

第十五章　铁幕 / 134

第十六章　战争迷雾 / 139

第十七章　日薄西山的英印统治 / 149

第十八章　难民 / 165

第十九章　审判与错误 / 176

第二十章　希腊悲剧 / 198

第二十一章　幸存者 / 206

第二十二章　"犹太布尔什维克阴谋"——血祭诽谤 / 229

第二十三章　反恐战争 / 238

第二十四章　倾听世界 这是转折时刻 / 246

第二十五章　法兰西的荣耀——"心中的抵抗" / 255

第二十六章　斯大林的土耳其空城计 / 266

第二十七章　血洗加尔各答 / 271

第二十八章　日丹诺夫恐怖 / 280

第二十九章　国王回归 / 284

第三十章　往老鼠洞里灌沙子 / 289

第三十一章　总命令——民主 / 294

第三十二章　大冰冻 / 307

尾声 / 311

致谢 / 315

参考文献 / 320

第一章　我厌倦了让苏联为所欲为

这是一场几乎没有流血的政变。1945年12月15日，在首都大不里士（现伊朗东阿塞拜疆省省府），阿塞拜疆人民政府的新任总理刚刚向困惑的民众发布了上任以来的首个公告。他宣称，这个新生的国家将不再是在德黑兰的遥远而陌生的国王统治下的伊朗的一个省。它将成为一个自治共和国。大多数阿塞拜疆人所使用的突厥语将取代波斯语成为新的官方语言。长期以来，伊朗的专制统治者压制自由，而新宪法将保证自由。银行将会国有化。每个人都能获得一份理想的职业。通过影响深远的社会主义革命，缺席投票的大地主被没收的土地将会分配给农民。[1]

贾法尔·皮谢瓦里（Ja'far Pishevari）似乎并非一个民族主义煽动者或独裁者。他时年52岁，身体健壮，幽默风趣，笑容满面。在一生的大部分时间中，他以记者为业，也当过共产国际的基层组织者，另有九年时间在伊朗监狱中度过，罪名是"颠覆国家"。他和家人已经在苏联生活了多年，他的一个兄弟是红军的军医。直到去年，他除了写过些鼓吹阿塞拜疆民族主义的激进文章外，基本上默默无闻。当他赢得伊朗议会选举时，他的故

---

[1] 关于1946年伊朗危机的最优秀著作是布鲁斯·库尼洪（Bruce Kuniholm）：《冷战在近东的起源》（The Origins of the Cold War in the Near East），普林斯顿大学出版社，1980年；迈克尔·多布斯（Michael Dobbs）：《1945年的六个月》（Six Month in 1945），纽约：诺博夫（Knopf）出版社，2013年。路易斯·雷斯垂奇·弗西特（Louise L'Estrange Fawcett）：《伊朗与冷战：1946年的阿塞拜疆危机》（Iran and the Cold War: The Azerbaijan Crisis of 1946），纽约：剑桥大学出版社，1992年；娜塔莉亚·叶格洛娃（Natalia Egorova）：《1945—1946年的伊朗危机：基于俄国档案的考察》（The Iran Crisis of 1945—1946: A View From the Russian Archives），华盛顿大学冷战国际史项目组（Cold War International History Project），工作论文15，威尔逊国际研究中心，乔治·华盛顿大学出版社，1996年。

事在德黑兰的左派自由主义知识分子中成为轰动事件。但皮谢瓦里被禁止在伊朗国王的政府中任职。此后他再度沉寂。接着,不仅出乎别人的意料,他自己都感觉不可思议,克里姆林宫的苏联领袖斯大林选中了他作为与苏联接壤的阿塞拜疆苏维埃共和国的代理人,他被推到台前以维护苏联中亚战略的新秩序。

在马可·波罗时代,大不里士是世界上最大的城市之一,威尼斯旅行者曾这样描述它:"前往东方的主要通道""如花园般美丽的都市""贸易天堂"。自1392年帖木儿入主后,大不里士在数百年间又历经了许多其他征服者的洗劫。直到20世纪中叶,这里还只是一个尘土飞扬、沉闷乏味的小镇,居民不过11万多人,大多是贫穷的工匠、商人和农民。曾经的花园美景一去不复返。一些仅存的宏伟建筑矗立在土屋中,看上去破败不堪。但现在这潭死水又重新泛起涟漪。假如要说有什么地方会成为冷战的起点的话,大不里士正是不二之选。在接下来的几周内,仅有华盛顿、伦敦和莫斯科的一些高级官员知道,这个世界即将面临一场新的战争。

皮谢瓦里自己占据了最大、最宏伟的遗留建筑之一——一个巨大的、可能还有些丑陋的宫殿,此前曾属于伊朗的一个省长。他在一个巨大的、镀金的、带有18世纪法国装饰风格的会客室里处理政务,苏联士兵在门外站岗。"他表面上看起来并不像一个共产主义官员",一位访客描述道,"他身高约5英尺5寸,一头硬直的灰发,一个锋利的鹰钩鼻,下面是如同一把小刷子的胡须……(他穿着)蓝色毛边西装,衬衫的领口和袖子不干净,有明显磨损,扣子也没系好。他的手如农民般粗糙,指甲脏兮兮的。"[2]

西方外交官认为这个新国家的真正权力掌握在身材矮小、衣着时髦的穆罕默德·比利亚(Mohammed Biriya)手中,他40多岁,是个狠角色,

---

[2] 罗伯特·罗素致美国国务院(1946年1月30日),《美国对外关系文件》第8卷,第322页,另参见多布斯,第190页。

曾以苏联公谊会的首脑身份为鼓动革命作了不少贡献。比利亚曾是一个才华横溢的专业横笛吹奏者，还曾担任大不里士街道清洁工工会的领导人。他的官方头衔是宣传部长，但更重要的是，他掌管着一支由苏联顾问负责培训的秘密警察部队。在过去的几天中，他们逮捕反对分子，殴打知名反共人士和其他潜在对手。

皮谢瓦里的人民军已于三天前接管了大不里士及周边地区的警察局、邮局和无线电台以及各类典型的革命目标，他们还封锁了所有进入大不里士的主要道路。但没有外来援助，政变不可能取得成功。有大约3万~5万苏联士兵驻扎在大不里士及其周边地区。一支俄军先遣队没费一枪一弹就使环绕城市中心及郊区的伊朗军队纷纷缴械。德黑兰的中央政府闻讯后，曾派出一支小型救援部队。但当他们抵达"反叛"的边境省份时，面对着更为强大的苏联武装，在两个城市之间的主干道上徘徊不前。最终，指挥官命令士兵撤退。

苏联宣称他们将会帮助许多有家人在苏联、热爱自由的阿塞拜疆人，将实行"干预"以避免不必要的流血事件。然而，这是个谎言。早在1945年夏天，苏联已经开始策划接管这一地区，但这一切都在严格保密下悄然进行，以便掩人耳目和推卸责任。这一真相直到50年后苏联解体时才大白于天下。来自阿塞拜疆首都巴库和莫斯科的官员精心策划了政变，并予以财政支持，斯大林甚至对每一个重要的细节都亲自过问。名义上坐镇指挥的是莫斯科的苏联间谍头子贝利亚（Lavrenti Beria），但具体环节则由巴库当地的共产党领袖巴加洛夫（Mir Bagirov）负责。

7月6日，莫斯科的苏联高官峰会上确立了政变的策略，即授权巴加洛夫"组织分裂活动……这将鼓动成立阿塞拜疆自治省"。皮谢瓦里被任命为新组织的领导人，克里姆林宫的官员们坚持这一新组织的名称为阿塞拜疆民主党（ADP，Azerbaijan Democratic Party），用这样霸道和无谓的努力，使其看上去区别于共产党和人民党。苏联对阿塞拜疆民主党过于慷慨的资金援助使得本已窘迫的苏联战后经济雪上加霜。阿塞拜疆民主党推出一份报纸，回避社会主义宣传，但目的在于推动族群紧张关系。[3]

阿塞拜疆民主党由大约3000名忠诚于党的武装人员组成，这些人后来形成人民军队的核心。但克里姆林宫坚持认为，外国装备必须被掩饰得不露痕迹。皮谢瓦里得到了一大笔资助，在当时相当于20万美元，换算成今天的数字则是100万美元。到11月底，阿塞拜疆民主党得意地向莫斯科报告说，他们已经编制了30支百人战队，发放了11000支步枪、1000支手枪、400挺机枪、2000枚手榴弹和超过100万发子弹，并随时准备武力扫清通往阿塞拜疆自治道路上的任何敌人或障碍。[4]

阿塞拜疆民主党的接管让阿塞拜疆人迷惑不解，他们大多数都对民族主义漠不关心。正如其当地的代理人和驻扎部队向莫斯科汇报的那样，贫穷、不在地主的巧取豪夺以及缺水的困境是更迫切的忧虑。包括前国王在内的伊朗统治者曾多次试图禁止突厥语，一直遭到人们的强烈怨愤。不过，人们总是违抗法律。几个世纪以来，伊朗境内的各民族彼此较为融洽，相安无事，没有发生过流血冲突。然而，阿塞拜疆人和其他族群都害怕俄国人。当然，德黑兰的统治者远在天边，不关心阿塞拜疆人的感觉，但不管怎么说，他们都是穆斯林。除了在大不里士的少数共产主义者和极端民族主义者，很少有人对与苏联接壤的、被迫生活在无神论和苏联人的统治下的阿塞拜疆人有什么亲近感。

苏联方面——尤其是比利亚——知道他和苏联人面临着一场为阿塞拜疆民主党争取民心人气的艰苦斗争。政变发生后，他很快就以惯用的方式应

3　俄罗斯联邦档案，外交政策f. 094，op. 30，第357页。叶格洛娃（Egorova）：《1945—1946年的伊朗危机》，第8—9页。
4　苏联对外政策档案馆，f. 094，op. 31，第246页。

对。一些敢于发出反对声音的部族首领和领袖人物被捕入狱，还有一些则被谋杀。于是异见很快消失。

在为数不多的西方观察者中，有一个名叫约翰·沃尔（John Wall）的人目睹了苏军接管时的场景，他当时是英国驻伊朗的领事。沃尔一直监视着大不里士的军队动向和人们的闲言碎语，他向伦敦发了一连串的警告电报，但直到政变发生都几乎没有得到回应。现在，他对未来局势持悲观态度，因为他看到苏联同行的所作所为不像外派使节，而更像是波罗的海诸国的一个常任委员。"对于在该地区已经获得的利益，苏联人将比以往任何时候都更为坚定地予以维护。"他在12月中旬的报告中说，"没有铁路通向德黑兰，但有抵达'自治的'阿塞拜疆的首府巴库的铁路……这让人感觉这里更像是苏联而非伊朗的一部分。"[5]

斯大林根本不关心阿塞拜疆人的民族主义愿望。他憎恨他认定的大题小做的沙文主义。在苏联加盟共和国中，当他认为有任何人想要获得自治时，他的本能反应是残酷镇压。他对"民族问题"的通常处理方式是将那些族群全部迁离其家乡，将其转移到数千公里外的陌生地方，以此给他们上一堂有关国家的课。他正是照这个办法处理哈萨克人、卡尔梅克人、车臣人和鞑靼人以及其他许许多多的人的。但一旦形势需要，他也会利用民族主义，玩弄种族政治。

与之前对待东欧诸国不同，斯大林从来没有设想将伊朗变成苏联的一个附属国并在此强行推行苏联体系。他在伊朗的主要目标简单，更趋适度：他想获得阿塞拜疆南部的石油特权。如果他不明确提出要求，其美英盟友是不会让出世界最大产油国的石油开采权的，苏联也无从染指。所以他不惜冒着激怒西方的危险，对伊朗施压以得到石油。这就是第一次世界石油危机。

---

[5] 引自多布斯（Dobbs）：《1945年的六个月》（*Six Month in 1945*），第197页。

在二战的大部分时间中，伊朗都被苏联和英国占领。所有盟友都认为伊朗的存在对其联合对抗纳粹德国至关重要。德国在1941年6月入侵苏联，三巨头联盟随之成立以对抗希特勒，而苏联需要的大部分物资都在美国装船后运往波斯湾。很明显，苏联不能失去这条生死攸关的补给航线，甚至斯大林也不得不承认这一点。它起初并不起眼，但自从珍珠港事件后，美国参战，大量的武器、弹药、机器、战争物资以及食物被源源不断地运到伊朗南部。这里可以陆路通向苏联，苏联与伊朗有1700公里的边境线。

对盟国来说，一个初始问题是伊朗一直在盟国与德国之间保持中立。伊朗统治者巴列维（Shah Reza Pahlavi）及其周围的大部分士兵和贵族小团体都有着强烈的对纳粹的认同感。在20世纪30年代，伊朗已经与德国保持密切的贸易关系，德黑兰有数百名德国商人、政治顾问和间谍。1941年8月，英苏两国联合向伊朗国王施压，要求他驱逐德国人，他们知道他会不愿遵从这一要求。正如印度事务部的官员对外交大臣安东尼·艾登（Anthony Eden）所说的："最有利的办法就是把伊朗国王干掉。"[6]

苏联和英国分别从北部和南部进入伊朗。伊朗军队进行了顽强抵抗。9月16日，伊朗国王宣布让位给经验欠缺的21岁的爱子穆罕默德·礼萨（Mohammed Reza，即礼萨汗），此前，他完全被他父亲排除在政治或任何公共生活之外。新伊朗国王的第一个举动是驱逐所有德国人。伊朗人也许都不想那个腐败、暴虐和放荡的旧国王重返王位，17年前，他在一场军事政变后，一直掌权，反对者通常都会"消失"。但老国王的离场方式在伊朗通常被认为是侮辱性的，人们普遍痛恨外国势力的干预，尤其是城市中产阶级更是如此。[7]

6　里欧·艾默瑞（Leo Amery）致安东尼·艾登（Anthony Eden），1941年2月13日。
7　雷扎·巴列维在毛里求斯的家中被英国占领军逮捕，后来被关押在约翰内斯堡的监狱。他于1944年7月在南非因心脏病发作去世，享年66岁。其子继承了王位，直至1979年被阿亚图拉·霍梅尼（Ayatollah Khomeini）领导的伊斯兰革命推翻。他死于1980年。

第一章 我厌倦了让苏联为所欲为

在数周之内，7万苏军占领了伊朗北部和西部，保卫他们的补给线，并把大不里士作为基地。大约有5万英军控制了包括德黑兰周围的重要港口和地区在内的伊朗南部。伊朗国王签署的三方协议授权英国占领军武力保卫伊朗安全，但仅限于交战时期。条约规定占领军应当撤退至六个月前的地方。二战结束后，伊朗人民重新夺回国家的政治权力，希望占领军立即撤退。

英国在日本投降三个月后开始撤回守卫部队，但苏联按兵不动。总的来说，占领军在战争期间还算干得不错。例如，英国驻德黑兰大使里德尔·布拉德（Reader Bullard）对苏联在其占领区内为解决当地口粮短缺所作出的努力称赞不已。但随着战争结束，不信任感迅速显露出来。尽管看起来19世纪的大博弈仍在不断上演，英苏两国再次为其在中亚的影响力展开激烈竞争。然而，一个至关重要的新因素改变了这种吉卜林格调式图景：美国首次成为伊朗的重要依靠，而且，在中东其他地方也是如此。

美国在战前与伊朗并无实质贸易往来，仅仅是维持低水平的外交关系。这一关系甚至在1936年处于危险境地，当时，因为《纽约每日先驱报》对礼萨汗出言不逊且将其比拟为"一个马夫"，伊朗在持续近一年的争论中撤回了驻美大使。另外，伊朗在国家层面几乎很少能引起美国国务院的注意。直到1943年，总统富兰克林·罗斯福（Franklin Roosevelt）声称伊朗对于美国未来战略需求至关重要。1944年末，伊朗有超过5万美国技术员、工程师、经济学者、政府官员和间谍。其中一些人从事的是针对苏联的伦德·利兹（Lend Lease）计划；另一些人则有效地掌控了伊朗的财政部门和公众卫生领域。如国务院近东事务部门的头目华莱士·穆雷（Wallace Murray）曾夸口说，美国"很快将通过有影响力的顾问团实际掌控伊朗"。[8]

8　穆雷（Murray）致斯退丁纽斯（Stettinius），1944年4月20日，FRUS第6卷，第346页。另见Kuniholm：《冷战在近东的起源》（*The Origins of the Cold War in the Near East*）。

美国在伊朗的影响使得老旧的学院派的英国官员感到沮丧，他们将其视为对英国声誉的一个警示。布拉德发了一系列带着怨气的电报，抱怨那些粗俗和"卖弄"的美国人简直不知道如何"在波斯贵族面前"举止得体。但美国在伊朗的强烈存在对苏联影响颇大，特别是斯大林，现在，他承认在苏联历史上曾宣称有利益所在的地方，美国是一个新的强有力的竞争者。

斯大林预计在二战结束时苏联可以在数年内占据伊朗部分地区，但是正如他在克里姆林宫向其他巨头抱怨的，他们可能不得不在没有得到任何回报的情况下撤军。他声称这是无法接受的。伊朗的石油产量超过中东其他地区之和。30年来，英国通过运营位于阿巴丹的世界上最大的炼油厂英伊石油公司大肆开采伊朗的石油。苏联方面根据情报知道1943年9月两家美国公司——新泽西的美国标准石油公司和辛克莱石油公司——正在就美国在伊朗南部取得石油特许权与伊朗政府秘密谈判。

更令人忧心的是，据贝利亚手下的间谍的情报表示，其他盟国正试图阻止俄国获得在伊朗北部的石油开采权。1944年夏，贝利亚向苏联领袖报告说："英国人，可能还有美国人，正在秘密地商量阻止我们获得油田。"[9]

1944年9月，斯大林派遣他最赏识的手下之一、外交部副部长谢尔盖·卡夫塔拉德泽（Sergei Kavtaradze）前往德黑兰就石油问题进行谈判。苏伊双方会谈进展不佳。据发往苏联的有关谢尔盖·卡夫塔拉德泽与伊朗国王的会谈记录副本显示，这个苏联高官一开始就抱怨说："我们对苏伊两国关系的现状不太满意"。接着，他要求伊朗给予苏联阿塞拜疆5年的石油开采权许可，"作为我们苏联的权利"，并立即生效。伊朗国王拒绝了他

---

[9] 贝利亚致斯大林，1944年11月23日，AVPRF（苏联对外政策档案馆），f. 06，op. 7，第133页；另见叶格洛娃（Egorova）：《1945—1946年的伊朗危机：基于俄国档案的考察》（*The Iran Crisis of 1945—1946: A View From the Russian Archives*），第13页。

的要求，说战争结束前，伊朗不会做出有关石油特许权的决定。卡夫塔拉德泽愤怒不已，指责伊朗"在实行歧视苏联的单边政策"。此后，他告诉伊朗总理，伊方的这一决定将"导致不幸后果……贵方对我国背信弃义，不友好"。然而，即便是卡夫塔拉德泽表现得更有技巧性点，他的遭遇也不可能有任何改善。伊朗人已经决心拒绝给苏联一个在他们国家的永久立足点。[10]

斯大林对卡夫塔拉德泽空手而回毫不吃惊。但是他毫不犹豫地要实现在苏联南部边境获得油田的目标，他认为，这还能以此作为确保苏联边境安全的缓冲区，一举两得。在当时，打赢二战，与西方盟国保持良好关系是第一要务。但在德国投降后的几周内，苏联重新开始了在伊朗的工作。卡夫塔拉德泽再度被派往德黑兰谈判，又再次折戟。现在，伊朗政府说决定权在议会手中，要等议会新一轮选举和外国军队撤离伊朗境内后才能做决定。正是伊朗的此举促成了苏联利用阿塞拜疆的分裂叛乱来向伊朗政府施加更大压力，将倒霉鬼皮谢瓦里当作工具。

莫斯科的苏联领导层决定了大不里士的政变时机安排。当斯大林认为伊朗人拖延太久时，政变提前了。斯大林算计着，现在战争已经结束，他没什么后顾之忧，但结果证明他错得离谱。尽管没什么确凿证据，西方盟国却确信苏联干预伊朗是全面入侵中东和土耳其的前奏。

皮谢瓦里宣布"自治宣言"后的第二天，伊朗向英美求援。一场主要是有关石油的地方争端从而演变成一场有潜在危险的国际性事件，奠定了几年后将开启的冷战危机的模式。世界将越来越熟悉"超级大国"（尽管这个概念还尚未提出）间的不信任和误解、双方间的可怜的情报来源、高度夸张的说辞、害怕显示自己的软弱。美国人要求苏联停止支持叛乱运动，允许伊朗政府重申对大不里士的统治。苏联人说他们的行动对恢复当地的秩序、保

10　S. Vavataradze致莫洛托夫，1945年6月7日，AVF RF，f. 06，op. 7，第7页。

护当地的红军防区是必要的。

各方在伊朗问题上的争吵几乎导致1945年圣诞节前一周的莫斯科英美苏三国外长会议破裂。此次外长会议的目的是解决朝鲜和意大利的和约问题以及匈牙利、罗马尼亚和保加利亚的新政府组成问题，另外还要在中国建立一个和平委员会。但是伊朗问题给会议蒙上一层阴影，尤其是当斯大林宣称苏联再也不打算履行7月份波茨坦三巨头会议上达成的苏军在1946年3月从伊朗撤退的协定时，情况更甚。尽管不过是谎言，斯大林表示，他担心"巴库的颠覆和破坏活动"。最后，各方同意在新年时再次开会讨论伊朗问题，但实际各方僵持不下。[11]

美国总统杜鲁门毫不掩饰他的愤怒和挫败感。入主白宫后，他花了8个月时间试图与苏联人达成交易。正如他在圣诞节后不久对他的主要助手们承认的，他一直态度不一致，甚至在"我们会在任何时候因为伊朗问题与苏联开战"这个问题上态度互相矛盾。现在，他决心遵循明确的政策。1946年初，他致信国务卿詹姆斯·伯恩斯（James Byrnes），他说：

俄国人在波茨坦会议后一直让我们头疼……苏军现在在伊朗的驻扎以及苏联挑起那里的叛乱的事实……是少见的暴行。毫无疑问……苏联试图入侵土耳其，占领通往地中海的黑海海峡……除非苏联面对铁拳和强烈的谴责，否则一场战争即将发生。他们唯一能理解的语言是"你们有多大决心？"我认为我们不应该再做任何妥协……我厌倦了让苏联人为所欲为。

还不到半年时间，人类历史上最具破坏性矛盾中的战时盟友们变成了敌人——接下来的四十多年里，仍将如此。[12]

11　莫洛托夫致艾维尔·哈里曼，1945年11月29日，AVF RF, f. 94, op. 31, 第351页。
12　杜鲁门：《回忆录》，第379页。

第二章　美国的世纪

"战争是地狱……而美国经历了炼狱般的二战。"这番话是睿智的专栏作家沃尔特·李普曼（Walter Lippmann）在二战胜利后不久写下的。美国对二战的体验完全不同于其他参战国。可以肯定的是，这其中也饱含诸多艰难和牺牲。然而自1941年参战后，美国却是唯一一个在战争中发了财的国家。其本土没有遭受任何入侵，没有村庄被占领，也没有城市遭到炮轰。在欧洲和亚洲的许多地方，都能看到徘徊于乡野、拼命寻找食物和住所的难民，但在美国不会出现这种景象。战争对美国本土没有造成直接人员伤亡。大约有42万美军服役人员阵亡或失踪，就欧、亚、非三大洲的战斗规模来说，这个伤亡数字并不算太大。英国损失了大约33万人，数字略低，但其人口仅为美国的四分之一。然而，仅是苏军在列宁格勒保卫战中的伤亡人数，就超过了美英在二战中的伤亡人数总和。[1]

美国的经济空前繁荣。年度国民生产总值在1940年和1945年之间翻了一番，从1020亿美元上涨到2140亿美元。失业率则从14.6%降至1.2%的历史最低点。战争使美国走出经济低迷的泥潭。虽然像牛奶、糖、汽油、橡胶轮胎、一些肉类和蔬菜油甚至包括打字机色带都在定量配给之列，但对大多数人来说，随着收入的增加，生活水平也提升了至少50%。这场战争犹如一台经济校准器，这在以往的美国历史中是从未有过的。那些占人口总数5%的最富有人群的收入下降了五分之一，贫富间的差距直到20世纪70年代才

---

[1] 见迪安·艾奇逊（Dean Acheson）的谈话，1946年1月14日《新共和报》报道。

开始进一步扩大。

美国成了全球粮仓和世界工厂。在1946年初，美国的生产总量超过了世界其他地方的总量。二战期间，美国创建了一个新的金融体系，确保了美元成为世界主要贸易货币，这一体系一直延续到21世纪。大多数美国人认为，美国不仅为赢得这场战争付出了许多努力，而且无可非议的是，美国还为其盟国的恢复提供了大笔资金。

二战一结束，美国就希望有短暂间隙庆祝胜利。在那之后，他们的要求也同样简单。曾是总统顾问并将在三年后成为美国国务卿的迪安·艾奇逊（Dean Acheson）曾直截了当地有过阐述。他说："我可以用三句话概括美国人民所欢迎的外交政策：一是让美国士兵们安全回家；二是不当冤大头；三是不受人摆布。"他们还希望财富能够提供美国的安全保障。

战前，美国唯一的正式海外军事基地在菲律宾。但珍珠港事件标志着美国开始逐渐发展为一个超级军事大国。1946—1947年度的国防预算为130亿美元，占整个财政支出的36%，是战前9年的13倍。在此后的30年中，仍旧保持了类似的预算规模。在二战接近尾声时，美国在冰岛、希腊、土耳其、韩国与中东地区租用了新的海、空军基地。有超过100万名美军驻扎在欧洲。结果，美国在随后的40年中继续部署大量兵力，直至成为欧洲大陆上最强大的军事力量。但回想起来，有些出人意料的是，那时，人们都认为在大西洋两岸的美国士兵很快会打道回府。在1944年春，当诺曼底登陆计划的最后细节敲定时，美军高级官员曾请罗斯福总统预计战后美军将在德国驻扎多长时间。这位三军统帅明确表示："至少到两年。"但除此外，并无更详细计划。[2]整个1946年，这仍是美国的确定意图。只是在英美苏三巨头联盟开始走向破裂、华盛顿方面的看法是苏联在欧洲的目标更为强硬

---

2 罗斯福语引自多拉克（Dallek）：《失落的和平》（*The Lost Peace*），第225页。

第二章 美国的世纪

后,这种立场出现变化。与此同时,包括苏联在内的美国的盟友们也同样认为美军在欧洲待不久。在欧洲战场胜利之前,温斯顿·丘吉尔(Winston Churchill)写给英国内阁的备忘录中便强调了这一点:"我们不应指望美国在战后长时间内仍会在欧洲布置大量军队。"他说:"我认为美国将在停火后的4年内撤走所有军队。"

但这并不意味着又回归到孤立主义。美国士兵、工程师与一大群理想主义官僚试图按照美国模式将日本重塑为一个现代民主国家,但必须解除其武装,以使其永远无法再对其邻国或美国造成威胁。虽然美国计划要撤军,但并不意味着美国要从欧洲的和平进程和外交中抽身。一战后,美国总统伍德罗·威尔逊(Woodrow Wilson)一直是凡尔赛和约的背后推动力量。他所主张的理想主义的"十四点原则"许诺那些从战败的哈布斯堡王朝和奥斯曼土耳其帝国中分离出来的新国家独立自主权。但威尔逊无法说服美国公众接受他的"将使世界安全走向民主"的集体安全理念。美国拒绝加入国际联盟的原因之一就是认为它注定要失败。20世纪20年代,美国银行在历任政府的持续鼓励下,试图帮助因战争而濒于破产的部分欧洲国家摆脱困境。美国给德国提供贷款,以偿还英法两国战争赔款。在华尔街股票崩盘后,美国退居自守,以应对经济大萧条。罗斯福新政把美国放在首位,当欧洲跌入灾难时,美国没有再给他们提供贷款。

但在二战后,美国的政策制定者强调这次将与以往完全不同。美国将坚持到底,参与并接受全球义务。"欧洲太过重要,不能完全让欧洲人处理欧洲事务。"一位最有影响力的总统顾问如此说。权力平衡已经势不可挡地发生转移。一个新建立的维护和平的国际组织创建起来,即联合国,美国充当其中四个世界"警察"的领头羊。

然而,在战后次年,重大分歧已经清晰显现出来。美国有一个强大的竞争对手,它在军事上、政治上以及思想上对美国构成了挑战,这是法西斯主义从未能做到的。自信的美国通过战时武器和粮食出口从希特勒和日本帝国主义手中拯救了世界。现在，它将输出民主理念、自由贸易、开放市场和自由以确保世界和平。罗斯福的亲信之一，以坚决支持美苏联盟而闻名的哈里·霍普金斯（Harry Hopkins），在二战结束后数周便直率地和雄辩地向苏联领导人进言。

"经常有人问我，我们在波兰、希腊、伊朗和朝鲜有什么利益所在"，他说，"我认为我们有世界上最重要的事情——而且事实上也是唯一配得上我们传统的事情，这就是：竭尽我们的外交所能，尽一切可能地培育和促进全世界民主政府的发展。我们不应羞于向全世界宣告，我们渴望所有人民都能获得真正的公民自由。我们相信我们的生机勃勃的民主制度是世界上最好的制度。"

他的语气中可见意识形态冲突的痕迹。[3]

整个1946年，哈里·S.杜鲁门是美国历史上最不受欢迎的总统之一。与后来他以领导人身份将美国打造为二战后的超级大国而赢得广泛赞誉不同，他在白宫的第一个任期的大部分时间里都被视作无足轻重的人物。他被媒体拿来与前任罗斯福作对比，并被讽刺为政治侏儒。漫画将罗斯福描绘成一个与对手势均力敌的拳击手，或者更多时候是一个敏捷的高空走钢丝的杂技演员，尽管华盛顿上上下下每一个人都知道他需要用轮椅代步。杜鲁门总是被描绘成一个被动的弱者。汽车保险杠的贴条说"杜鲁门就是个错误"。有句模仿流行歌曲的歌词这样唱道："我对哈里毫无兴趣（发疯）。"民意调查表明，在1946年初只有9%的公众认为民主党人可能会在两年后赢得总统选举。

在美国历史上任期最长、世界舞台上的巨人罗斯福之后继任美国总

3　哈里·霍普金斯（Harry Hopkins）文件，第9盒。

第二章 美国的世纪

统,这对任何人都是个巨大的挑战。但杜鲁门很快给人留下了深刻印象:他能胜任总统职务。20世纪60年代以来的传统观点认为杜鲁门是"接近伟大"的总统,对于重大事务都看得准。传记作家们称赞他"从一个初出茅庐的政客成为世界级的政治家"。有些人将这个密苏里独立城的普通出身的人的经历描述为美国梦的典型演绎:一个普普通通的人,依靠非凡的人格力量战胜逆境。但在上任初期,似乎这个戴着眼镜、长相平平、言辞看似简单无味的中西部人不足以代替那位温文尔雅、精明老练的政治天才罗斯福,后者振奋人心的辞藻在十多年的战争和和平岁月中鼓舞着整个国家。已故的总统当然也认同这一观点。罗斯福是一个伟大的领袖,但他有一个明显的错误:他没有为其继任者的人选作任何准备。虽然他在1933年第一次就职演说中宣称"没有一个人是不可或缺的",但他似乎并不相信这一点。甚至他的亲信之一、也是他的忠实崇拜者也承认"富兰克林·罗斯福认为总统就是他一个人专属的职位"。[4]

罗斯福在1944年就已经得到警告,由于严重的心脏和肺部问题,他能够任满第四届总统任期是个大幸事。但他对医生的意见置若罔闻,仍然不顾一切地参加竞选,相信他的好运气能帮他挺过这一关。他几乎不知道他的竞选搭档是他的助手选定的——仅仅是出于简单的政治考虑:为了赢得1944年的令人信服的胜利,民主党需要得到中西部和部分南部地区的选票。杜鲁门没想着能获得提名——在罗斯福看来,这是他的一个有利因素——杜鲁门需要费不少劲说服人们支持他。从罗斯福就职到他去世的82天里,罗斯福和杜鲁门仅仅有过两次会面。在出发去参加雅尔塔会议的前夜,罗斯福以其惯常的、漫不经心的语气告诉副总统杜鲁门:"除非情况非常紧急,否则别来烦我。"许多总统幕僚嘲弄新任副总统,他们称之为"第二个密苏里妥协

---

4 同上,1943年3月24日日记。

案"。⁵

　　杜鲁门从未进入过白宫的"地图室"——相当于今天的"形势室"——那里是总统与参谋长联席会议成员及其智囊团每天下午分析战争进程的地方。他也无从得知原子弹计划的进展以及任何重要的军事机密。他从不知道"三巨头"之间私下交易的任何内幕，人们也从未向他展示相关通信。他没有看过有关苏联的文件，或是总统关于战后设想的任何计划，毕竟这些在《纽约时报》上是看不到的。罗斯福从未想过自己会这么快去世，并被杜鲁门接替。1945年4月12日，当罗斯福在佛罗里达州的棕榈泉遭遇致命的中风时，他的继任者在对外事务上几乎毫无经验，而此时恰恰是美国遭遇最紧要冲突的关键时刻。他仅出过一次国，那还是在一战期间，他作为一名炮兵军官在法国指挥一个炮兵连。他的上司在报告中称，他表现出非凡的领导天分，并且在战火下极其冷静。

　　杜鲁门曾亲眼见过罗斯福严重的病情。他在大选前几天告诉一个朋友说总统"病得十分虚弱……以至于喝茶的时候，洒出的奶油比倒进茶杯里的还多。虽然他思维一切正常，但他的身体已经不听使唤了。我很担心他。"然而，当他知道罗斯福去世时，还是真的吓了一跳，此时距离杜鲁门的61岁生日仅有三周。他被推到一个新的境地，而他对是否要接受总统职位犹豫不决。⁶

　　杜鲁门精心地打造着自己的谦逊温和、行事果断、言辞朴素的形象，例如，他会带着明显的密苏里州鼻音说："责无旁贷，绝不推诿。"其中大

5　第一次是在1820年，当堪萨斯州的地位得到承认，为了平衡"蓄奴州"的"废奴主义者"所做的一次尝试。这并非完全成功并且未能阻止40年后的美国内战发生。
6　杜鲁门图书馆藏：杜鲁门日记，1945年10月24日。最好的杜鲁门传是普利策奖得主大卫·麦库卢（David McCullough）的《成功者杜鲁门》，但《亲爱的贝丝》——他与妻子的通信则包含了不少有用信息和趣闻轶事。罗伊·詹金斯（Roy Jenkins）的《优秀的杜鲁门》，柯林斯出版社1986年出版，是一部由干练的政治家所作的简洁而优雅的传记，展示了其他所缺乏的微妙主题。

第二章 美国的世纪

部分是真实的,但也有不少"编造",他会用类似的方式加以夸大、"润色"一番,在他的回忆录里,他会说点关于自己和别人的彻头彻尾的谎言。但真实的哈里·杜鲁门远比其刻意雕琢出来的形象更为复杂。像许多总统一样,他私下也出言粗俗,但与这个圈子里大多数人不同的是,他对妻子很专一。他的罪过之一是经常在深夜大喝威士忌,与一帮声誉不佳的亲信打牌,其中多为共济会成员。那些了解罗斯福手下的时髦人物的批评者们对被杜鲁门的白宫吸引的造访者印象平平,有人说:"这让人想起密苏里独立城的狮子俱乐部的休息室,廉价的雪茄气味夹杂着下流故事引发放荡大笑。"

他虽然温和谦逊,但也会暴躁;事实上他自视甚高。他非常敬佩罗斯福,但也能看到其缺点,且从不曲意逢迎。在罗斯福去世后的一天,他曾私下吐露心声:"我相信美国再也不想要骗子当总统了——有泰迪(罗斯福)和富兰克林已经足够了。"

杜鲁门衣着时髦,总是穿着一件双排扣的浅色西装。他有时一天会换两三次衬衣。他的眼睛有点先天性问题——为了进入陆军预备役,他还对此事撒了谎——他也是20世纪的美国总统中唯一总是戴着眼镜的,即使在白宫的游泳池里也是如此。"没有它们,我什么也看不清。"他承认。即使戴上高度数眼镜,他眼睛也会散光。[7]他很少像大多数政客那样表现出伪善。其驻外事务处主要官员之一、后来成为驻苏联大使的"芯片"查尔斯·博伦(Charles Bohlen)曾形容杜鲁门是"我生平所见的最冷酷无情的人,就我所知,他根本不在乎我或者世界上任何其他人的看法"。不过,后来博伦却

---

7 优秀的杜鲁门传记作家大卫·麦库卢(David McCullough)说:未来的总统在童年时便因"平眼球"而被诊断出有严重的远视。有关他糟糕的视力,我的朋友眼科医师温迪·法兰克斯(Wendy Franks)提供了一个有趣的报告。她解释说:所有眼睛正常的婴儿在出生时都是远视。当其发育时,眼球也随之生长并在学龄期会自行将折射修正。近视和弱视在出生时是罕见的,通常会造成严重的眼部疾病。但后天近视在文明社会已是司空见惯了。由于长时间的阅读,眼球可能逐渐变大,导致近视。眼睛放大视象是由于晶状体修正变焦后形成的景象,与凹面体形成的近视完全不同。杜鲁门的眼睛很不寻常是因为他的远视是由于异常平的角膜曲率造成。现在我们知道为什么总统几乎无法看见一件东西。

极其崇拜杜鲁门,称赞他是"将美国带入了20世纪的总统"。[8]

杜鲁门出身寒门。他年轻时,曾做过10年的农夫,但其土地后来被银行收回。一战后,他在独立城自己开了一家杂货商店,很快濒临倒闭。他生性严格,从未申请破产;10年后,他当了参议员,仍在偿还债务。在金钱方面,他个人堪称廉洁正直,他也是为数不多的离任时比上任时更穷的总统之一。然而,他的整个政治生涯却要归功于一个声名狼藉的骗子。

两次世界大战之间的20年里,"老板"汤姆·彭德格斯特(Tom Pendergast)控制着堪萨斯城的商界与密苏里州的选举办公室。他操纵的"机器"复杂精致,并不仅限于暗箱操作和其他舞弊手段。他把政治、禁酒令、卖淫和赌博变成了欣欣向荣的事业,其利润则投入合法领域。杜鲁门从不接受现金捐赠,以免带来良心上的不安,但他不择手段或坑蒙拐骗地依靠彭德格斯特的竞选机器,使得大量不平衡的民众变成了他的选民。通常情况下,虽然是政治上的权宜之计,但杜鲁门一直忠于彭德格斯特,甚至在彭德格斯特因逃税而被遣送至利文沃斯监狱服刑时,杜鲁门还为之辩护。"他一直是个总会在我需要时出现在身边的朋友",他说,"我不是过河拆桥、见死不救的人。"此外,他还钦佩彭德格斯特,他说:"即使他确实开了妓院、沙龙和赌场,我还是尊敬他,因为他是个言而有信的人。"他还说,彭德格斯特不是"那种平时酗酒嫖娼,周日又跑到教堂痛哭流涕忏悔的教会成员那样的伪君子"。[9]

杜鲁门在位时竭力想要成为一个宽宏大度、富有远见的国际级政治

---

8 查尔斯·博伦(Charles Bohlen):《目击历史》(Witness to History),第379页。
9 《杜鲁门日记》,1942年1月19日。
彭德格斯特至少有一次免于谋杀指控。他的一个副手是人称强尼·拉齐亚(Johnny Lazia)的毒贩子,他"控制"了全美最腐败之一的堪萨斯市警察局。他在1933年帮助一个著名的恶棍,查尔斯·弗洛伊德(Charles 'Pretty Boy' Floyd)枪击四名警察之后逃跑。弗洛伊德逃脱了谋杀罪名,但联邦官员却从其偷税漏税行为中发现了蛛丝马迹。他被允许保释,但"机器"担心弗洛伊德可能泄露危险信息并且对其留了一手。他在听证会前夕被不明身份者枪杀,但指使者很明显就是彭德格斯特。

第二章 美国的世纪

家,但其实在很多时候,他只是活在自己的世界里。他的日记和信件中随处可见那个时代常有的种族歧视和偏见。他总是将墨西哥人称为"油漆工",还有诸如"黑鬼""黑人""外国鬼子""犹太佬"之类的蔑称。当他提到纽约,他通常称之为"犹太佬聚集地"。在给妻子的一封信中,他这样写道:"我认为一个人只要诚实正派,且并非黑人或亚洲人,就足以称得上是一个好人……我想这可能是种族偏见,但我坚决主张黑人就应该待在非洲,亚洲人待在亚洲,而白人待在欧洲和美洲。"然而他最亲密的朋友之一,当年合伙开杂货店却倒闭的艾迪·雅各布森(Eddie Jacobson),却正是一位他在军中结识的犹太教徒。他也意识到自己的种族主义思想,并声称试图与其做斗争。作为总统,他为非裔美国人争取公民权利的努力程度超过了自亚伯拉罕·林肯(Abraham Lincoln)以来的历届总统,其中也包括"新政"总统富兰克林·罗斯福(FDR)。[10]

杜鲁门入主白宫时并未感到自卑,尽管他不怎么喜欢那些常青藤名校出身、在罗斯福手下飞黄腾达的"势利小人",特别是那些驻外使馆人员——他称之为"穿条纹裤子的家伙"。他觉得必须尽早确立权威,并使自己看起来刚厉果断。如他的崇拜者也承认的,他在就任总统之初的一个主要缺点就是有时做决定太快。"他给人的印象是思考片刻后,便立即做了决定,此后又思来想去。"前任副总统和商务部长亨利·华莱士(Henry Wallace)曾有如此评价,1946年,他被杜鲁门果断解职。杜鲁门也知道自己的优缺点。在上任一年后,他不加掩饰地告诉一个牌桌上的密友:"我可能在智力上没有特别过人之处,但我有足够的能力……抓住能者,并给他们提供机会。"[11]

10　杜鲁门:《亲爱的贝丝》。
11　致约瑟夫·戴维斯(Joseph Davies),戴维斯为前任驻苏联大使,引自伊萨克森和托马斯的《智者》。

杜鲁门看待事物的方式总是非黑即白。他要求助手们将解决问题的直接办法写在一张纸上给他,或如查尔斯·博伦(Charles Bohlen)曾说的,"最多两张"。但美国所面临的最大问题,或者说杜鲁门认为美国所面临的最大问题是如何对付苏联及其统治者——这可没有简要答案。他收到的建议可谓五花八门。"不再纵容苏联"是一种直觉,而非一项政策。在1946年的大部分时间里,杜鲁门都在寻找将这一直觉转化为实际行动的方法。

第三章 俄国人：沙皇人

1946年1月25日晚9时许，一个留着长而整齐的胡须、看起来有些紧张的男子被带进了斯大林在克里姆林宫的办公室。他就是43岁的伊戈尔·库尔恰托夫（Igor Kurchatov），是他那一代人或其他任何时代的最具天才的苏联科学家。接见他的除了斯大林，还有两位令人畏惧的重臣，外交部部长维亚切斯拉夫·莫洛托夫（Vyacheslav Molotov）和内务人民委员会（NKVD）拉夫连季·贝利亚（Lavrenti Beria）。会谈持续了一个小时。冷战时代的核军备竞赛由此启动，也标志着原子时代的来临。

斯大林想了解苏联制造原子弹的具体进展。库尔恰托夫坦陈进展缓慢，主要原因是资源不足。斯大林对科学并无兴趣，但却很想知道这项武器到底能够对苏联的国防安全和声誉提升起到多大作用。他指示库尔恰托夫说原子弹工程是国家目前的首要任务——"这是天字第一号计划"——为实现这一目标，科学家们将获得需要的一切东西。"小打小闹没有必要，要搞就搞个大的……国家层面不用顾及成本问题。"他承诺参与此项目的科学家和工程师们都将获得重奖，如授予荣誉勋章、汽车、别墅以及额外的食物特权，其奢侈程度远非一般的苏联公民能够企及。"毫无疑问，这些东西可以保证数千人过上很好的生活……而且是好上加好。会哭的孩子有奶吃。想要什么尽管开口，你的要求都会得到满足。"[1]

贝利亚被指定为此项工程的负责人，最多时曾有33万至45万人在此工

---

[1] 弗拉季斯拉夫·祖波克（Vladislav Zubok）：《克里姆林宫的冷战内幕》（*Inside the Kremlin's Cold War*），第142—147页。西蒙·塞巴·蒙特弗洛尔（Simon Sebag Montefiore）：《斯大林：红色沙皇》（*Stalin: The Court of the Red Tsar*），第436—439页，大卫·霍洛威（David Holloway）：《斯大林与原子弹》，第138—142页。

作；其中很多都是来自古拉格劳改营的熟练技工。这对于战后苏联国家经济恢复的影响是巨大的，也使得未来十年的经济呈畸形发展。但斯大林认定原子弹对苏联的存亡至关重要，因此不计成本。

在广岛和长崎的原子弹引爆前，苏联一直对原子弹不甚关注。斯大林认识到核裂变的可能性，他手下的间谍报告说，美英联合进行的一项"新的超级炸弹实验"已有三年之久。但真正令他开始关注此事还应归功于一位科学家的进言。直至1942年初，英美的科学期刊上还充斥着有关裂变可能性和粒子物理学的相关论文。但此后不久，他们停止了对最新研究成果的发表。"这种沉默并不是由于缺乏研究造成的"，著名物理学家格奥尔基·洛夫（Georgi Flerov）给斯大林写信说，"这是一种欲盖弥彰的沉默，恰恰是其他国家现在正全力以赴地开展相关研究的证明。"[2]

斯大林对此作了标注。他看到了约翰·卡尔克罗斯（John Cairncross）自英国发来的密报。约翰·卡尔克罗斯是剑桥情报网精心布置的第五号人物，曾担任过战时内阁成员之一的汉基爵士的私人秘书。这些报告提到，英国科学家估计这项与美国合作的工作至少需要2至5年才能完成。不过，当时斯大林更关心的是这几个月以来的国内形势——获得曾被德国人占领过的诸多领土的苏联的地位。虽然原子弹在理论上可行，但在苏联，它无法立即成为现实，改变战局，而他从另外的可靠情报得知，德国有关新式武器的研发并不比苏联领先多少。1942年秋，斯大林的精力更多地投入斯大林格勒战役而非理论物理，他批准了库尔恰托夫领导的一项不轻不重的核武器项目，要求他向莫斯科汇报其进程，并命令在美国的情报人员加大对曼哈顿计划的监视。

当斯大林于1945年7月动身前去参加波茨坦会议时，他已经知道美国人

---

2 大卫·霍洛威（David Holloway）：《斯大林与原子弹》，第82页。

第三章 俄国人：沙皇人

准备进行原子弹试验。因此，当杜鲁门在会议第三天以漫不经心的口吻告诉他"我们刚刚测试了炸弹的破坏力"（但他很小心地没有使用"核"或"原子"等字眼）时，斯大林反应平静。他只是淡淡地说了一句："我对此感到高兴，希望你们能好好利用它来对付日本人。"当他返回住处时，他立即将刚才所发生的事情告诉了莫洛托夫。欧洲战区的陆军总指挥官和柏林战役的主要策划者格奥尔基·朱可夫元帅（Marshal Georgi Zhukov）当时也在场，莫洛托夫的年轻副手安德烈·葛罗米柯（Andrei Gromyko）后来在日记中这样记录说："他们准备提高价码。"外交部部长莫洛托夫说。"随他们去"，斯大林说，"我们可以告诉库尔恰托夫，让他加快进度。"[3]

只是当广岛被摧毁后，斯大林似乎才意识到原子弹已经改变了军事平衡。在第二颗原子弹在长崎引爆的那天，他对贝利亚和核弹研发团队的科学家说："这是绝不能容忍的。"对他说，投放核弹是一项"极其野蛮的行为——根本没有必要这样做。日本已经准备投降了"。在波茨坦，他再次对莫洛托夫重申道："美国和英国认为我们在短时间内没有能力独自研制出原子弹……于是他们便想要胁迫我们接受关于重新分割欧洲和世界其他地方的计划。然而，那是不可能的。"

关于原子弹计划是否值得投入如此巨大的资源，目前尚未看到任何讨论记录。这只是出于一种假设，即苏联将会努力赶上美国。斯大林毫不怀疑这个问题的重要性和紧迫性。西方外交官们也认为这将是不可避免的。"战胜德国……使得苏联领导人确信其境内的国家安全至少可以得到保障。"英国驻莫斯科大使阿奇博尔德·克拉克·科尔（Archibald Clark Kerr）在1945年12月底如此写道，"然后，原子弹横空出世……原有的平衡被瞬间打破。当一切似乎都可以掌控时……苏联犹豫不决。300个师也随之贬

---

3 葛罗米柯：《回忆录》，第319页；苏朵普拉托夫：《特殊任务》；贝利亚：《我的父亲》。

值了。"[4]

如何应对新的实际情况？直到苏联科学家也能给苏联装备起原子弹，尽管美国人已经研究出了如何应对，斯大林却仿佛当原子弹不存在，并拒绝被美国威吓。他从情报机关得知，美国能够用于实战的原子弹并不多——1945年底是3至4枚，1946年中期是9枚——尚不足以摧毁苏联及其军队。他希望在美国的核力量取得压倒性优势之前，苏联能够有自己的武器与之对抗。

拉夫连季·贝利亚是负责原子弹工程的不二人选。他是一个怪物，一个凶残的杀手和史上罕见的性爱狂魔，但他同时也是一位有特殊才能的组织者。对于斯大林指示的每一项任务，从大清洗、秘密审判、刺探情报到动用劳力实行大型工程，贝利亚都处理得冷血无情且富有效率。这一次也将会如此。尽管他有着超出其他苏联领导人的智慧，也从未理解这项工程背后的科学意义，但对主管此事的人来说，这些并不是那么重要。不管是罗斯福还是丘吉尔，他们也从未能完全理解曼哈顿工程的纷繁复杂之处，而只知道它将显示出强大的军事威力。

在广岛原子弹事件之前，贝利亚一直对其威力颇有怀疑。他的桌上摆满了有关原子弹的各种情报，其在内务人民委员会（NKVD）的副手之一安托里·伊拉特斯科夫（Anatoly Iatskov）说："贝利亚可能被一些虚假情报所误导，认为（美国和英国）试图让我们在那项毫无前途的工作上消耗大量资源。甚至当苏联举国上下都投入到原子弹研发中时，贝利亚仍对其保持怀疑。曾有一名特工向他报告……（新）的情报，贝利亚告诉他，'要是你们搞错了，我就把你们都关进地牢'。"[5]

大多数人只要一提到贝利亚的名字都会胆战心惊——他在政治局的一

---

4 克拉克·科尔致艾登，1945年12月23日。
5 霍洛威：《斯大林与原子弹》，第127页。

第三章 俄国人：沙皇人

个同事阿纳斯塔斯·米高扬（Anastas Mikoyan）说："不管什么事情，只要说上一句'贝利亚希望这么做'就绝对畅通无阻。"不过，为了完成原子弹项目，这位刽子手意识到他必须用更巧妙的办法。他赢得了科学家们的爱戴并保护他们免受苏联国家机器的迫害，为了创造性的科学工作能够顺利进行，他认为需要在苏联保持某种程度的隐秘的知识自由。他对此听之任之。有时他也会试着变得和蔼可亲一些，尽管有些故作姿态和虚情假意。贝利亚曾接见年轻的物理学家安德烈·萨哈罗夫（Andrei Sakharov），他就是后来的苏联"氢弹之父"，而氢弹的威力比原子弹还要大得多。萨哈罗夫回忆起与贝利亚握手时，那"厚实、潮湿以及阴冷"的感觉令他想到死神。[6]

苏联找到库尔恰托夫堪称幸运。他是一个郁郁寡欢的旧式知识分子，这些人中的大部分都未能逃过20世纪30年代的大清洗。库尔恰托夫在大清洗中一直小心翼翼。他对文学和艺术都有广泛涉猎，并且有着超凡的科学才能和强烈情感——"一个伟大的灵魂，就像泰迪熊那样，没有人会对他发火。"但他同时也有着极强的爱国心，冷酷无情且奉行实用主义，又富于创造力。"他是复杂的、多面的，正是秘密工作的理想人选。"一位同事如此回忆道。[7]

库尔恰托夫曾看过许多苏联驻美间谍在战争期间所获得的情报。其中最有价值的一份来自物理学家克劳斯·福克斯（Klaus Fuchs），他是一名德国共产党人，20世纪30年代初期流亡至英国，并作为英方代表参与了曼哈顿工程。他对于科学的理解与众不同。库尔恰托夫称他的情报"价值连城，对于国防安全的意义难以估量……它使得我们得以绕开那些繁复的密集工作，得以利用新技术去解决问题"。有同事回忆道，福克斯的情报也给

---

[6] 萨哈罗夫：《回忆录》，第146页。
[7] 祖波克：《克里姆林宫的冷战内幕》，第141页；霍洛威：《斯大林与原子弹》，第144页。

库尔恰托夫打开了点金术的大门。对于技术难题,在给定的两到三种不同的解决方式之中,库尔恰托夫似乎总能找到最准确的捷径。正如莫洛托夫在后来所说的:"这是(情报机关)一项极为出色的活动——他们不露痕迹地得到了想要的情报。"然而,情报工作并非苏联原子弹研制成功的最关键因素。苏联科学家具备足够的能力和技术,又得到国家政策的大力支持,能够顺利得到实验必需的铀和其他重要资源,从而使得他们依靠自己的力量研发成功。据估计,情报工作使得苏联原子弹计划至少节省了一年半至两年的时间。[8]

同时,一旦他们研发出东西,斯大林也允许科学家们享有某种程度的公民自由。"暂时不要去动他们"[9],他在接见库尔恰托夫后告诉贝利亚。

斯大林对"三巨头"的其他两位领导人只是保持勉强的尊敬,甚少赞美之词。他认为罗斯福和丘吉尔多少还算得上能跟他平起平坐的对手,但对其继任者则颇为轻视。哈里·杜鲁门是一个智商低下的"吵吵嚷嚷的杂货店主"。至于新任英国首相克莱门特·艾德礼(Clement Attlee),在他眼中显得无足轻重,"一个不知如何运用权力的傻瓜"。他也无法理解像丘吉尔这样的人物为何会在1945年7月的大选中落败,这也是他不相信"资产阶级民主"的另一个原因。[10]

到1946年初,斯大林是"三巨头"当中唯一一个在二战胜利后还在位的领导人。但67岁的他,健康状况已大不如前。被苏联宣传的英雄人物,如今不过是一个蜗居在克里姆林宫的病叟。年轻时的他长相英俊,甚至颇为时髦,但身材与普通人无异。现在的他看起来不足5英尺4英寸,挺着一个显眼的大肚子,松散下垂的衣服勉强包裹住其躯体。即使在正式场合的他,

---

8　乔弗:《莫洛托夫回忆录》,第214页。
9　霍洛威:《斯大林与原子弹》,第145页;蒙特弗洛尔:《斯大林》,第438页。
10　蒙特弗洛尔:《斯大林》,第422页。

第三章 俄国人：沙皇人

身着亲自设计的白色制服，看起来仍是粗壮矮胖的。僵硬萎缩的左臂无力地靠在身体的一侧。童年时因出天花而留下的皮肤凹痕显得更加明显。稀疏的胡须下，叼着一根粗大的、亮闪闪的、满是污渍的烟斗。他的牙齿已经严重变色，眼睛昏黄如琥珀，但只要他听到什么令其不快的事情，那双眼睛仍然会"瞬间射出威胁和愤怒"。

这位苏联领导人表面上看来仍然头脑清楚且爱好读书，从俄国和欧洲历史到美国文学，他都广泛涉猎。即使他那非凡的记忆力略有衰退，但无疑仍旧保持了相当强大的活力。他似乎总是胸有成竹。几个月前在雅尔塔会议的一个社交场合，他在美国代表团大量引用沃尔特·惠特曼（Walt Whitman）的作品，其熟悉程度丝毫不亚于对美国钢铁产量的统计数据的了解。斯大林给西方领导人和外交官们留下了极为深刻的印象，杜鲁门称其"聪明绝顶"，但他恐怕不知道对方对自己有何评价。

曾在战时会议多次见过斯大林的英国首席谈判代表安东尼·艾登（Anthony Eden），在会议即将结束时说："他从不大吵大嚷。他很难被激怒。他能够很巧妙地达到目的，又能使人乐于接受。"艾登的大部分高级官员，如亚历山大·卡多根（Alexander Cadogan）爵士均对此表示赞同。他在雅尔塔会议时给妻子写信，说斯大林是"三巨头"当中最令人印象深刻的那个。"他就那样一坐就是一两个小时，却一言不发。但这样做并非是被迫的。总统（罗斯福）摇头晃脑，首相（丘吉尔）高谈阔论，而斯大林只是面带笑容地听着。而他的发言总是言简意赅，切中肯綮。"而卡多根在那时的官方记录中只是简单地写道："他是一个伟人。"[11]

斯大林一直是个有耐心的人。在逐渐取得党和国家的绝对权力的过程中，他总是深思熟虑，伺机而动。但现在的他却变得敏感多疑和喜怒无常。

---

11 卡多根：《日记》，第476页。

"最近这几年,他的身体变差了。"跟随他数十年的忠实部下莫洛托夫说,"动脉硬化会随着年龄增长而在不同程度上有所反应,但在他身上尤为明显。"他变得易怒和自负,"这对政治家来说并非好事"。他的另一下属尼基塔·赫鲁晓夫(Nikita Khrushchev)也认为二战结束后"他的脑子不那么清楚……他非常敏感多疑。最危险的是,晚年的他渐趋极端"。他仍然是颇具个人魅力和掌控能力的,但现在越来越走向独裁。[12]

毫无疑问,这是彻头彻尾的个人专制。即使在20世纪30年代的大清洗和二战初期,他多少还会倾听不同意见,而现在的斯大林只是直接发号施令。"有时如果别人说的对他胃口,他也会听一听",赫鲁晓夫回忆说,"否则的话,他会立即向人们咆哮,也不征询任何意见,就形成部长会议的决议……文件随后即印发。这完全是个人专断。"

斯大林对于身边亲信的私人生活颇感兴趣,但随着时间的推移,他变得日益孤立,远离了正常生活和苏联民众,这种关注就逐渐趋向于党内精英阶层中屈指可数的那几个人。"他总是不告而来地造访他们的家里,以试图确立他在这些家庭内的等级权威",那时经常在场的拉夫连季·贝利亚之子谢尔戈·贝利亚(Sergo Beria)如此回忆道,"他需要确信其党羽的家庭成员平时无法轻易见到太多人——他害怕那些私交关系会结成反对派。他不允许他们在未报告去向时就随意外出,哪怕几个小时也不行。人们之间无论多短暂的交谈也会引起他的怀疑。他也不喜欢他们在自己家里办晚会。任何聚会在他眼里都是可疑的。"

斯大林的社交生活仅限于那些"公众事务"。[13]在他的坚持下,每个星期总会有几次和克里姆林宫的主要官员,偶尔也会有诸如东欧共产党的到访者一起用餐。地点通常是在距离莫斯科15公里的昆茨夫,他的一幢乡间别

---

12 赫鲁晓夫:《赫鲁晓夫回忆录》,第365页。
13 贝利亚:《我的父亲》,第260页。

墅内。这种场合当然是不能拒绝参加的。正如斯大林的传记作家所述，在这里，工作和"放松"的界限在"餐厅统治"下显得十分模糊。亲信们在宴会上喝得大醉，丑态百出，正好为斯大林提供娱乐和消遣。但他们时常心事重重。一次类似的酒会结束后，赫鲁晓夫返回其莫斯科的住处，同行的还有另一位党的主要领导人格奥尔基·马林科夫（Georgi Malenkov）。他夸张地往后一倒，重重地坐在椅子上，小声说："每当走在这条路上，永远不知道是回家还是进监狱。"[14]

随着斯大林年事渐高，他对周围亲信的态度更加恶劣。这些人都是仅次于他的苏联权力人物，他们又将这种恐惧扩散至其党羽当中。

他要求属下绝对忠诚，对工作任劳任怨，但随着时间的推移，他对于谄媚的需求也越来越高。二战结束后的他长期处于休养状态，每年一般有三至四个月不在首都，而通常是住在位于克里米亚半岛的索契附近的别墅内。不过长时间的度假也未必能让他重返克里姆林宫时有个好心情，因为不在莫斯科的他会变得极其喜怒无常和难以应付，他会经常从外地发来一连串满是斥责和质问口气的电报。于是其属下都懂得了当领袖不在时，应该更加小心谨慎。

从二战结束直到1946年，斯大林都对莫洛托夫大发脾气，后者是一名久经考验的共产党员，由于固执和死板被列宁戏称为"铁屁股"。观察敏锐的列夫·托洛茨基（Leon Trotsky）很厌恶莫洛托夫，斥之为"平庸之辈"。但在外人看来，如果斯大林有什么三长两短，莫洛托夫是最有可能接替其位置的人——他也是唯一一个与希特勒、里宾特洛甫、丘吉尔、罗斯福、杜鲁门和毛泽东都握过手并谈笑风生的人。

当斯大林的身体健康出现问题时，西方媒体开始制造谣言。一份挪威

14　赫鲁晓夫：《赫鲁晓夫回忆录》，第43页。

报纸将莫洛托夫称为"苏联第二号人物"。1945年12月3日的《纽约时报》用一小块版面报道说"斯大林被苏维埃政治局送去度假",路透社在当天也误称莫洛托夫是苏联出版审查的主要负责人。这些都是斯大林要莫洛托夫知道分寸的原因。

当时在斯大林之下,政治局的大权主要掌握在四个人手里:莫洛托夫、贝利亚、马林科夫以及亚美尼亚经济专家米高扬。《纽约时报》的那篇报道刊出两天后,斯大林从克里米亚发出一封严厉刻薄的电报,斥责莫洛托夫竟然让"反苏维埃政府"的错误文章发表在外国媒体上。他撇开莫洛托夫,分别给政治局的其他三人写信:

任何人都无权单方擅自改变我们的政策,但莫洛托夫给予自己这个权力。他给外国的印象是,他可以绕开苏维埃政府和斯大林的政策而为所欲为,因此西方认为可以同莫洛托夫做买卖……为什么?理由何在?……对于他的错误,我想单纯的党内批评已经不够了。我确信莫洛托夫对国家利益和党的事业的贡献微乎其微,他只不过在某些西方小圈子里徒有虚名而已。我不能再将这位同志当成我的第一副手……我只告诉你们三个人。我没有将信寄给莫洛托夫,是因为我对他周围一些人的责任心怀有疑虑……我要求你们传唤莫洛托夫,并将电报全文给他看……

他们如实照办并报告说:"我们传唤了莫洛托夫……他承认自己犯了许多严重错误,但他认为对他的怀疑是不公正的,他流泪了。"但这并不足以让斯大林满意。莫洛托夫必须表现出绝对的忠诚,他那些谄媚讨好的言行即使在今天看来也令人不舒服。尽管他在12月6日致斯大林的电报中承认犯了"自由主义泛滥和机会主义猖獗的错误,损害了国家利益"。但他又说道:"您的……指示充满了对我的不信任,无论是作为个人还是同志来说,我将其视为对未来工作的一个最严重的警告。我将试着努力重新获得您的信任,每一个忠诚的共产党员不仅重视同志间的信任,也重视党的信任,对我而言，其珍贵程度比我的生命更重要。"

莫洛托夫随即被降职，但更屈辱的事情还在后面，包括其爱妻波利娜被逮捕入狱。尽管遭到了斥责和惩罚，但他仍在党和国家最高领导人之列。[15]

对苏联人民来说，斯大林就是国家，他既是20世纪30年代的总设计师，又是伟大卫国战争的领导者。全世界大多数共产主义者仍将其视为旗帜和导师，二战以后有关他的个人崇拜也是愈演愈烈。在苏联到处都能看见他的照片和半身像。"当他在公共场合讲话时，每一个人都拼命鼓掌，谁也不敢先停下来。"一个老布尔什维克回忆说。

斯大林说社会主义需要塑造英雄，而这只是一件政治工具——"俄罗斯人是主张专制统治的，他们需要沙皇。"他在党内曾这样说过。不过为了保持其精心打造出来的形象，他得时刻注意日常行为中哪怕最微小的环节。他在1946年编写了一本简短的个人自传，准备在次年1月出版。他仔仔细细地亲自审查了文稿，因为这个重要的工作不可能让他人代劳。当他觉得不满意时，就自己写上几句。这位苏联的最高领导人又在原稿中亲笔加上："斯大林同志天纵英才，故能料敌机先，战无不胜。斯大林同志指挥苏联军队作战的战役是军事艺术的杰出典范……作为党和人民的领袖，他始终全心全意为人民服务，做出了极为伟大的贡献，但他从不因此而骄傲自满，也不允许任何人歌功颂德。"[16]

---

15 蒙特弗洛尔：《斯大林》，第435—438页；赫列夫纽克、格里茨基：《冷酷的和平》，第223—227页。另见俄罗斯国家社会和政治历史档案馆538.12.744。
16 盖雷特里：《斯大林的诅咒》，第247页。

第四章 零点：关键时刻

在矿难事故发生一个月之后，搜寻遇难者尸体的工作仍在进行。悲剧源于新年前三天的那个下午，在汉诺威东部派纳地区的一个煤矿中，装满矿工们的那个笼子（电梯）突然从地面下坠至数百尺的矿坑，46人因此丧生，另有数十人受伤。该矿井位于德国工业中心鲁尔区，这个目前受英国管辖的地区对于德国经济复苏可谓至关重要。一个调查组随即成立。1946年1月末，该英占区的高级事务官亚瑟·斯特里特（Arthur Street）宣称这一灾难是由于人为的粗心大意而造成的，并且完全可以避免。

斯特里特向英军统帅蒙哥马利（Bernard Montgomery）报告称，由于矿区极度缺乏具备丰富经验的高级工程师，导致相关安全条例没有被严格执行。本应吊住电梯的缆绳突然断裂。而条例规定所有矿区设备必须定期检查——至少一周一次。但矿区没有常设安全专员，矿车缆绳就连着好几个星期没有检查过。"用来固定缆绳的螺丝位置安装不当……本应用来疏散伤员的应急装置未能正常工作，电梯门的安装也不妥当。"斯特里特的报告称。基于斯特里特对蒙哥马利的提醒，超过半数的德国矿区负责人和高级工程师很快被隔离了，因为他们都曾是纳粹党员。其中包括那些在派纳的。[1]

报告发表数天后，斯特里特又受命进行新的调查，这次是一个死亡更多的事故。2月20日下午早些时候，多特蒙德以东20公里的翁纳的莫诺普

---

[1] 安德鲁·穆雷（Andrew Murray）：《煤尘覆盖的决定》，都柏林大学出版社，2010，第19页。

第四章 零点：关键时刻

尔—格瑞姆伯格煤矿发生了大型瓦斯和粉尘爆炸事故。将近500人被困在地下。而就在几周前，大部分矿区检查员和管理者因其纳粹背景被解雇。作为临时措施，他们的职位由退休很久、再未从事过这一职务的老检查员替代，或是由几乎毫无经验的年轻人中途接手。救援队随即出发，以解救这些未经事故训练和几乎不知如何应付这场灾难的矿工们。当时在翁纳矿区仅有一名管理者还多少具备一些应对矿难的专业知识。但在斯特里特致蒙哥马利的有关鲁尔矿难的第二份报告的数周后，这个首席检验员被认为不胜任这一工作。

"尽管材料设备都有充足供应，但显然，爆炸当天午夜，操作并未按照任何预先计划进行"，斯特里特说，主管的检验员则处于严重的精神崩溃状态，"他无法专注于工作并且……紧张死了。"一星期前，他被矿工们斥为一个狂热的国家社会主义者，并被逮捕审查，其工作有洗清德国法西斯主义的嫌疑。后来，他被释放并等待再度接受质询，在此期间他被允许重返工作岗位。但他已是惊弓之鸟——"不宜再负责救护工作。"斯特里特说。在当天上午早些时候，该矿井的前任主管——一个在20世纪30年代便颇有名气、被邻里憎恨的纳粹党员——被释放出狱，处理这场危机。他采取一些快速有效的措施救出了57名矿工，但有417人死亡。这是德国历史上最惨痛的一次煤矿事故。

但不管怎样，这两起事故毕竟已经发生了。其原因不可能仅简单地归结为矿区缺乏高级工程师或是主管者的责任。然而有许多德国人认为，他们眼中的占领者在民众中努力搜寻"普通的"纳粹分子并将其定罪的行为是不公正的、徒劳的，并且适得其反。更重要的是，在同盟国中，至少有英国、美国和法国也持同样的观点。派纳和翁纳的事故无情地反映出同盟国所面临的困境——并且标志着占领期占领策略的转变，即盟国对德国从报复转为家长式治理，从热心改造转变为群体控制。德国人正忍饥挨饿；数百万饥民不顾一切地涌进了占领区。当务之急是振兴濒临崩溃的国家经济和重建业已被毁的社会结构。而这些都有赖于为德国工业发动机提供燃料的矿区。

而这一切自然也少不了纳粹。莫诺普尔—格瑞姆伯格煤矿事故发生一个月后，亚瑟·斯特里特写信给伦敦的上司："我们非常关注在工业中太激烈的去纳粹化政策中蕴含的危险。这些……（煤矿）事故昭示，如果我们继续推行现有政策，可能会引发更多的危险。"在战争结束后的半年内，英占区有333名矿区官员因其纳粹背景遭到解职、入狱或等待审查。在翁纳矿难发生数周后，他们当中有313人回到了工作岗位。[2]

德国人称之为Stunde Nul（零点），没有开始的开始。当然，在现实或历史中不存在这样的事情。但对德国人而言，被彻底击败、无条件投降以及被外国军队占领，这一切就那样发生了。从一个道德的角度来看，这个国家有超过550万人死于战争，国家几乎被完全摧毁。为了在混乱和废墟中得以存活，需要身心共同努力，以及顺从。有1400万至1500万德国人无家可归，这还不包括900万前纳粹奴工、集中营幸存者、战俘或居无定所的难民。这是世界上规模最大的难民危机，空前绝后。

城市变成了可怕的地方。战前曾在柏林生活的士兵乔治·克莱尔（George Clare），1946年初首次旧地重游，在其回忆录《柏林时光》中，他这样描述：

> 最令人印象深刻的来自于听觉，而非视觉上的。1938年的柏林到处都能听到充满活力的、刺耳的、尖锐的……高分贝噪音；掺杂着汽车喇叭声、刹车声、有轨电车的铃声、报纸的叫卖声。但是现在，就像缓慢的鼓点……每一种声音响起时，都显得那么孤零零的，木底鞋的拖地声、手推车的咔嗒声、烧柴车的嘎嘎声、军用卡车的轰隆声，都是如此。比起满目疮痍的建筑和破败景象，这种不同于城市喧嚣的沉寂更让人觉得心绪不宁。[3]

2　同上，第22页。
3　克莱尔：《柏林时光》，第43页。

第四章 零点：关键时刻

其他城市也和柏林一样几乎完全被毁。超过350万座城市住宅被美英的轰炸和苏联红军的炮火摧毁。

有三分之一至二分之一的德国住宅完全被毁，其破坏程度大大超过了二战时纳粹空军对英国的轰炸。科隆的建筑有70%被毁，汉堡是53%，多特蒙德是60%。慕尼黑所遭受的破坏尤其严重，以至于空袭幸存者之一、才华横溢的记者维克多·克莱普勒（Victor Klemperer）说那景象"使人几乎确信末日审判即将来临"。二战后最出色的记者之一、《纽约时报》的安妮·麦考密克（Anne O'Hare McCormick）的报道称数百万的人"如同生活在中世纪，四周是倒塌崩溃的20世纪的各种物质文明"。[4]

同盟国起初打算严厉制裁德国。美国在二战胜利后发表的JC1067文件，即"使命宣言"中声称："我们应当让德国人明白……他们发动的残酷战争和狂热的纳粹主义已经摧毁了德国经济，导致难以避免的混乱和痛苦……德国人难辞其咎。德国不是出于被解放的目的，而是作为战败国家被盟军占领。"战后的盟国规划者的首要目标就是确保德国的军国主义不会死灰复燃，再次以武力在欧洲引起新的争端。当击败德国已成定局时，美英都在盘算接下来应当如何处理与苏联的关系。

在战争的最后两年，美国支持一项由罗斯福喜欢的财政部长亨利·摩根索（Henry Morgenthau）提出的计划，20世纪30年代罗斯福新政许多措施也出自他的策划。摩根索的设想是将德国分裂为几个小区域，使其完全丧失工业和现代武器制造能力并"田园化"，将其转变为一个再无力向其邻国发动战争的农业国。但当美国士兵和官员抵达德国时，他们很快意识到这一计划的不切实际和鲁莽武断。据欧战结束后即抵达欧洲的杜鲁门的特使、美国陆军部高级官员约翰·麦克洛伊（John McCloy）所说，条件"糟糕的

4　克莱普勒：《走向苦涩结局》，第298页；安妮·麦考密克：《纽约时报》1945年5月30日。

不能再糟糕,远远超乎人们的想象"——形势亟待迅速扭转。

在华盛顿,以影响力极大并且经验丰富的国防部长亨利·史汀生(Henry Stimson)为首,美国随机反思对德政策。史汀生从一战前就一直是美国历任总统的顾问,他告诫杜鲁门:"像德国这样一个国家不可能还原到农耕水平,否则就会滋生另一场战争。"就像美国人深信的那样,如果一个地方的繁荣会有助于其他地方的繁荣一样,一个地方的贫困也会引发更多的贫困。"强加的贫困更加糟糕,因为它不仅会摧毁战败者的精神,而且也贬低胜利者。这种做法将重复德国人对其受害者所犯的罪行。这本身就是反文明的罪行……(摩根索计划)是公开承认要使德国的合理的经济和政治处置的希望破产。"当杜鲁门在二战胜利后不久在白宫中与前总统赫伯特·胡佛(Herbert Hoover)会面时,胡佛给了他类似的告诫,他说:"你可以报复,也可以和平解决,但不可能两者兼得。"[5]杜鲁门被说服了。他抛弃了摩根索计划,不久后,他又抛弃了摩根索,突然解雇了他。杜鲁门甚至将摩根索描述为"一个傻帽,屁都不懂"。这或许过于苛刻,因为尽管摩根索不太了解德国,但他是个成功的银行家,肯定"懂"钱。

英国已经得出相同的结论:惩罚性的和平将是一场灾难,会使整个欧洲陷入万劫不复的境地。1945年秋,内阁给外交部的备忘录清楚地表示:"除非我们竭尽所能予以帮助,否则下个冬天,我们会失去今年春天的惨重代价赢来的一切……绝望的人们会乐于摧毁其社会结构,在废墟中寻找希望的替代品。如果我们听任……(德国人和欧洲人)饥寒交迫,我们(将会)失去某些世界和平的希望所依赖的秩序的基础。"苏联人却不这么看。在苏联所称的伟大卫国战争中,约有2500万人被杀,其中包括800万士兵。德国人对苏联、乌克兰和白俄罗斯数千个村庄奸淫掳掠;现在,战败的德国必须

---

[5] 另一个有关总统建议如何对待德国人的例子来自杜鲁门的秘书肯尼思·罗亚尔(Kenneth Royall),他在1945年末说:"你可以饿死他们,枪毙他们或是养着他们。"

第四章 零点:关键时刻

为其罪行付出代价,并且使其再也无力对苏联发动战争。对于苏联来说,德国和欧洲其他地区——特别是西欧——的复苏是次要的。另一个原因是,战时同盟开始瓦解,它们的蜜月期结束了。

在二战末期,西方盟国尚未明确他们将要或者能够对德国采取何种措施。美国国务院战后最资深政策制定者之一乔治·凯南(George Kennan)后来回忆道:"直到我们接受了……责任的那一刻,我们都没有复兴美占区的经济的计划。"但当他们正要下定决心时,德国人的境况更加恶化。对许多幸存者而言,战后几个月的生活甚至比战争期间更加艰难。在1943年底,当许多德国人开始意识到他们可能输掉这场战争时,德国随处可见一句宣传语:"享受战争更好;和平反而可怕。"收成欠佳、交通混乱、糟糕的冬天几乎耗尽了本已不多的食物储备。四个占领区——美、英、法、苏——在雅尔塔会议后的1945年2月已经确定。此时,欧洲战场的胜局已定,但无人确切知晓当德国最终投降时,盟军会在何处。

食品短缺最严重的是英占区。英国占领的是德国工业核心地区,但这里几乎没有耕地。该地区无法自给自足,而一直有赖于传统的德国东部的农耕区——图林根州、萨克森、波美拉尼亚——的物产,但这些地方现在由苏联控制。丘吉尔离任前,外交部给他的备忘录警告说:"德国的苦难……可能会达到自中世纪以来从未有过的程度。"事实上,的确如此。

在1945—1946年冬天,德国发生了大规模的饥荒,英占区所受影响最为严重。蒙哥马利在战争结束时说,如果德国人要挨饿,他一点都不同情他们,因为"他们自食其果"。几个月过后,他亲眼看到了营养不良的后果,改变了看法。1946年初,他向内阁递交了一份紧急报告,警告说如果没有

---

6 内阁府致恩内斯特·贝文,1945年10月30日。英国国家档案局:外交部800/514欧洲/34。
7 凯南:《记忆》,第369页。
8 卡多根致丘吉尔,1945年5月23日,英国国家档案局:外交部14/219。

额外的食物配给,将会发生"大灾难"。他说:"饥荒将会达到任何文明人都不应施加给其败敌的程度。"几乎同时,蒙哥马利的美国同僚卢修斯·克莱将军也向华盛顿的上司发了一封措辞类似的电报。"一些寒冷和饥饿……(是)必要的,这可以让德国人认识到他们发动战争的后果",他写道,"但这种——痛苦不应扩大到导致饿死和疾病的程度。"克莱还告诉伦敦的官员,英占区的食物配给"几乎不能维持生存"。

联合国善后救济总署为在德国无家可归的流民提供食物,但不包括德国公民,他们建议一个有工作的成年人每天需要摄入2430卡路里以"维持生存"。在英占区,1945年秋天的人均摄入量是1500卡路里;到1946年2月则削减至1100卡路里。对于维持生命来说是够了,但也仅此而已,不足以维持任何强度的劳动。[9]

是年初,曾在科隆解放时担任市长、后又出任西德总理的康拉德·阿登纳(Konrad Adenauer)由于对食物短缺等事宜诸多抱怨而被英占区办公室解职。他给瑞士的朋友和仰慕者写信,为儿子的额外食物和维生素、妻子的青霉素和奶酪加上自己的雀巢咖啡求援。他说,如果没有外界的帮助,他的家人不可能在战后的18个月幸存下来。但恪守律令的陆军准将约翰·巴勒克拉夫(John Barraclough)在解雇阿登纳时说他"政治上靠不住,是个麻烦制造者"。[10]纳粹的跟风者辩称希特勒只是政治上不可靠的历史学家恩斯特·温格(Ernst Junger)也接到了朋友和读者们从自己的配

---

9 蒙哥马利致陆军部,1946年1月30日,国家档案馆;克雷致国务院,FRUS:1945年第4卷,第354页。
10 阿登纳恐怕永远无法忘记在战争一结束就遭到的待遇,并在多年之后仍为此黯然神伤。他被传唤到巴拉克勒夫和其他两名英国官员面前,并被粗暴告知不得当面坐下。陆军准将读完将其解职的信,并禁止其参加任何政治活动。他被命令离开科隆并返回其家乡。不久之后,英国人在美国建议下意识到他是一个可靠地反共声音,并支持其建立基督教民主联盟,主导了德国"经济奇迹"并且在战后大多数时期都具备影响。尽管受到如此待遇,阿登纳还是宁可选择英国人而非美国人,后者最初任命他为市长,后来又将责任推给英国人。起初他受宠若惊,欣然接受——直到被一名英国官员告知,并非开玩笑的,这可能只是与他的名字以A开头有关。

第四章 零点：关键时刻

给中节省出来、支援他的口粮。但当他向英占区当局者说他所知道的大部分人的实物配给是去年秋天的一半时，他代表许多人说："这对于那些到目前为止为勉强维生而作了巨大努力的人们，首先就是儿童、老人和难民来说，无异于死刑宣判。"[11]除了基于人道主义的担忧，一些英占区的官员和英国的规划师们担心饥荒会阻碍德国复兴，并且占领区的开支会使得国库更为吃紧。缺少口粮、忍饥挨饿的德国人无力采煤炼钢，而不足以带来复苏。伦敦《泰晤士报》的一篇社论指出："近几个月来德国人体质恶化是营养不良导致的必然后果，这些因素都将在较长时间内制约德国经济复苏。这会对工人的生产效率产生影响，不仅将直接地损害其健康，还间接地使他们一心求食而无心工作。"正常旷工率都超过了20%。从刚刚过去的夏季起，英国增加了占领区的食物供应，口粮配给显著增加——但英国自己也付出了相当大的代价。为了增加德国的供应，英国国内口粮配给削减了。

饥饿还伴随着疾病。虽然没有发生像1918年那样波及欧洲数百万人的流感，但其他疾病疯狂蔓延。1946年春的柏林，下水道污水排放系统被摧毁，腐烂的尸体仍在污染水源。城市新生儿死亡率达到6.6%，是战前的8倍之高。克莱将军的政治顾问罗伯特·墨菲（Robert Murphy）1946年向华盛顿报告说，在火车站附近的难民收容站中，平均每天有十人死于营养不良、心力衰竭和其他疾病。柏林的半数儿童患有佝偻病，肺结核的感染率则是战前的五倍。在英占区，每个月新增1000例伤寒症和2000例白喉病，以及糙皮病、痢疾、脓包病等，所有病症一般都源于营养不良。[12]

"他们给我们鸡肉食品——并希望我们感谢他们。"颇受欢迎的历史学家和演说家约翰内斯·萨米拉（Johannes Semler）在1946年7月对一位

---

11 康拉德·阿登纳，引自麦克唐纳：《帝国之后》，第236页；恩斯特·温格，引自朱利安·赫威尔（Joachim Neugroschel译），《时间的细节：与恩斯特·温格的谈话》，纽约出版社，1995，第144页。
12 墨菲：《斗士间的外交家》，112页。

埃朗根的听众如是说。德国人并未感恩戴德，特别是当他们发现所获得的"帮助"竟然带有如此多的附加条件。西方盟国可能已经打算放弃制裁德国人，但并未停止对他们的指责。德国人厌恶占领军和外国官员的指手画脚。但绝大多数人都厌恶他们的新"长官"的道德优越感。

同盟国颇为相信德国人是集体犯罪，他们所有人都应对希特勒的上台和战争的发动以及冲突中的暴行负有责任。大多数德国人既对那些指控不甚理解，又忙于为温饱问题而奔走，以至于无心去关注哲学意义上的负罪感。直到20世纪50年代末至20世纪60年代初，德国人才有长时间的自我反省。在战后的余波中，只有少数人才能像别人看他们那样正视自己。大多数德国人似乎都相信，他们是纳粹主义的幸存者，又以难堪的方式在战争中输得一败涂地，他们是被误解的受害者。

正如一位未来的德国政治家所描述的那样，关于这种"自怜叙述"的一个最有影响力的版本起初是诺贝尔奖得主海因里希·波尔（Heinrich Boll）的半自传式的小说《无爱的十字架》（*Kreuz ohne Liebe*）。[13]小说的主人公克里斯多夫自1939年便与纳粹军队战斗，也充满绝望和厌世之感：

我别无所求。从军六年，事常与愿违，不堪回首。看到崩溃的同时，也知道无论何种权力继之而起，也很可能是尸体堆积而成的同样残暴的国家。恶魔拥有这个世界上所有权力，权力的变化无非是恶魔间名次的更迭。

他对于征服者甚少喜爱或欣赏之情：

你真的相信这些用橡胶鞋底和猪肉罐头征服我们的人能够理解我们所受的苦难吗？你真的相信他们能够理解遭受漫天炮火的同时又被这个邪恶国

13　在波尔为数不多的著作中还有一本没有被译成英文。它写于1946—1947年间，但直到他去世17年后的2002年才出版。直译的标题是"没有爱的十字架"。但这并非作者所希望的那样富有诗意。我得感谢吉尔斯·麦克唐纳（Giles McDonogh）的精彩著作《帝国之后》使我注意到这部小说。

第四章 零点：关键时刻

家压碎的感觉吗？这两者意味着什么？他们不可能与我们感同身受……胜利者的遭遇和我们并不一样，世界不曾感知或理解我们的感受，苦痛是有等级差异的。[14]

在反纳粹的蒂里·沃尔夫-蒙克伯格（Tilli Wolff-Monckeberg）写给她成年的孩子们一系列未寄出的书信中，这种仇恨的感觉体现得更为直接。那时的她大约60岁，出身于显贵和富庶之家。在19世纪90年代的日记中，她记录了自己"与俾斯麦亲王（Prince Bismarck）共进午餐……与约翰内斯·勃拉姆斯先生（Herr Johannes Brahms）一同用餐"。如今，她写信给女儿说：

人们对英国人点头哈腰，百般示好以试图寻求庇护。我很理解W（她的丈夫）正处于极度沮丧之中，对他自己所处的世界毫不抱有希望。现在他对他们的无限嚣张和对我们的欺诈不再抱有幻想，向全世界宣告，只有德国人应当在这般残酷和暴行的深渊里没落沉沦……他们自己却无可指摘……谁摧毁了我们美丽的城市，无视包括女人、小孩和老人在内的人命？是谁向被恐惧包围的不幸的逃亡者倾泻有毒的磷，如同将明火扔入废墟那样驱逐他们？是谁向无家可归的农民投掷炸弹？我问你……到底是谁？[15]

美国人想象可以通过强迫他们观看有关集中营中发生的暴行的影片来"改造"这些人；当成年人走进电影院时，他们所考虑的只是自己的粮票。在法兰克福，作家斯蒂芬·赫姆林（Stephen Hermlin）参加了一部关于布痕瓦尔德和达豪集中营的电影的审查。"在投影仪的部分灯光下，我可以看到在影片开始后，大部分人都将脸转了过去，直到影片结束……这种不忍直视代表了数百万人的态度。"[16]

---

14 引自麦克唐纳：《帝国之后》，第180页。
15 沃尔夫·蒙克伯格：《另一面》，136页。
16 斯蒂芬·赫姆林：in *Ulenspiegel*，1946年10月30日。

教会领袖和政治家们为绝大多数人代言辩护。科隆大主教约瑟夫·弗林斯（Joseph Frings）不是纳粹，并且坚决反对纳粹统治。现在他与盟国作对。"元首自作主张，充其量不过征询其亲信顾问们的意见"，他在科隆的一次代表了20年来大多数德国人对于第三帝国所犯下罪行的普遍看法的公开布道中说，"至于暴行，大多数德国人一开始是从BBC听到的，后来……德国人中的受害者远远多于施暴者……整个民族并不应被认定是有罪的……数以千计的老人、儿童和母亲们完全是无辜的，而他们现在正首当其冲地忍受着痛苦。"[17]

库尔特·舒马赫（Kurt Schumacher）是德国社会民主党领袖，战前，他是在达豪集中营待了8年的反纳粹勇士，战争期间，还遭到盟国的道德指责。他尤其厌恶英国官员对待德国人"仿佛是高贵的大人对当地人屈尊俯就"。

舒马赫在1946年初写道：

你无法想象强行宣传德国的"集体罪行"会对那些反纳粹的德国人产生多么可怕的效果。在我们国家，有许许多多的男男女女在1933年之前就反纳粹。……有许许多多的人在纳粹掌权后仍在反纳粹，即便在现在那些胜利国仍然与希特勒政权维持政府间条约时，他们仍在进行地下反纳粹的活动，并被投入监牢和集中营。他们应该认识到他们的罪过。他们绝不应该、毫无道理这么做。[18]

---

[17] 弗林斯幸运地活过了1946年并且知道有多少人牺牲。在1942年他从家中炸弹爆炸幸免于难，但姐姐因此身亡。几个月后，他在一个防空洞中再次受伤，两名修女死亡，另有五人重伤。他的一个兄弟在马格德堡的一次空袭中被炸死，另一个则死于俄罗斯兵营。大主教把他的名字给一个德国至今仍是常用的词——fringsen。其含义为在非常特殊的情况下"帮助自己"；换句话说，偷窃是合理的，当一个人陷入了困境，例如饥民通过盗窃来养活他们的家庭。这个想法来源于弗林斯1946年严冬时的一个布道中，他似乎容忍从盟军偷窃煤炭供应，如果没有其他方式获得燃料的话。"我们活着的时候必须通过一些小事维持生命，为了保持我们的健康，如果我们不能从工作或是通过请求来获得他们的话。"事实上，他接着说，这种行为"已经走得太远……上帝不会原谅你的"。但人们似乎只领会了他的初衷。

[18] 引自Lewis Joachim Edinger《库尔特·舒马赫：性格和行为的研究》，斯坦福大学出版社，1965，143页。另见泰勒：《驱散希特勒》。

第四章 零点：关键时刻

同盟国有些人对此表示赞同。汉斯·赫伯（Hans Hebe）是一位逃亡到美国的犹太裔德国人和一名才华横溢的记者，战后随美国占领军返回德国，负责美占区的新报纸和杂志的发行。德国作家那时遭到严厉审查，被禁止批评占领军，但他们可以自由地告诉赫伯他们已经厌倦了观看关于纳粹暴行的电影和被盟国说教。赫伯告诉他的上级说："关于这个民族应当反省、审问和忏悔的想法……（是）一种征服者的观念……人们想的只是如何果腹和取暖。"[19]

但他的话基本被无视了。一个更通行的观点来自于另一位犹太逃亡者乔治·克莱尔（George Clare），他于1946年随英军情报部队返回柏林。他颇为厌恶德国人"对他们的命运不公的碎碎念，还有他们战败后喋喋不休的自怜自哀，仿佛是要确保人民不会遗忘他们在胜利后有多么无情。一个犯有杀人罪的民族，却假装好像每个人都是亚伯一样。他们诅咒希特勒……但并非为了那些以他们的名义（或得到许多人的帮助）所犯下的罪行。他们诅咒他是因为他背叛了他们的信任和忠诚，并反其道而行之……带给他们一个被割裂的德国，其土壤中都浸透了德国人的血。"[20]

占领军已经承诺将迅速组织复员。不过当盟军士兵们正在等待回家时，许多人决心要充分利用机会。起初，盟军的将军们发布严厉的法令禁止与德国人有任何接触。胜利者与被征服者的关系被严格限定为官方的和正式的。盟军最高统帅艾森豪威尔下令美军士兵不得与任何当地人接触。他们不能去德国人家里；未经允许不得同德国人在酒馆里喝酒和握手；不得与德国儿童一起游戏或与成人一起娱乐；不能邀请德国人参加盟军的音乐会、电影或宴会。违反禁令的美国士兵要被处以65美元的罚款。英军统帅也发布了类似的命令，如他们所承认的，主要是为了迎合英国国内的公众舆论。最关

19　FRUS 1945年第5卷，236页。
20　克莱尔：《柏林时光》，167页。

键的是，不允许士兵与德国女性有联系。毫不令人吃惊，这些规则被证明是不切实际的；几乎不可能实行，并且经常出现违规情况，最终这些规则不得不先是被蒙哥马利、随后被美国人取消。

简而言之，一个新词，现在则被忘却已久，以"F"开头的"fart"进入了词典。"我们都是远离家乡的健康年轻人，战争结束了……我们除了做那种事情真的别无所想。"一个守卫军官在多年后如此回忆道。[21]对德国女人来说，同盟军士兵的友谊——或更多——对于她们及其家人来说常常意味着生与死的区别。英军和美军给她们食物、牛奶、药品，甚至有香烟和丝袜等奢侈品，这些都是她们长久以来所欠缺的东西。一首由讽刺作家和卡巴莱表演家冈瑟·诺依曼（Gunther Neumann）所作的诗歌变得十分流行：

约翰尼视我如妻，

于是我们达成交易，没有难为情。

为两磅的咖啡我就做了，

几罐果汁可以再来一次，

我们的肌肤如燃烧般滚烫，

为了两听咸牛肉罐头。

但为了巧克力——好时条

我还想要的更多。[22]

征服者也有其他的吸引力。当地的男人有一个明显的缺点。1918年出生的德国人中有三分之二都死于二战，有三分之一的德国小孩失去了父亲。在柏林郊区的特雷普托，1946年2月仅有181名男性，而年龄在18至21岁的女性却有1105人。亚瑟·穆恩（Arthur Moon），一位守卫军官，被其所见感动了："我们来到数千英里之外的德国，最显著的一个事实就是17至

21　沃尔特·杰拉德队长，威尔士卫队，同作者的谈话，1995年9月。
22　冈瑟·诺依曼 Ulenspiegel, 1946年2月17日。

40岁的男性完全缺乏。这里到处都是女人、孩子和老人。"好彩香烟、新鲜咖啡、尼龙长袜和巧克力条是吸引人的,但大多数情况下这种关系并不仅仅是交易性的。比起那些残疾退伍军人、疲倦的归国战俘和留在德国的老人,美国人甚至英国人似乎更有吸引力。占领者们看起来既迷人又合意——尤其是第三帝国的文化压迫使得数量众多的外国影片、书籍和音乐被禁止。一位女侍向随美国军队返回柏林家中的德/美剧作家和制片商卡尔·扎克梅尔(Carl Zuckmayer)解释说,她为何不再对德国男人感兴趣:"他们都太软弱了。简直没有一点男子气概……而过去他们则展示了太多。"[23]

对盟军而言,就如乔治·克莱尔所说的一些享受,是柏林"自由行",特别是那些"不得有染"禁令所到之处。城市中随处可见的兵营和毛坯房"充满了被修复的基层英美关系……一个人从不用敲门就走进卧室,包括其自己的。"沃尔特·斯莱特奥夫(Walter Slatoff),一位退役后在康奈尔大学任教的教授,为那些美国驻扎军的父母写了一篇文章:

想象一下你们十八九岁的儿子完全远离监督,花钱几乎没有任何限制,对女人的吸引力等同于范·强生(Van Johnson)或克拉克·盖博(Clark Gable),总是谎话连篇、愤世嫉俗,完全丢失了一个人的所有道德标准。柏林的女人们饥寒交迫又孤寂无依。大兵们有香烟,可以用来买食物和煤。大兵们有食物……大量来自于红十字会。大兵们还有热情的夜总会。大兵们提供了一种在都市中莫可名状的安全感。其结果是在(柏林)引发了激烈的和大规模的搜捕。他们站在夜总会和红十字会门口,在街上来回游行示威。"我爱你"变得和"你好吗"一样稀松平常。[24]

私生子增长水平令社会自由主义者受到的震惊不亚于道德家。1946年德国女性未婚生子的数量接近10万,占总出生率的三分之一,并且是1945

---

23 阿瑟·穆恩引自希区柯克:《通向自由的苦路》,第127页。
24 扎克梅尔:《我的一部分》,第168页。

年的3倍。官方记录的堕胎数字两倍于此，但真正的、隐藏的数目可能要高出许多倍，尽管没有人知道确切的数字。1946年一次堕胎的费用大约是1000马克，并且是非法和危险的——或者，比钱更管用的是两盒好彩香烟和半磅咖啡。一个可能令人快乐的结果是军嫂的数量：1946—1947年达到了25000名。

性病开始流行。淋病患者的数量在战后德国的增长是惊人的。在1946年初，一个800人的苏格拉独立团中就有108人被感染。奇怪的是，尽管美军士兵得到了更多避孕套和高锰酸钾药的配给，但发病率却更高。根据1946年美国国防部的统计，每1000名士兵中就有250名罹患淋病。"VE（Victory of Europe）之后是VD（Venereal Disease）"成为流行语。

战争完全改变了德国家庭。女性不再像第三帝国的传统那样被限制在孩子、厨房和教堂。战后一位德国学者的研究表明：

六年以来，妻子们不得不逐渐转变自己以便取代男性在几乎所有领域的经济活动，她们在摆脱纳粹规定妻子从属于丈夫的传统，确立自信和自力更生的道路上已经走了一段很长的路。那个……失败的政权强调"男子气概的美德"……减少了女性受到的尊重；特别是她们的丈夫。那些回来的士兵……意志消沉和没有能力适应混乱无序的战后环境……却仍寄希望于妻子能恢复家庭生活的基本模式。男人被灌输了应该像个"超人"的观念，在不同程度上，无法在占领军面前有尊严地扮演一个下属的角色，经常通过他们妻子眼中那尴尬的谄媚来怀疑自身。[25]

胜利者很少表现出冷酷，但他们通常漫不经心并嘲笑那些领土被占领的人们。发给战后驻守德国的英军士兵的手册上的建议似乎并未完全起到作用。手册上说"一般德国人——是原始的，因其崇拜中世纪残酷行为"，他

---

[25] 理查德·贝塞尔（Richad Bessel）：《1945年的德国》（*Germany 1945*），245页。

第四章 零点：关键时刻

们有一个"自卑情结"，一个"犯罪情结"，双重人格，缺乏平衡。大多数德国人"情绪冲动和惯于自怜"。手册接着写道：

> 普通的德国人，丈夫和父亲，会从施加使人痛苦和折磨的命令中获得乐趣。然而他们又会拿出妻子和孩子的照片并沉溺其中。德国人并不能简单分为两派，好人或坏人。在德国人的性格中只有好和坏的因素，后者通常占主导地位。但德国人通常可以分为两个阶层，制定计划的领导者和盲从的跟随者，并且这两者都同样危险。[26]

可能是男人们阅读了太多这方面的东西，这可以解释一般民众的态度，如同一位在1946年驻扎在汉诺威附近的坦克团中尉克里斯托弗·里弗（Christopher Leefe）所描述的：

> 问题在于我们没有人会去关心那个小男孩。他可能是一个孤儿，父亲死在东线战场，母亲被埋在一堆废墟之下，他忍饥挨饿并冒着生命危险爬到英国坦克兵团的排水管中间。那又怎样？我们没有任何怜悯或是任何德国人同情他……现在我们征服他们的家园，征用他们的奔驰车，占有他们的女人。我可以说……70%的英国年轻人都是这么想的。我们中的大多数人享受这血腥的好日子，并且相信能应付任何事情。[27]

西方盟军很少发生残忍之举，特别是同苏军的强奸和抢劫相比，而都比不上战时德军损毁东欧和苏联"劣等人"领地的行为。

在占领的前18个月中，有487名美军士兵试图强奸，并且类似行为还有很多被掩盖，并未诉诸法庭。历经将近半个世纪的审查，直到近期才真相大白的家信反映了这类故事："我寄给你和爸爸一块表，"一名士兵写给其父母，"我希望你们会喜欢它……这是我从一个德国上尉那拿来的。哈哈，他不喜欢它，我因此恼怒并命令他戴着……如果你们知道我的意思。他迫使我

---

26 英国国家档案馆：WO 32/10790. 18。
27 伦敦，帝国战争博物馆档案处（Imperial War Museum Archive）：EN2.32。

向他射击，我欣然从命。"另一个写道："最近这些天，我们看到很多很多犯人。是的，真是令人愉快的景象。我一直想踹这些德国鬼子的屁股，现在我确实心满意足了。"[28]

一些囚犯和有嫌疑的战犯遭到美国人和英国人殴打，其余的人则遭受虐待和讯问，尽管这与苏联和东欧地区所发生的虐囚事件比起来还只是小规模的。最可怕的案例是纳粹党卫军官员被指控在1944年12月的战争期间谋杀84名美籍囚犯，地点是诺曼底登陆战役期间位于马尔梅蒂的村庄外。100名嫌犯被关押在斯图加特附近的一个阴暗古堡，并遭受了盖世太保惯用的"强化审讯程序"。供词据说是逼供的结果。犯人都被单独监禁并遭受睡眠剥夺和极端的冷热——一个德国士兵被关在一个黑暗的地窖，臀部泡在水中五周。犯人们也会被模拟审判，并有可怕的模拟死刑。其中一人后来回忆道，他的双手被反绑在身后，头被蒙上面罩在外面游行，警卫告诉他将被绞死。一声铃响后，他们将其吊离地面，脖子上系着一根绳索。然后他们告诉他被缓期执行。类似的事情也会在其他囚犯身上重演。

在数百名被关押在施瓦本的犯人中，有139人抱怨过他们的待遇。一个美国调查委员会在1946年底发现他们中有137人"因睾丸遭受美国战犯调查组的踢打而受到永久的和（不可逆）的损伤。他们的报告说："囚犯们的叫声在当地城镇上都可以听得到。"克莱将军说美国检察官的行为令其震惊，但他拒绝了囚犯的上诉，说他们并非无辜的人。"不幸的是，在激烈的战争之后，我们采取了以后都不会再用的措施以获取证据。"[29]

战后的柏林是世界犯罪之都。据报道，每天有240起抢劫，相比于战前的数字增加了800%，而这只是真实数字的一小部分。甚至再好的防范也挡不住小偷。帮派的孩子跳上卡车后车厢，偷走任何他们可以拿得动的东西。

28　华盛顿，国家档案馆，欧战文件740/100767。
29　OMGUS（美国军政府办公室），第5卷，3005页。

第四章 零点：关键时刻

许多盟军士兵用刺刀去砍那些小窃贼的手以阻止他们。柏林医院的医生们则救治了许多手指被切断的小孩。"一切关于所有权的观念已荡然无存。"回忆录《柏林女人》的作者写道："每个人都偷别人的东西，因为每个人的东西都被偷了。"在1946年的日记中，露丝·安德里亚斯-弗里德里希（Ruth Andreas-Freidrich）记录说："这里的生活是一个交换游戏，从一个人传递到另一个人，没有人知道主人是谁。"[30]

纳粹货币，即德国马克，现在一文不值，而盟军在占领区印制的马克是一个稳定物价和改良币种的尝试，但没有预计到会产生通货膨胀的副作用。它扭曲了（小规模的）正规市场价格，并在更大程度上抬高了物价，使得大多数人买不起（规模巨大的）黑市的东西。真正的货币每天都在使用，就在许多人抽烟时，并且总是美国牌好彩香烟。但香烟也会通货膨胀。1946年初，一支好彩烟可以买四盎司面包，到夏天则只能买两盎司。"香烟是最要紧的结算物"，一份由英国经济控制委员会给外交部的报告说，"与来源于盟军商店和餐厅的巧克力和酒精相比，香烟可能是这个国家金融稳定的最大威胁之一。"一位美国官员回应了此观点。"麻烦在于美国人用美国香烟同德国人做交易时，其价格总是不成比例的。两盒香烟可以买一架钢琴，如果买家有办法运回去的话。"[31]

据一位记者说，柏林"已经终止所有此类黑市交易"，集中于提尔加藤。那里"有成群的士兵以保障交易合法，德国人希望商品能快些卖出……他们在提尔加藤的市场上推着婴儿车和背着帆布包兜售家庭用品，希望获得食物、香烟和外汇。红军的手提箱里装着现金，这意味着他们可以买得起垂涎多年的相机、衣服，特别是手表。美国人、英国人和法国人口袋都被值钱

---

30 佚名：《柏林女人》，86页；安德里亚斯-弗里德里希（Andreas-Freidrich）：《柏林战场》，1946年3月13日。
31 英国国家档案馆：FO 371/2055.8；OMGUS，第5卷，2091页。

的小玩意儿撑得鼓鼓的。"[32]

盟军士兵，主要是美国人，会在黑市上设计一个巨大骗局以诈取绝望的德国人和苏联人一大笔钱——美国纳税人也是如此。在美军交易商店，一名士兵可以用一美元买到两盒好彩烟。而一名苏联士兵则要为此在黑市上付出100美元。一只米老鼠手表本来只要3.95美元，苏联人买就要500美元。一部相机是14.95美元，苏联人可能要花多达1000美元才能买到。回国以后，一个美国人可以靠着从提尔加藤获得的巨大利润买一辆车。美军向柏林运送了更多的手表、巧克力和相机，超过了世界其他地区士兵所能得到的总和。这让美国国防部和国务院花了一番功夫进行调查。骗局依赖于盟军发行的新货币——占领区马克。根据盟军合作精神，新货币的发行本应由美国和苏联当局共同负责。但印发的数量远远超过了实际需要。美国士兵可以用10∶1的比例将新货币换成真正的美元，但苏联士兵所拿到的占领区马克却无法拿回苏联换成卢布；他们只能在柏林将其花掉——花在手表、酒和女人身上。

美军提供的大量商品都卖给了士兵们，回收的则是其他无用的货币。最后一位华盛顿的经济学家算出了数目。流回美国的苏联印制的占领区马克数目十分巨大。"德国货币与美军士兵实际交易比例大概是六或七比一。"卢修斯·克雷（Lucius Clay）团队的报告说。在占领期的头几个月中，美军士兵寄回国内的钱比其拿到的薪水多了1100万美元。

"柏林是世界上最邪恶的城市。它会腐蚀每个涉足此地的人。"弗兰克·豪利（Frank Howley），美军一位经济学家，在1946年初给华盛顿国防部的报告中如此写道。但柏林人仍试图维持生计，并不太在意细节。就像一位柏林医生伯纳德·博廷（Bernhard Botting）所回忆的："当一个人

---

32 《时代》杂志，1946年2月22日。

第四章 零点：关键时刻

全家都在挨饿时，禁止黑市交易真是最无耻的事情……这样做并不是为了一些所谓的荣誉，而只是某些人觉得这不是一件好事。一个必须注意的是，这其中混杂了道德问题。"[33]

占领军当局不温不火地清理黑市，但他们在1946年始终都认为德国人的吃、穿、住是至关重要的。事实上，正如中将弗雷德里·摩根爵士（Sir Frederick Morgan）向英国外交大臣恩内斯特·贝文（Ernest Bevin）报告的，黑市不仅在德国，而且在西欧其他地方都是必要的。"几乎毫不夸张地说，每个成年男女和孩子……都或多或少地进行了这样或那样的非法交易。事实上，如果不这样做几乎是不可能活下来的。"[34]

33　弗兰克·豪利（Frank Howley）致美国国务院，1945年11月13日，FRUS第4卷，647页；博廷语引自泰勒（Taylor）：《驱散希特勒》，263页。
34　摩根（Morgan）致外交部，1946年6月13日，TNA：WO 32/ 1163. 12。

第五章　奥地利忘记过去

环绕维也纳旧城的林荫大道上每天都要例行上演两到三次歌喜剧。像柏林一样，维也纳被四股势力占领，划区而治。但在第一区，即城市中心，责任是共享的，各国每月轮值一次。在错综复杂的小街道上巡逻的是"四个古董"——一辆载有四名占领国宪兵的吉普车，各个国家的标志均清晰可见。[1]

奥地利自身就是一件古董——作为战败的德意志帝国的一部分，它并没有被当成一个被征服民族来对待，而是被视为"希特勒的第一个受害者"。在许多曾与德军对抗的人看来，这是完全不应得的地位，撞大运更多与强权之间的竞争有关，而非真实或正义。1938年，大多数奥地利人支持德奥合并。700万人口中有超过70万名纳粹党员，另有120万奥地利人在德军部队中从事各种工作。奥地利人在党卫军中的数量也不成比例——他们还管理着集中营的守卫和官员。

所有这一切很快就在东西方盟友的共同鼓励下被集体忘却了，其原因不尽相同。听来似乎合理，但许多都令人吃惊。乔治·克莱尔，作为一名英国情报官员，回到自己出生和成长的维也纳，评论说："从心理上摆脱希特勒已有几年，填补空白的是奥地利民族主义，这在1938年是罕见的……有关德国的一切都被清除出去，甚至是维也纳人讲德语的方式。"有一次他

1　那四位将军在每个月会轮值指挥一次，并且互相倾轧。剧烈争斗使得总部分配终止。英国抢占了美泉宫，其长官理查德·麦克李（Richard McCreery）入住了拿破仑昔日下榻的房间，而法军指挥官拉特尔·德·塔西尼（Jean de Lattre de Tassigny）将军则为此懊恼不已。

第五章 奥地利忘记过去

注意到有教养的奥地利人，就像他所知的在巴伐利亚和柏林的德国人说话那样，从前习惯于操一口绵软的维也纳腔标准德语，现在则谨慎地说着"维也纳郊外廉租区的土话"来表示他们有多么像奥地利人。甚至在首饰的选择上，男人也会显示其身份。"奥地利是时尚的，战前几乎没有人会戴那种随处可见的农民帽子就是象征之一。就在不久之前，他们还以戴棕色的救世军帽子或黑色的党卫军帽子为荣，现在则迅速换成了各种各样的帽子。"[2]

奥地利成为冷战的一个重要舞台，间谍活动的中心，阴谋和神秘，大量间谍小说和惊悚电影均以此为背景。这里的条件比德国大多数地方要好，但配给量低，人们在战后已经挨饿了很长一段时间。尽管有军警巡逻，维也纳仍然是一个危险的地方——特别是在晚上。如同美国小说家约翰·多斯·帕索斯（John Dos Passos）在1945年秋天和1946年大多数时间作为通讯记者为诸多美国报纸所提供的报道所说："宛如身处中世纪……出门在外各安天命。"[3]

西方希望奥地利人站在他们这边，特别是维也纳。维也纳是西方主要城市之一，毗邻苏联东部和苏联军队——这就像俄国人不断提醒奥地利人的那样，就在布拉格以东两度的范围。苏联想要在西方领土上取得一个小立足点——事实上他们的军队驻扎在维也纳将近10年了。因此，同盟国让奥地利人自行决定——是各为其主、保持原样，还是选择希特勒。他们急于撇清和纳粹的关系；只有23000名奥地利人——大多数是纳粹党员——曾被追究过罪行。在这些人当中，13000人被认定有罪，大多被从轻发落，另有30人被处决。大约60000名公务员和地方官员失去了工作——超过一半的人在1947年中已经复职。

现年75岁的卡尔·雷纳（Karl Renner）在战后马上就被苏联从赋闲的

---

[2] 克莱尔：《柏林时光》，275页。
[3] 《芝加哥论坛报》，1945年10月30日。

家中请出,担任新近从德意志帝国分离出来并独立的奥地利的总理。这是一个俄国人很难找到的既没有与纳粹妥协,又保持对苏联友好的可以接受的人选。雷纳是一个妥协的人选,盟军将其视为一个过渡领袖,尽管美国人费了一些周折,因为他是一个社会主义者,不过在美国政府一些官员看来还不算太左。雷纳是来自另一个时代的人,例如,他的双排扣长礼服、尖胡子和皇帝弗朗茨·约瑟夫的宫廷上那种精致的礼仪。在1918年哈布斯堡帝国崩溃后,他是奥地利共和国第一任总统,而现在,一个新的、冷战的世界出现了,他以一个自由主义者、社会主义者和共产主义者的面貌来管理政府,并将其归结为"反法西斯主义"。

维也纳有四分之一的地方被盟军炮火摧毁;25万人无家可归。然而在瓦砾和灰尘覆盖之下的城市仍然具有一种魅力。约翰·多斯·帕索斯对于维也纳重建有一番生动描述:"这个城市仍然有着大都市般的优雅氛围……维也纳是一个年迈的音乐剧女王,死在一间陋室,当医生也束手无策时,谁还能从她干裂的嘴唇上看到男人所钟爱的那种女性自信的微笑吗?"[4]

4　约翰·帕索斯·多斯(John Passos Dos):《责任之旅》(*Tour of Duty*)。

第六章　来自冷战的间谍

2月3日晚上，美国记者杜鲁·皮尔森（Drew Pearson）在其NBC广播中爆出了一个轰动性的独家新闻。他报道说一名苏联间谍已在渥太华向加拿大皇家骑警自首，并透露"美国和加拿大有一个巨大的俄国间谍网"。皮尔森是美国最受尊敬和欢迎的播音员之一，他每周的"皮尔森评论"节目通常吸引250万以上的听众。这天晚上他报道了"俄国告知加拿大当局一批在美国和加拿大政府内部为苏联工作的代理人名单"。皮尔森对这件事的复杂程度所知有限——他不知道关键的转折早在6个月之前就已发生，而美国、英国和加拿大政府封锁了相关消息。但皮尔森只是说加拿大首相麦肯齐·金（Mackenzie King）最近以"一个对华盛顿的特殊访问"告知了杜鲁门总统全部细节。

广播标志着古琴科事件的开始，战后首个重大间谍丑闻，其错综复杂的情节将催生无数间谍小说和电影。就像皮尔森报道的主要目的所希望的那样，这一丑闻引发了一波又一波地针对苏联的间谍的歇斯底里情绪，深刻地改变了公众对于在美国、英国和西方大多数地方苏联人的态度。

联邦调查局主任埃德加·胡佛（J. Edgar Hoover），是皮尔森故事主要情节的提供者。他预测，这将促使杜鲁门政府更坚定地反对国内外的"颠覆"和共产主义。事实上，直到他和皮尔森都去世多年之后，人们才得知胡佛本人就是那个"内幕检举人"，他曾于广播开始数周前与皮尔森通过一系列电话交谈部分泄露的细节——他们甚至在节目播出的当天早上互相通风。[1]

伊戈尔·古琴科是苏联驻渥太华使馆的一个不知名办事员，他为苏联军方情报机构工作。26岁，已婚并有一女，第二个孩子即将出生，他颇为享受在西方的生活。由于担心自己因某些微小的情报失误而被送回莫斯科，他在1945年9月5日晚从大使馆带走了109份秘密文件。因为急需用钱，他曾首先试图引起出版商的兴趣。他去了《渥太华杂志》的办公室，但那些人叫他立马滚蛋，因而也错失了本来几乎到手的最佳独家新闻。加拿大司法部的官员们认为他是一个骗子，于是将其撵走。最后，他来到一个骑警站，那里的人才认真接待了他。

古琴科偷出的文件证明苏联多年以来一直在寻找原子弹和其他军事机密，并安插代理人——"沉睡者"——已上升到美国和政府的高级职位。他们建立了苏联的主要间谍机构，这个由内务委员会（NKVD，后来是MGB，再后来是KGB）操纵的独立间谍机构的规模和人数都远远超过了西方情报部门的预测。

加拿大人盘问古琴科数月之久，才为其设定一个新身份。颇富创意的是，他们给他取了一个新名字——乔治·布朗（George Brown），一次性给他10万美元，并承诺每月还将付给他500美元。[2]他们将大部分材料交给

---

[1] 有关古琴科事件的最好解释见艾米·奈特（Amy Knight）：《冷战如何开始：古琴科事件和搜捕苏联间谍》（*How the Cold War Began: The Gouzenko Affair and the Hunt for Soviet Spies*），麦克莱兰和斯图尔特出版社，2005。另可参见米特罗欣（Mitrokhin）和安德鲁（Andrew）：《米特罗欣档案》。

[2] 虽然深居简出，古琴科却在20世纪50年代的美国脱口秀节目中变得家喻户晓——总是以一条白头巾蒙住脸部和头部，看起来有些像3K党（Ku Klux Klan，美国历史上和现在的一个奉行白人至上主义运动和基督教恐怖主义的民间仇恨团体，也是美国种族主义的代表性组织。——译注）。他聪颖过人，言辞机敏——谈到苏联间谍和生活。他写了一部无关紧要的自传《铁幕》，但另有一部关于斯大林的优秀小说《巨人的陨落》。遗憾的是他没有再创作更多的小说。每当被记者直接引述时，他就非要辩个明白，并威胁要与其对簿公堂。他留在苏联的家人遭到MGB的残忍对待。他母亲在臭名昭著的卢比扬卡被关押了数周，当然肯定遭受了虐待，在释放不久后就死了。他妻子安娜的父母和妹妹被监禁5年，其外甥女被送到孤儿院。

美国和英国。但并不像后来某些间谍、政客和惊悚小说作者所认为的那样，包含有反映苏联窃取曼哈顿工程机密的诸多细节。那是由另一批叛逃者和间谍共同完成的工作。但古琴科文件的珍贵之处在于记载了在北美有影响力的苏联间谍名字，并为如何找到其他间谍提供了很好的线索。

值得注意的是，三国政府对这些信息几乎都无动于衷——部分是因为惰性，部分是因为反间谍情报技术设置陷阱，抓捕其他间谍需要时间，但主要是因为担心如此重大的间谍丑闻可能引起的外交和政治影响。在这个舞台上，苏联仍然被认为是一个英美可以联合的力量，不过其显而易见的许多好处已经被苏联人打破了。

皮尔森的全部故事被西方媒体曝光后，无论细节处多么隐晦，加拿大在外界压力下开始采取行动。第二个周日，2月10日，尽管当天皮尔森节目主要是关于其他主题的，他还是以说句题外话的方式报道了加拿大"迅速逮捕"间谍的轰动性消息。然而在那时，他们实际上并没有行动，但在2月15日黎明有16人被逮捕，包括12名加拿大公务员，并被指控犯有间谍罪。

5天后，英国军情五处（MI5）逮捕了英国物理学家艾伦·纳恩·梅（Alan Nunn May），伦敦国王学院的讲师。他承认在战争期间，在借调至加拿大国家研究委员会时，当时在蒙特利尔附近修建一座核反应堆，他曾将原子机密传送给苏联。他并不认为自己犯了叛国罪，而简称"做得没错"。他唯一后悔的是，他通过俄罗斯VIA快递寄了一小块高放射性铀235，由于没有穿着防护服，可能会导致其余生重病缠身。在加拿大有9人因间谍罪入狱，包括一名议会议员。[3]

目前在美国还没有人被逮捕，尽管在一片间谍恐慌中有一些政府高级官员因苏联特工嫌疑而遭受调查。他们包括财政部官员哈里·德克斯特·怀

---

3 杰克·安德森（Jack Anderson）：《一个探听丑闻者的自白》，兰登书屋，1979。

特（Harry Dexter White），曾代表美国在1944年的布雷顿森林会议建立了世界银行和国际货币基金组织；以及美国国务院的阿尔杰·希斯（Alger Hiss），美国在新的联合国办事处的第一位主任。他们都遭到罢黜。怀特在作证后不久死于心脏病；希斯则因苏联间谍罪作伪证被判入狱3年。

古琴科事件对美国及其总统产生了深远影响。杜鲁门的声望——当时已经很低——再次大幅跳水；杜鲁门的支持率创下了理查德·尼克松（Richard Nixon）水门事件以前的新低，仅略微超过其百分之三十，在那时是一个记录。杜鲁门承认间谍恐慌情绪令其承受了额外的压力，而且可能无法避免的是，美国对红色威胁的反应过激了。伊戈尔·古琴科和任何人都对接下来的一种氛围有责任，在皮尔森广播九个月后当选参议员的约瑟夫·麦卡锡（Joseph McCarthy）认为这太容易操控了。杜鲁门在几个月内发布行政命令，强制要求所有政府雇员宣誓效忠，而FBI和税务机关调查发现其内部可疑的共产主义者或跟风者数量众多。甚至私人企业也出于政治考虑解雇员工。[4]

在英国，恐惧共产主义入侵的情绪从来没有达到像美国那样疯狂和歇斯底里的水平，但艾德礼（Attlee）就"颠覆破坏"主持召开内阁会议，近20名公务员接受军情五处的调查，一些学者失去在牛津剑桥大学的职位，约翰·刘易斯（John Lewis）连锁商店的全部雇员都必须签署一份反共承诺书。但英国人像往常一样，对意识形态相当放松。大多数人"只是太过专注而忘了担心"，如小说家帕梅拉·汉斯福特·约翰逊（Pamela Hansford Johnson）所回忆的："普通人忙于应付日常问题……他在上班路上看到公交线路被战争废墟所环绕，从前酒吧林立和孩子玩耍的地方已成为被清理区域。他仍然想知道还需要多长时间才能将其彻底清理完毕。他无暇顾及新的

---

[4] 海涅斯·约翰逊（Haynes Johnson）：《焦虑时代》，马瑞恩书屋，2006。《焦虑时代》是一部有关麦卡锡主义及其对美国的影响的优秀著作。

废墟……除了报纸上零星的争论……他没有发现俄国对自己的威胁。"[5]

虽然对俄国来说,其后果是直接的。唐纳德·麦克莱恩(Donald Maclean),当时以英国高级外交官身份在华盛顿工作,其剑桥间谍身份并未被识破,后来叛逃到莫斯科。于1983年,在那不久前在俄国的一次访谈中,他说到苏联之前从古琴科事件获得的大量有价值情报。"现在消息阻塞,(他们)在一夜之间冻结了所有行动……情报在美国。"到1946年2月底,苏联精心建立了多年的间谍网络已经完全失效。[6]

5　帕梅拉·汉斯福特·约翰逊(Pamela Hansford Johnson):《我所珍视的》(*Important to Me*),麦克米兰出版社,2012。
6　祖波克(Zubok):《失败的帝国》,358页。

第七章 紧缩的英国

1946年2月在英国最不受欢迎的人是一个名叫史密斯的67岁的东伦敦区人。史密斯先生本是工党政府的粮食部长和达尔兰区的国会议员。一个机智的伦敦人，他是伦敦最早一批出租车司机之一，在不久前的夏季大选中工党以绝对优势获胜，他是下议院工党会员的中坚力量之一。在其政治生涯的大部分时间里，史密斯都是一个忠诚的党员，因直率和谦逊而深受爱戴。但当受命负责战后政府食品管理这项吃力不讨好的任务后，他很快就变了。

由于主食品种严重短缺的程度甚至超过了德国潜艇攻击英国补给船的最困难时期，史密斯在2月5日被迫宣布一项更为严苛的国内口粮配给规定，其未知的困难程度甚至要超过战时。第二天，示威者聚集在政府所在地白厅（Whitehall）外，并张贴标语称"让史密斯也饿下肚子"。不过这可能没什么用，因为部长是个身形臃肿、体重超标的大胖子。

口粮定量在战时可谓司空见惯。二战胜利后，人们认为口粮定量将会很快结束。"人们期望从战时难以忍受的贫困生活中解脱出来，执政的工党政府为此做了大量工作"，苏珊·库帕（Susan Cooper），一位致力于养家糊口的妻子和母亲回忆道："摆脱那些粗糙饭食和单调乏味、凑合将就的生活，不再受到压抑，神经不必再时刻紧张兮兮。"但英国人很快意识到以目前的糟糕程度，经济情况不太可能在短时间内就有所好转。英国进口的大部分食物都被供应商要求以美元付款，然而仅仅几个月后，英国就陷入了首

第七章 紧缩的英国

次贸易入超危机,并在其后的25年中一直未能走出来。[1]

粮食部长的公告令伦敦的早晨蒙上一层灰色,使得整个国家陷入萎靡不振的境地。几乎所有供应都被削减将近一半,包括肉类、糖类和肥皂粉等。成人平均每周肉类供应量下降到13盎司,奶酪是半盎司,黄油和人造奶油是6盎司,烹饪油是1盎司,还有2品脱牛奶和一个鸡蛋。"这真是令人沮丧……情况越来越糟糕了",库帕回忆道。而公告还附加了一个严苛的细节条款:所有米制品必须从商店全部下架;这无异于剥夺了贫苦家庭的又一食物来源。尽管战时的鸡蛋粉难称美味佳肴,但还是成了英国人餐桌上的主食,每年从美国进口的鸡蛋粉价值接近1000万美元。史密斯现在宣布类似的进口贸易必须停止。"我真是不知道从哪去弄钱了。"他说。[2]

英国人历来以服从和耐心而备受赞誉——在英语中有大量如何应对困境的陈词滥调。"于是他们扎紧了腰带,用肩膀推动车轮,笑着迎接挑战,尽力而为,高昂着头,咬紧牙关。"一位亲历过那个时代的家庭主妇如此回忆道。然而在新配给制度宣布两周后,"口粮限量"丑闻曝光,那著名的坚韧几乎消耗殆尽。面包在战争期间并未限量供应,虽然吃起来味道不怎么样。"人们已经习惯了吃粗制滥造的面包,只需削掉脏的那一片即可。"苏珊·库帕回忆道。而现在面包不仅是肮脏的,而且更小了。

部长已经有了对策,他们寄希望于能够在人们没有察觉的情况下减少其小麦的消费。他们把面包做得更小,两块28盎司,一块14盎司,再切成两半,而价格不变。他们预计在人们购买面包数量不变的情况下,每年可以节约300000吨小麦。但这个笨拙的愚民尝试所带来的只是群情激愤,另外不出所料的是,面包的实际消费数量并没有变化。然而,这有效地终结了倒

---

[1] 迈克尔·西森斯(Michael Sissons)、菲利普·弗兰奇(Philip French)编:《节俭年代》(Age of Austerity),伦敦:霍德和斯陶顿(Hodder and Stoughton)出版社,1963年。
[2] 同上,史密斯,引自《每日镜报》(Daily Mirror),1946年2月20日。

霉的史密斯的政治生涯，并且加速了口粮配给的推行。这可能比任何事情都更直接地让民众体会到"紧缩"的含义，以及英国在世界舞台中的飘忽位置。[3]

面包丑闻也与德国的粮食危机有直接联系，特别是英占区，那里如我们所见，人均口粮供应削减到了1100卡路里一天。相比之下，甚至还要低于史密斯部长规定的2500卡路里。在这个冬天，一场旨在改变出口条例和允许人们向德国邮寄食物的战役打响了，尽管这是战时条例开始就禁止的。领导者是维克多·格兰茨出版社（Victor Gollancz）的一名左翼出版商和众多经验丰富的自由主义者，他们的父母都是在19世纪晚期从德国移民至英国的。他在二战结束的当年秋天访问了德国，并出版了一部描写那里可怕景象的力作。格兰茨的叔叔是伦敦的一名犹太学者。在一帮出身名门的朋友和伙伴的帮助下，他请求对德国人民施以大规模的人道主义救济。

在《听天由命：德国的饥饿伦理》（*Leaving Them to Their Fate*）一书中，格兰茨写道：

我是一个犹太人。有时我会问自己，为何作为一个犹太人会去关心那些声名狼藉、曾对我的族人犯下罪行的人们，那种记忆，我感觉……永远都无法忘却。我有时问起这些，又感到遗憾，那些犹太人已经忘记了……先知的教诲。我号召帮助受苦的德国人恰恰是因为我是一个犹太人；但并非由于人们所猜测的那些原因。这是一个问题……关于痛苦，直接的常识，不偏不倚的价值判断……还有很多。对我而言，有三个命题是不言而喻的。第一，没有什么能拯救世界，除了用彻底的悔过代替自以为是的恶行；为我们所有的罪，可怕的是还在继续犯罪。第二，以德报怨，而非以牙还牙。第三，陷

---

[3] 史密斯于1946年5月被政府解职，并同时退出国会。他被任命为新成立的西米德兰兹郡煤炭董事局主席。接替其粮食部长一职的是伊顿公学的老校友约翰·斯特拉奇（John Strachey），在20世纪30年代曾与马克思主义有点关系，但现在则主要倾向于工党。标语很快改成了"让斯特拉奇也饿下肚子"（Starve with Strachey），乍看之下似乎要好些。

第七章 紧缩的英国

入可怕的集体语言模式——除非你对待一个人像生病一样,否则就一事无成;或者,更确切地说,它将进一步推动人类走向毁灭。[4]

这场战役的影响力是惊人的。但它并不像德国人一样有说服力:《一个战败的民族》(A Defeated People),一部由汉弗莱·詹宁斯(Humphrey Jennings)指导的纪录片,在自由主义知识分子和公众当中都引起了强烈反响。影片展示了被战争耗尽心力的囚徒的困境,平民生活在废墟中,衣衫褴褛的孤儿在污泥中玩耍。它伴随着一种深思熟虑的、有些刺耳的价值判断,即这都是德国人咎由自取。其结论虽然更倾向于理性而非感性:"我们对于德国的兴趣纯粹是出于自私。我们不能住在满身是病的邻居旁边。"

诺埃尔·考沃德(Noel Coward)讽刺歌曲对此也有附和:"不要让我们变得像德国人一样野蛮。"现在不妨让我们重温一下这首在二战期间风靡一时的歌曲:

不要让我们变得像德国人一样野蛮,

当我们胜利已成定局。

只是那些邪恶的纳粹说服他们去战斗,

他们的贝多芬和巴赫其实比他们所受的伤痛更大。

我们应温柔对待他们,

把脸转向他们,

试着带给他们快乐的感觉

……

对他们说些甜言蜜语,

日复一日,

---

[4] 维克多·格兰茨(Victor Gollancz):《听天由命:德国的饥饿伦理》(Leaving Them to Their Fate: The Ethics of Starvation in Germany),第12页。

要有耐心，

同情再同情，

清者自会清，

但是不要让我们成为野蛮的匈奴人。

虽然国内正处于严重紧缩，财政大臣休·道尔顿（Hugh Dalton）私下反对给予德国每年8000万英镑的额外援助，"我们所做的本质上只是偿还德国的战争赔款"。但英国媒体的反应是令人惊讶的"维持平衡"。《每日镜报》（Daily Mirror）评论说英国别无选择，只能养着德国人。"有人建议我们不应对德国人保有任何同情……这并非是出于提示我们处理现在情况的重要性的同情。这是一个实际的问题，使得行动势在必行。欧洲陷入泥沼的时间越久，它复苏需要的时间就越长——维持占领区的时间也会变长。"从一战之前就持坚定反德立场的《周日画报》称"为了欧洲和我们的利益，为了我们占领军的安全……必须防止德国成为一个重灾区，否则将威胁到整个世界"。[5]

在1946年，大部分英国人都知道国家现在一贫如洗，但很少有人知道能穷到如此境地。伴随着胜利和幸存而来的是一笔巨大支出。英国在20世纪30年代中期曾是世界上最大的债权国；但现在已成为最大的债务国。英国没有被纳粹德国击败，它独自与强大的敌人作战，至少在道义上，可以问心无愧。然而战争几乎毁掉了这个国家超过四分之一的社会总财富。丘吉尔政府被迫大规模举债和批发出售海外资产租借方案，以保障战争物资和粮食供应。但随着欧洲停战，美国突然中止对盟国的借贷。虽然英国此前已受到警告，但突然的打击还是令伦敦的新政府倍感震惊，他们马上要面临的是财

---

[5] 休·道尔顿引自艾伦·布洛克（Alan Bullock）:《恩内斯特·贝文：外交大臣1945—1951》（*Ernest Bevin: Foreign Secretary 1945—1951*），第488页；《每日镜报》（Daily Mirror），1946年5月29日。《周日画报》（Sunday Pictoria），1946年4月28日。

第七章 紧缩的英国

政危机。

英国在战争结束时的债务总额大概是35亿英镑（那时相当于140亿美元）。在1945年4月，当时世界上最杰出的的经济学家凯恩斯勋爵（Lord Keynes）担心英国可能很难撑过5年，因此为内阁准备了一份研究报告。在报告中，他指出：英国的工业完全集中于军事产品，需要一个很长的时期来恢复到和平时期的状态；英国想要摆脱粮食进口的依赖可能需要花上几年的时间；这个国家现在没有任何外汇储备。据他估算，未来3年会有50亿英镑（大约130亿美元）的缺口，假设美国财政部会推迟未偿还的外债。"钱从哪儿来？"他问。没有外援，又欠这么多钱。"这是财政上的敦刻尔克，但毫不夸张地说，我们这次已经无路可退了。"[6]

因此，在1945年秋天，即凯恩斯生命中最后几个月里，他正式请求美国贷款。这并非一件容易的事情。凯恩斯深信作为美国的坚定盟友代表，他会受到华盛顿的热情欢迎。然而，他失望了。他本来以为可以得到15亿英镑的礼物"和一笔35亿英镑的无息贷款，但只得到了利息为2%的37.5亿英镑的贷款，50年内（用美元）还清。甚至还要经过国会批准。此外还有一些附加条款和细则。为了使殖民地与英联邦以外的国家更好地进行贸易，英国不得不放弃'帝国特惠制'体系；更严重的是，美国人坚持认为英镑必须在一年之内成为可自由兑换货币的贷款要求被接受了。凯恩斯意识到这将会带来灾难性后果：不出一年，'英镑失控'将会导致贬值，并且吃掉贷款本金。"

在1946年，"特殊关系"并不像后来那样特殊。在许多英国人看来，这似乎是一个舒适和便捷的迷思，主要表现为国内消费缓解国家经济下行的危机。很多美国人都担心，英国人还要用多久这个词。迪安·艾奇逊称

---

6 凯恩斯爵士文件，TNA：T 247/40，Reel 6。

之为"一个令英国接受欧洲主要角色的危险知识障碍"。英美两国在两次世界大战中并肩战斗,语言相同,文化相通,但战后他们的利益很快变得不尽相同,实际上在短时期内似乎还有冲突。很难理解的是,现在某些重要地区局势紧张,主要是由于英国决心要保住大部分帝国版图,而美国则开始扩展和发挥全球影响力的缘故。有些讽刺的是,冷战时期的苏联也面临同样的挑战,于是恢复关系又开始被提上日程。斯大林又一次拉近了英国和美国的距离。[7]

贷款谈判导致大西洋两岸的敌意。英国认为美国人过于吝啬,在其盟友和朋友最需要帮助的时候却心怀嫉妒,故意提出苛刻条款。美国人则显然被激怒了,他们认为自己是慷慨大方的,而英国简直是忘恩负义。正如当时是艾德礼政府的一名僚佐,后来成为首相的哈罗德·威尔逊沮丧地发现:"有钱人瞧不起穷亲戚。"[8]

"人穷志短"本来就是司空见惯的事情;当时的英国就是一个乞丐,只不过他们自己不承认罢了。财政大臣休·道尔顿对贷款条例不大满意(没人喜欢它们),但他说:"还有别的选择吗?那些觉得只要胜利之后就会慢慢变好的念头都会在绝望中幻灭。"因为没有钱。1945年圣诞节前,下议院就贷款条例进行投票时,23名工党议员反对,其中就有未来的工党领袖迈克尔·福特(Michael Foot),他当时是一名年轻的左翼分子;未来30年中工党的领军人物芭芭拉·卡素尔(Barbara Castle)和沉稳老练的亲美派未来首相詹姆斯·卡拉汉(James Callaghan)则将贷款条例称为"美国的经济侵略"。

如同英国的不满情绪一样,美国反对贷款的呼声也日趋高涨,在耗

---

7 迪安·艾奇逊(Dean Acheson):《创世亲历记:我在美国国务院的岁月》(Present at the Creation: My Years in the State Department),第377页。
8 引自菲利普·齐格勒(Philip Ziegler):《威尔逊》,威登菲尔和尼克尔森(Weidenfeld and Nicolson)出版社,1993年,第247页。

第七章　紧缩的英国

时数月的争论之后，国会终于在春天通过了贷款条例。坚定的大西洋主义者，当时英国保守派主要喉舌的《经济学人》在其社论专栏发表了大量评论说："我们目前别无选择，只好接受美国的施舍。但我们并非是被迫要表现得欢天喜地，而我们确实也没有这样做。我们目前最需要的是直面现实和后果，并早作打算，以迎接最漫长和最艰巨的挑战。在道义方面，我们是债权人——为此不得不在20世纪剩下的时间内偿还1.4亿美元。这或许是无法避免的，但未必是正确的。"而社会主义阵营的《新政治家》（New Statesman）的观点几乎如出一辙："很明显，美国不仅对英国怀有敌意，对苏联也是一样。"[9]

夜总会里很快就开始频繁流行颇为尖刻的歌曲：

山姆大叔人人夸，

军舰时常来我家，

日常吃穿全靠他，

别把反美分子抓。[10]

冷冰冰的消息在大西洋两岸来回穿梭。反共政府成员之一的英国外交大臣恩内斯特·贝文对其私人秘书皮尔森·迪克森（Pierson Dixon）说："英国正面临着越来越多的美国和苏联之间的敌意和不信任……他们都谋求加强自己的地位，却不考虑我们的处境。"当这种情绪到达顶点时，内阁通过一项决议，艾德礼亲自宣布称："我们应该向美国政府明确说明，如果他们不断采取行动……影响我们的利益，而又不事先与我们协商，那么我们就不可能一起合作了。"[11]

9　《经济学家》，1945年12月14日；《新政治家》，1945年12月13日。
10　在伦敦外交圈和政治圈还有一首类似的打油诗经常被引用，可能显得更势利些。哈利法克斯勋爵担任英国驻华盛顿大使直到1946年春："勋爵在华府，低语凯恩斯。纵有钱袋子，不如有脑子。"
11　皮尔森·迪克森（Pierson Dixon）和艾德礼语均引自布洛克（Bullock）：《恩内斯特·贝文》（*Ernest Bevin*），第567—568页。

在美国，反对贷款的人来自不同的群体。右派原则上反对大规模外国贷款，而左派则反对英帝国体系；爱尔兰、犹太议员和一些商业领袖则认为英国正处于一个危险的境地，无力还清债务。伊曼纽尔·塞尔勒（Emmanuel Celler）是一个有影响力的民主党人，纽约众议院财政委员会成员之一，他简洁地解释了反对原因。那些钱将被"用来支持许多国内的社会主义和国外的帝国主义。"他说。

在2月和3月初，贷款看起来还无法获得国会批准，但杜鲁门通过个人努力后声称："我竭尽所能地争取每一分钱贷款。"贷款最终在初夏时通过，部分是受反共浪潮的影响，部分是由于大多数美国商界领袖和外交政策专家们开始发现，欧洲复兴对于美国政治和经济利益是急迫的和至关重要的。一名白宫官员在国会上明确表示支持贷款："那些有关贷款的经济数据整体上是不太能令人信服的……我们需要适时地举起另一个国家的手，因为我们急需一个朋友以共同面对难缠的俄国。"[12]

但在贷款交付之前，资金非常紧张，陆军部不得不取消在中东地区举行的海军演习，因为石油成本太高——如内阁文件所示，对政府来说几乎是绝望的价位。尽管凯恩斯很固执，但从经济角度而言，如果没有其他援助，英国将被迫放弃帝国版图内许多"没有产出利润"的地方。这是他的战后经济计划的主要内容之一。他告诉政府，这个国家将面临的并非仅仅是殖民地财源枯竭这么简单。减少"帝国挥霍"的办法是在那些最突出的地方省钱。英国债务的主要支出部分在非洲、中东和印度，凯恩斯估算帝国每年运营和管理的费用是14亿英镑。"正是这种完全大包大揽的支出造成了我们的财政困难。除非……尽快实施严格控制，否则将严重损害我们在战后初期的经济独立能力。"他的观点独树一帜，但却不合时宜。因此，凯恩斯的观点没

12　克拉克·克利夫特（Clark Clifford）语见CNN冷战系列档案、李德·哈特中心军史档案馆（CNN Cold War Series Archive, Liddell Hart Centre for Military Archives）。

第七章 紧缩的英国

有受到什么关注。"这是紧缩的时代,但并非英国人的看法。"一位经历过那个时代的历史学家观察到了这一点。[13]

作为一个"超级大国",英国的运营和维持成本是一个巨大的数字,但很少有人怀疑其在政治上和心理上的重要性。这个国家可能会破产,即便现实摆在面前,一个或两个殖民地可能将被迫放弃,但1946年的英国并没有准备放弃帝国荣耀的想法。这意味着,首先要维持全球驻军——但又很难减少支出,就像许多历史上的帝国曾经经历的那样。在战前,英国每年的军事支出是600万英镑,战后两年则达到2亿英镑。1946年的英国有125万人(其中女性极少)服役,而在战事最激烈的时候达到了500万人。尽管国内发生严重的经济困难,但大西洋、地中海和印度洋舰队,位于香港的中国总部,以及从西印度群岛到亚丁湾和马来半岛的十几个国家和殖民地以及其他基地,还有120个完整编制的英国皇家空军中队都将被保留。在贷款条例敲定后,美国驻英国大使约翰·怀南特(John Winant)致华盛顿的助理国务卿威廉·克莱顿(William Clayton)的回电说:"英国人靠自己双手坚持……希望在我们的帮助下,能够以某种方式保住大英帝国及其领导地位。"[14]

在英国,战争结束的时候不是零点,但1945年的大选似乎是与过去的明显分界点。工党压倒性的胜利可能会使斯大林和丘吉尔感到震惊,但英国人很少会感到奇怪。选民并非根据六年的战争来投票,而是根据十年之前的表现。20世纪30年代领取救济的人群和贾罗游行似乎比阿拉曼或鲁尔更能唤起回忆,谦逊、呆板的克莱门特·艾德礼——丘吉尔曾经称呼他为"羊群中穿着衣服的那只羊"——是一个温和、苦行僧式的正派人。丘吉尔的保

---

13 凯恩斯爵士文件,TNA:T 247/40,Reel 6;托尼·朱特(Tony Judt):《战后:1945年以来的欧洲史》(Postwar: a History of Europe since 1945),第119页。
14 克莱顿(Clayton)致国务院,1946年1月28日,FRUS(美国对外关系文件集)第4卷,第277页。

守党预备议员哈罗德·尼克尔森（Harold Nicolson）承认："同丘吉尔相比，他就像帕格尼尼后面一个乡村小提琴手……但'贫穷带来饥饿'对同时代英国的影响力"要超过他那位杰出的前任。[15]

战后的英国首相经常被拿来与杜鲁门相比较，他们都不是依靠装腔作势才得以成功地接替"伟大"的前任领袖，而凭借的是自身巨大的人格魅力。两人都不具有鼓舞人心的极佳口才；事实上，两人都平淡无奇。在其他大多数方面，两人也有很多不同，且彼此极为厌恶——这是战后英美立即产生摩擦的另一个原因。他们后来也加深了彼此之间的尊重，但早期的信件中则多为只言片语，偶尔还有脾气暴躁的埋怨。

作为20年来派系纷争不断的工党的领袖，艾德礼成功地攀升到政治顶端，并无可置疑地获得领导变革的权力，作为政府总理对现代英国施加了一个持久的影响——这并非无名之辈能做到的。如果丘吉尔的地缘政治是一片宏大视野的话，艾德礼对那个时代和国家的理解在某种程度上是其前任所欠缺的。他做事精细，善于组织群众，有时又能表现出令人惊讶的想象力。同丘吉尔富有节奏的声音相比，他声音尖细，但充满自信——他的亲密战友曾指出这一点，虽然他的对手很少能认识到，并且总是低估了他。他并不像人们看到或听到的那样一事无成，但与工党的杰出人选如恩内斯特·贝文和安奈林·贝文相比，似乎就显得黯然失色了。艾德礼喜欢用一个隐喻，说自己就是一个球队队长，虽然不是明星球员，但只要需要他的时候还是很乐意上场出力。

作为二战时期丘吉尔的副首相，艾德礼完全称得上尽职尽责。他的一个助手说："丘吉尔赢了战争，而艾德礼考虑的是赢得和平。"战后的英国城市满目疮痍，人们都在谈论战争之后可能出现的新情况，他没有大张旗鼓

15　尼克尔森（Nicolson）的日记和信件，1946年6月27日。

第七章　紧缩的英国

的宣传，就通过协调国内政策控制了舆论。他从不谈论社会主义，因为他表示怀疑。他赞同凯恩斯的观点，战后应当"产生一种保障社会和个人安全的渴望"。这也是艾德礼反复提到的话。"战后世界所面临的问题和压力……明显威胁到我们的安全和发展——尽管远远低于——德国在1940年的威胁。我们在多年之后仍然需要重拾敦刻尔克的精神……工党的佳话是将这一精神转化为和平时期的实际表现……它要求我们努力工作，满怀斗志，保持理智。"他谈到社会保障的"安全网"对失业率的影响，以及"社会保障缺乏未雨绸缪的远见"。[16]基本福利法的制定、英国城市的重建、紧迫的住宅建设和国民医疗保健制度的建立，都是摆在工党面前的问题，并可视为战时精神的一种延续。

既然英国可以齐心协力打败希特勒，那么他们也可以找到一种方法为人们提供住处和工作。那时不仅在英国，西欧的大部分地区都存在这样一种情绪，并且在政治文化迥异的其他国家也是如此，例如日本。战后，那些左派人士所说的"放任的"自由市场已经不幸地宣告失败。身居统治阶层的精英们因为对经济大萧条、大规模失业、贸易萎缩和极端民族主义束手无策导致了混乱局面、法西斯主义、战争——在许多悲观主义者眼中的欧洲文明实际已经崩塌了。不过还有另一种选择，一个规划得更为合理的社会，可以避免重演二三十年代的悲剧。只有国家运转情况良好，或者说大体还行，才能够组织人力和资源，为了共同目标而齐心协力，解决大多数难题——就像在战时发起的总动员那样。

尽管具体做法各有差异，但欧洲各国政府都普遍地建立了免费教育、医疗和不同程度的社保制度；建造住宅，并充分鼓励就业。这样的政策成为共识，甚至连英国的保守党也大致接受了。在一些国家，如法国和西德，右

16　卡内斯·哈里斯（Kenneth Harris）：《艾德礼传》（*Attlee*），第365页。

派也很欢迎社会福利和教育保障。初期成本并不太高。在英国，艾德礼政府前5年的新社会保障花费尽管接近战前的3倍，但不到国民生产总值的9%。社会保障首先是为了提供基本需要，即艾德礼所谓的"安全"。人们在真正短缺的时候愿意付出。"正是因为在困难时期……这就好像一个最低标准的公平承诺。"一名亲历过那段时间的作家如此回忆道。

艾德礼很难说是一名变革者。他主张实用、适度和体面的费边主义以"防止"革命发生。他说自己的国内政策是工党外交政策的一部分，以迎接苏联式共产主义在世界范围内的挑战。

除了进行改良，艾德礼政府在许多方面都持非常保守的态度。根据那个时代最富洞察力的人之一的安东尼·霍华德（Anthony Howard）的观察，"远离社会革命"，使工党在大选中获得压倒性胜利，并且在最大程度上恢复了自1660年以来的"传统"社会价值观。战争埋葬了权贵阶层。它使得著名公立学校黯然无光，面临解散的阴影；它废除了行政机构的种姓制度；它侵蚀了大部分英国社会障碍。尽管保守党可能对现实情况有更好地理解——工党政府试图接管经济权力，以悄无声息和不动声色的方式恢复和重建昔日的繁荣。[17]

---

[17] 安东尼·霍华德（Anthony Howard）：《工党的胜利》，见迈克尔·西森斯（Michael Sissons）、菲利普·弗兰奇（Philip French）编：《节俭年代》（*Age of Austerity*）。脚注：亨利爵士（Sir Henry Channon）日记，1946年1月21日，凤凰出版社，1996年。

第八章 莫斯科大剧院的表演

在皮尔森曝光古琴科事件6天之后,斯大林罕见地出现在公众场合。更不寻常的是,这次他发表了一个演讲。除了重大节庆假日如五一劳动节和十月革命纪念日,领袖在战后很少公开露面。他很少发表演讲,有时一年都没有一次。他不是伟大的演说家,但在2月9日的莫斯科大剧院一次集会上,他为次日举行的苏联最高立法机构——最高苏维埃的"选举"作了35分钟的讲话。

斯大林没有说什么豪言壮语,尽管他肯定知道现场有1000名观众或党员,另有数百万人通过广播收听。他亲自撰写讲稿——甚至不厌其烦地在某些关键处加上听众应该出现的反应。演讲最终定稿的一些段落末尾有"热情的掌声""笑""大喊同意"和"热烈欢呼"等字样——最后以"疯狂欢呼和长时间起立鼓掌"作为结束。

在其冗长难懂的官样文章中,像那封信一样,斯大林明显放弃了三巨头联盟的精神。对于西方列强没有一句好话,除了承认战争"胜利是由于与美国和英国共同组成反法西斯同盟"。现在,他提出苏联在未来10年必须加倍努力以成为一个能够与西方抗衡的超级大国——"科学成就在不远的将来就超越一个国家的边界",这是关于核武器竞赛即将到来的一个明确暗示。他要求尽快努力"提高我国工业程度……要达到3倍于战前的水平"。对此,他说唯一的方法就是确保苏联安全"以备任何不测"。当斯大林坐下时,苏联人已经意识到其领袖希望他们更加努力工作以重建混乱的国家;他们必须放弃那些伴随胜利而可能产生更大的自由和更轻松的念头。相反，他号召保持意识形态的纯洁性和共产党员的清廉度。[1]

在斯大林看来，苏联在战争期间的松懈，主要是为了取悦西方。现在一切都将改变。用其女儿斯维特拉娜（Svetlana）的话说，战前那种"一半兵营，一半监狱"的景象又将重演。[2]

苏联军队自前线返回时，特别重视被寄予厚望的和平、安宁与长时间的繁荣。后来成为开放和改革之父，并成为最后一位苏联领袖米哈伊尔·戈尔巴乔夫（Mikhail Gorbachev）的主要顾问之一的亚历山大·雅科夫列夫（Alexandr Yakovlev）曾受过两次重伤；其中一次使得他只能一瘸一拐地度过余生。他被授予苏联红军的最高荣誉，但当他回国后，尽管周遭都在宣传苏联卫国战争的胜利，但他发现实际情况却很糟糕：被发配到西伯利亚的战俘、营养不良的儿童和量刑轻滥的现象死灰复燃。"显然每个人都在说谎"，他说的是那些党内理论家。[3]

斯大林认为威胁无处不在，即便是那些饥民也不可掉以轻心。战争带来的是苏联自20世纪20年代末和30年代初以来最严重的饥荒。1945年收成不佳，然后是乌克兰的糟糕天气、摩尔多瓦的旱灾和西伯利亚的暴雨毁坏了庄稼。第二年的收成是有史以来最差的，粮食作物的产量仅为1940年的三分之一，马铃薯产量不到一半。50万至200万人死于饥饿。意识形态冲突加剧了饥荒：苏联给东德和新帝国的其他地区送去了大量粮食，以支持当地共产党的储备。他们还囤积食品，以防日益恶劣的国际局势导致战争。

克里姆林宫曾在20世纪30年代采取相同的做法——征用那些被指控囤积的农民和集体农场的粮食。斯大林派出其属下，要求每个地区都要交出指

1　《真理报》1946年2月10日。
2　斯维特拉娜·阿利卢耶娃（Svetlana Alliluyeva）：《与友人的二十封信》，第138页。
3　Alexander N. Yakovlev（亚历山大·雅科夫列夫）【安东尼·奥斯丁（Anthony Austin）译】：《苏联百年暴行记》，耶鲁大学出版社，2002年。

定配额的粮食。结果不出所料的一致：饥荒更加恶化了。

斯大林一般不会同情受害者，而是对其所处困境大加指责。赫鲁晓夫被派往乌克兰，他曾于30年代在那里担任党支部书记。他对于苏联农村遭受的痛苦变得无动于衷，自己也干了不少坏事，把数千人送到集中营处死。现在他报告说乌克兰的饥荒是"可怕的"，已经出现人相食的现象。斯大林责备他："这是懦弱的。他们试图愚弄你。他们这么说的目的无非是企图得到你的同情，以便使用你的粮食储备。"[4]

国家提高了面包价格，停止了农村地区的工人而非农民的面包配给，这意味着他们虽然生产粮食，但却几乎没有面包可吃。就在同一天，哪怕极小的经济自由也被无情剥夺了。农民被集体禁止耕种自己的小块土地，这在以前是可以的。

成千上万的人因公开抱怨饥荒而被送到集中营。可以预见的是，偷粮食的日渐增加。1946年夏季和初秋，有53369人被指控偷窃面包，其中四分之三被送进监狱。新法律规定刑期从3个月延长到3年；斯大林大笔一挥，又加上5年——惯犯又会多一些。那些饥民因偷窃散落地上的土豆被送到集中营，一关就是几年。

在乌克兰，有人奋起抗争。乌克兰叛军中的游击队UPA（乌克兰反抗军）主要在乌克兰西部和波兰东部的喀尔巴阡山对苏军发起了一波小规模游击战，那里一度有超过30000名士兵驻守。UPA的梦想是建立一个由乌克兰人组成的独立民族。在与苏联作战的大部分时间里，他们一直不屈不挠，坚持战斗。零星的战斗对克里姆林宫是些许小刺激，但斯大林对此已有防备。他派出了超过10万人的部队，并逼迫波兰军队与苏军共同打击叛军。他曾尝试和检验超过182000名乌克兰人在1945年和1947年底被遣送到古拉

4　俄罗斯国家社会和政治历史档案馆（RGASPI）671. 53. 376。

格,他们大多是与UPA毫无关系的农民或平民。乌克兰反抗军坚持战斗到1949年底,虽然最终被苏军消灭,但也令红军付出了1200人伤亡的代价。

在莫斯科大剧院的演讲中,斯大林没有提及对西方的不满,但这种情绪与日俱增:西方盟国在本来与其毫无关系的东欧多管闲事,显示其无法理解苏联对于自身安全的合理关切;他们正试图阻止苏联从伊朗获得一个新油田;美国到处建立军事基地,从冰岛到加拿大,从日本到地中海,很多地区都是其从前毫无兴趣的;这是为了反对苏联从德国获得合理赔偿的报复行为。

但主要令斯大林怀恨在心的是美国拒绝给予苏联贷款。与英国相比,美国在欧战结束后便立马撤回了援助;国会早已批准,只等战事结束就实施。但事出突然,奉命往苏联运送急需物资的船只接到命令后便调转方向,返回美国。斯大林怒气冲冲地通过华盛顿的特使告知杜鲁门,这一切"毫无必要……甚至是残酷无情的",令他无法忘却。杜鲁门后来意识到他犯了一个错误,但嫌隙已生。[5]

苏联在一年前首次请求贷款。莫洛托夫曾试图商量着以2.25%的利率贷款60亿美元以用于重工业和运输设备,帮助苏联恢复经济。他被告知,美国国会考虑此事。但几个月过去了,却毫无回音。1945年11月,杜鲁门曾派遣一个调查组前往莫斯科,领头的是密西西比参议员威廉·柯尔默(William Colmer),一位长期反共的狂热的种族隔离主义者。柯尔默主张一分钱都不给,除非苏联提供真实的工业和军事数据,从东欧撤回军队并且同意美国的自由贸易原则。但美国人也很清楚,苏联不会接受这些条款。"这是彻头彻尾的侮辱。"莫洛托夫的一位助手说——比侮辱更糟糕的是那蹩脚的借口,贷款申请的正式文件莫名其妙地就"在外国经济管理局转交到

---

5 哈里·霍普金斯文件(Harry Hopkins Papers)第18盒。

国务院的过程中丢失了"。

当斯大林在莫斯科大剧院起身准备演讲时,他就知道贷款不会被通过,他并不感到惊讶。但在很多西方人看来,这次演讲成为冷战时期意识形态冲突象征的一个重要因素,或者如最高法院大法官威廉·道格拉斯(William O. Douglas)所说,这是"第三次世界大战宣言"。[6]

---

[6] 引自《时代周刊》(Time magazine),1946年3月11日。

第九章　冷战宣言

在杜鲁门日记中，他将1946年形容为"做决定的年份"；他现在开始采取一些措施，试图解决"不让苏联再为所欲为"的难题。在美国看来，从古琴科事件，伊朗争端的持续，对土耳其施压以求在博斯普鲁斯海峡获得一个军事基地，吞并罗马尼亚和保加利亚，到现在的莫斯科大剧院演讲，这一切都意味着苏联变得越来越"咄咄逼人"。由于杜鲁门主政之前对外交政策了解甚少，现在他开始征求顾问意见，以坚定其决心。

人们常说，罗斯福在苏联人面前过于"软弱无力"，"很傻很天真"。但他知道与苏联肯定早晚会发生对抗。虽然他的首要任务是击败德国和日本以赢得这场战争，"然后"再着手对付苏联。在他去世之前，他开始表现得更为强硬。

1945年4月1日，罗斯福在去世前不到两周时给斯大林的最后一封电报中写道：

对在富有成效的雅尔塔会议上达成的共同利益的发展，我无法向您隐瞒我的担忧……我们做出了正确的决定，得到世界大多数人民的热烈拥护，正如其所见，我们能够找到一个共同理解的基础，以保障战后世界的和平与安全。正由于这些希望和期待催生了我们的决定，而其成果也被密切关注。我们不应让他们感到失望。但迄今为止缺乏进展令人沮丧……那些我们在会议上做出的政治决定……坦白说我不明白为何会变成这样……我还必须告诉您的是，我对您的政府在许多方面表现出的冷漠态度还无法完全理解。

第九章 冷战宣言

他接着说，苏联希望统治东欧特别是波兰的意图是令人无法接受的，将导致美国人民认为雅尔塔会议是失败的……对影响盟国军队团结的困难和危险，美国可能还要作更坏的打算。在去世两天前给丘吉尔的最后的话中，罗斯福表示得更为明确："我们需要尽可能仔细考虑斯大林态度背后的含义和我们下一步应当做什么。"那天他离开华盛顿去佛罗里达的棕榈泉，并在那里去世，他告诉一个信任的记者——《纽约时报》的安妮·麦考密克（Anne O'Hare McCormick）："斯大林不是一个说话算数的人……或许他并不能掌控苏联政府。"[1]

几天之前的3月24日，罗斯福与一位老朋友安娜·罗森博格·霍夫曼（Anna Rosenberg Hoffman）在纽约州北部的海德公园共进午餐。她回忆说："他拿着一封电报，怒不可遏。他用拳头猛击轮椅的扶手，说'埃弗里尔·哈里曼（Averell Harriman）是对的。我们不能与斯大林做交易。他对雅尔塔会议上的每一个承诺都出尔反尔。'"身价千万的马球商人埃弗里尔·哈里曼是前驻莫斯科大使，已故总统的老朋友，现在则变成杜鲁门的了。他是一个脸色阴郁、惯于躲在幕后的权力掮客。哈里曼从其父铁路大亨E. H. 哈里曼（E. H. Harriman）那里继承了一大笔财富，在航运、银行和石油业都有大量资产。他原来同情苏联——直到自己到了那里并生活过一段时间，然后开始与苏联官员打交道。"任何谈判……总好像是要重复说两遍。"[2]

---

[1] 罗斯福致斯大林，FRUS（美国对外关系文件集）第4卷，第537页；罗斯福致丘吉尔，同上，第546页。麦考密克的评论引自约翰·米查姆（John Meacham）：《罗斯福与丘吉尔：血与火锻造的友谊》（*Franklin and Winston: An Intimate Portrait of an Epic Friendship*），兰登书屋，2003年，第268页。

[2] 引自罗伯特·多拉克（Robert Dallek）：《失落的和平：1945—1953年恐怖与希望并存时期的领导人》（*The Lost Peace, Leadership in a Time of Horror and Hope, 1945—1953*），第89页；W. 艾维尔·哈里曼（W. Averell Harriman）、艾力·艾贝尔（Elie Abel）著：《丘吉尔和斯大林的特使》（*Special Envoy to Churchill and Stalin, 1941—1946*），第346页。

在战争即将结束时，哈里曼怀疑苏联对于未来的野心渐长。他在从莫斯科返回华盛顿的飞机上——他是最早拥有私人飞机的美国人之一——私下跟杜鲁门说应当强硬起来，并开始挑战苏联：

> 这些人自以为凭借武力就可为所欲为。他们以为在没有征求我们和其他国家意见的情况下，就可以自行决定强行付诸实施。有诸多迹象表明，苏联正在成为肆意欺凌弱者的世界强盗，任何其感兴趣的地方都难逃此劫。要改变这一趋势，唯有改变我们的实际对苏政策……不是虚张声势而要坚定果决……的行动。苏联打算建立卫星国的计划对美国和全世界都是一个威胁。一旦苏联改变主意，欧洲可能遭受野蛮入侵。[3]

在政治上，哈里曼建议继续巩固和加强思想基础。斯大林在莫斯科大剧院发表演讲的两周后，美国国务院收到了堪称冷战史上最为核心的文件之一，所谓"长电报"。当古琴科丑闻愈演愈烈，白宫正在激烈讨论如何对付苏联时，驻莫斯科大使乔治·凯南（George Kennan）被问及苏联的下一步行动。凯南自1934年开始对俄国及其历史进行了长时间的仔细研究，毫无疑问是美国国务院最重要的俄国问题专家。他发回一封5500字的电报（并非许多文献提到的8000字，但肯定是一封长电报），其分析结合历史背景，有理有据，使人信服。

凯南可能是20世纪下半叶最具影响力的美国外交官，如后来对其无比崇敬的历史学家兼外交家阿瑟·施莱辛格（Arthur Schlesinger Jr）所描述的，是"冷战知识分子的官方代表"。傲慢自大、贵族气息、容易动怒的凯南对其同时代的政客总是颇为不屑。"那些华盛顿的国家领导人恐怕都不知道，也无法想象，在苏联占领地区的人们遭受的是秘密警察头子贝利亚的

---

[3] W. 艾维尔·哈里曼（W. Averell Harriman）、艾力·艾贝尔（Elie Abel）著：《丘吉尔和斯大林的特使》（*Special Envoy to Churchill and Stalin, 1941—1946*），第374页。

统治。"他在回忆录中这样写道。[4]

但他在长电报中还是提供了政客们所希望听到的东西。"实际上，克里姆林宫那些神经过敏的家伙看待世界事务的角度，还是基于俄国人传统和本能的不安定意识。"从伊凡雷帝到斯大林的俄国统治者都宁愿"让其人民生活在黑暗中，而不必冒着接触光明的风险与西方联系"。甚至像彼得大帝那样的"西化派"也试图"限制与欧洲其他地区的接触；他们感兴趣的是西方的技术，而非政治思想"。

"任何人都不应低估马克思主义在苏联事务中的重要性……苏联的基础本能……是从不与强大武力妥协，直到共产主义力量占据优势地位才能开展建设性工作。我们有一个……盲目的承诺是美国不会永久的妥协。对他们来说，只要苏联武力无虞，扰乱我们国家的和谐局面、破坏我们传统的生活方式、贬低我们国家的国家权威，是令人满意且必要的。苏联人对逻辑和理性无动于衷……只是对武力颇为敏感。因此它很容易出尔反尔——并且经常如此——当遇到任何强大阻力时……西方应当以美国为核心团结起来，阻止苏联的任何扩张行为。"

对苏联的大国沙文主义来说，中欧和东欧已被证明是难以消化的，在欧洲各国发号施令的严厉将军和政委与过去沙皇时代的旧总督并没有什么区别。不断的起义会"动摇苏联的统治结构"……苏联的经济体系已经根深蒂固，很难改变，但其他地区的人们"不太可能会接受像苏联人那样低的生活标准"。

凯南是有先见之明的。他说，苏联埋下了毁灭自身的种子。帝国的过度扩张意味着"如果苏联想要保住在战争中已经征服的地区，而西方坚定反

---

[4] 乔治·F.凯南（George F. Kennan）：《乔治·凯南回忆录（1925—1950）》（*Memoirs, 1925—1950*），第423页。

对其恃强凌弱的行为，其可能无法长时间维持版图不变"[5]。

这催生了"遏制"苏联扩张的想法，杜鲁门坚持了这一原则，美国在之后40年中也致力于此，直到苏联及其帝国土崩瓦解——正如凯南所预言的那样[6]。

正如苏联在美国和欧洲精心建立间谍网络一样，也有美国人在德国和东欧做着类似的事情。他们当中有数百人时刻监视着即将成为新的敌人的苏联。虽然中情局的创建要到1947年春，但美国在中央情报局局长霍伊特·范登堡（Hoyt Vandenberg）领导下已经有大量的独立间谍机构。范登堡在1946年3月初告诉杜鲁门，没有任何迹象表明苏联在欧洲和中东地区"有反常的部队调动和军事活动"[7]。苏联宣称将很快组织军队复员，有可靠情报证明这并非虚言。到1946年底，军队人数减少到仅280万——大致相当于美国和英国在欧洲的军队总和（245万）。

苏联毁坏了一些从柏林及其占领区向西的铁路，以此作为战争补偿，表明"他们并无入侵西欧的计划"。陆军情报部向杜鲁门报告说："苏联尚不具备孤注一掷地向美国（或其盟国）发动全面战争的军事实力。"[8]

许多报道的内容如出一辙。德国战区的盟军统帅艾森豪威尔将军回国后，告诉杜鲁门说："红军不希望发生战争……他们才刚刚得到所有他们想

---

[5] 尽管才华横溢、颇具影响力的凯南无疑是一个有远见的人，但他在许多方面有一些奇怪和过时的想法。他对女性投票权漠不关心。在其信件和日记中随处可见类似言论："与世界其他国家相比，美国女性往往更加敏感、难以取悦、身材平平、语言无味，如果她们回归家庭生活，如家庭聚餐、教育子女和教堂礼拜等，应当会使得生活变得更为丰富多彩。"他是一个问心无愧的精英，认为民主被高估了。"我们应该选出一批杰出人士，可能500—1000人，再由一些'像最高法院之类的独立权威'予以任命。国家领袖应当从这些人当中产生。"他在美国参战之前曾在德国当过几年外交官，并对纳粹怀有一些奇怪的想法。"并不能说德国的政策是出于任何想让其他民族在德国统治下受尽苦难的动机，相反，德国人最担心的是如何使他们生活得快乐……为此，我们愿意做出在其看来颇为重大的让步以达成目的，他们不理解的是，为何这些措施无法成功。"

[6] 长电报，FRUS文件1946年第5卷，第356—390页。

[7] 范登堡致杜鲁门，1946年3月24日，陆军部文件，军情部165.4.7，华盛顿，美国国家档案馆。

[8] 同上，军情部致参谋长联席会议，1946年2月，165.4.9。

第九章 冷战宣言

要的,还需要时间来消化。"马歇尔将军(General Marshall)、海军上将福瑞斯特·谢尔曼(Admiral Forrest Sherman)、海军副总司令和其他联席会议参谋说:"我们的进攻能力明显优于苏联。美苏之间若发生战争,苏联必将付出远远超出我们的代价。"根据陆军部最优秀的情报人员和后勤专家的预测,苏联没有原子弹,无法发动突然袭击,他们尽管有资本,但"感觉"不甚强大;他们至少需要15年时间休养生息和恢复元气;还需要10年补充技术人员和工程师,还要用15年建立空军,以及用15到20年建设一支海军。[9]

西方担心的并非军事攻击,而是美国的盟国间发生的大规模饥荒和秩序崩溃。助理国务卿迪安·艾奇逊说:"笼罩欧洲的恐惧阴云……(是)欧洲大陆仿佛熟透了的水果落入斯大林手中的预兆。"中央情报局直接告诉杜鲁门说:"西欧经济可能面临崩溃是对美国安全的最大威胁。"[10]

---

9 艾森豪威尔致杜鲁门,1946年1月19日,国家档案馆与杜鲁门图书馆。参谋长联席会议致陆军部文件,军情部165.2.8,华盛顿,美国国家档案馆。
10 迪安·艾奇逊(Dean Acheson):《创世亲历记:我在美国国务院的岁月》(*Present at the Creation: My Years in the State Department*),第362页;范登堡致杜鲁门,1946年3月24日,陆军部文件,军情部165.4.7,华盛顿,美国国家档案馆。

第十章　退位危机

东久迩宫稔彦王（Prince Naruhiko Higashikuni）是日本皇室成员中第一个打破成规，公开说出此事的人。他在1946年2月27日告诉《纽约时报》的记者，昭和天皇应当放弃支持其偏爱的儿子和一个摄政的指名，直到皇太子明仁长到12岁。东久迩是裕仁天皇的姑父，也是20世纪30年代日本执政党成员中为数不多的反对亚洲战争，并警告这必然导致与美国发生冲突的人员之一。珍珠港事件发生后，他不断寻求带来和平的方法。1945年8月日本投降后，他成为首相，负责监督停止敌对行动和安抚人民情绪，不过以失败告终。两个月后他主动递交辞呈，但仍然是最具影响力的政府成员之一。现在，他承认有关天皇退位的想法在东京政治圈内已经讨论了几个月；事实上，他在几天前还私下告知天皇说他应该退位。"我又在一次内阁会议上重复了相同的观点。"他声称，天皇对于国家战败和死难者及其家属"负有道义上的责任"。

这些前所未有的评论引起了轰动。日本是一个严格的等级社会。皇室和贵族的发言很少出现鲁莽和不忠的迹象。几天后，天皇最小的弟弟三笠宫崇仁亲王（Prince Misaka）声称，天皇应当为失败承担责任，而他则自愿担任摄政。另一个弟弟高松宫宣仁亲王（Takametsu）也持同样意见。尽管大多数日本人主要考虑的是饥饿和极端困难的时局，但还是有很多人在谈论退位的可能性。日本最重要的诗人之一三好达治（Miyoshi Tatsuji）发表了一篇文章指责天皇"极度玩忽职守和背弃了那些在战争中英勇捐躯的士

第十章 退位危机

兵的忠诚",敦促其退位。新闻审查漏了这篇文章,于是引起轰动。[1]

但天皇决定不退位。美国占领军的地方总督道格拉斯·麦克阿瑟将军(General Douglas MacArthur)则支持天皇继续在位——这也正是其改造战后日本的目的所在。美国想要彻底重塑日本,将其从半封建的专制国家改造成植根于西方自由理念的20世纪民主国家。无论日本人是否想要和喜欢,美国以命令形式强制推行民主,但仍会沿用帝国统治体系,包括现有的公务员。他们在盟国和官员们拟定的人选中选定了一个人——天皇,他受到万民拥戴,并被视为神之后裔。尽管不无讽刺意味,但新日本的创生是个了不起的成就——实用、高效、不流血——重塑的持久及重要性并不仅限于日本,还包括亚洲的许多其他国家和地区。

尽管彻底战败的羞辱在1946年初还未散尽,亲王们和诗人还不敢质疑裕仁天皇的统治权力。但在新年之初,天皇发表声明说自己是凡人。这是将天皇由民众顶礼膜拜的专制统治者转变为一个立宪君主的第一步。

那个声明,或者说"凡人宣言"并非出自天皇本人之手,实际上也并非宫廷中人所为。起草者是美国占领军的中级军官。麦克阿瑟——作为盟军最高指挥官在日本可谓家喻户晓,包括他自己——也想让天皇公开表态以帮助其保住皇位和免于战犯审判。为了广而告之,该声明在华盛顿和伦敦被尽可能地大声播放,京都和冲绳也是如此。其作者哈罗德·亨德森中校(Harold Henderson),驻日教育部的一名顾问,为如何措辞花了一些时间来精心构思。

按照亨德森自己的说法,他在中午吃饭时写完草稿后,躺在东京市中心的大地酒店的一张床上,当地有许多荷枪实弹的美国占领军。"想象着日本天皇以后会变成什么样子。"他想出了两段言辞简洁但却意味深长的话。天皇说他"期待一个新世界和新观念,人性将超越民族主义,如同诸神一

---

[1] 《新潮》杂志1946年6月的一篇文章称:"天皇应该尽快退位。"

般高高在上。我们和国家之间的联系并不仅仅依靠神话和传说来维系……也不仅仅取决于那些因为日本人是神的子民比其他人种都优越所以应当统治他们的错误观念。它应当基于信任和情感,那千百年来凝结而成的忠诚与热爱。"声明没有明确地说裕仁天皇是一个凡人——只是用"隐晦而微妙的语言"说天皇"部分地降落至凡间",就像极端保守派宪法专家Joji Matsumo所主张的那样。然而对新日本和裕仁天皇来说,关于天皇古老的主权观念甚少涉及。直到原子弹在广岛和长崎相继引爆,几天后天皇宣布无条件投降,他对民主或人民的意愿都无甚兴趣。但其顾问和麦克阿瑟警告说,如果想继续保住皇位和性命,他就得打造出一个爱好和平的形象,为了维护君主政体而遭到身边无情的军人们背叛的欧洲式君主形象。[2]

华盛顿许多有影响力的大人物,包括大多数高级军官都希望废黜天皇,并将其作为战犯审判。英国、俄国、澳大利亚、韩国和中国都因此向杜鲁门施压。无论是艾登还是斯大林都无法理解美国人还在等待什么。参议院通过决议,参谋长联席会议决定令麦克阿瑟"立即着手准备有关裕仁负责或参与的日本违反国际法的任何可能证据"。但麦克阿瑟犹豫了。他相信裕仁继续担任天皇,维持君主政体对日本的稳定是至关重要的,并计划为这个国家带来革命性的变革。后来的事实证明了他可能是对的。[3]

麦克阿瑟对日本历史和文化所知甚少,但他的一名亲密助手和私人朋友准将邦纳·费勒斯(Bonner Fellers)对此了解颇多。邦纳曾学过日语,并在20世纪20年代初至30年代末多次访问日本。与他十分要好的表妹格温(Gwen)嫁给了派驻华盛顿工作多年的日本外交官Terasaki Hidenari。费勒斯写了一系列简明扼要的文章,对麦克阿瑟来说,从中得到的教益似乎远

---

2 木下道夫:《速写日记》,《文艺春秋》1990年;帝国法令的英文译本,FRUS, 1946, vol. 8, pp. 134–5;约翰·多威尔(John Dower):《不断逼近的失败:二战中的日本》(*Embracing Defeat: Japan in the Wake of World War Two*),第353页。
3 FRUS, 1946, vol. 8, p. 98。

第十章　退位危机

胜于从美国国内寄来的那些肤浅之作。

在太平洋战争结束前几个月，费勒斯建议麦克阿瑟：

彻底击败日本是确保东亚维持长久和平的关键要素。只有完全的军事失利和由此导致的混乱才能够彻底击碎日本人长期以来被灌输的他们是优秀人种所以注定要主宰亚洲的狂热信念。只有惨痛的失败和巨大的损失可以向人们证明军事机器并非无往不胜，其狂热的领导阶层将他们带上了失败的不归路……这在和平时期是不可能发生的。然而，废黜或绞死天皇都会在全日本范围内引发大规模的激烈行动……绞死天皇对日本人而言，相当于我们的耶稣被钉上十字架。所有人都会战斗至死。军国主义的地位将大大加强。日本军队只对天皇一人负责永远都是和平的威胁。但天皇应该对凡人保持神性……只要处理得当，也不至于有危险。在天皇周围的武人派系已经被摧毁，可以利用其形成良性和和平的力量。

费勒斯在战后说，是天皇决定投降，他亲自下令让700万士兵放下武器。"此举避免了美军成千上万的伤亡……因此，充分利用天皇后又让其为战争罪负责，对日本人来说无疑是背信弃义。我们会因此疏远与日本人的关系。"[4]

麦克阿瑟对此深信不疑，并着手说服华盛顿支持君主政体，特别是支持裕仁天皇。他在1946年2月底致电艾森豪威尔，说根据他对天皇10年来的调查，没有确凿的证据表明其与战争罪行有关——一个不实的声明很难让人信服。实际上，他们根本就是有意地不去寻找任何形式的证明文件或书面记录。

麦克阿瑟也提醒艾森豪威尔说，天皇是"全日本统一的象征"。如果他被起诉：

日本将引发巨大震撼，可能导致报复或仇杀……这种恶性循环可能几百年都不会结束……对其来说是毁灭性的，国家将会分崩离析。大部分文明

4　邦纳·费勒斯（Bonner Fellers）备忘录："对日心理战的基本军事计划"，加利福尼亚，斯坦福大学胡佛研究所，费勒斯档案。

会倒退，秩序失控和地下游击战……是其结果。所有希望引入现代民主的方法都会失效，当失去某种紧密而有效的军事控制时，或许会滋生共产主义。至少需要100万人的军队，具体驻扎时间尚不能确定。一个完整的公务员体系也是必要的，这需要几十万人。[5]

3月初，美国国务院的乔治·艾奇逊也向杜鲁门提出基本相同的建议。"天皇是一名战犯……如果日本要真正实现民主，就必须废除天皇制度。然而，在目前的情况下最好避免引起混乱，不妨让裕仁继续担任天皇，减少其战争罪行并为民主服务。"天皇退位是"未来的潜在可能，但现在最好推迟进行"。[6]

杜鲁门对保留天皇和君主政体并不怎么情愿，不过是两害相权取其轻。这是现代日本的神话——经过多年培育——诞生的时候。裕仁必须表现得爱好和平，被其他人蒙蔽……一个别无选择的礼节性国家元首，只能赞同身边的将官的想法：入侵中国，同英美作战以建立一个庞大亚洲帝国的野心勃勃的计划。然而，大量证据表明事实恰恰相反：他知道并批准了战争目标，包括珍珠港袭击的时间；他参与众多军事计划，但却从未反思过军队犯下的暴行。

40多岁的裕仁是一个头脑聪明、受过极好教育的人，但他缺乏变通和想象力。他并非像人们所知道的那样是一个深刻的思想家。为了有充足时间研究他真正感兴趣的海洋生物，他曾有过退位的想法。但因为内阁的建议，他打消了念头，因为这可能"催生共产主义"。他还意识到，如果他放弃天皇身份，对美国人来说就没有了利用价值，可能会很容易导致他们以战争罪起诉他。

最终的结果是，裕仁从未承认他曾犯下任何罪行，对于战争也没有道

---

5 麦克阿瑟致联席会议，FRUS, vol. 8, pp. 395-7。
6 FRUS, vol. 8, p. 416。

第十章　退位危机

义上的责任，也没有犯过任何错误。在一封给皇太子的信——发送于战争结束后几个月，未来的明仁天皇当时12岁，但直到20世纪80年代才开始执政——裕仁在信中表现出缺乏远见，更没有丝毫懊悔。他指责其将军的无能，但没有涉及民主和和平的追求。相反，他告诫儿子说："我们的人民输掉了战争，因为他们过于轻视美国和英国。"军方未能掌控大局，"他们只知道前进而从不考虑撤退……随着战争的进行，我们将无力保护三神器和阻止民众不断被杀。"这是一个曾经像神一般的统治者表现出人类般的脆弱情感。

天皇发动圣战的代价是至少270万臣民的生命。15年前的一次冲突——日本于1931年首次入侵中国，吞并了东北三省的一部分，6年后发动全面侵华战争——从长城沿线到澳大利亚北部的战场有174万士兵战死。在战火蔓延至日本环岛的两年半时间中，日本主要城市和农业地区有将近100万人死于地毯式轰炸。这个国家被摧毁——麦克阿瑟说这是"为之前的报应而恐惧和战栗"，他总是夸大其词。日本所遭受到的破坏明显比盟军对德国所造成的伤害要大得多，甚至在战争末期还被投掷了两颗原子弹。东京大约有三分之二的房屋被毁，大阪和名古屋则为57%和89%。随着人们背井离乡，许多城市都变成了鬼城。

日本军队故意降低了实际伤亡数字，以免助长失败情绪。但据美国占领军在1946年1月底的调查显示，在日本投降时，其继续战争的能力被夸大了。欧战结束后几个月，哈里·杜鲁门的个人特使埃德温·洛克（Edwin Locke Jr）也得出了相同的结论："现在东京的美国官员惊讶的是……日本竟然可以坚持如此之久。"他向总统报告说："日本主要大城市的经济结构

7　自7世纪以来日本皇帝保有的三件圣物：天丛云剑（草薙剑），八尺琼勾玉，八咫镜，也是天皇即位仪式的一部分。
8　约翰·多威尔（John Dower）：《不断逼近的失败：二战中的日本》（*Embracing Defeat: Japan in the Wake of World War Two*），第363页。

已被彻底破坏……原来有700万人口的东京只剩下200万人……其余都离开了城市。"大约在同一时间,据美国一个经济学家团队估算,日本损失了超过三分之一的社会总财富和一半的潜在国民经济收入,还不包括其从亚洲庞大帝国攫取的资产。日本的海上运输线由于在太平洋和本国环岛地区遭受盟军的攻击,船只总计损失达到80%以上。[9]

在城市的废墟中,最令人感到悲伤的景象是脖子上挂着白色盒子的孤儿。盒子里装着其亲人的骨灰。在一些城市,大量从前线回国的人当中有超过四分之一的人无家可归。在战后的一年半中有超过500万日本人被遣返,其中士兵大约占80%,其余则是殖民地征发的,其国家曾被日本帝国征服,但现在都失去了。他们回来时很少受到热情欢迎。尤其是士兵,受到广泛的鄙视——这竟然发生在一个有着悠久尚武传统,以加入帝国军队为无上荣耀的国度。"我们并非战无不胜,就像上级所说的那样",许多年后,一名官员疲倦地回忆道,"最大的震撼是回到国内时,人们避之唯恐不及。每个人都不想看到我们。"军民之间并非军事宣传那样的"亿兆一心"。人们现在并不将归国的士兵视为英雄,而是可耻的失败者,尽可鄙视之。然而战争失败并非只带给日本饥饿和破坏。自战败以来,公众对于日本军队承认在中国、菲律宾、韩国、印尼和东南亚等地区犯下的诸多暴行瞠目结舌。在日本人自己看来,这是耻辱的,并为此指责其士兵。

然而,荣誉并非战后面临的首要问题。至少在未来两年内,粮食对于大多数日本人来说仍然是最大问题。许多日本人在投降之前已经挨饿了很长一段时间。1944年底的日军因粮食短缺严重而导致大部分人营养不良,对于西方盟军而言可谓交上了好运。从第一次世界大战以前,韩国和台湾就作为殖民地为日本国内生产大量食物。[10]但大量日本船只在太平洋被击沉,意

---

9 FRUS, vol. 8, p. 242。
10 1895年中国向日本割让了台湾。1905年日俄战争后,经过旷日持久的外交争论,日本在1910年吞并了朝鲜。

第十章　退位危机

味着这些给养没能顺利送到。美国对日本城市的空袭也打乱了粮食配给，而1945年的收成是自1910年以来最糟糕的。1945年秋，全国几乎颗粒无收。数千人饿死，官员们警告说有1000万人濒临饿死。他们的话是夸张了，但这种恐慌加快了占领军的行动。

麦克阿瑟的本能反应是缓解饥饿和避免饥荒。他简化了行政程序，下令将美军储存的350万吨应急粮食运送到日本。参谋长联席会议和众议院财政委员会对此极为愤怒，并要求其给出解释，但他用一贯的傲慢态度回应说：

基于战胜的职责和义务，日本人现在已成为我们的阶下囚，不应让他们像巴丹半岛的战俘一样挨饿。[11]伤病员需要治疗，包括那些在日本人手中遭受虐待的盟军战俘，我们已经审问……日本官员的责任。我们能为此就施加惩罚性的报复吗？随着战事结束，停止向其提供维持生命的食物？[12]

据另一位反美历史学家Yamahoka Akira说，美送来的应急粮令日本人颇为感激，并且"点燃了本已绝望的心灵之光"。[13]

进口食品是最能让日本人接受战败和占领的东西。这些供给基本都是西方食品：小麦、玉米、面粉、糖、奶粉、咸牛肉罐头，虽然并非日本传统饮食，但在"饥饿如影随形"的年代，吃了至少能够免于饿死。取代米饭的是一种稀薄的粥汤，和另一种通常用来喂牛的蒸熟的过期面包。人们别无选择，只得因陋就简。1946年中有报纸刊出标题为"让咱们捉蝗虫吃吧"和"如何吃橡子"的建议文章。但偶尔也会有中产阶级女性的文章见诸报端，她们抱怨美国大豆吃了以后让人难堪的肠胃气胀——"这种玩意让人教养尽

---

11 美国陆军部致麦克阿瑟将军的报告，有关麦克阿瑟在占领日本时期的一系列多卷本文件附录。这份由驻日盟军最高统帅的情报人员传回国内的报告体现出了惊人的洞察力。华盛顿，国家档案馆，美国军队档案，1966年。
12 巴丹半岛是麦克阿瑟在菲律宾的前总部所在，他被迫于1942年从那里撤退。
13 FRUS, vol. 8, p. 412;《新潮》1946年1月。

失。"有人如此说道。[14]

参照欧洲人的水平,卫生官员建议工作人群应该每天保证2200卡路里的摄入。但在1946—1947年,大部分日本人赖以存活的热量仅为一半左右。像欧洲一样,黑市是一个巨大的难题。人们本来指望通过官方"义务分配"来获得充足的口粮,但有很大数量被罪犯和黑帮团伙趁火打劫了,其中很多是退伍士兵。到1946年底,黑市大米的成交价是法定价格的30倍。甚至两年后,这个数字又要再乘以7倍到10倍。为了养家糊口,人们别无选择,只得通过黑市交易。当然,这意味着穷人、病人和老人所遭受的痛苦更为严重。1946年有将近125万日本人因黑市交易被捕,但大多数都逃脱了。正如一家受欢迎的报纸社论所说:"当今日本,就是撑死胆大的,饿死胆小的。"[15]

战后日本曾流行过一个关于麦克阿瑟将军的笑话,暗示其对最高指挥官的头衔蕴藏上帝的力量感到困惑。他的自负、自尊和虚荣心都远非常人可比,但他也总是表现出精力充沛、头脑敏捷、刚毅果断和处变不惊的样子。他正是处于战争中的人们所极度渴望的那种英雄人物,从未有人怀疑他那非凡的胆色。正如发生在1945年8月底的戏剧化一幕,他以征服者的姿态来到Atsugii空军基地,准备接受日本军队的投降。他和几个未携带武装的随从由一个小分队护送,面对的是30万仍然武装到牙齿的日本军队。只要某个人随便开一枪,他就完了。时年65岁的麦克阿瑟仍然保养有方,面容英俊,镇定自若地看着其属下开始解除日本人的武装,周围的人全惊呆了。丘吉尔后来说这是"麦克阿瑟个人的英勇在战争中展现得最为淋漓尽致的一次"。在公众面前举重若轻的重要性,恐怕没有哪个将军能像麦克阿瑟理解的那样透彻和运用自如。Atsugii成为一个潜在的象征,即美国人的到

---

14 陆军部致麦克阿瑟的报告,第2卷,第359页。
15 《协力新闻》,1946年3月18日。

第十章 退位危机

来是为了调解纷争，而不是报复。一位日本历史学家卡佐·卡瓦伊（Kazuo Kawai）也将其描述为"一次个人勇气的冷峻展现……但这对日本人民而言更意味着一种信任，堪称心理学上的一项杰作，完全解除了日本人的恐惧心理。从那一刻起，任何担心美国人发动疯狂袭击的想法都烟消云散了，取而代之的是日本人滔滔不绝的崇敬和感激之情"[16]。

麦克阿瑟深受士兵爱戴，但在其整个职业生涯中却普遍不讨那些同级或高级官员喜欢，一般都认为他过于傲慢自大，野心勃勃。鉴于他在政治上树敌数量之多，他能够升至如此高的职位也是颇令人惊讶的一件事情。早在一战期间，他就因在法国战场英勇卓绝的表现而多次受到嘉奖。但正如其上司、颇受尊敬的约翰·潘兴将军（General John Pershing）为其授勋之后，回家却写道他很厌恶麦克阿瑟，因为后者声称在现役45名美军将官中，他排名38，但没有人的军事才能在"平均水准之上"。潘兴写道："他自命不凡"，麦克阿瑟的许多同事都深有同感。公众崇拜英雄，不过当他在20世纪20年代与极其富有的摩根大通银行的女继承人路易斯·布鲁克斯（Louise Brooks）结婚时，一家报纸的标题是"战神与财神联姻"。当新娘对她的兄弟说——"他可能是军队里的将军，但却对女人一无所知"，报纸的随笔专栏令其在人群中人气更高[17]。

罗斯福也一直不怎么喜欢麦克阿瑟，但欣赏其领导才能，并意识到他作为一个战争英雄的重要性。两人一直互不信任……麦克阿瑟并未试图掩盖其右翼共和党人的观点，但矛盾在1933年公开爆发了。这是经济大萧条的最低点，而刚刚当选总统几个月的罗斯福想要削减军队预算并重新规划联邦

---

16 温斯顿·丘吉尔（Winston Churchill）：《胜利与悲剧》（*Triumph and Tragedy*），纽约：Mariner，1986年，第542页。卡佐·卡瓦伊（Kazuo Kawai）：《日本的美国插曲》（*Japan's American Interlude*），第135页。
17 罗伯特·哈维（Robert Harvey）：《美国幕府将军：麦克阿瑟、昭和天皇与美日决斗》（*American Shogun: MacArthur, Hirohito and the American duel with Japan*），第68—71页。

财政支出以扶植国内新项目。在一次参谋长联席会议时,麦克阿瑟怒气冲冲地闯进来,其他人面面相觑。"当我们下次战败,一个美国小伙子躺在泥里,刺刀穿过其腹部和敌人的脚背,我希望从他垂死的喉咙中喊出那个诅咒的名字不是麦克阿瑟,而是罗斯福。"罗斯福愤怒地说:"你不能这样跟总统说话。"他很快恢复了常态。[18]

杜鲁门对其颇为鄙夷,但又找不到合适的理由以拒绝任命他为驻日盟军最高统帅,联席会议的建议是至少不要让他待在欧洲,或者更具体地说,不要待在华盛顿。正如杜鲁门的助手们所回忆的那样,有时候哪怕只是提到麦克阿瑟的名字都能让杜鲁门紧张或大为光火。他在日记中写道:"当家花旦、权势冲天的五星将军麦克阿瑟,他比卡伯特家族和洛奇家族还糟糕,他们至少在和上帝对话前还能有点交流。麦克阿瑟是个直接只和上帝对话的家伙。遗憾的是我们让这样的人身居高位,他就像一个野性难驯的演员。"[19]

不过杜鲁门还是给予其巨大的权力,并许可他独自行事。他在发布命令时说:"你应当采取合适的方式行使权威,完成任务。日本与我们的关系并非达成某种协定,而是彻底投降。"麦克阿瑟在统治7000万人的日本的6年当中,比统治超过2亿人的美国的杜鲁门更有权势。大使威廉本来可能也算是美国国务院在东京的代表,但他如果要求见天皇或任何政府高级官员,就必须先得到麦克阿瑟的允许。"在美国历史上,从未有过如此巨大和绝对的权力集中于一人之手。"大使在东京任期结束后说。[20]

美国那颇具雄心壮志的计划需要一个像麦克阿瑟那样猛打猛冲、英勇无畏和充满自信的人去付诸实行。就在准备前往日本赴任时,他就像拿着一张备忘录那样在几天前华盛顿的委任书上面列了一份清单,概括了他接受日

18　引自多拉克(Dallek):《失落的和平》(*The Lost Peace*),第94页。
19　《杜鲁门日记》,1946年3月16日。
20　罗伯特·哈维(Robert Harvey):《美国幕府将军:麦克阿瑟、昭和天皇与美日决斗》(*American Shogun: MacArthur, Hirohito and the American duel with Japan*),第158页。

第十章 退位危机

本投降后的首要任务。就大多数冷战时期的美国立场而言，例如，这可能被视为一个自由宣言，带有些许新政色彩，而与未来美国政府所强调的长远目标颇有不同。麦克阿瑟写道："首先……摧毁军事力量。然后，构建代议制政府结构。解放女性。使劳动力自由流动。鼓励自由经济。废除警察压迫。发展一个自由和有责任感的媒体。分散政治权力……"[21]

这位以高度的救世主情结面对挑战的最高指挥官本能地认为，如同欧洲帝国主义从前所做的那样，他的政治任务带有白种人的优越性和纯洁性。持续了6年零8个月的占领——两倍于日美战争的时间——完全是美国人主导。没人敢说什么不同意见——当然并不是说那些被侵略人群，如韩国人、中国人、越南人或菲律宾人在日本人手中遭的罪超过了美国人。其他亚洲国家的意见从未受到重视。美国人很少愿意倾听这些，但种族在占领时期发挥了极其重要的作用。

麦克阿瑟本人几乎没有看过他所统治的日本景象。他从未与日本人有过社会交往——不上班的时间主要同密友和妻子看西部牛仔电影，他的第二任妻子珍（Jean）是一个忠诚而威严的人，他们一起快乐地生活直到麦克阿瑟去世。据他的私人秘书法比昂·鲍尔斯（Faubion Bowers）说："在与其说过话的16名日本人当中，没有一个是无名之辈，如首相、首席大法官、最主要大学的校长等。"[22]然而，他变得更加家喻户晓。麦克阿瑟本人的简单推理是"东方思想信奉胜者为王"。一个同样简单直接的解释是，日本人对自以为神一般的独裁统治者早已习以为常。有将近50万人写信给他，他从中挑选了数千封加以精心保存。其中大多数都充满崇敬之情。他经常被称为"日本的救世主"。一个记者说："当我想到阁下以慷慨大方之举

21　《麦克阿瑟回忆录》，第233页。
22　法比昂·鲍尔斯（Faubion Bowers）：《将军视而不见的日子》，《纽约时报》，1988年9月30日。

而非严厉报复施加于我们时,我仿佛看到了上帝降临一般。"一位老人告诉麦克阿瑟,他每天早晨都将盟军最高统帅的照片当作过去天皇的照片那样加以膜拜。他收到的礼物不计其数——和服、茶壶、糖果,等等。[23]

麦克阿瑟的一大缺点是周围都是点头哈腰的人,他们不敢质疑其想法。与他有着数十年交情,在许多方面颇为崇拜他的剧作家、记者和驻意大利大使克莱尔·布斯·卢斯(Clare Boothe Luce)说"他自负到不仅要求人们对其命令无条件服从,也不允许质疑其个人和思想。""他……喜欢偶像崇拜,身边都是马屁精。"到1946年中期,他手下的官员大约有1500人,这个数字在第二年翻了一倍。这些人许多都是理想主义者,充满了改革热情。他们认为自己正在日本建设一个新社会,这能够带来和平与稳定。但是其他很多人则忙着吃喝玩乐。[24]

像在德国那样,美国首先在日本颁布了法令,禁止占领军和日本人有私下接触和交往。不过1946年的日本有将近50万美军,规定被视若无物,根本未能执行。但麦克阿瑟改变了命令。"他们想让我停止这位女士身边的彩蝶飞舞。"他告诉一个助手说,"但我不会这样做。我不会为了所有在中国的茶叶就把命令发出去。"从历史上看,本土群岛被切断后,是大多数日本人第一次面对外国军队。美国人对日本人一无所知。这是一种完全不对等的关系,征服者和被征服者,强者和弱者。[25]

对占领军中的美国青年人而言,日本人看起来颇具异国情调,特别是女性。军中充满了大量的荒唐传言:"日本女人每个都是平胸、圆鼻、八字脚,对大多数美国人来说就像一堵千年石墙一般具有吸引力。实际上,根本不是那回事。"《星期六晚报》一篇传阅甚广的文章如此写道,标题是"军

---

23 陆军部致麦克阿瑟报告,第2卷,第399—402页。
24 《时代周刊》,1955年3月20日。
25 法比昂·鲍尔斯:《将军视而不见的日子》。

队使日本开化"。但是美国军队似乎更愿意忽视这些瑕疵。许多军中的高级官员和文职官员都有日本情妇。在占领的头三年里，日本女性的私生子数量超过了9万。还有宣传说美国男人脾气暴躁，虐待成性，但事实完全不是这样。女性杂志上随处可见这类信件，由南部的充满敬意的年轻女性写来："我发现他们……（美国士兵）礼貌、友好和使人很舒服。与那些曾在我家附近的兵营住过的日本士兵的粗鲁无礼形成了多么鲜明的对比！"[26]

大多数普通士兵很少或根本不曾接触日本人。他们唯一碰到的女性是妓女。卖淫，特别是美国士兵那种"猥亵"日本女人的念头，给日本当局出了一个难题，但他们有自己的方式解决美军的"需要"。他们本来以为美军会像日本士兵那样，从占领的殖民地搜罗"慰安妇"以作为战争的奖赏。因此，他们为美军雇用了"慰安妇"，对外声称是自愿的。他们设立了数以百计的妓院为美军服务，实行等级隔离，当然，也实行种族隔离，美军中的黑人都是完全单独服务的。自然，大多数妇女自愿这么干的原因无非是出于紧迫的经济需要，但也有些人出身衣食无忧的中产阶级家庭，只是由于爱国心的驱使，就像政府所说的："执行保护日本女性的伟大任务。"

军妓被要求做一番冠冕堂皇的宣誓：

尽管我的家族已经忍耐了3000年，就像那不变的高山河谷和绿草河流，但1945年8月的那场大阵痛结束了一个时代，我们陷入无尽的悲伤，濒临绝望……这个时候已经到来，我们得到命令，受命去完成一个艰巨的任务，作为国家战后的紧急措施以安抚占领军。这个任务无比沉重和困难。我们绝非一味谄媚占领军。我们不会委曲求全，或出卖我们的灵魂。我们只是出于好意，履行我们义务的一部分，为社会安全做出贡献。我们敢大声说：我们都是自愿献身保卫国家的伟大事业。

---

26 《周六晚邮报》，1945年12月15日；引自约翰·多威尔（John Dower）：《不断逼近的失败：二战中的日本》(*Embracing Defeat: Japan in the Wake of World War Two*)，第97页。

换句话说，每个人都必须做出牺牲。尽管有爱国主义的花言巧语，犯罪集团还是很快控制了大部分的"官方"妓院与妓女买卖。在1946年春，估计有四分之一的美军士兵感染性病，麦克阿瑟下令关闭妓院。[27]

　　占领军官员身处社会上层，生活着实不错——远比他们在美国郊区过得要好得多。他们的房子征用自日本上层阶级，有一大群仆人照料，而这些饿着肚子的日本人都由政府支付薪水。鲍尔斯甚至有两个厨子，一个做西餐，一个做日本料理。后来他承认："我和几乎所有我认识的人都是极端狂妄而傲慢的，不放过在任何一个地方使用权力的机会。美国最重要的苏联专家、国务院高级官员乔治·凯南被派往驻日盟军最高统帅部进行访问。他对所看到的一切感到震惊。麦克阿瑟的下属争宠献媚和钩心斗角的气氛"让人想起昔日凯瑟琳女皇（Empress Catherine）的宫廷，或是斯大林的克里姆林宫"，他在给华盛顿的电报中说道。他对以享受种族特权而沾沾自喜的"殖民心理"颇为蔑视，他说那些在东京的美国人"俗不可耐……沉迷于奢华享受又懒惰无聊"。那些官员的妻子"表现得好像战争的目的就是为了拥有6个各司其职的日本管家一样"。[28]

　　美国对日计划的范围和雄心都是惊人的。正如一位历史学家所说，美国"做了之前那些占领军没能做到的：重塑这个战败国家的政治、社会、文化和经济，并在此过程中用某种特定方法改变其人民的思维方式"[29]。整个日本民族接受了占领军，并心甘情愿地引入民主和自由市场的理念。但这也可能导致对占领者傲慢无礼和制度化的种族主义的不满。6年占领所产生的一个悖论是，反帝国主义的美国挑起了"白人的担子"。

27　卡佐·卡瓦伊（Kazuo Kawai）：《日本的美国插曲》（*Japan's American Interlude*），第143页。
28　鲍尔斯：《将军视而不见的日子》；《凯南回忆录》，第376—377页。
29　约翰·多威尔（John Dower）：《不断逼近的失败：二战中的日本》（*Embracing Defeat: Japan in the Wake of World War Two*），第73页。

第十一章　奸淫掳掠

当美国改造日本时，斯大林正准备在欧洲建立一个帝国。他觉得自己的行为跟美国在远东做的事情并没有什么区别。他二战末期告诉访问莫斯科的南斯拉夫共产党人米洛凡·吉拉斯（Milovan Djilas）说："无论是谁，都会将其社会制度施加于新占地区。每个人都在其军队所及范围内推行其制度。绝无例外。"[1]

德国及其首都都是苏联的新战利品。红军攻入柏林后发现希特勒的遗骸，在勃兰登堡门外升起苏联的镰刀锤子旗，这具有难以估量的重要象征意义，宣告了是斯大林赢了这场战争并带来了和平。德国的财富也变成了战利品。苏联对这个国家的官方和私人都大肆掳掠。那不计其数的财富，即使以俄国标准来看也足以使人感到震惊。他们这么做是为了报复德国人自1941年入侵苏联后摧毁的13000个城镇和村庄——估计有1700万苏联人因此丧命。

尽管遭受了破坏，但德国的情况明显好于苏联，大多数红军士兵及其家属还生活在贫穷和肮脏之中。"这些寄生虫过得太好了。"中尉鲍里斯·艾登堡（Lieutenant Boris Itenberg）在东德某地写信给妻子说，"我看到被毁坏的房屋、废弃的家具，许多优质生活的象征……你如果看到肯定会吃惊。椅子、沙发、衣柜。他们生活得很好，为什么还不知足？他们想要一场战争——最后也如愿以偿了。"一名叫迪米特里·斯切格罗夫

1　米洛凡·吉拉斯（Milovan Djilas）：《与斯大林的谈话》（Conversations with Stalin），第142页。

(Dimitry Schegolev)的官员被安置在柏林郊外的"前铁路职工的小公寓楼里。每一间公寓都极为舒适。我甚至能在战争最为肆虐时候的食品库……咸肉、果脯、草莓酱。我们越深入德国,就越为我们所发现的感到恶心……我于是用自己的拳头把那些排列整齐的罐头盒瓶子打得粉碎"。[2]

仇恨在一些人的煽风点火下继续发酵,如前线记者伊利亚·艾伦伯格(Ilya Ehrenberg)在苏军中影响甚广的一篇报道说,德国人"不值得任何同情或怜悯"。此外,红军官员告诉其士兵,对待敌人没有必要手下留情。"这不是说什么法律和真理的时候。德国人首先跨越了善与恶的界限,就让他们以100倍的代价来偿还吧。"军队奉命执行。

不过,一个重要的方面是,苏占区的德国人过得比美占区要好,当然也比英占区要好,那里粮食短缺更严重。这个国家主要依赖的传统耕地集中于东德——萨克森、普鲁士、图林根州和波美拉尼亚。尽管战后交通运输一片混乱,但苏联人还是以惊人的效率保障了城市粮食供应。然而更令人惊讶的是,其至在1945—1946年冬天,当苏联发生大面积饥荒,有超过50万人饿死,粮食储备告急时,苏联又向德国运送了额外补给。在苏联控制的德国地区,尽管挨饿现象很普遍,但很少有人饿死——这一点已为苏联官员所确认,即那里的德国人确实比美英占区的要生活得好。

但获得这种慷慨要付出沉重的代价。在胜利后的狂欢中,没人知道到底有多少德国妇女被苏军强奸。直到多年之后在德国也很少有人提起此事,当然更不可能在苏联。在1989年柏林墙倒下之前,这是一个完全禁忌的话题。除了强奸本身的折磨,"因苏联人强奸而导致染上性病也是那个时代女人命运的一部分。"一个被多次侵犯的女人如此回忆道。抗生素是能够有效治疗性病的药物,但是在苏占区因价格昂贵很难弄到。在柏林的交易市场

---

[2] 诺曼·奈马克(Norman Naimark):《俄国人在德国,1945—1949》(The Russians in Germany, 1945—1949),第289页。

第十一章 奸淫掳掠

上,一支抗生素的价格高达半公斤咖啡,或5盒好彩香烟。

如果这样的事情持续发生,将会使得苏联把德国转向共产主义的希望逐渐落空。对此,红军高级官员及其政治顾问感到十分厌恶和害怕。正如那时苏联一名高官向英国大使承认的:"这个国家的西部有更多共产党员,与柏林不同的是,他们还未曾与红军接触过。"[3]

因此,苏联开始对不守纪律而顶风作案的人予以严惩。到1946年夏末,苏军强奸案已经很少,但仍有随机爆发的针对妇女的暴力行为。

苏联在前线开战后就立马派遣那些在纳粹开始掌权时离开德国的小型共产主义"倡议团体"。他们的任务是秘密地为苏联争取共产主义控制领域。在这一阶段,避免与西方盟国冲突是至关重要的。被派出的三个团队,各有12名共产党员。最重要的是,这个团体在德国最终投降的两天前抵达柏林,而此时城市的废墟中仍在上演肉搏战。其领导者是不苟言笑、51岁的瓦尔特·乌布利希(Walter Ulbricht),是由斯大林亲自挑选的苏联德国新占区的总督,他在任25年后去世。

出生于莱比锡的乌布利希在第一次世界大战后就积极投身德国工会运动,并于1928年当选德意志共和国国民议会的一员。他在1933年逃离了纳粹德国,先到了法国,然后作为共产主义代表参加了西班牙内战。他的专长是从组织上清洗那些看起来不是非常忠于苏联和斯大林的共产党员。据说他下令清洗了数百人。1940年他到了莫斯科。貌不惊人、不苟言笑的乌布利希在希特勒上台之前并不怎么出名。相比于那些经验丰富、聪明过人和富有文化的党的领导人,他只能算第二流、甚至是第三流的人物,但那些人都没能活过纳粹大清洗。对于像他这样的人来说,想要攀升至如此高位的最好方式就是潜在对手的死亡。他心甘情愿地唯克里姆林宫马首是瞻。

---

3 诺伊尔·安南(Noel Annan):《变化的敌人:德国的战败与再生》(Changing Enemies: the Defeat and Regeneration of Germany),第228页。

古斯塔夫·西格勒（Gustav Regler）是他在西班牙认识的一个同志，战争期间流亡于莫斯科，将乌布利希描述为"无论理论思想还是个人感情都是无辜的"。他有着"一脸胡子，长相丑陋。为了显得好看点，他在圆脸周围留了一圈毛茸茸的列宁式的胡子，然而从他那张善于谄媚的嘴里吐出的小资产阶级傲慢却没有丝毫改变。他那双隐藏在镜片之后的眼睛通常是半开半闭，看起来好像一个阴宅里的堕落神父"。他离开德国前认识的另一个老党员回忆道："你只要看着他就会不寒而栗。"另一个为他工作过的助手则对其"坏脾气"记忆犹新。[4]

起初，KMD（德国共产党）的表现可谓无可挑剔，并且声称要做出点名堂来。他们负责保障供水和电力及地铁运转正常。他们鼓励媒体活跃和重建旧的政党，包括左翼政党，如社会民主党。美占区和英占区的审查非常严格，一个新的政党成立通常要经过将近一年才能被批准自由运营。

当地市长可能是"资本家"或社会民主党人，但其副手则必须"忠诚"于共产党。"我们必须依靠完全可靠的同志，并为此建立警察队伍。这是毫无疑义的。这样看起来显得不民主，但我们务必保证一切尽在掌握之中。"[5]

在西方已解放的国家里，原先居领导地位的纳粹都被逮捕。大多数被送往臭名昭著的萨克森豪森和布痕瓦尔德集中营，许多共产党员曾被希特勒囚禁在那里。在经过由忠诚的共产党员组成的"人民法院"审判之后，数百人就被处决了。不久之后，520000余名"法西斯"在德国东部被陆续逮捕，他们中的大多数被发配到古拉格群岛，或是北极圈的劳改营。在德国东

---

[4] 古斯塔夫·西格勒（Gustav Regler）：《密涅瓦的猫头鹰》（*The Owl of Minerva*），加州大学出版社，1959年；沃尔夫冈·莱昂哈德（Wolfgang Leonhard）：《革命的孩子》（*Child of the Revolution*），第369页。
[5] 沃尔夫冈·莱昂哈德（Wolfgang Leonhard）：《革命的孩子》（*Child of the Revolution*），第378页。

第十一章 奸淫掳掠

部的这一行动并非仅仅是"反纳粹"而已,同样的行动在德国的西部地区也获得了不同程度的成功。它并入苏联的目的是防止将来可能会被一个共产主义政权接管。早在1945年2月,贝利亚在东普鲁士前线给苏联内务委员会的信中就开列了一张必须逮捕的名单。它包含的目标很明确——党卫军成员、高级军官、政府官员、集中营警卫、大地主。但更糟糕的是还包括"报纸编辑、反苏作者和其他敌人"。[6]

党的当务之急是建立起"剑与盾",一个秘密警察组织,在东德建立后成为斯塔西(国家安全局或国家安全部)。从一开始,这股力量就几乎完全模仿苏联模式并在苏联内务委员会的指导下进行工作,连密码本和编译方式都一样。起初他们甚至也用相同的办法将文件左上角的一角用线缝起来。每个情报员被称为"契卡"(Chekists),他们之后在苏联也是这么干的。在其成立初期给乌布利希的一份内部文件中,显示了该组织的忠心:"列宁和苏共领导下的苏联情报人员建立了社会主义国家安全机关的基本模式……学习苏联意味着走向胜利……学会对付最难缠的敌人。"[7]

乌布利希对德国人心存疑忌,因为他们让希特勒夺取了政权。他认为这些同胞是极不可靠的,并且在经典共产主义理论看来,德国工人阶级受制于"错误意识",更简单地说,他们不知道什么是有益的——因此共产党会告诉他们。德国政客和西部地区的教会领袖否认德国人的"集体罪恶"观念,但乌布利希却表示赞同——有人歪曲说:"每一个德国人意识中除了屈辱,还有必要令其在很大程度上承担内疚和战争所造成的后果。"他说:

不仅是希特勒需要为其犯下的反人类罪行而忏悔,那些不顾我们的共产党员警告说"支持希特勒就是支持战争",在1932年投票给希特勒的1000

6　APRF, 162. f. 43. 87。
7　弗拉瑟·J.哈布特(Fraser J. Harbutt):《铁幕:丘吉尔、美国与冷战的起源》(*The Iron Curtain: Churchill, Ameirca and the Origins of the Cold War*),第162页。

万德国人也难辞其咎。他们的部分罪行就是对希特勒攫取权力无动于衷，温和顺从……事实上，德国人民的悲剧是其助纣为虐的结果，也是历史上德国工人阶级和农民战争失败的原因。[8]

虽然如此，乌布利希在短时间内还是遵循莫斯科的命令，试着变得"看起来民主"。相对来说，德国共产党在基础设施服务方面还算做得不错。柏林的交通系统在遭受美军轰炸和苏军进攻后几乎完全瘫痪，但在秋季便颇有效率地正常运转。手拿"容克"（Junkers）标语最初在农民间流行，后来大批红军军官被派往柏林以取代之前令人厌恶的"征服者"。东德的新司令官瓦西里元帅（Marshal Vasily Sokolovsky）是一个令人意外的人选，特别是因为他是个温和谦逊的人，与大多数苏联高官的飞扬跋扈和粗鲁无礼大不相同。其政委弗拉基米尔·谢苗诺夫（Vladimir Semenov）也并非等闲之辈。他年仅35岁，是一名聪颖过人、受过高等教育的学者。他接到任命后做的第一件事就是阅读所能找到的有关拿破仑占领时期的德国历史文献（没有证据表明他们以此作为战后指导文件）。

有一段时间的柏林曾充满了活泼的艺术气息，那是自魏玛共和国以来的自由时光。剧院重新开张，并上演各种"资产阶级"剧本，还有一些被纳粹定为"颓废"的社会主义作品。在柏林轰炸之后硕果仅存的赫贝尔剧院，第一场演出是贝托尔特·布雷希特的《三便士歌剧》（Bertolt Brecht's The Threepenny Opera）。演出当晚，全场掌声雷动，以向布雷希特的名言致敬："Erst kommt das Fressen; Dann Kommt die Moral."——"先吃饭，后伦理。"

音乐大厅座无虚席。报纸上不乏报道和表达一些自由观点……甚至连红军报纸《海军评论》的尺度也比莫斯科放得更开了；一份生动活泼的讽刺杂志《尤乐斯》，满是嘲弄苏联和美国的漫画。而对此第一个抱怨的并非苏

---

[8]《海军评论》，1945年6月20日。

联,而是美军当局。"我们欢欣鼓舞,认为金色时代已经到来。"创刊编辑和布痕瓦尔德的幸存者赫伯特·桑德伯格(Herbert Sandberg)回忆道。[9]

但好景不长。斯大林的追随者们无法忍受批评。党的领导层在1946年春做出一项决议,认为现在是"与反动分子的影响和趋势做斗争"的时候了。编辑们和文章评论变得更平淡无味,更肤浅无聊,更倒向苏联。在德国土地上仍驻扎着超过25万苏联军队,人们真切感受到苏联的巨大威胁。[10]

一些最早出现在《尤乐斯》上的诗歌可能算不上传世之作,但在柏林人当中引起共鸣:

解放者啊,欢迎你们!

你们拿走我们的鸡蛋,

肉和黄油,牛和种子。

还有手表、戒指盒等其他东西。

你们解放了我们的一切,

汽车和机器。

你们通过汽车和火车运走了这些垃圾。

你们解放了我们。

我们喜极而泣。[11]

除了针对德国妇女的暴力袭击,苏占区怨恨情绪产生的最主要原因是苏联要求的巨大赔款数额——以及那种确切说来相当野蛮的掠夺方式。战后苏联的主要目标就是掠夺他们所见到的东西,以作为德国短期占领期间所遭

---

9 此后,美国为鼓励出版自由和多种形式的文化复兴做了大量工作。但在占领之初,他们过分谨慎小心,有时到了滑稽可笑的地步。西部地区执行严格的审查制度,包括报纸、书籍、戏剧和电影等。有34部反映美国生活的影片在德国被禁。像在美国广受好评的《乱世佳人》(1939)和《愤怒的葡萄》(1940)都在被禁之列。一些书籍也被列为禁书,如斯宾格勒的哲学著作《西方的没落》。
10 《海军评论》,1946年4月18日。
11 《尤乐斯》,1946年1月2日。

受损失的赔偿。在欧洲战场，又以东线的战斗和死伤最为惨烈，平民所受苦难更多。在白俄罗斯，有些城镇在不到3年的战争中易手三到四次，总人口数几乎减少了20%。在乌克兰和高加索地区，死亡率达到六分之一。德国撤退时实行了焦土政策。斯大林不断告诉西方盟国，他希望得到合理的赔偿。

丘吉尔和罗斯福对此都不赞同，但他们在雅尔塔会议上已经接受了这一原则。苏联得出了一个有关纳粹破坏而造成的损失数字：1280亿美元，但他们从未试图解释这是如何计算或是基于什么证据而得出的。美国和更不情愿的英国同意以100亿美元作为"谈判基础"。在波茨坦会议上，杜鲁门试图说服斯大林：那些赔偿对于德国来说实在太多了。斯大林说他感觉不到他们渴望复仇的愤怒："苏联已经反复被德国洗劫了多次，你很难去责怪他们的态度。"但他认为实际理由是这可以使德国经济更快复苏。"耕耘才有收获。"他说。斯大林值得怀疑，他没有看到"为什么华尔街银行家要先付钱"，仍然坚持索要赔偿。[12]

战争刚结束，苏联就派出了"赔款团队"，将德国东部的基础设施和工业设备运回苏联。"全部拿走"，其中一个队伍的头目弗拉基米尔·尤拉索夫（Vladimir Yurasov）这样告诉手下，"一件不留。拿不动的就毁掉。不给他们留下任何东西，一张床，哪怕是一个夜壶。"[13]

机器被小心地分拆，每一个螺丝和钉子都被运到苏联，然后又小心地按原样组装好。根据德国历史学家的说法，德国工业生产能力的四分之一被转移到苏联。美国估计苏联在占领期的前15个月里拿走了80%的机器。

一名美国占领军官报告："当我们到达时，他们……在屠宰场拆除制冷装置，卸下餐厅里的炉灶和管道，并且把美国缝纫机公司洗劫一空。""他们将地铁拆得七零八落，包括柏林至波茨坦的铁轨和电话交换

---

12 FRUS, 1945, vol. 4, p. 477.
13 诺曼·奈马克（Norman Naimark）：《俄国人在德国，1945—1949》（*The Russians in Germany, 1945—1949*），第198页。

第十一章　奸淫掳掠

机。"几个月后，即1946年秋，苏联还从莱比锡动物园拿走了大量动物及其饲料。苏联士兵通常强迫德国工人拆除其机器零件，并运到开向东方的火车上。一次在莱比锡附近，苏联内务委员会包围了一个足球场，命令正在比赛的人停下并罚做装卸工。[14]

美国赔款专员埃德温·保利（Edwin Pauley）亲眼看见了苏军的掠夺行为。他是身价数千万的石油大亨和头脑冷静的现实主义者。他用自己的相机拍了一张货车从工厂装卸机器的照片。一个苏联警卫发现了他，用枪威胁并用刺刀猛戳他，最后逮捕了他。保利的警卫，一名美国上校，找到了他，并让苏军看了他的"四大国"护照和45式手枪。苏联官兵意识到其身份可能非同一般，便让手下放行，但这也堪称一次棘手的外交事件。不久之后，保利向国务院写信，对苏联明显无意恢复德国经济深感愤怒和不安。[15]

波茨坦会议规定苏联有权从德国西部地区与柏林的英占区和美占区获得一些赔偿。但保利认为他们已经拿得太多了。"这些拆除所造成的影响将……完全摧毁该区域的劳动力就业机会。我们所看到的有组织的破坏，不仅仅针对德国，也针对美国占领军。"他的助手列出了20家被纳粹收归国有化的美国公司清单，但可能有望物归原主。苏联从美国国际电话电报公司拿设备时"甚至连小工具也不放过"，还包括美国国际商用机器公司（IBM）、吉列公司（Gillette）、福特汽车公司（Ford Motors）、伍尔沃斯和派拉蒙电影公司（Woolworth and Paramount Pictures）也难逃此劫。"俄国就像一个真空吸尘器，所有可移动的东西……都被席卷一空。"他告诉总统说，"我们无法阻止他们在其占领区拿走他们想要的东西，但我们应该让他们在西部地区得不到任何东西。"[16]

保利在赔款委员会的副官是苏联人伊万·麦斯基（Ivan Maisky），后

14　FRUS, 1945, vol. 5, p. 227。
15　引自迈克尔·多布斯（Michael Dobbs）：《1945年的六个月》（*Six Month in 1945*），第278页。
16　保利致杜鲁门，1945年10月26日，杜鲁门图书馆。

者曾在二战期间担任驻伦敦大使，是在与苏联官员交手占过上风的西方外交家之一。与那些陈腐的典型苏联官员截然不同，他令人着迷又富有教养，并且耐心地解释说，在战争中受创甚重的苏联如果要想赶上西方，这些赔偿就是必不可少的。他指出美国也拿了大笔数额的赔款，虽然具体数目和方式不太清楚。美国带走的大量科学家、技术人员和工程师，以及大量极具商业价值的数据和信息——他认为这些"智力赔款"的价值相当于苏联所要求的工业与机器赔偿。保利默许这些东西被拿走，但辩称他们"是近期德国马上要应用于战争的新技术"，因此"显然有理由作为战利品"。但这个问题还有待进一步讨论。

德国共产党意识到他们所做的将造成何种危害。莱昂哈德（Leonhard）回忆起一天晚上与党干部的谈话，当他们看到一辆满载货物的红军卡车离开兵营时，他的同志说："那是敌人。""什么，德国人？"惊讶的莱昂哈德说，"哦不，那是我们的赔款分队。"[17]

除了"官方赔偿"，苏联士兵还在1946年春进行了大规模的私下抢劫行动。"苏联像寻求战利品的征服者，而非清心寡欲的布尔什维克。"一名苏联历史学家说。

斯大林不仅知道他们的所作所为，也默许了这些行为。同时又发布了一项命令，允许苏联官员向国内邮寄不超过5公斤的货物，并且不受审查。但大部分高级官员拿的远比这些要多得多。他的首席保镖General Nikolai Vlasik在波茨坦会议上抓住时机为自己争取了一些"战争赔款"。他回到莫斯科时，带着100件瓷质餐具及数十个水晶花瓶和酒杯。他后来说所有苏联高级安全官员都收到了类似的瓷器，但他很难解释为什么白俄罗斯的一匹马、一头公牛和两头母牛会到了他家里。

17　沃尔夫冈·莱昂哈德（Wolfgang Leonhard）：《革命的孩子》（*Child of the Revolution*），第308页。

第十一章　奸淫掳掠

空军中将亚历山大·罗凡诺夫（Alexandr Golovanov）把戈培尔的乡间别墅一点点地拆下来，再运回俄国。德国的内务委员会一把手伊万·谢罗夫（Ivan Serov）所掠夺的无主财宝中甚至包括比利时王冠。根据"战利品大队"保存的一份清单，苏联官员和军队官员在占领的第一年就运回了100000车皮的各式各样的"建筑材料"和"日用品"，这些掠夺自东德的物品包括6000架钢琴、495000部收音机、188000张地毯、约100万件"家具组件"、26400座挂钟、6000车皮的墙纸、588件瓷器和其他餐具、330万双鞋、120万件外套、100万顶帽子和710万件"礼服、衬衫和各式内衣"。一位德国官员说，对苏联而言"德国就是一个巨大的购物中心，并且拿什么都不用付钱"。[18]

相比之下，西方士兵的抢劫行为就是小巫见大巫了。一个叫乔·里德（Lieutenant Joe Reader）的美军中尉设法从图林根州偷走了价值连城的中世纪奎德林堡圣经，其他美国军官则从法兰克福画廊偷走了许多杰作。多年之后才得以追还。美国女兵团的两名官员从玛丽公主处偷走了价值150万美元的珠宝。克虏伯家族在埃森市的豪宅被英国官员据为己有。士兵们不会放过任何值钱的东西。小说家科林·麦金尼斯（Colin MacInnes）曾作为一名士兵于1946年在英占区服役。"每个人偷起东西来都很自然。"他回忆说，"抢劫是诱人的，根本无所谓什么财产权和责任感。机会到处都是。甚至对那些原本没想做贼的人来说，开始看着这令人愉快的游戏都是引人入胜的。"[19]

18　弗拉季斯拉夫·祖波克（Vladislav Zubok）：《克里姆林宫的冷战内幕》（*Inside the Kremlin's Cold War*），第365页。
19　科林·麦金尼斯（Colin MacInnes）：《获胜者的战利品》（重印本），伦敦：费博出版社，1991年，第196页。

第十二章 "德国人有麻烦了"

这是艾德瓦·贝奈斯（Edvard Benes）第二次当选为捷克斯洛伐克总统。1938年希特勒入侵之后，他有7年时间流亡在外，但在德国战败之后又志得意满地回到了布拉格。61岁的他是一个典型的中欧知识分子，书卷气颇浓。作为捷克流亡政府的首脑，他与伦敦的英国人相处甚欢。英国和纳粹德国之间的慕尼黑协定导致捷克落入希特勒之手，但他对此从未表示过不满。自由法国的刺头戴高乐（Charles de Gaulle）则不同，他总是纵横捭阖，殷勤好客，很少与盟国发生政治争端。作为一个自由者，贝奈斯善于判断，聪颖过人，声誉不错，在参与民主方面无可挑剔。他也是欧洲历史上最热衷和最无情地实施种族清洗的实践者之一。

在二战结束后的两年时间里，贝奈斯从捷克斯洛伐克驱逐出境的德国人超过250万。通常不会有任何形式的通知，并且他似乎也不太在意在此过程中有多少人会失去生命。他征收了"苏台德"地区的德国人的财产，这些人的家族大部分都生活在捷克斯洛伐克很多代了。这是偿还——不仅是针对纳粹统治的野蛮岁月，还因为他们在1918年国家独立之前一直处于统治地位。1943年，仍在流亡期间的贝奈斯发布了一个令人心寒的法令："我们决定在国内一劳永逸地解决德国问题。整个德意志民族都必须遭到全人类无限的唾弃和蔑视。德国人有麻烦了。我们将清算你们的罪恶。"[1]

---

1 贝奈斯对捷克人说，BBC，1943年4月20日。贝奈斯从1939年起每周一次，有时是每天一次通过BBC向捷克人秘密传话。

第十二章 "德国人有麻烦了"

后来回到布拉格,他不仅呼吁"清洗国内的德国人,还要消除其影响"。对此,同盟国没有表示任何不满或反对。丘吉尔内阁认为驱逐是"不可避免的……甚至正合心意",首相在1944年12月告诉下议院:"驱逐是我们所认为最令人满意和最持久的维持和平的办法。一次彻底的清洗势在必行。我不担心这些纠结的人前景如何,也不害怕将要发生的巨大转移。"斯大林鼓励贝奈斯:"这一次德国人将被摧毁,这样他们再也无法攻击斯拉夫人了。"[2]

贝奈斯在国内颇受欢迎,主要是因为以其为中心的联合政府在战后推行的反德国政策,包括他自己党内的自由主义者、共产主义者和保守主义者都很支持。司法部长普罗科普·德尔基纳(Prokop Drtina)欢欣鼓舞地说:"德国人没有好人,只有坏的和更坏的家伙。他们是我们体内的外国毒瘤,整个德国必须为其罪行遭受惩罚。"国防部长路德维克·斯沃博达(Ludvīk Svoboda)声称:"将这些内奸一次性彻底解决很有必要。"[3]所有主要教会都赞成驱逐,显然有违基督教教义。天主教神甫斯塔斯埃克(Bohumil Stasek)在一次布道中说:"德国人的罪孽将在千年之后得到清算,他们是邪恶的,并不适用"爱人如己"的信条。"[4]

而且,就如捷克人常说的,其驱逐德国人得到了国际认可。三个胜利的同盟国在《波茨坦协定》第十二条规定:"将波兰、捷克斯洛伐克和匈牙利境内的德国人,或其主要部分进行迁移。"第十三条也规定迁移必须尽快完成。协定后来添加道:"任何迁移应该以有序和人道的方式进行。"但在战后混乱的欧洲,这只是一厢情愿的想法。

2　贝奈斯返回布拉格在老市政厅的演讲,1945年3月16日;丘吉尔致议会下院,1944年12月12日;斯大林致莫斯科的贝奈斯,1943年12月12日,APRF, 232 f. 60. 133。
3　斯沃博达是捷克最常见的名字之一,意为"自由"。
4　德尔基纳和斯沃博达语引自托尼·朱特(Tony Judt):《战后:1945年以来的欧洲史》(Postwar: a History of Europe since 1945),第122页;斯塔斯埃克1945年6月25日布道,引自稍后出版的捷克《红色权利报》(Rude Pravo),1946年10月19日。

布拉格电台对在1946年初宣布《波茨坦协定》关于人口迁移的决定是："在我国长期与德国抗争史上最伟大的外交和政治上的胜利。"当时似乎很少有人关心德国流亡者的困境。当时在欧洲有着数量庞大的难民，希特勒所谓"最终解决方案"的细节也逐渐浮出水面。但《纽约时报》的安妮·麦考密克——尽管呼声颇为微弱——形容强制驱逐是由"最不人道的政府所决定的……（据说）致力于保护人权"。[5]

从解放时起，捷克人效仿纳粹的反犹太法令，并应用于德国人。所有德国人穿的衣服上都有一个巨大的字母N，就像纳粹当年强令犹太人佩戴大卫之星的标志一样。德国人不得进入公园。如果要在商店买东西，必须要先等捷克和斯洛伐克人买完，这通常意味着那时已经没什么东西留给他们购买了。他们被禁止购买某些商品，尤其是食物，如牛奶、奶酪和肉等。他们在当地被视为敌人，意味着其财产随时可能被没收。数十个"德国"村庄被付之一炬，许多村民吊死在树上。

在布拉格有42000名德国人，大部分都出生于此，其祖先世代居住在捷克境内。某些最杰出的精英被谋杀。最著名的如阿尔布雷西特·库尔特（Albrecht Kurt）教授，他是知名心理学家和德国大学最后一任校长，在神经学和精神病学研究所被捕，然后在医院外被暴民殴打和施以私刑致死。

许多建筑被当作临时监狱——巴洛克式宫殿，布拉格著名的仿西班牙式建筑骑兵学校，教育部和城市主要职业介绍所。沙恩霍斯特学校是最为臭名远扬的。这所精英大学直到纳粹入侵才对所有人开放，但自1938年以来实际只准德国人进入。到1946年夏，已有成千上万的德国人被监禁于此，数十人被杀。一组十名囚犯，包括女人、小孩和老人，从走廊被带到院子里射杀。后来的人被强迫埋葬死者。学生们从街上被拖到温赛斯拉广场，被倒

---

[5] 布拉格电台"新闻"广播，1946年2月20日；安妮·麦考密克：《纽约时报》1945年10月26日。

第十二章 "德国人有麻烦了"

上汽油烧死。

成千上万的德国人被押送至特雷津集中营，这座集中营因其被称为"犹太示范区"而广为人知，曾经纳粹邀请外国政要来此参观，以展示其犹太政策的开明。有10%至15%的人在去往集中营的途中死亡。苏联占领军对此坐视不理，附近的美军也是如此。

集中营里面的条件极其可怕，几乎和纳粹统治时期一样糟糕。多年后一名幸存者回忆那可怕的场景：500至600个德国人同时到达，他们被分为男人、女人和孩子，然后被带着通过一条通道到一个泥泞的院子里，一路上遭到捷克警卫殴打，有些老弱病残当场就死了。有一次囚犯们在院子里再次被强迫互相攻击。许多人被集中营指挥官Alois Prusa亲手杀死，他自己也曾被纳粹拘禁于此。他的女儿索尼娅（Sonja）才20岁，曾经吹嘘亲手杀了18个德国人，并为此感到自豪。

捷克第三大城市布尔诺中的全部德国人在没有任何通知的情况下，被强令离开，长途跋涉超过60公里去往德国边界。当他们离开时，人们向其投掷石块、木头和腐烂的食物——只要能抓到手的东西——捷克人已经预知其下场。他们缺乏食物和水，一路上不断被枪托毒打，其中包括老人和孕妇，有些倒地不起的则被射杀。一个有同情心的捷克士兵Joszef Kratochvil后来回忆道："横七竖八的都是死人，老人和妇女……小孩，还有被强奸的妇女……（躺）倒在水沟里。"据估计，在离开城市的23000人中有6000人遇难。[6]

---

6 凯斯·劳尔（Keith Lowe）：《野蛮大陆：二战后的欧洲》（*Savage Continent: Europe in the Aftermath of World War II*），第134页。该书是有关德国种族大清洗的最好著作；本·谢菲尔德（Ben Shephard）：《漫漫回家路：二战的后果》（*The Long Road Home: The Aftermath of the Second World War*）；道格拉斯（Douglas）：《秩序与人道》（*Orderly and Humane*）；阿尔弗雷德（Alfred de Zayas）：《可怕的复仇》（*A Terrible Revenge*）；奈马克（Naimark）：《仇恨之火》（*The Fires of Hatred*）和吉尔斯·麦克唐纳（Giles MacDonogh）：《帝国之后：盟军占领德国的野蛮史》（*After the Reich: The Brutal History of Allied Occupation*）。

工程师库尔特·施密特（Kurt Schmidt）在布尔诺死亡行军中幸存下来，但到达德国后又被囚禁于德国人在Strahov附近设立的一个集中营，邻近布拉格。他的监禁生涯颇为悲惨：

在众目睽睽之下的处决使我们不禁想到死神。一天，6个青年人被一直打到不能动弹为止。水（德国妇女取来的）倒在他们身上，殴打继续，直至没有任何生命迹象。几天后，有人故意将肢解的尸体残块放在公共厕所。一个14岁的男孩及其父母被枪杀，因为据称他试图用剪刀刺伤警卫。女性经常遭到警卫侵犯，男人无力保护她们。若有人试图保护其妻子，他将面临被杀的危险……（警卫们）经常借故将女人带走——在集中营众目睽睽之下，甚至包括小孩，他们表现得如动物一般。晚上可以听到这些可怜女人的呻吟和呜咽声……日夜无休……宛如身处地狱。[7]

虽然苏联人对此坐视不理，但还是有些人对那些暴行感到震惊。即使是像苏联在中欧的秘密警察头目、后来的克格勃领导伊万·谢洛夫（Ivan Serov）那样强硬的人也公开表示反对。他在德国的苏占区向其上级贝利亚报告："每天大约有5000名德国人从捷克斯洛伐克过来，大部分是女人、老人和小孩。因为身陷绝境，了无生趣，许多人以切断静脉的方式自杀。"欧洲的苏军司令官朱可夫元帅私下告诉斯大林，被驱逐的人实在太多了——尽管有其现实原因。德国东部地区对于大量涌入的人口已经疲于应对，但他的意见没有得到重视。[8]

总而言之，从1945年6月至1947年6月约有140万德国人被迁移至德国的美占区和英占区，另有786000人到了苏占区。死亡数字根本无法确切统计，因为那是极难核实的。德国人在战后声称的死亡数字是28万，这显然有些夸张。捷克人则认为死亡数为25000，这同样是不准确的。最合理的估

7　布拉格电台：《布尔诺行军回忆录》，2010年5月12日由Jan Richter播出。
8　APRF，422，f35.346；朱可夫评论见其回忆录，第399页。

第十二章 "德国人有麻烦了"

计大约是21万，这个数字是多年后苏联解体后的档案提供的。

在共产党当权时期，捷克几乎对那些德国人的遭遇闭口不谈。即使在1989年的大动荡之后也是如此。捷克人称之为"ofsun"——这一奇怪而委婉的词可勉强译为"拐走"，但很难描述到底发生了什么。半个多世纪后，那些曾经遭受德国人虐待的老捷克人为驱逐行为辩护，就像很多捷克人常说的："我们恨他们。从集中营幸存并回来的人会描述那里曾发生了什么。事实是人们讨厌德国人，恨之入骨，以至于有一个自发的反应和感觉，如果他们真的如此热爱第三帝国，他们就应该去那儿。"[9]

令人敬畏的玛丽安伯爵夫人逃离其东普鲁士的城堡的过程可谓颇具戏剧性。她是一位35岁的贵族和记者，曾在1944年参与冯·施陶芬贝格（von Stauffenberg）刺杀希特勒的行动，失败后逃亡至德国西部的阿拉里克。这次1100公里的旅程花了10天。有韧性的伯爵夫人——后来成为德国《时代周报》的出版商——将这次痛苦磨难转化成了一次了不起的冒险。她那些在战后被逐出波兰的大部分德国同胞则没有如此幸运。他们面临暴力和羞辱。

随着哈布斯堡王朝和奥斯曼帝国在一战后的衰落，新的国家产生了。尽管有许多边界调整，但人们的居住地通常没有什么改变。二战之后的情形却并非如此。除了波兰，欧洲各国的边界都发生了变化。根据盟国在战争期间达成的协定，波兰东部并入苏联，波兰则得到波美拉尼亚、西里西亚和东普鲁士（西部地区曾是德国的一部分）作为补偿。因此主要的人口流动发生在东部的乌克兰人和波兰人之间，持续几个世纪的流血冲突又开始重现，最终导致恶性战争。

边界变动使得将近700万德国人现在身处波兰——而波兰人想要赶走他们，西方盟国对他们困境的同情甚至还不及对苏台德的德国人的。丘吉尔又一次评论迁移是"合理"的，并且在雅尔塔会议期间与助手的一次宴会

9　布拉格电台：《回忆录》。

上,用火柴棍来说明人们如何穿越边界。斯大林告诉波兰战后的共产主义领袖瓦迪斯瓦夫·哥穆尔卡:"你应当创造这样的条件……让他们自己离开。"——西里西亚的卡托维兹天主教主教也重复了这一建议:"越早让他们自己离开越好。"[10]

在捷克斯洛伐克,驱逐可谓大快人心。他们把目标对准了那些在战后得到苏联支持的共产主义政府中流亡的波兰领导人。瓦迪斯瓦夫·西科尔斯基在其1943年飞机失事前,是伦敦的流亡政府首脑,准备接受新的波兰战后边界,尽管不太情愿,这几乎肯定意味着德国人"应该撤回……(到西部)"。[11]

西科尔斯基的继任者们则走得更远。他们不仅要接受波美拉尼亚和西里西亚的德国领土,还有一个更加困难和复杂的目标:消除德国人在这些土地上留下的古老痕迹。"这不仅仅是德国标志或纪念碑,还要去除日常生活中的德语影响,将其从民众心灵中驱逐出去。"[12]

政府的主要手段是运用波兰军队。在1945年春给其部队的一封信中,波兰第二军的指挥官卡罗尔·西维尔切夫斯基(Karol Swierczewski)对其行为作了准确解释:

> 我们将德国人移出波兰领土……按照(盟军的)指示。我们对德国人以其人之道还治其人之身。许多人已经忘记了他们如何对付我们的孩子、妇女和老人……对待这些日耳曼害虫必须毫不心慈手软……还要感谢上帝让他们幸运地留住脖子上的脑袋。我们绝不能忘记,德国人总是德国人。[13]

苏联鼓励驱逐,尽管这引起一些苏联军官和外交官员的震惊和愤怒。

---

10 斯大林致哥穆尔卡的信,华沙:现代中央档案馆,波兰共产党文件,1945年,300.25;主教语引自托尼·朱特(Tony Judt):《战后:1945年以来的欧洲史》(*Postwar: a History of Europe since 1945*),第139页。
11 Cche 21, 22, 波兰流亡政府档案。
12 同上,Stanislaw Mikolajczk藏品,第17盒。
13 波兰共产党文件,1945年,303.44,华沙:现代中央档案馆。

第十二章 "德国人有麻烦了"

没有地面部队的保护,西方盟国无力确保"人口迁移"是有序和人道的——但也没有证据表明他们尝试过。

数万人被逮捕,并且只给1到2个小时来收拾细软,他们被告知要去往德国新边界的"某处"。他们大多是妇女、儿童和老人。年轻人被抓去参战,要么战死,要么流离失所,找不到"回家"的路。波美拉尼亚乡下的一个农妇安娜Anna Keintopf带着她的三个孩子,沿着数千人已经走过的道路出发了。边境线在60公里之外,一片战争过后的残破景象。他们在5公里后遇到第一具尸体——一个已经腐烂并发肿的女人。路边随处可见各种尸体:女人、小孩和动物。生病的人在路上躺着,无法动弹。许多人因为喝了被污染的水而发病,包括她的女儿。

"有时我们一天走9公里,有时会多一点儿。我经常看到路边的人面红耳赤,呼吸困难,还有那些精疲力竭再也迈不动步的人。"她后来说。他们睡在路上,如果运气够好,或许能找着一个谷仓或农场小屋。波兰土匪的袭击一直持续,而卫兵则无所事事。夜晚是可怕的。枪声不断在人群中响起,要么是为保卫财产,要么是为女人和女孩不被强奸。Keintopf曾说:

我们眼前出现一幅可怕的场景。4名波兰士兵用枪托击打一对夫妇,试图从他们手里抢走一名年轻的德国女孩。父亲被打得尤其厉害,他踉踉跄跄,被推下了路堤。其中一个士兵用手枪向其连开了几枪,他就此倒下。片刻沉默之后,两个女人——母亲和女儿的尖叫声划破空气。她们冲向垂死的男人……女孩被带走了——要么被强奸,要么被卖身为奴。

就在他们到达边境线之前,被一队波兰士兵命令排队站好:

有的人被拉出队列并被强迫……坐上士兵的汽车。没人知道这意味着什么,但每个人都知道不是什么好事。一些人拒绝服从。通常是单个的,特别是年轻女孩,不愿前去。母亲紧紧握着女儿的手,泪流满面。然后士兵们试图用武力将其分开,如果未能成功,他们就用枪托或鞭子打人。那些被鞭打而发出的尖叫声，我一辈子都忘不了。

不过，安娜和她的孩子们最终还是穿过边境线，到达德国西部。[14]

数以千计的人通过铁路运输——这种交通方式与他们几个月前将犹太人带上绝路不同。一名幸存者回忆说，几星期只走了不到20公里。火车移动异常缓慢，而且经常一停就是好几天。"男人、女人和小孩混杂在一起被紧紧塞在火车车厢里，外面还上了锁。当车门第一次打开时，我看到其中有10具尸体被抬出来，然后被扔进棺材……我注意到有几个人已经变得癫狂。人们被粪便覆盖。"[15]

许多被囚禁于集中营的德国人被驱逐出境。位于希维托赫洛维采的最臭名昭著的佐格达集中营在一周内有超过2000人饿死；佐格达曾是奥斯维辛的一个附属小集中营；现在囚犯则由犹太人变成了德国人。指挥官阿列克谢·克鲁特（Aleksy Krut）很年轻，只有20来岁，是一名波兰秘密警察。他手下的守卫年龄在17岁到23岁之间。虐囚行为是从1945年5月开始的。克鲁特说，他可以在5个月内把纳粹对犹太人做的一切再对德国人做一遍——并且他也没有夸大其词。囚犯先是遭到警卫殴打，然后是审头——德国囚犯如果不从就会立即面临死亡威胁——而最后则是被集中营官员强迫去打另一帮人。佐格达集中营在1945年11月被关闭，但其他集中营则一直开到1946年。

在格利维策附近的一个集中营，据一名生还的囚犯说，囚犯们"眼睛都被橡胶棍棒打出来……还没断气就被埋到液体肥料中"，还有一个人"喉咙里被塞入一只蛤蟆直到被噎死"，而守卫们以此为乐。[16]

在波兰西南部的奥波兰省，据说有约6500名囚犯在几个月内相

14　吉尔斯·麦克唐纳（Giles MacDonogh）：《帝国之后：盟军占领德国的野蛮史》（*After the Reich: The Brutal History of Allied Occupation*），第296—297页；道格拉斯（Douglas）：《秩序与人道》（*Orderly and Humane*），第188—189页。

15　巴伐利亚州报道，财政部文件，RG 260/390/40，华盛顿：国家档案馆。

16　Bogusaw Kopka于1944至1950年间在波兰劳营大量收集了数据信息：Obozy pracy w Polsce 1944—1950: przewodnik encyklopedyczny, Os rodek Karta, Warsaw, 2002。

第十二章 "德国人有麻烦了"

继死亡。该集中营的指挥官同样是个20来岁的年轻人，格贝尔斯基（Geberski）是"一个腐化堕落的人，只会用拳打脚踢来表达自己的想法"。他的一个最臭名昭著的守卫约翰·福尔曼（Johan Fuhrman）宣称曾"打死了一个婴儿，只因其母亲恳求要一些汤来喂孩子"。据可靠记载，一群从集中营派出的年轻女孩和妇女发掘出了有数百具被德军杀害的苏联囚犯的乱葬岗。当墓穴打开时，散发出一股可怕的恶臭。"这些尸体脸朝下被埋在一起，受害者的脸部有被枪托强力撞击过，并已经腐烂，鼻子和嘴部挤在一团。64个妇女和女孩死亡。"有40000至60000名德国人死在集中营，而死于公路和铁路运输途中的则超过100000人。[17]

在1945年至1947年间，约有63000名德国人被赶出匈牙利，另有70000人被赶出罗马尼亚，而他们都已在那生活了好几代。超过60000名匈牙利人从斯洛伐克被驱逐出境，另有100000人从南斯拉夫被驱逐。乌克兰人从波兰分离出去的民族战争始于1943年，并演变为反抗纳粹的斗争，但后来则变成暴行。尽管德国有数以百万计的战争死难者，但后来的人口变得更大，因其新边界的人口从1939年的6000万增加到1946年底的6600万人。其结果是在第二次世界大战之后，欧洲在种族分布上比数个世纪以来更加均匀，直到20世纪60年代开始，欧洲以外的移民才大量进入。犹太人几乎消失了。德国人也不希望生活在德国之外的其他地方。巨大的人口数字引发了世界上有史以来最大的难民危机。希特勒曾希望创造一个纯粹种族的欧洲。矛盾的是，德国在1946年底的失败使人确信他的梦想在很大程度上又是实现了的。

---

17 OMGUS（美国军政府办公室），RG（档案集，Record Group）260/287/32，另见吉尔斯·麦克唐纳（Giles MacDonogh）：《帝国之后：盟军占领德国的野蛮史》（*After the Reich: The Brutal History of Allied Occupation*），第259页。

第十三章 "只要回家"

2月底,朱可夫元帅从柏林的指挥部被传唤至莫斯科。朱可夫已经成为莫斯科的救世主,库尔斯克战役和斯大林格勒战役的策划者,以及柏林的征服者。他不仅在国内广受推崇,连西方盟国也对其赞誉有加,特别是艾森豪威尔将军(General Eisenhower),这也是导致他后来垮台的原因之一。像这样一位深受欢迎的战争英雄是一个潜在威胁,斯大林决定将其调离。

元帅的电话和家中都被安装了窃听器,以便寻找用来对付他的证据。内务委员会报告说在1945年秋元帅宅邸的一次聚会上,那些人将其当成那个时代的伟大指挥官加以欢呼"征服德国的胜利者"。接下来的证词来自所谓"飞行员",一个单独进行但同时展开的对于空军中将亚历山大·诺维科夫(Aleksandr Novikov)的调查。

在严刑拷打之下,著名的"苏联空军之父"诺维科夫声称朱可夫"试图贬低伟大的最高统帅在战争中的领导作用"。当然,那自是出于斯大林的授意。"作为军事领袖,朱可夫恬不知耻地过于夸大了自己的作用……他甚至声称所有主要军事行动的作战计划都出自他的策划。"诺维科夫还声称朱可夫在其周围组建了一个由只向其效忠的士兵组成的小团体,他甚至私授奖章——极不相称地——给一个据诺维科夫称与其有风流韵事传闻的流行歌手

第十三章 "只要回家"

莉迪亚·罗思兰诺娃（Lydia Ruslanova）。[1]

朱可夫被勒令出现在最高军事委员会上，并受到羞辱。斯大林称其行为是"不可容忍"的；贝利亚和莫洛托夫指责他"拿破仑主义"——以马克思主义经典而言这是对一个战士最严重的指控了。他们打算将他送往劳改营，然后在那洗心革面，不过并没有明说。但斯大林犹豫了。朱可夫是如此受欢迎，这在一定程度上成了他的护身符。他被撤销原职，改授一个卑微的职务，即敖德萨地区的军事指挥官，并遭受公开的诋毁。他从德国运回的大量战利品被没收，同时被没收的还有其回忆录的初稿，斯大林曾见过这份手稿，并告诉朱可夫"让历史学家来书写历史"。苏联官方新闻机构谴责他是"一个极端贪恋权势和狂妄自大的人，奢侈腐化，爱听谄媚，独断专行，不能容忍任何异见"。军队发出一份声明称："个人野心的膨胀使得朱可夫元帅失去了所有的谦虚，认为自己的成就被低估，在与下属谈话时动辄大肆夸耀其在伟大的卫国战争中的重要作用，而有些战役他其实并未参与。"[2]

朱可夫在军队中的一些朋友及支持者就没这么走运了。其他高级官员的电话被定期监控。朱可夫的密友之一，同时也是斯大林格勒保卫战和柏林战役的指挥官瓦西里·戈尔多夫将军（General Vasily Gordov）与其重要心腹菲德·日巴尔琴科将军（General Fedor Rybalchenko）的谈话记录被送给斯大林审阅。在电话中两人都提到西方的生活远远优于俄国的广大村庄，那里有数以百万计的人尚未解决温饱问题，日巴尔琴科评论说："报纸上都是谎言。只有政府官员生活优渥，而民众却在挨饿。"而戈尔多夫颇为

---

1 西蒙·塞巴·蒙特弗洛尔（Simon Sebag Montefiore）：《斯大林：红色沙皇》（*Stalin: The Court of the Red Tsar*），第524页；欧拉格·V.赫列夫纽克（Oleg V. Khlevniuk）、尤拉姆·格里茨基（Yoram Gorlizki）：《冷酷的和平：斯大林与苏联统治圈，1945—1953》（*Cold Peace: Stalin and the Soviet Ruling Circle 1945—1953*），第257页。
2 斯大林致朱可夫，西蒙·塞巴·蒙特弗洛尔（Simon Sebag Montefiore）：《斯大林：红色沙皇》（*Stalin: The Court of the Red Tsar*），第525页；军事委员会声明，《真理报》1946年6月26日。

急切地想知道是否有可能去西方定居。他们都明显反对斯大林对抗美国的政策，认为这有可能最终导致战争。"不用十年，他们就会穷追猛打"，日巴尔琴科说，"我们的声望一落千丈。没人会支持苏联。"戈尔多夫随后尽可能地压低声音同妻子说，只要取消集体农场就会"一切东西都应有尽有"，"人们有权利生活得更好……他们赢得了战争。斯大林毁了苏联"。不久之后，戈尔多夫夫妇与日巴尔琴科被捕，并在劳改营中度过了余生。[3]

尽管斯大林并不信任其军事指挥官，但也没有像在20世纪30年代那样发起大清洗运动。相反，他转向了红军另一个数量巨大的部分——被德国或其盟友俘获的苏联战俘。他蔑视他们，认为他们是懦夫和叛徒，违背了决不投降的训令，或者——更糟糕的是——潜在危险，因为他们在西方生活过，可能在行为习惯和思维方式上受到外国影响。他认为任何见识过西方生活的人都需要重点监视。超过100万苏联战俘死于战争的第一年，是英国在6年战争中丧生总人数的3倍。但有超过200万人还活着，在难民营里有一些，大多数则被纳粹当作奴隶强迫劳动。

战俘们并未期望能像英雄一般荣归故里，但他们至少还是想回到苏联生活，总比在德国人手下遭受苦难要好。相反，他们中只有不到六分之一与家人团聚，重新过上战前的平民生活。而大多数则被送往"过滤"集中营，遭到秘密警察审问其在苏联境外的活动。有数以千计的人因与德国人合作过而被枪决，哪怕只是作为奴隶被强制劳动。超过90万名男性和一些女性又遭受了至少10年的牢狱之灾。1946年初，一名美国外交官说大使馆知道的"仅有一名遣返的战俘与家人在莫斯科重聚……遣返人员在边境线就被警察带走，经铁路通过莫斯科与东部，然后被隔离监禁"。[4]

---

3 APRF, 437. F. 28. 424。
4 W. 埃夫里尔·哈里曼（W. Averell Harriman）、艾力·艾贝尔（Elie Abel）著：《丘吉尔和斯大林的特使，1941—1946》（*Special Envoy to Churchill and Stalin, 1941—1946*），第286页。

第十三章 "只要回家"

通常，斯大林会引经据典地证明其对军队的深度怀疑其来有自。他经常提到那些拿破仑一世的复员士兵总是不满、沮丧和愤怒。在1825年12月，许多俄国军官反抗沙皇尼古拉斯一世。十二月党人起义被镇压，5个领导人被处以绞刑，数百名支持者流亡西伯利亚。斯大林可能很容易将这些人和事与1917年其亲自参加的一些事件加以比较。当年的二月革命就是由东部前线的许多士兵发起的。在斯大林死后，雅科夫列夫的一句评论被频繁引用："斯大林犯了两个错误。他让俄国看到欧洲——又让欧洲看到俄国。"

另有数百万苏联公民也对重返苏联心怀恐惧：乌克兰人想要从苏联独立出去，还有曾与德国人战斗的"白色"俄罗斯反共产主义者，如前红军安德烈·弗拉索将军（General Andrey Vlaso）的俄罗斯解放军；库班河和其他草原地区的向往古代自由游牧生活的哥萨克人；发现自己在边界变动时站错边的波兰人；曾被德国人当作奴隶的劳工，在战争的混乱中稀里糊涂地就到了西方的不同阶层的犹太人、白种人和其他人群。正如记者珍妮特·弗拉特（Janet Flatter）所写，大约有200万人"哪里都不想去而只要回家"。准确的数字很难得到，但估计有超过半数的人即刻被杀或被发配至劳改营，而约有三分之一的人则受到不同形式的压制。然而，他们别无选择，只得回到苏联。

西方盟国在1944年与苏联达成协议，所有苏联公民都将在战后被遣返。随后，参与谈判的政客们声称他们不知道将会发生什么。这是一个欲盖弥彰的谎言。英国外交大臣，后来的首相安东尼·艾登（Anthony Eden）以现实政治的需要为由力主其事。"我们不能对此悲天悯人。"他对丘吉尔如是说。后者并不喜欢这桩交易，但也知道自己并无别的选择。"毕竟，他们中的大多数人被捕时还在德国军队服役，这种行为……通常被视为叛变。我们当然不想背上这么一个大包袱。"最资深的外交部律师帕特里克·迪恩（Patrick Dean）同样对此不抱任何幻想，他告诉首相："在适当的时候，这些苏联官方要求遣返的人员都必须及时交付,我们并不关心他们是否会被枪决,抑或按照英国法律将得到更严厉的惩罚。"有记录表明战时内阁成员之一的财政部长塞尔伯恩爵士(Lord Selborne)曾反对强制遣返。他写信给首相说:"将这些人遣送回苏联无异于宣判他们的死刑。"[5]

然而,艾登已经与莫洛托夫达成一项口头协议,苏联公民将被遣返,"无论他们是否愿意回去"。莫洛托夫对这一点毫不隐晦,相当坚持。与其主子一样,他也是个愤世嫉俗的人,并曾在大清洗时期的1938年的一个下午与斯大林共同签署了一项处决"破坏者和托洛茨基分子"的命令——文件表明"3167人全部被枪决"——然后他们离开办公室到克里姆林宫剧院与其他苏联巨头一起观看西方电影作为放松。后来他承认,许多被清洗的受害者可能是无辜的,但仍确信"他们绝不可靠"。[6]

尽管对遣返协议有着不同意见,丘吉尔仍然对莫洛托夫评价甚高:

一个能力杰出和冷血无情的人……面色凝重,能言善辩以及用令人费解的方式恰当地展示其素质和技巧。除此之外,我不知道还有哪个人能更完美地代表了现代意义上的机器人。尽管如此,其表面上仍不失为一个风度翩翩、反应敏锐的外交家。萨利(Sully)、塔列朗(Talleyrand)、梅特涅(Metternich)想必会欣然与其为伍,如果另一个世界的布尔什维克人允许他们去的话。

值得注意的是,更多人倾向于赞同亚历山德拉·柯伦泰(Alexandra Kollontai),那位最富魅力的布尔什维克主义者将其形容为"灰色的化

---

5 艾登致丘吉尔,TNA: FO 371 2097/304;迪恩语引自凯斯·劳尔(Keith Lowe):《野蛮大陆:二战后的欧洲》(*Savage Continent: Europe in the Aftermath of World War II*),第256页;塞尔伯恩致丘吉尔,内阁文件TNA: PREM 4/109.113。
6 菲利克斯·乔弗(Feliks Chuev)口述、阿尔伯特·瑞希斯(Albert Resis)编:《莫洛托夫回忆录》(*Molotov Remembers: Inside Kremlin Politics: Conversations with Felix Chuev*),第127页。

第十三章 "只要回家"

身,迟钝和奴性"。[7]

美国人则对那些"回家"的遣返人员有着更多拐弯抹角的说法。华盛顿官方坚称他们的命运不可预知。总统密友之一的埃夫里尔·哈里曼（Averell Harrima）绝非一个幼稚的人,作为驻莫斯科大使同斯大林打交道的次数超过了任何一位西方人士,也深谙权力的本质,却坚持声称:

……不可思议的是……被解放的俄罗斯人将会拒绝回家……我们没有理由认为苏联会把他们视为逃兵或危险。我们考虑的是我们自己的囚犯,大约75000人,无一例外地将不能很快回到家中。我们无法想象成千上万的人会拒绝,因为他们有理由怀疑将会迎来死亡或是成为贝利亚的阶下囚。艾森豪威尔及其僚佐担心如果不将其遣返,俄国人会想方设法地推迟遣返在东欧的美国囚犯。[8]

当被命令从事这项卑鄙勾当时,美国军队意识到发生了什么,他们做的是吃力不讨好的活儿。强制遣返的时间贯穿整个1946年,直至1947年。1月底在巴伐利亚的坎普顿,美国军队奉命转移在教堂中寻求庇护的数百名乌克兰人。"士兵们进来了……然后开始强行将人拖走……他们扯着女人的头发……还用步枪柄打人。一个士兵抢走了神父的十字架,并用枪打他……场面一片混乱。慌不择路的人们从教堂的二楼跳下,当场摔死或致残。还有人试图自杀。"一位美国外交官告诉国务院的上司:"我们的士兵发现当苏联难民得知要被遣返时,不是奉命执行,而是互相撕咬对方的颈静脉,这实在令人震惊和难以理解。"[9]

---

7 温斯顿·丘吉尔:《胜利与悲剧》（*Triumph and Tragedy*）,纽约:水手书屋（Mariner）,1986年,第477页;亚历山德拉·柯伦泰（Alexandra Kollontai）:《一个性解放女人的自传》《*The Autobiography of a Sexually Emancipated Woman*》,创作空间出版社,2011年,第166页。
8 W. 埃夫里尔·哈里曼（W. Averell Harriman）、艾力·艾贝尔（Elie Abel）著:《丘吉尔和斯大林的特使,1941—1946》（*Special Envoy to Churchill and Stalin, 1941—1946*）,第335页。
9 FRUS, 1946, vol. 5, p. 688。

在达豪集中营的一次事件中，美军士兵试图将300名乌克兰人送上火车。有11人当场自杀。2月24日黎明前，1600名军人以及坦克包围了巴伐利亚的普拉特林格兵营。据指挥官的报告称："卡车与兵营的灯光照在荷枪实弹的士兵身上。俄国人在等待卡车到来。路障不断出现……不断有人上吊自杀和被砍翻；头颈被窗户的玻璃碎片划伤……用自制的刀片割腕。但只有5人死亡，堪称奇迹。"[10]

英国军队也遣返了在其德国占领区的数千名苏联人。为了显示南斯拉夫铁托元帅（Marshal Josef Broz Tito）的仁慈怜悯，他们不得不在奥地利执行类似的任务，遣返了数千名南斯拉夫人。丘吉尔称铁托为"巴尔干的大触手"，但并未阻止其与苏联达成类似交易。铁托的游击队在英国帮助下，从德国人手中解放了南斯拉夫——并赢得了内战的胜利。大约有3万人曾在铁托游击队中效力，与德国人战斗过的士兵被英国人当成战俘囚禁于奥地利。铁托要求将他们遣返，以此显示其正义——同时向人们展示谁才是南斯拉夫的新主人。英国政府答应了这一要求。

盟军在意大利和奥地利的指挥官哈罗德·亚历山大元帅（Marshal Harold Alexander），也是丘吉尔最欣赏的将军之一，虽然对此并不心悦诚服，但为了保住职位，仍然用惊人的高效完成工作。27000人从卡林西亚的兵营被转移至南斯拉夫。他们事先没有得到任何通知，而且被告知目的地是意大利。大多数人直到最后一刻才发现被欺骗了。负责遣返其中一群斯洛文尼亚人的指挥官后来报告称："士兵为了完成任务，不断地用拳打脚踢催促人们前进。"另一名官员曾抱怨整件事情是"堪称最令人不快的任务，简直是一场灾难"，后来还因此被上司传唤到总部并加以警告。后来的工党外交大臣安东尼·克罗斯兰（Anthony Crosland）描述那个冬天在卡林西亚

10　FRUS, 1946, vol. 5, p. 135。

第十三章 "只要回家"

所发生的事情是"我所参加过最令人恶心和冷血的军事行动"[11]。

当他们越过边境，10000—12000名斯洛文尼亚人立即被强迫沿着德拉瓦河行军至马里博尔，游击队已经在那个小镇上设立了一个集中营。那里还有来自克罗地亚的囚犯，铁托说他们是乌斯塔沙的官员或士兵。大部分人在1945年末和1946年初被杀害于科西夫杰的森林中。游击队通常采用的方法是按200人一组，或是迫使其站在悬崖边上后开枪射杀，或是直接扔下悬崖摔死。峡谷的两侧被炸开，使得尸体被岩石埋住达数十年之久。如此大规模屠杀的细节直到铁托死后的20世纪80年代才逐渐为人所知。囚犯没有经过任何形式的讯问或审查。官员和平民没有任何区别。"他们都别无选择"，一位目击者说，"每个被带到科西夫杰的人注定只有死路一条。"[12]

---

11 引自凯斯·劳尔（Keith Lowe）：《野蛮大陆：二战后的欧洲》（*Savage Continent: Europe in the Aftermath of World War II*），第297页；苏珊·克罗斯兰（Susan Crosland）：《托尼·克罗斯兰传》（*Tony Crosland*），乔纳森·卡普（Jonathan Cape）出版社，1982年，第128页。

12 凯斯·劳尔（Keith Lowe）：《野蛮大陆：二战后的欧洲》（*Savage Continent: Europe in the Aftermath of World War II*），第302页。

第十四章 "中国这个怪泥滩"

1946年春，美国首席驻华特使的精神颇为振奋。乔治·马歇尔将军（General George Marshall）是美国在欧洲和太平洋战场获胜的幕后主要策划者，一个受到罗斯福总统与其继任者杜鲁门总统崇敬的天才组织者，被称为"美国——或者说世界上任何其他地方有史以来最伟大的军人"。马歇尔相信他已经取得了一个外交突破：通过斡旋达成一项历史性的协议以结束断断续续地持续将近20年的发生在国共两党间的中国内战。

在3月4日和5日，马歇尔与毛泽东及其顾问在中国西北（译者注：此处原文为"东北"）的共产主义圣地延安举行了会谈。虽然马歇尔是个强硬的反共主义者，但仍然对毛主席个人及共产党紧跟政治的军队留下了深刻印象。出于现实考虑，他在中国待了几个月后便确信——以美国的观点来看——共产主义者在中国掌握权力是不可避免的。

离开延安后，他立即向华盛顿报告有关中国内战的解决方案，或者至少有望达成停火协议。"我与毛泽东进行了一次极其诚恳的长谈"，他告诉杜鲁门总统，"他没有表现出任何不满，对每一项合作都做出了保证。"[1]

对于毛泽东的对手，一个深谙政治技巧，喜欢被人称作委员长的蒋介石，马歇尔的热情则要冷淡许多。蒋介石为中国现代化建设做了许多工作，他向那些自20世纪初清帝国衰落以来就拥兵自重的大军阀发起了一系列战争，并作为一个成功的军事领袖享有声望。他统一了中国的大部分地区。尽

---

[1] 马歇尔致杜鲁门，1946年3月6日，FRUS第3卷，第288页。

第十四章 "中国这个怪泥滩"

管美国对蒋介石给予了大量武器和金钱帮助,但国民党日益陷入腐败的泥潭,也未能扭转中国每况愈下的经济形势。不过,奉行禁欲主义但又极端虚荣的蒋介石仍然告诉马歇尔,他也会在原则上接受停火。

在二战中牺牲的6000万人中,有将近四分之一是中国人。这是一个可怕的数字,在西方的记录中很少被提及。中国在战争中的损失仅次于苏联。大约有1500万人被杀——两倍于德国、英国和美国的总和——战事持续时间也比欧洲要长将近3年。继1931年吞并中国东北后,日本于1937年再次发动侵华战争。日本的占领是极为野蛮和残酷的,很少有囚犯。在那些肆意破坏的残忍行为中,很少有能与日本人炸毁黄河大堤相比的。101万公顷的黄金农田瞬间被淹没,导致数百万人陷入严重饥荒。修复和重建堤坝花了数十年时间。

对日作战结束后,中国人民仍未摆脱死亡的威胁。国民党自1927年以来就致力于消灭共产党武装力量。蒋介石在20世纪30年代初期大肆"剿共",但从未获得彻底成功。国民党控制了国家的大部分地区和大约4.3亿人口,包括最肥沃的农田和多数大城市,但共产党控制了北部和东部超过1.5亿人的广大地区,国民党无法撼动其统治。这形成了一个相互拉锯的僵局。与毛泽东较为激进的革命方式不同,国民党在推翻清朝统治之后,开始尝试温和的社会改良主义。在蒋介石于20世纪20年代初期掌握大权之后,国民党逐渐变成军事独裁和故步自封的代名词——其贪污腐化、官吏渎职和软弱无能成为民众笑柄。

当时的中国是世界上最贫穷的国家之一,通货膨胀使得贫困进一步加剧。1946年政府财政赤字是前一年的4倍,而到1947年初又增长了6倍。上海的生活成本是战前的900倍。一位经济学家说:"100元在1940年可以买一头猪;1943年只能买一只鸡;1945年只能买一条鱼;1946年只能买一个鸡蛋；1947年只能买三分之一盒火柴。"[2]

在二战期间，中国对美国来说变得至关重要。日本占领了中国东北和东部的大部分地区，但并未控制中国全境。美国需要中国持续对抗日本，以确保尽可能多地牵制日本军力，以使其远离太平洋岛屿上的美军。国共两党暂时结成了一个不稳定的联盟，尽管彼此不睦，偶尔也会有小规模冲突。双方都倾向于一致对外抗击日本。罗斯福并未派遣一兵一卒帮助中国抗战，但他给蒋介石派了一群高级军事顾问，还有重型武器、枪支弹药、战斗机和大量金钱。

美国顾问马上就遇到了难题，其头目是"醋缸"史迪威将军（Joe Stilwell），一个不易相处又口不择言的军人，但缺乏外交才能。他很难与蒋介石和谐相处，以至于彼此都互相厌恶。史迪威对《时代周刊》的记者西奥多·怀特（Theodore White）说："中国的问题很简单。但和我们打交道的是一个无知、文盲、迷信……的农民。"在其日记里更是对蒋介石大发牢骚，有些不易理解的表述如"花生"，或是较为易懂的有"响尾蛇"等。[3]

刚到中国不久，史迪威就告诉陆军部："中国的事情之所以难办是由于蒋介石及其派系……军队医疗卫生条件极差，士兵食不果腹，又未经训练，腐败丛生。我们能够将其从垃圾坑中拉出来，但蒋介石坚信我们最终会让步。"之后，他向华盛顿报告说："中国政府的统治是一个基于恐惧和暴力的结构，掌权者是无知、武断和固执的人。"蒋介石可能是有些武断和固执，但绝非无知的人，他通过在美国有影响力的朋友对史迪威持续中伤，如《时代周刊》的出版商亨利·卢斯（Henry Luce）和国会的几个共和党资深成员。他向其抱怨说史迪威是"一个不以集体利益为重，无视具体规划和

2　引自乔纳森·芬比（Jonathan Fenby）：《企鹅版中国近代史》（The Penguin History of Modern China: the Fall and Rise of a Great Power, 1850—2009），第266页。
3　《时代周刊》，1943年4月18日。

第十四章 "中国这个怪泥滩"

整体部署的人"。[4]

美国参战后,每年都给予中国500万美元的资助,史迪威现在终于知道这些钱的去处。大部分钱已经落入蒋介石的亲信,其中主要是其妻子宋美龄的兄长、国民政府外交部部长宋子文的银行账户。宋子文基于不切实际的汇率进行贷款谈判和签约,为自己和家人大捞一笔,但无益于国家。其直接后果是产生了大量政府赤字。国民党的地方性腐败是其主要失败原因,以至于原本支持它且反共的城市中产阶级逐渐与其疏远。西方媒体报道中国的贪污腐败事件令国民党的美国支持者十分愤怒,蒋介石也知道没有他们的支持很难维持统治。他在日记中写道,甚至其亲信们都"沉浸于极度奢侈、声色犬马和毫无节制的赌博之中……他们大肆吹嘘,巧取豪夺,不知收敛"。但他并未阻止他们这样做。[5]

蒋介石也知道宋氏家族洗劫了国家的黄金储备,但选择纵容其妻子。按照大多数中国人的标准,他们有着一个非传统的婚姻。宋美龄出身于美国常春藤名校,是一位十分迷人的女性。史迪威称她为"女王夫人",当时气氛不无尴尬。自从宋美龄在白宫为国民党争取援助而令人难堪地狮子大开口后,罗斯福就对其颇为厌恶。他说自己不想再看到她出现在附近任何地方,甚至是视线之内。他告诉妻子埃莉诺(Eleanor):"尽管身着旗袍,风姿绰约,精致迷人,但她其实像钢铁一样坚硬。"不仅是总统,其1940年大选中的共和党竞选对手温德尔·威尔基(Wendell Willkie)也不喜欢宋美龄。[6]至少蒋介石曾试图抗击日本侵略,虽然成效不大。

---

4 史迪威致陆军部,1943年5月28日,FRUS第3卷第298页;史迪威致陆军部,1943年7月25日,FRUS第3卷第485页;蒋介石语引自乔纳森·芬比(Jonathan Fenby):《委员长:蒋介石与他失去的中国》(Generalissimo: Chiang Kai-Shek and the China He Lost),第325页。
5 《蒋介石日记》,1940年3月24日,胡佛研究中心藏。
6 迈克尔·多布斯(Michael Dobbs):《1945年的六个月》(Six Month in 1945),第275页;罗斯福语引自多拉克(Dallek):《失落的和平》(The Lost Peace),第137页。威尔基轶事见乔纳森·芬比(Jonathan Fenby):《企鹅版中国近代史》(The Penguin History of Modern China: the Fall and Rise of a Great Power, 1850—2009),第288页。

毛泽东和斯大林一开始就相处得不好。毛知道他需要俄国的支持，否则不可能赢得内战。但作为请求者的莫斯科之行给了他巨大的刺激。斯大林可能是全世界共产主义运动的领袖，但毛有其自己的想法。如果有机会，他就会取代苏联模式。总的来说，他守口如瓶，似乎是一个忠实的追随者。毛泽东向莫斯科写信，希望面见斯大林以便"讨论革命策略"。1946年本来安排了两次会面，但都被斯大林在最后一刻取消了。之后，在毛掌握中国权力之后，他写道："他想阻止我们进行一场革命，说我们不应该发动内战，应该与蒋介石合作，否则中国民族将会灭亡。但我们没有听他的。"[7]

　　斯大林担心毛可能成为其社会主义阵营中的对手，但其智慧足以令其认识到如果世界上人口最多的国家加入了共产主义阵营，那将是社会主义的一个伟大胜利。他将证明历史是站在马克思这一边的。另一方面，如果中国由一个年轻的领袖（毛比斯大林小15岁）领导，这个胜利会显得有些苦涩。斯大林向中国共产党提供的援助都有所保留，无论是资金还是物资，从未给予毛泽东要求的那么多。不过当时他也承认蒋介石是中国合法的总统，他告知中国外交部长，已经准备好迎接其1945年访问莫斯科。他还打算让国民党在中国北方领土做出让步，以换取"中国诚信的保证"——换言之，试图阻止毛泽东的革命。在战争的最后几个月，史迪威被解职了。美国人认为他没有与蒋介石合作以对抗日本。美国在中国的首席代表很快换成了帕特里克·赫尔利（Patrick Hurley），他是俄克拉荷马州的石油商，一个保守的共和党人，曾在战时担任过赫伯特·胡佛（Herbert Hoover）的秘书，但他对中国及其习俗一无所知。他给蒋介石夫妇写信，称其为"石先生"和"石太太"，在访问延安时又对主人模仿美国战争口号而惊奇不已，他把毛泽东和周恩来的名字叫成"慕斯盾"和"乔耐烈"。

7　张戎、乔·哈利戴（Jon Halliday）：《毛泽东：鲜为人知的故事》（Mao: The Untold Story），第239页。

第十四章 "中国这个怪泥滩"

赫尔利认为美国的政策对蒋介石支持不够。在没有第一时间告知杜鲁门的情况下,他在公众的注视之下于12月辞职。他指责共产主义者及其跟风者在美国国务院的"背叛"。他在其辞职报告中声称,"相当部分的国务院官员正竭力支持共产主义,特别是在中国"。他没有提供证据,但这并未阻止媒体和国会对杜鲁门向共产主义妥协而口诛笔伐。在赫尔利辞职后,总统召开了第一次内阁会议,并且说:"看那赫尔利对我干的好事。"[8]

杜鲁门需要有人帮助其处理其政府与中国的危机,他选择了最受尊敬的美国人来从事这项工作。乔治·马歇尔(George Marshall)是美国标志性的军事家——甚至比艾森豪威尔或麦克阿瑟更受人崇拜。他正是那种有绅士风度的军人:人道、聪明、慷慨,不关心政治——至少在那时——甚至在国会的保守派看来也是如此。杜鲁门这样评价他:"与他交谈和接触越多,我越感觉他就是这个时代的伟人。"他在个人方面的唯一缺点似乎就是喜好贪点小便宜和低俗小说。他也不想去中国,觉得自己无法完成杜鲁门的任务。他已经65岁,渴望退休,但正如其向密友所说,他找不到一种拒绝总统的方式。[9]

马歇尔带着巨大好处来到中国:他承诺给国民党和共产党500万美元以帮助中国实现现代化和恢复经济,只要两党能够找到一种共同合作的方式。他在几周内就能使双方在原则上接受了协议,并且乐观地认为很快就可付诸实践。他在中国待了差不多整整一年,试图乐见其成。但这个所谓的马歇尔计划注定要归于失败。

---

8 赫尔利辞职报告,《纽约时报》,1945年11月27日;哈里·杜鲁门(Harry Truman):《亲爱的贝丝:杜鲁门致贝丝书信集(1910—1959)》(Dear Bess: the Letters from Harry to Bess Truman, 1910—1959),1945年11月28日。
9 《杜鲁门日记》,1945年7月15日,杜鲁门图书馆。

第十五章　铁幕

冷战最具代表性的标志是以意识形态和军事武装将东西方分隔开来的"铁幕"。长期以来,这个词语被认为源于丘吉尔在1946年3月5日在密苏里州的富尔顿的一场著名演说。事实上在苏联和东欧文件中,其首次出现要归功于希特勒的宣传部长约瑟夫·戈培尔(Joseph Goebbels)。它在一家德国报纸上露面是一年多以前,即雅尔塔会议后的1945年2月25日。丘吉尔不太可能在第三帝国读到这篇文章,尽管双方主要观点不谋而合。"根据雅尔塔协议,德国人应放下武器,苏联将会占领整个欧洲的东部和南部。"戈培尔写道,"果真如此,一个包括苏联在内的巨大铁幕就会马上降临,随之而来的是大屠杀。"[1]

与后来许多冷战狂热者猜测的不同,苏联并没有在东欧建立一个帝国的总体规划。克里姆林宫的目的并非发动战争;这时出现了一个机会。红军攻占柏林,德国宣布投降,苏联的疆界也随之扩大。而如果西方盟国能早些发起诺曼底登陆战役,苏联的新征服地区可能会变得更小些。贝利亚对战后形势作了精明的观察,当被儿子问及是否有办法使东欧免于被苏联占领时,他说:"只有一个办法。他们应该尽早在诺曼底登陆,虽然会造成更多的士

---

[1] 这个词来源于剧院放置的防火幕,19世纪晚期由建筑师埃德温·萨克斯(Edwin O. Sachs)发明。在一本名为《当代启示录》的反社会主义小册子中,作者瓦西里·罗扎洛夫(Vasily Rozanov)晦涩不明地提到1918年革命后的俄国时用了这个词:"一个吱吱呀呀、铿锵作响的铁幕在俄罗斯历史上降下。"塞巴斯蒂安在其著作《德国》中写道:"有关希特勒的崛起,'在1933年3月……一个铁幕降临在德国人身上'。"丘吉尔在1945年5月12日给杜鲁门的电报中首次用了这个词:"一个铁幕落在他们(苏联人)面前。我们不知道后面将会发生什么。"在波茨坦会议上,他用一个直截了当的词告诉苏联领袖说"铁幕"已经笼罩了巴尔干半岛。斯大林盯着他看了一会儿,生硬地回答说:"这是无稽之谈。"

第十五章 铁幕

兵牺牲。但如果西方登陆了……几个月后他们就会得到波兰,而我们还远在东方。尽管他们意识到犯了错误,但不肯做出牺牲……他们(现在)就得为此付出代价了。"[2]

斯大林在战争期间多次敦促英国和美国在西欧共同开辟"第二战场",以减轻苏联的损失。但盟军之间存在一个原则上的分歧。罗斯福可能已经默许德国于1943年占领法国,但丘吉尔坚决反对。他认为这会带来巨大风险,且令英国损失太大。总统和首相都认为继续让苏联对德作战有助于盟军保卫法国免遭毁灭性的打击。其策略被一位高级外交官,后来在英国战时内阁中任外交部常务秘书的威廉·斯特朗爵士(Sir William Strang)详细记录在一份备忘录中:"让苏联占领东欧总比让德国控制西欧要好。"如果斯大林的盟友一开始就听取其建议的话,恐怕就没有所谓的"苏联帝国",至少不会像丘吉尔在富尔顿所说的,俄国被一个铁幕笼罩,"其范围从波罗的海的什切青直到亚得里亚海的里雅斯特"。[3]

斯大林对如何处理其新占领区尚无明确的想法。它们并未形成一个整体,但是一个汇聚不同文化和历史的集合,且通常矛盾很深。苏联将整个地区视为庞大国家的一部分,开始建立共产主义政权模式。但斯大林并未以同样的速度在每一个国家实施,他认为苏联的安全是第一位的。他不能确定这些国家能够马上需要一个苏联式的一党制政体。他相信在某些地方,共产党可以与"人民阵线"之类的左翼阵营共存——甚至数十年——这就为共产主义政权奠定了基础。他在1945年告诉铁托:"当今,即使是英国君主政体也可能孕育出社会主义。在任何地方,革命都不再是必要的了。"[4]

一些中欧国家在战争中成为敌人——例如,匈牙利和罗马尼亚都曾狂热地加入希特勒入侵苏联的作战行动。除此之外,还有捷克斯洛伐克和波

---

2 贝利亚:《我的父亲》。
3 丘吉尔富尔顿演讲全文见《丘吉尔讲演录:1897—1963》,阿森钮出版社,1981年。
4 米洛万·吉拉斯(Milovan Djilas)著、迈克尔·B.波多维奇(Michael B. Petrovich)译:《与斯大林的谈话》(Conversations with Stalin),第163页。

兰，名义上是盟军。所有曾在希特勒占领下遭受痛苦的国家，又在苏联"解放"时深受其害。匈牙利被迫像德国一样支付巨额战争赔款，其国民总收入的三分之一在战后即被苏军攫为己有，还包括一些国家黄金储备，以及许多工厂几乎都被运到苏联。这是造成匈牙利在战后18个月内通货膨胀达到惊人的14×1000[5]（也就15个0，或是每天158000%）。在保加利亚，苏联在1944年末"解放"这个国家时，在财政上的掠夺显得略为收敛。

罗马尼亚国王在枪口威胁之下被迫退位，而苏联立即在保加利亚建立了共产党政权。由于俄罗斯与保加利亚在文化上有着密切联系，起初他们是受欢迎的。宣传部门强调是俄国从奥斯曼帝国"解放"了保加利亚人，使他们摆脱了从19世纪70年代至今的暴政。许多保加利亚人接受了这一官方表述。就像东德一样，他们试图使其行政运转"看起来像民主"，但同时必须确保重要部门如秘密警察和国家安全部在其控制之下。苏联领导人确信已经从内部控制了所有苏维埃联盟共和国。人们的日常生活都受到强力控制：警察部队，政府管理，身份证明，发放护照和签证，出版报纸和运营电台等。

斯大林让其官员在新领地谨慎从事，奉行"机会主义政策"。他对东欧的共产党组织下达了详细指示。他给波兰的哥穆尔卡写信说："你不能直接转向社会主义，但可以采取曲折迂回的方式。"他对匈牙利共产党领导人拉科西下达了类似指示，告诉他要分步骤行事："不要勉强行事，以免打草惊蛇。但你一旦有机会就要努力前进。你必须尽可能多地发动人们为你所用。"这就是斯大林著名的"萨拉米策略"，一步一步地达到目的。拉科西后来变得野蛮暴力又大肆吹嘘，以至于共产主义事业停滞不前，他向共产党工作者解释说："我们的要求起初总是温和的，后来逐渐增加。首先，我们要求"政府控制"银行，后来则呼吁将最大的三家银行彻底实行国有化。这种精密的方法……有助于我们打败反动派。"[5]

---

5 华沙：波兰共产党文件，1945, 525. 41. 65；布达佩斯：匈牙利革命历史档案馆，Box XXX, 303；维克多·塞巴斯蒂安（Victor Sebestyen）：《十二日：1956年的匈牙利革命》（*Twelve Days: The Story of the 1956 Hungarian Revolution*），第86页。

第十五章　铁幕

最终，苏联以地面武装部队确保共产党得到其想要的东西。拉科西的主要助手之一，匈牙利未来的"文化沙皇"雷瓦伊·约瑟夫直截了当地说："我们虽然在议会和政府是少数派，但我们同时代表了领导力量……我们有绝对控制的警察……以及随时可以得到苏联军队的支援。"[6]

斯大林十分怀疑当地共产党一直在德国占领区秘密活动及其性质。他们可能成为敌人的代理人，或是保持其独立思想。他相信所谓的"莫斯科人"，即派往当地共产党的人——以及最终在东欧掌权的人。许多在俄罗斯流亡多年的人都渴望回归权力。许多人成了苏联公民，斯大林亲自挑选他们作为新任省长。他们已经与其出生地彻底断绝了联系。他们的孩子在苏联接受教育。苏联给予他们庇护并提供工作。他们中的大多数是布尔什维克的鼓吹者。

莫斯科人的生活充满各种口号——当口号有变时——就像斯大林经常心血来潮那样——他们的生活就变得危险起来。其中一人如此描述道：

莫斯科人的生活绝非令人羡慕的。其主旨是恐惧。一个莫斯科人无论在苏联什么地方都没有安全感。无论是忠诚还是多久的党龄都不能保护他。他知道自己会因犯了一个错误就失去工作，或是被逮捕和审判。莫斯科人知道，所谓永恒真理是不存在的——因为苏联不可能有这样的东西。莫斯科人知道真相有许多张面孔。他十分清楚，不管任何时候党的最高领袖就是真理化身，昨天的真理随时就会变成今天的谎言。[7]

对斯大林而言更重要的是，当爱德华·贝奈斯（Edvard Benes）还在英国流亡时签署的一项对苏示好条约，使苏联获得了战后主导捷克外交政策的话语权。贝奈斯在战争末期向莫洛托夫写信保证说："我们会在重大问题上总是与苏联政府保持高度一致。"贝奈斯并非傻瓜，也不是懦夫，他也不

---

[6] 维克多·塞巴斯蒂安（Victor Sebestyen）：《十二日：1956年的匈牙利革命》（Twelve Days: The Story of the 1956 Hungarian Revolution），第82页。
[7] 迪波尔·梅雷、塔马斯·阿齐尔（Tibor Meray and Tamas Aczel）：《心灵反抗：铁幕之后的知识分子历史个案》（Revolt of the Mind: A Case History of Intellectual Resistance Behind the Iron Curtain），普雷格出版社，1975年。

抱什么幻想：苏联有实力，所以他想把自己与苏联紧紧绑在一起。他对英国和法国为首的"西方"也不抱幻想，不指望其能保护自己的人民。在中欧国家的流亡政府中，贝奈斯是唯一在战后重新掌权的。他反复地在东西方之间大谈"第三条道路"，同时又在加大它们之间的分歧。至少，斯大林给了捷克人在别处享受不到的待遇，他甚至将捷克视为"好朋友与好邻居的典范"。[8]

波兰是苏联建立一个同西方的缓冲区的关键部分——它有着同其他欧洲国家相比与苏联更长的共同边境——而且其人民对苏联的仇恨最为刻骨。波兰在历史上就是欧洲入侵俄国的主要路线，斯大林决定一劳永逸地关闭这个潜在的敌人走廊。在二战后期，苏联多次明确表示其最低条件：波兰将被划入苏联"势力范围"，并建立一个听命于莫斯科的政府，并且其边界东部应并入苏联版图。新边界是1939年希特勒和斯大林协议的一部分。美国和英国曾试图让斯大林做出让步，但后者明确表示绝无谈判可能。

在雅尔塔会议上，丘吉尔主张波兰民族自决是一个"事关自身荣誉"的问题，而英国"拿起武器帮助波兰抵抗希特勒的入侵……英国参战的目的是为了使波兰得到自由和主权"。斯大林对此无动于衷："对我们来说，波兰不仅仅是一种荣耀，而与国家安全有关。这是一个生死攸关的问题。"然后他从座位上一跃而起，往会议室走去，发表了一番有关拿破仑和希特勒是如何通过波兰入侵俄国的讲话。"波兰总是被当成进攻俄国的桥头堡。在过去的30年中，我们的敌人德国已经两次从这里冲进来。"莫洛托夫多次强调，波兰是"一个底线。波兰的情况总是很复杂。我们认为不能失去波兰。如果这条边线被跨过，他们就会故伎重施"。[9]

8　贝奈斯和斯大林在1943年12月莫斯科会面之后，RGASPI 438. 72. 755。
9　雅尔塔会议全记录之英文版，华盛顿：国家档案馆，43.4.1 以及俄文版见APRF 533 f. 45. 248；菲利克斯·乔弗（Feliks Chuev）口述、阿尔伯特·瑞希斯（Albert Resis）编：《莫洛托夫回忆录》（*Molotov Remembers: Inside Kremlin Politics: Conversations with Felix Chuev*），第235页。

第十六章 战争迷雾

3月4日,星期一,丘吉尔和杜鲁门离开华盛顿前往富尔顿,来自美国驻伊朗西北部的大不里士(Tabriz)领事罗伯特·罗素(Robert Rossow)的一份紧急绝密电报抵达了美国国务院。1945年12月在苏联人支持下建立的以贾法尔·皮谢瓦里(Ja'far Pishevari)为首的反叛政权(即伊朗北部的阿塞拜疆自治共和国,首府为大不里士——译注)牢牢控制了阿塞拜疆。罗素说,大不里士看上去像个卫星国的首都。他表示,现在在大不里士周边发现了"异常密集的苏军动向"。根据1941年英、苏与伊朗的三国同盟条约,俄国人应当在1946年3月2日前撤出其驻伊部队,英国人已经在伊朗南部撤兵了。但还有3万苏军留在伊朗,斯大林仍对伊朗步步紧逼,以获得其几个月来一直寻求的石油开采权。

罗素不知道苏联与伊朗之间进行的石油谈判。他确信苏联人有更野心勃勃的目标:在进攻土耳其后,入侵伊朗。他报告说,在前一天晚上,一股150辆卡车的苏军越过了阿塞拜疆苏维埃社会主义共和国(Soviet Republic of Azerbaijan,即现在的阿塞拜疆共和国的前身,当时为苏联的加盟共和国——译注)的边境,抵达了大不里士,此外,一个有16辆谢尔曼坦克的机械化师"正在往南朝德黑兰移动"。罗素是个老练可靠的官员,深得上级信任。[1]第二天,他发了一份更详细的电报:另外还有100辆装着物资的卡车和22辆苏式T-34坦克正朝着同样的方向前进,还有两个团的步兵正朝着伊

---

1 FRUS(美国对外关系文件集),1946年第1卷,第466页。

朗库尔德斯坦地区（Iranian Kurdistan）前进。"苏军的增援……日夜不停地抵达大不里士"，他说，"所有的观察和报告都无可辩驳地表明……苏联人正在为大规模军事行动做准备。"他的报告是基于伊朗方面提供的情报来源而做出的，后来这些情报被证明要么是错误的，要么被高度夸张了——实际上，大部分苏军是在离开德黑兰返回苏联——但这些情报从未经检验或证实，从而促发了美国的一次大规模军事戒备以及新一轮外交危机——这将成为冷战期间人们熟悉的场景。[2]

罗素领事接下来的那份电报的内容让华盛顿非常警惕，尽管它错得离谱。他报告说，"据说，有丰富的战斗经历的伊万·赫里斯托福罗维奇·巴格拉米扬（Ivan Khristoforovich Bagramyan）将军（后来升为元帅）已经抵达大不里士"，取代一个几乎没有战争经历的低级官员，接管这一地区的苏军指挥权。巴格拉米扬是个坦克战专家，是库尔斯克战役的英雄，也是苏联红军最后进攻德国时的指挥官。实际上，巴格拉米扬离阿塞拜疆千里万里远——他正在指挥着波罗的海三国（即立陶宛、拉脱维亚、爱沙尼亚）的苏军——但导致冲突的势头在迅速发展。[3]

杜鲁门从富尔顿回到华盛顿后，看到了罗素的电报。最后一份电报是3月6日星期三发出的，把大不里士生动地形容为一个让人想起"军营"的地方。他说，街头堆满了军事装备。总统召唤了既是俄国问题专家、也是对苏强硬派代表的威廉·埃夫里尔·哈里曼（曾任驻苏大使，时为美国商务部长——译注）。哈里曼的建议一直是要抵制克里姆林宫的头头们。杜鲁门让他准备作为驻英大使前往伦敦。哈里曼有点不乐意，但杜鲁门说他需要在英国有个值得信任的人。"这很重要。我们也许很快就会因为伊朗问题与苏联

2　FRUS, 1946年第1卷，第470页。
3　FRUS, 1946年第1卷，第477页。

第十六章 战争迷雾

打起来。"[4]

美国人在中东没有什么重要兵力,而杜鲁门很清楚当时英国是在中东有最大利益的主要西方国家。但他认定美国必须显示出其坚决。如果苏联在伊朗是"虚张声势",他要吓唬吓唬苏联。如果他们在伊朗是玩真格的,他说,"现在最好搞清楚……他们意图何在"。杜鲁门派出了美国最现代化、装备最佳的战舰——密苏里号前往东地中海。密苏里号的使命是把前任土耳其驻美大使穆罕默德·穆尼尔·厄特根(Mehmet Munir Ertegun)的遗体送回伊斯坦布尔,他几周前在华盛顿去世。完成这样一个常规外交任务,任何一艘船都足够了,但总统选择派遣美国旗舰前往,作为一个给莫斯科的信号。海军提议派遣第八舰队(即现在的美国第二舰队——译注)和一艘航空母舰前往土耳其,但杜鲁门决定等等看。

3月6日晚,好斗的南方人、国务卿詹姆斯·伯恩斯(James Byrnes)被出示了一幅阿塞拜疆和伊朗的大地图,上面有箭头指向苏军的所在地及据说是其开拔的目的地。伯恩斯一直是罗斯福的心腹,罗斯福曾称他为"我的助理总统"。1944年选举时,罗斯福曾初步许诺提名他为副总统,当罗斯福改变主意而选择了杜鲁门后,他极其愤恨。但他对新总统杜鲁门忠心耿耿,杜鲁门入主白宫后,立即任命他为国务卿。根据美国宪法,由于当时没有副总统,如果杜鲁门去世,伯恩斯将继任其总统职务。

伯恩斯当时66岁,是个非凡的华盛顿内部人士和民主党的政治交易者,他试图就战后事务与苏联结盟。但他因为与俄国人太友好而一直受到把反共变成了狂热事业的媒体和国会的批评。自杜鲁门的"停止纵容苏联人"的表态后,伯恩斯变成了鹰派。6日晚上,他说他看到了表明俄国人正在加

---

[4] FRUS,1946年第1卷,第513页。W. 埃夫里尔·哈里曼(W. Averell Harriman)、艾力·艾贝尔(Elie Abel)著:《丘吉尔和斯大林的特使》(*Special Envoy to Churchill and Stalin, 1941—1946*),纽约:兰登书屋,1975年,第313页。

大"导致政治覆灭的军事入侵"的坚实证据,是时候抵抗俄国人了。"现在我们要双管齐下地打击他们。"他这样宣言。[5]

在伦敦,据一位内阁大臣说,外交大臣恩内斯特·贝文(Ernest Bevin)"非常焦虑,说俄国人正在朝德黑兰前进,而这意味着战争,美国正派遣一支舰队到地中海"。伊朗驻华盛顿大使、沙阿(Shah,即伊朗国王)的密友哈桑·阿利亚(Hassan Alia)发电报给德黑兰,警告说似乎"第三次世界大战的第一枪将在伊朗打响"。[6]

莫斯科的官员们对华盛顿和伦敦的危机重重的气氛迷惑不解。两周前,在巴黎的三国外长会议上,伯恩斯与苏联外长莫洛托夫及其副手安德烈·维辛斯基(Andrey Vyshinsky)、法国外长乔治·皮杜尔(Georges Bidault)在莫里斯酒店共进晚餐。莫洛托夫满不在乎地告诉伯恩斯,苏联错过撤兵的最后期限"是件微不足道的事,不会影响美苏关系"。伯恩斯似乎有点怀疑,提出美苏两国都签署了确保小国权利、防止大国强权的《联合国宪章》,两国都应遵守《联合国宪章》。但他对此事点到为止,没再提及。

苏联人没打算在伊朗发动战争,他们对皮谢瓦里和阿塞拜疆分裂分子的支持不冷不热,是一种旨在确保在伊朗获得油田和巨大影响力的战略。但

5　1946年1月,《财富》(Fortune)杂志刊登了一篇很长、有损其形象的伯恩斯的人生画卷。他出生在南卡罗莱纳的贫困家庭,母亲单亲抚养他成人,后来他当了律师,取得巨大成功。"他的一些亲密朋友称他是收拾局面的人、调停者、劝解人,并且担心这样一个人是否应该成为美国对外政策的看门人",文章写道,"据说他早晨要准备好三顶帽子,这样他就能折中选择中间那顶。"伯恩斯仍然对罗斯福让他的副总统落空的那个死期日子耿耿于怀。他相信这是因为他是个天主教徒。尽管后来他崇拜杜鲁门,但起初伯恩斯蔑视他,有时候还将其显露出来。杜鲁门说,他知道"吉米(即伯恩斯的昵称)一直相信他理应当总统,而不是我"。迪安·艾奇逊(Dean Acheson):《创世亲历记:我在美国国务院的岁月》(Present at the Creation: My Years in the State Department),纽约:诺顿(Norton)出版社,1969年,126页。
6　贝文的话引自休·道尔顿(Hugh Dalton)的日记(1946年3月2日);阿利亚的话引自路易斯·雷斯垂奇·弗西特(Louise L'Estrange Fawcett):《伊朗与冷战:1946年的阿塞拜疆危机》(Iran and the Cold War: The Azerbaijan Crisis of 1946),纽约:剑桥大学出版社,1992年,第263页。

第十六章 战争迷雾

他们确实不打算示弱。"在与这些西方人打交道时,我们必须要永不表现出我们缺乏决心和骨气。"斯大林这样告诫莫洛托夫,而莫洛托夫严格遵循了这一训诫。他们继续虚张声势。[7]

在杜鲁门为美苏冲突作准备时,斯大林刚刚结束与伊朗总理艾哈迈德·盖瓦姆(Ahmad Qavam)的扩展会谈。盖瓦姆来自于伊朗最古老的贵族家庭,自1月中旬起担任伊朗总理。他在莫斯科待了两周时间,试图与苏联达成苏军从伊朗阿塞拜疆省撤兵的协议,同时终结皮谢瓦里的叛乱"自治共和国"。3月4日,星期一,他一无所获地回到德黑兰,但他并未屈从于斯大林的威胁或诱哄。盖瓦姆69岁,是个文雅、精于世故、在伊朗政坛有极其丰富的经历的政治家(他的父亲此前曾任伊朗总理长达半个世纪之久,他在20世纪30年代也曾在伊朗国王政府中担任过好几个职务),在大国竞争中,他竭尽全力带领伊朗走向独立道路。他厌恶让英国人和美国人主导他的国家,也同样讨厌苏联干涉伊朗。不过,如果必须做出选择的话——而且似乎必将如此——他宁可偏向美国人。伊朗国王也赞同他的意见。[8]

盖瓦姆确信苏联人不打算全面入侵伊朗或土耳其。他直白地告诉美国大使华莱士·莫瑞(Wallace Murray):"他们的主要兴趣在于石油。"但这一意见似乎未能引起华盛顿的注意。当时德黑兰关于苏联行动的报告无一提及苏联在要求石油许可权。美国国务院比较谨慎。尽管丘吉尔、罗斯福以及后来的艾德礼和杜鲁门常常讨论未来西方的石油供应,但关于伊朗的简报极少提到苏联在伊朗北部进行石油开采权谈判或美国人在伊朗南部也在进

7　AVPRF(苏联对外政策档案馆),f194, op37,第277页。
8　国王的妹妹阿什拉夫(Ashraf)与盖瓦姆一同前往苏联,并且参与了克里姆林宫的一次会谈。她描述了见到苏联领袖斯大林的情景:"在一个险恶的房间里等待了很长时间后,突然门开了,我看见了一个留着胡子的男人。是斯大林……我们终于宽心了。斯大林温和、肥胖,但最重要的是,他个子小小的。"公主给斯大林留下的印象要好得多,他很赞赏她的勇气。"看看这个小女人",他告诉一个朋友,"她是个真正的爱国者。"路易斯·雷斯垂奇·弗西特:《伊朗与冷战:1946年的阿塞拜疆危机》,第177页。

行石油开采权商谈。所有人都赞同苏联人不应从波斯湾获得任何石油开采权。3月6日晚些时候,伯恩斯给苏联外长递交了一份正式的外交照会,要求苏联解释为何苏军违反条约义务,仍然逗留在伊朗。他没有收到苏方的回复。[9]

西方的报纸全都在讨论伊朗的危机。一周前,曾击败了纳粹的同盟国之间发生战争还似乎无法想象。为了二战,美英两国的媒体做了大量亲苏宣传。现在,同样是这些报纸暗示如果苏联不停止侵略,与苏联的战争将不可避免。右翼新闻杂志《时代》经常宣称苏联的共产主义不过是表象,赞扬斯大林是将其国家从希特勒手中拯救过来的善良人物。用丘吉尔的话形容,现在,微笑着的乔大叔(Uncle Joe,代指斯大林,其英文名为Joseph Stalin——译注)在欧洲竖起了一个铁幕,威胁着要接管中东。8月份的《纽约时报》言之凿凿地报道说,"苏军距离大不里士只有不到25英里远了"——这完全是来自于不可靠的伊朗情报来源的不实之词——《纽约时报》没一个记者在大不里士附近。报道说,几辆俄国坦克和少量部队巡逻着进入阿塞拜疆和伊朗的库尔德地区,但大部分苏军仍然在大不里士附近。这个报道引发了德黑兰的恐慌。"数百名富人把家什堆到所有的车上逃离家园,把前往南方的路挤得水泄不通。"莫瑞向华盛顿如此报告说。[10]

苏联人尽管明显拒绝说明苏军将在何时撤离,但他们坚持说没有苏军在朝伊朗首都德黑兰前进。随着局势的不断紧张,美国士兵和外交官提供了更可靠的信息。保护仍留在德黑兰的内政顾问的一小支美军的指挥官诺曼·施瓦茨科普夫将军(Norman Schwarzkopf Sr.)向华盛顿报告说"没有任何有计划的侵略迹象"。[11]参谋长联席会议主席艾森豪威尔告诉杜鲁

---

9 盖瓦姆至美国大使莫瑞,FRUS,1946年第7卷,第529页。
10 此处原文缺少注释。——译注
11 诺曼·施瓦茨科普夫的小儿子诺曼·施瓦茨科普夫是1991年第一次海湾战争期间的美军指挥官。

门,他肯定苏联人"不可能发动进攻",他自信苏联人没有这么做的打算。美国驻莫斯科大使乔治·凯南(George Kennan)同样向杜鲁门确定苏军不会发动攻击,在发给国务院的电报中,他说:"斯大林没准备让俄国人民再进行任何战争。俄国人不会贸然进入对其含义尚未思考清楚的战争状态。"他说苏联人可能"在试探和恫吓……但仍会坚持这个路线",避免与西方盟国决裂。英国的哈利法克斯(Halifax)勋爵也建议要克制。他告诉外交大臣贝文:"干预波斯湾事务并不必然意味着要发起对俄国的大规模军事行动。"[12]

伊朗人希望苏军撤出其国土,也不希望把油田给俄国人。他们知道无论是美国还是英国都不会迅速派部队到伊朗来,盖瓦姆曾经询问美国大使,美国打算如何帮助伊朗。莫瑞大使称,美国可能没有立场进行军事援助,但在外交上会强硬;他建议伊朗将问题提交联合国安理会解决。美英和其他西方盟国将在安理会上支持伊朗。在几十年后的今天看来,提交安理会解决没什么稀奇,但在当时,这非常重要。这将是对联合国这个世界和平新使者的第一次检验。

富兰克林·罗斯福未能活着看到联合国的诞生,但他是联合国之父。正是他的展望创造了联合国,为此,他与怀疑者努力斗争,推进联合国的创立,并且与美国的竞争对手,尤其是斯大林掌握下的苏联达成协议,确保联合国能够成为现实。罗斯福认为,联合国不是基于理想主义的信仰——他的一些批评者称其为"全球胡话"(globaloney)——而是基于实用的思想而创建的。帝国和权力集团都不能维持和平,它们的竞争总是以战争结束。"势力范围"和势力均衡是"旧世界秩序"的想法,它们导致了1914年的

---

12 施瓦茨科普夫和艾森豪威尔的评论,FRUS,1946年第7卷,第156页;凯南发国务院电,FRUS,1946年第4卷,第376页;哈利法克斯的话引自艾伦·布洛克(Alan Bullock):《恩内斯特·贝文:外交大臣(1945—1951)》(*Ernest Bevin: Foreign Secretary 1945—1951*),伦敦:海涅曼出版社,2002年,第455页。

一战和1939年的二战的爆发。罗斯福相信,主要大国——以美、苏、英、中四国充当世界"警察"——可以集体调停争端,维持和平。斯大林也支持这个想法,即便没有以全然的热情投入其中。杜鲁门估计苏联不会在联合国刚刚成立时就破坏它,除非他们真的打算再来一次战争。如果他们想要战争的话,如总统的一位助手说的,"我们现在也知道了"。

3月8日,伯恩斯第二次递交照会给苏联。这次用简洁的外交标准表达的措辞坚定得多,实际上,这是自战争结束以来双方政府间最不友好的一次官方交流。照会内容是伯恩斯最聪明的助手阿尔杰·希斯(Alger Hiss)仓促写成的。"美国不能再对伊朗发生的紧张局势保持漠不关心",照会如是说,"美国诚挚希望苏联立即将其所有武装力量撤出伊朗领土,做出苏联在保证和平上的应尽努力,以提升和平进步所需要的国际信心。"照会并没有表示威胁之意,如副国务卿迪安·艾奇逊所表示的,如果苏联人想避免兵戎相见,这份照会给了苏联人"一个优雅得体的出路"。[13]

接下来的联合国安理会会议上,伊朗提出苏联撤军的议题。俄国人立即认为这是"将导致不幸结果的不友好和敌意行为"。对此,盖瓦姆回答说,在3月2日最后期限后俄军仍留在伊朗是"非法的"。但苏联人正准备撤出伊朗。他们甚至被对苏友好的政府认为仗势欺人,他们也想寻求解决。"我们没再试探伊朗,但却没人支持我们。"后来,莫洛托夫这样说。[14]

安理会会议定在3月26日。在此前两天,苏联的《消息报》(Izvestia)报道,苏联"从3月2日开始"的撤退将持续几个星期。同一天,斯大林少见地接受了美国合众社记者艾迪·吉尔默(Eddie Gilmore)的采访。这次,他又是那个仁和的乔大叔了,他说,"真的没有战争危

---

13 FRUS,1946年第7卷,第558页;艾奇逊:《创世亲历记》,第129页。
14 《真理报》,1946年3月9日;盖瓦姆的话引自布洛克:《恩内斯特·贝文:外交大臣(1945—1951)》,第456页。

第十六章 战争迷雾

险"，伊朗的紧张局势是"忙着搞政治宣传的特定政治集团"导致的。

斯大林希望纽约的安理会会议能延期举行，但会议还是在布朗克斯（Bronx）的亨特学院（Hunter College）的联合国临时总部如期举行了。现场有新闻摄影机拍摄会议，并在电台直播。俄国代表安德烈·葛罗米柯（Andrei Gromyko）说由于"除非发生了无法预料的情况，苏军将在五到六个星期内撤出伊朗"，他希望不再讨论这个议题。但伯恩斯要求仍将此问题纳入安理会议程，"直到最后一个俄国士兵离开伊朗为止"，并继续进行了一场激动人心的演讲。"还有40个国家没在现场。他们指望当他们有影响其国家安全的威胁时，我们确保安理会的大门向他们每一个国家都敞开着，让他们倾诉委屈不满……除非联合国……现在就采取强硬路线，否则它将由于无能无效而在襁褓中夭折。"[15]

怒不可遏的葛罗米柯拿起他的文件，用俄语骂骂咧咧，冲出了大会厅——这是后来苏联外交政策上的"否决先生"（Mr Nyet，即葛罗米柯，他在1957—1985年任苏联外长——译注）曾实行的三十几次否决的第一次。尽管没有发生热战，但伊朗危机带来了复杂后果。如其他人一样在伊朗危机中扮演了重要角色的罗伯特·罗素后来曾这样评论："尽管没开一枪，但阿塞拜疆战斗的后果如邦克山战役（Bunker Hill，1775年，美国独立战争期间发生的一次战役——译注）、布尔朗战役（Bull Run，1861年，美国南北内战时期发生的战役——译注）或第一次马恩河战役（First Battle of the Marne，1914年，一战期间发生的著名战役——译注）一样重要。"当时在德黑兰的一位英国外交官以不同的方式阐明了其重要性："首先，这是标准石油公司（Standard Oil，即美孚石油公司）……和壳牌石油公司为了保障石油勘探权而进行的努力，它将波斯湾的俄国人从热战的

---

15 《纽约时报》，1946年3月27日。

同盟者变成了冷战对手。"大为恼火的斯大林始终没能取得他想要的油田。但美国却成功了。在苏联撤离后的几个月内,美国与伊朗签订了第一份石油开采协议。[16]

在苏联军队、顾问和间谍撤离大不里士后,阿塞拜疆的"自治"政府也土崩瓦解了。皮谢瓦里接到了斯大林满是虚情假意的信。他不仅没有得到支持甚或同情,相反,皮谢瓦里这个忠诚的同志在实力政治中吃了一堑。斯大林鼓励分裂主义者叛乱。现在,他告诉皮谢瓦里:"你们国家不具备革命条件……如果我们的军队仍然留在那里,将会削弱我们在欧洲和亚洲的解放政策的基础……西方国家将在世界各地牢牢控制他们想要的地方。所以为了把这一武器从英国人和美国人手中抓过来,发动将使我们的解放政策更加合理和有效的殖民地的解放运动……我们决定把所有部队撤出伊朗。"他让皮谢瓦里及其领导的阿塞拜疆民主党(Azerbaijani Democratic Party)"缓和你们的立场",支持德黑兰政府。[17]

苏联最后一名士兵跨过边境线回到苏联后,伊朗军队残酷镇压了叛乱。许多阿塞拜疆民主党官员和支持者被逮捕、折磨、杀害。斯大林让他们停止抵抗、撤退。少数人成功逃脱了沙阿的血腥报复,皮谢瓦里也是其中一员。他作为败将逃到了阿塞拜疆苏维埃社会主义共和国的巴库。1947年,皮谢瓦里死于一场离奇的车祸。尽管始终未能找到他被谋杀的切实证据,但人们认为极有可能"事故"是MGB(苏联国家安全部)干的。

---

16 罗伯特·罗素(Rovet Rossow):《阿塞拜疆的战斗》(The Battle for Azerbaijan),《中东杂志》(Middle East Journal),1956年第10期。
17 APRF, 45, f. 73.457。

第十七章　日薄西山的英印统治

3月23日，三位英国政府大臣离开伦敦，前往德里。他们的使命很奇特。在将近两个世纪的时间里，印度一直是英帝国的"皇冠上的明珠"。现在，如这三人的首席助手、年轻的工党议员伍德罗·怀亚特（Woodrow Wyatt）指出的，工党议员三人组"试图将一个帝国拱手相让，却发现他们为实现此目的的每一个建议因为预期的接受者的原因而受挫"。[1]

内阁使团——或者印度人所说的"三个魔术师"——抵达德里时，显然英国人的统治行将就木。英国人想尽快地从印度撤退，不是出于英印政府试图假装出来的利他主义或精心计划，而是由于英国已经筋疲力尽和虚弱不堪。"尽管最终责任仍然取决于帝国政府，但它再无力采取有效行动了……我们实际上正在非常艰难的环境下撤退。"印度总督威韦维（Wavell）勋爵向英国女王报告说。[2]

二战后，印度的实际问题不是英国是否会离开印度，而是英国怎么在不丢脸面的情况下撤离。一场日益激烈的争论围绕英国将留下一个什么样的印度而展开。一个独立的印度能否如它长期以来在英国统治下时一样，仍然还是一个统一的、尽管偶尔也不太安宁的国家？抑或，大多数的印度人与穆斯林之间的分歧是否不可调和，国家是否必将分裂？

---

[1] 伍德罗·怀亚特（Woodrow Wyatt）：《一个乐观主义者的自白》（*Confessions of an Optimist*），伦敦：哈珀·柯林斯出版社，1987年，第256页。

[2] 伦敦：大英图书馆，印度事务部档案（India Office Records, IOR），R/3/1945.299/。

三位大臣将在印度停留三个月，他们试图劝说印度各民族主义领导人就国家的未来发展大计达成一致协议，但以失败告终。"弗雷迪"佩西克-劳伦斯（Pethick-Lawrence）是代表团团长，也是印度事务大臣（Secretary of State for India）。他在此次使命之旅中声称，这是达成维持印度的统一团结的解决方案的"最后机会"。此言极是，尽管使命的失败很难说是他的错。印度困境的解决方案未能获得远比佩西克-劳伦斯及其两个同事更明智的人的认同。另外两个人一个是斯坦福特·克里普斯（Stafford Cripps）爵士，他是贸易部长、未来的贸易大臣，另一个是海军大臣阿尔伯特·亚历山大（Albert Alexander）。

对许多印度观察家来说，英国派出这些主要使节前往印度谈判是比较恰当的。殖民主子习惯性地派遣了他们的教化任务中几个表现活跃、果断、自信的人去管理印度帝国。佩西克-劳伦斯当时74岁，是个老伊顿公学出身的工党政治家，尽管"有点颤颤巍巍"，但仍然是个"迷人的老绅士，非常友好"。即便他的许多正派的朋友也倾向于叫他"佩西蒂克-劳伦斯"（Pathetic-Lawrence）。他最为人们所知的是他是妇女选举权的热烈信仰者，曾经在一次示威运动中与艾米琳·潘克斯特（Emmeline Pankhurst）一起被捕，当时艾米琳·潘克斯特正在搞绝食抗议，后来被强行喂食。佩西克-劳伦斯用心良苦，但他不是最精明的思想家。用总督威韦维的话说："佩西克-劳伦斯爵士除了有转交权力、给予印度自由的模糊愿望之外，对他为何在新德里没有什么想法。谁将成为权力的接管者，这个问题他从未严肃对待过。"[3]

在印度的一系列选举后不久，英帝国的内阁使团抵达了印度。由于在

3　威韦维日志，1946年4月29日，见阿奇博尔德·威韦维勋爵（Lord Archibald Wavell）著、彭德瑞尔·莫恩（Penderel Moon）编：《总督日志》（The Viceroy's Journal），达卡：牛津大学出版社，1998年。

第十七章 日薄西山的英印统治

这样幅员辽阔的国家同时计票上的组织难题,这些选举拖了三个月之久。有400万选民——相当于人口总数的10%——参与了投票,这是印度有史以来规模最大的一次选举。选举由于选民名单过时、选举权有限而存在着一些缺陷,显然,在有些地方还出现了舞弊现象。驰骋印度政治舞台几十年的A.K.阿扎德(A. K. Azad)说:"很难说这是通常意义上人们所理解的选举。"然而,尽管选举不尽人意,人们却都认为结果显然反映出民众的心态。选举的目的本是选出全国各省的首次全部由印度人组成的省级政府。但是随着选举的继续,它变成了一个全民公投的问题:是否穆斯林应当成立一个单独的巴基斯坦政府——"纯净之地"。穆斯林压倒性地投票赞同成立巴基斯坦政府。[4]

印度的最大政党——印度国民大会党(Indian National Congress)一直是争取脱离英国、获得自由的斗争的领导力量。1885年,印度精英、亲西方的律师和实业家组建国大党,以其作为在英国统治下的印度人争取更多权利的文明施压群体。但自20世纪20年代以来,莫罕达斯·甘地(Mohandas Gandhi)将国大党转变为一个有400万成员、同情者更众的大民族主义政党,他们的目标是要求独立(印地语swaraj),并且采取英国人难以对付的非暴力不合作运动(印地语Satyagraha)的革命策略。用一位国大党活动家的话说,甘地不仅是最著名的印度人,而且还是自佛陀以来最受百姓热爱的人,他被人们普遍尊称为圣雄。

甘地的唯灵论与坚韧地争取交易行动两相结合激怒了英印政府。"他也许是个圣人,也许是位圣雄……但有一点我很肯定,他是我遇到过的最狡猾的人之一,一个有政治目的、爱讨价还价的小绅士。"20世纪30年代一个印度事务大臣这么评论道。斯大林可能会直接命令内部人民委员会

---

4 阿布·卡拉姆·阿扎德(Abdul Kalam Azad):《印度赢得自由》(*India Wins Freedom*),德里:桑甘姆(Sangam Books)出版公司,1998年,第224页。

（NKVD）暗地杀掉甘地或其他国大党领袖。英国人却将甘地监禁起来，结果反而提高了他的声望。

到1946年，国大党的主要反对派再也不是英国人，而是穆斯林联盟（Musilin League）。穆斯林联盟起初也是上层印度人发起成立的一个友好的团体，目的在于为印度穆斯林寻求有限范围内的额外权利。然而，在穆罕默德·阿里·真纳（Mohammed Ali Jinnah）的领导下，穆斯林联盟迅速成长为一个有超过200万成员的政治团体，其宗旨也日趋宗教化、日益分裂主义化。国大党起初吸引了包括真纳在内的许多穆斯林联盟的成员，由于英国人是两党共同的敌人，它们为了结束英印统治这一共同目标而精诚协作。但在甘地的宗教激励影响下的国大党在发展成为大众化运动的过程中，变成了公然的印度教的政党。穆斯林只占印度总人口的1/5多一点，大约有400万人，他们很关心自己在一个被称为"印度斯坦"的国家中的未来。国大党声称它代表着所有印度人，并仍呼吁建立一个统一的多族群国家，但到1940年，穆斯林联盟却要求建立独立的伊斯兰教的家园。使事态更为复杂的是，在印度的北部和西部，还有100多万锡克人（Sikhs），他们是少数族群，随着印度教和穆斯林越来越分立，锡克人也受到他们的两面夹击。

1946年的选举中，国大党赢得了全国将近90%的席位，除了一个省级政府外，其他各级省政府都由国大党把控。不过，穆斯林联盟在穆斯林占多数的地区取得了压倒性的胜利。如真纳告诉他的追随者所说的，每一张投给穆斯林联盟的选票都是投给巴基斯坦的，每一张没有投给穆斯林联盟的选票都是在给印度人的统治投票。他在大选期间反复讲道："这是摆在你们面前的唯一选择和唯一问题。"整个大选期间，双方诸如此类的论调越来越激烈，分裂越来越大，原教旨主义越来越明显。国大党在宗教节日中发起竞选活动，用印度教偶像制作竞选传单，鼓励橘黄色衣服的人们（印度教的标志颜色为橘黄色——译注）支持国大党，并且将一些宗教习俗与反穆斯林联盟

第十七章 日薄西山的英印统治

联系起来，发表反穆斯林的谩骂攻击。穆斯林联盟一方则利用伊斯兰戒律做同样的事情。在投票站，两党的活动家们一手拿着《古兰经》，另一只手里拿着印度教文本或印度教神祇的画像，在催促投票者将选票放进投票箱之前，询问他们将选择哪一个。

有些温和的宗教领袖——如声望很高的学者穆拉那·沙比尔·艾哈迈德·乌斯马尼（Maulana Shabir Ahmad Usmani）——督促其追随者支持穆斯林联盟，他们说："任何投票给穆斯林联盟的对手的人都要站在他的族群立场上想一想他这一举动的最终结果，在审判日，他将会要求在真主面前交出答案"。支持国大党的穆斯林（现在已经为数极少）被称为"名义上的穆斯林，行动上的印度人"。国大党的一名领袖瓦拉巴伊·帕特尔（Vallabhbhai Patel）在竞选活动中说："巴基斯坦并非掌握在英国政府手上。如果巴基斯坦建国得以实现，印度教和穆斯林必将发生战斗。内战将至。"对此，穆斯林联盟的一位杰出成员利雅卡特·阿里·汗（Liaquat Ali Khan）却只是回答说："穆斯林不怕内战。"[5]

英国人确实想维持一个统一的印度，吹响有尊严的撤退的号角，夸耀他们在印度两个世纪的治理辉煌而荣耀。如维多利亚时代的帝国主义者麦考利（Macaulay）在19世纪50年代说过的，当印度人被英国人教导成"拥有了组织更好政府的能力之时……这将会成为英国历史上的最荣耀之日"。[6]

---

5 亚斯敏·可汗（Yasmin Khan）：《大分裂：印度与巴基斯坦的形成》（The Great Partition: The Making of India and Pakistan），耶鲁大学出版社，2007年，第67—68页。本书是同类主题中的杰作，不过，整本书里关于此章的内容，我还参考了部分其他著作，主要有：佩西克·弗兰奇（Patrick French）：《自由还是死亡：印度的独立与分裂之旅》（Liberty or Death: India's Journey to Independence and Division），伦敦：弗拉明戈（Flamingo）出版社，1998年；朱迪斯·布朗（Judith Brown）：《尼赫鲁的政治人生》（Nehru: A Political Life），耶鲁大学出版社，2003年；斯坦利·沃伯特（Stanley Wolpert）：《巴基斯坦的真纳》（Jinnah of Pakistan），纽约：牛津大学出版社，1984年；彭德瑞尔·莫恩爵士（Sir Penderel Moon）：《分裂与撤退：目击印度的分治》（Divide and Quit: An Eyewitness Account of the Partition of India），德里：牛津大学出版社，1998年。
6 安东尼·里德（Anthony Read）、大卫·费舍尔（David Fisher）：《最骄傲的日子：印度独立的漫长之路》（The Proudest Day: India's Long Road to Independence），纽约：诺顿出版社，1999年。

英国内阁使团抵达印度两周后,4月11日,英国首相批准了以印巴分治作为解决印度问题的最终办法,尽管这一决定被高度保密。佩西克-劳伦斯和他的两个同事要在印度北部度过整个最热的季节,并且试图达成一个解决方案,此方案仍保持印度的团结统一,但可以——如果他们"都认为没有其他可以达成一致解决方案的基础"——允许成立一个单独的穆斯林家园。印度文官机构中最资深的官员爱德华·彭德瑞尔·莫恩(Edward Penderel Moon)爵士在1946年初告诉艾德礼:"现在非常清楚,我们必须要公平公正地正视巴基斯坦问题。再也无法逃避这个问题。"[7]

穆斯林与印度人间的暴乱在整个印度蔓延。暴乱以孤立的个案开始,但在孟买、联合省和孟加拉,暴乱和有组织的团伙谋杀案件数量迅速攀升。甘地的非暴力不合作运动曾经是令近乎破产的英国人疲惫不堪而就范的主要战略。现在,这一战略却几乎无用武之地。

在艾哈迈达巴德选举结束后不久,当圣雄甘地派遣了一群工人前往艾哈迈达巴德平息不断升温的社群紧张局势时,出现了令人沮丧的迹象。在他们试图阻止暴乱时,两人被杀。他们的同事绝望地写信向甘地求助。"我们的国大党同事瓦桑特·拉奥(Vasant Rao)先生和拉贾·巴里(Raja Bali)先生出去……说明他们的要求,结果成了暴徒的刀下猎物。他们为理想献出了生命,值得我们赞扬。但再没有人有勇气追随他们的脚步。他们没有那样的自信。如果有这样的自信,就不会有骚乱;而且,即便爆发了骚乱,也不会有现在这样的规模和形势。"[8]

在印度,最安全的人是英国人。在暴乱之中,无人伤害殖民压迫者,他们可以在城市和城镇之间自由走动。当一位英文报纸的编辑德蒙斯特·杨

7　英国国家档案馆(TNA, The National Archives):CAB(内阁办公室)129.5.21;彭德瑞尔·莫恩:《分裂与撤退:目击印度的分治》,第288页。
8　引自亚斯敏·可汗:《大分裂:印度与巴基斯坦的形成》,第149页。

第十七章 日薄西山的英印统治

（Desmond Young）知道有天下午"为了让我的妻子通过此路，一次街头斗殴被推迟开始"时，他非常困惑。[9]

1938年秋，印度最有影响力的政治文化杂志《现代时报》（Modern Times）出版了猛烈攻击最受尊敬的民族主义领袖、国大党主席贾瓦哈拉尔·尼赫鲁（Jawaharlal Nehru）的文章。文章标题为《没有恺撒》（No Caesars），强烈攻击尼赫鲁的傲慢以及他把自己等同于"类神"人物的方式：

在这样的面具下掩盖着什么呢？是何等的欲望……对权力的何等意愿，何等永不知足的渴求？像贾瓦哈拉尔这样有着可以干一番伟大和正当事业的所有能力的人在民主政治中是不安全的。他称自己是个民主人士和社会主义者，毫无疑问，他全心全意、热诚地在这样做。但每个心理学家都知道，大脑归根到底是心灵的听命者，而且心灵总会找到适应个人欲望及其难以抑制的冲突的逻辑。只要有一丝希望，贾瓦哈拉尔就会变成一个独裁者，把进展迟缓的民主的政治花瓶扔到一边。他的自负已经难以对付。必须对此有所质疑和挑战。我们不希望有恺撒。

文章以古代印度政治哲学家考底利耶（Chanakya）署名，引发了尼赫鲁的信徒们的愤怒。但真正的作者后来被披露出来——恰恰是尼赫鲁本人。这是他喜爱恶作剧、享受荒诞以及他的幽默感和政治敏锐的一个典型案例。尽管这显然是个精心策划的玩笑——杂志的出版商是尼赫鲁的一个好朋友"比比"南都（Nandu）——但显然文章所描述的场景在某种程度上道出了真相，极佳地反映出他的内心。[10]

尼赫鲁即便不是国大党的宗教核心，也是实用派的无可争辩的领袖。

---

9 德蒙斯特·杨（Desmond Young）：《勒克瑙先锋报》（Lucknow Pioneer），1946年6月15日，引自亚斯敏·可汗：《大分裂：印度与巴基斯坦的形成》，第76页。
10 《现代时报》（Modern Times），1938年10月20日。朱迪斯·布朗的《尼赫鲁的政治人生》一书对此有精彩论述。

尼赫鲁当时56岁，仍然英俊不凡，他也是为数不多用其名字命名化妆品的政治家之一，如"尼赫鲁发蜡""尼赫鲁生发油"之类。几乎所有认识他的人都被他的笑容和幽默感吸引，尽管偶尔他的贵族规矩让人不适。尼赫鲁出身于克什米尔最高种姓，即潘迪特（Pandits），他在哈罗公学及剑桥大学三一学院学习，他的家教对他也影响重大；即便在他人生最后时期，人们仍偶尔能听到他唱哈罗公学时的歌曲："杰瑞，你是傻瓜和笨蛋"。

在1912年取得律师资格后从伦敦回到印度之前，尼赫鲁对普通印度人的生活一无所知。他仿佛第一次目睹了印度的贫困和肮脏，并指责英国人让他的同胞这么"落后"。他对非意识形态上的社会主义以及圣雄甘地入了迷，甘地赏识尼赫鲁的才干，精心把他培养为国大党的领袖人选。反过来，尼赫鲁称甘地为"养父"。尼赫鲁还勇气非凡。在20世纪20年代和30年代的独立运动中，英国人曾多次打击他——他目睹了母亲被警察用棍子恶狠狠地殴打得鲜血直流。他一生坐了将近10年的牢，包括二战期间被关了近两年。但尽管如此，英国人很敬重他。小说家纳扬达拉·莎葛尔（Nayantara Sahgal）说："让人舒心的是在于他行事太像个英国绅士了。"

尽管尼赫鲁在政治上非常精明，是个聪明的战略家，但他行事冲动，甚至凭热情行事。他对女性有巨大吸引力。26岁时，他奉父母之命与卡玛拉（Kamala）结婚，她是尼赫鲁父亲好友的女儿。但尼赫鲁与卡玛拉长期分居，1936年，卡玛拉因肺结核在瑞士去世。"我忽视了她。"尼赫鲁承认说。他还有好些个情人，其中最出名的、引起最多非议的是爱德维娜·蒙巴顿（Edwina Mountbatten）。不过他与社会活动家摩黎陀罗·萨拉巴伊（Mridula Sarabhai）的恋情持续了很多年，同样长久的还有极受欢迎的女演员德威卡·拉尼（Devika Rani）。他还曾经与帕德玛雅·奈度（Padmaja Naidu）有过绯闻，对方是国大党的主要支持者和慷慨的赞助者萨拉金妮·奈度（Sarojini Naidu）的女儿。蒙巴顿夫人的女儿帕梅拉·希

第十七章 日薄西山的英印统治

克斯(Pamela Hicks)后来曾评论尼赫鲁说:"作为一个女人,没法不被潘迪吉(Panditji,对尼赫鲁的尊称,意为伟大的学者)吸引。"[11]

公众也被尼赫鲁迷住了。他是个强大的演说家,他的名望随着印度独立的即将来临而进一步提升。他几乎是自由印度的无可争议的领袖。不过,尽管他迷人而幽默,他也可以冷漠而疏远。如同非常了解尼赫鲁的作家尼拉德·乔杜里(Nirad Chaudhuri)所言:"他不喜欢任何向他溜须拍马的人,同样也不喜欢印度人通常的毕恭毕敬的态度……只有当说话者说的是类似他的口音的英语时,他的英国绅士的礼貌才会显现出来。对任何有印地语或孟加拉语口音者,他几乎就如同一个英国人对待'土著'那样对待他们……我很奇怪,他是如何忍受普通国大党人的英语的。"[12]

到1946年,尼赫鲁被渐渐只讨论神秘主义、素食主义和禁欲的重要性的甘地搞得灰心丧气——尼赫鲁认为,对一个独立的、他知道将由他自己领导的印度的将来而言,这些都不是实质问题。他没有像一些国大党人那样公开地说甘地可能有点老糊涂了,但他写道,父亲(Bapu,他对甘地的称呼)"是在用膏药试图治疗印度肌体上一个接一个的疮疤,而不是诊断这种伤疤爆发的原因,并整体上对其实施治疗"。然而,尼赫鲁面临的最大问题不是权力和影响力都日渐衰退的甘地。他现在面临的最关键战斗是他与真纳和穆斯林民族主义的竞争。[13]

真纳缺乏尼赫鲁那样的魅力和从容举止。他很容易生气,气量较小,很难原谅别人的冷落。但他和尼赫鲁同样聪慧、敏锐和世故——甚至还有些

---

11 尼赫鲁(Jawaharlal Nehru):《尼赫鲁自传》(An Autobiography),伦敦:伯德雷·海德(Bodley Head)出版社,1955年,第225页;帕梅拉·希克斯的话引自阿莱克斯·冯·藤泽尔曼(Alex von Tunzelmann):《印度之夏:一个帝国结束的秘史》(Indian Summer: The Secret History of the End of an Empire),伦敦:口袋书屋,2008年。
12 尼拉德·乔杜里(Nirad Chaudhuri):《鲜为人知的印度传》(Autobiography of an Unknown Indian),伦敦:麦克米伦出版社,1951年,第266页。
13 朱迪斯·布朗:《尼赫鲁的政治人生》,耶鲁大学出版社,2003年,第338页。

势利眼。1946年，真纳69岁，个子很高，有些驼背，非常瘦，而且，尽管他自己还不知晓，他当时已经患了肺癌，并将在三年后被夺去了生命。极少有人能宣称自己创建了一个国家，而巴基斯坦建国，很大程度上要归功于真纳。巴基斯坦是世界上第五个人口大国。

尽管真纳的家庭出身与尼赫鲁的贵族身世不一样，但他也出生于卡拉奇（Karachi）的特权和富裕之家，他被送到伦敦的林肯律师学院（Lincoln's Inn）学习法律。回到印度后，他在法律上取得了巨大成功，尤其是在商业法方面。很快，他就成了全国收费最高的律师，据说每年可以挣到2.5万英镑，在当时这可是巨款。他做律师时的一位同人很崇拜他的惊人能力，说："真纳是个不怎么样的律师，但是个出色的宣传家。他的个性和处理起来如同艺术品的案件陈述非常引人注目"。[14]

他可能被别人说"冷漠、无动于衷"，只对法律和政治有兴趣，但在他前30多年的人生中，他爱上了经常被人形容为"孟买最美的姑娘"的"拉蒂"拉坦白·佩蒂特（Ruttenbai Petit）。拉蒂的父亲迪恩肖·曼诺吉·佩蒂特（Dinshaw Manockjee Petit）爵士是孟买最富有的帕西（Parsee）商人。拉蒂与真纳相遇时，只有16岁，迪恩肖爵士对真纳下了禁令，阻止两人约会。但等拉蒂成年后，他们结婚了，尽管从来没有得到迪恩肖爵士的同意。

真纳和拉蒂的婚姻震惊了帕西人和穆斯林。这一时期，真纳是一位极有前途的国大党和穆斯林联盟的政治家，但他也是穆斯林-印度人团结一致把英国人赶出印度的坚定信仰者。那时，他还不是个伊斯兰教的虔诚信仰者或伊斯兰风俗的严格遵守者。他经常穿西式服装，有两百多套西服，喜欢高筒靴，据说同一条真丝领带从来不会穿两次。偶尔，他还喝点啤酒和威士

---

14 佩西克·弗兰奇：《自由还是死亡：印度的独立与分裂之旅》，伦敦：弗拉明戈出版社，1998年，第173页。

忌。拉蒂总是花枝招展地穿着巴黎或伦敦的最新时装露面。她对妇女权利有"进步"的看法，并且在真纳位于马拉巴拉山（Malabar Hills）的豪华别墅里搞了一个时尚沙龙。尽管拉蒂皈依了伊斯兰教，但显然只是流于形式。有一次，当真纳外出活动时，拉蒂穿着艳丽的劳斯莱斯裙子、提着一个午餐篮子现身了。她扯着嗓门说："看看，真纳，我带了美味午餐——火腿三明治。"

但到20世纪20年代后期，这对夫妇分道扬镳了。拉蒂搬到了孟买泰姬陵酒店的套房里，后来又去了巴黎。她虽然还只有二十多岁，但身体越来越不好，于1929年去世。高度克制、很少展示自己的感情的真纳在拉蒂的葬礼上流泪了。他变得对人生、印度和印度政治都不再抱有幻想。他只是蔑视甘地的非暴力不合作运动及印度教唯灵主义，他说，这是在疏远和离间所有穆斯林。

真纳搬到了伦敦，靠当律师发了财。他心不在焉地想作为工党议员的代表在议会做点事，但无果而终。议会中的一位坚定的工党成员评论道，他对真纳的想法最终失败毫不吃惊。他说，在英国"极少有人想被一个这样的花花公子代表"。[15]

20世纪30年代末，当真纳回到印度时，他和姐姐法蒂玛（Fatima）及其女儿蒂娜（Dina）一起住在他在孟买的别墅里，并且开始为穆斯林的国家地位而奔走。历史总是重复的。蒂娜爱上了内维尔·瓦迪亚（Neville Wadia），一个比她年长20岁的帕西人。真纳暴怒不已。他试图阻止他们结婚，在蒂娜拒绝服从并嫁给了瓦迪亚后，真纳与她几乎再未曾见过面。

1933年，巴哈瓦尔布尔行政长官的前家庭教师、后来的剑桥大学学者乔杜里·拉赫马特·阿里（Choudry Rehmat Ali）在一本不出名的小册子

15　斯坦利·沃伯特：《巴基斯坦的真纳》，纽约：牛津大学出版社，1984年，第144页。

里第一次提出巴基斯坦的说法（Pakistan，来源于旁遮普Panjab、阿富汗Afghanistan、克什米尔Kashmir、信德Sind、俾路支Baluchistan这几个地名的首字母组合）。真纳同意一个议会委员会说这是个"学生气计划，空想、不切实际"的评论，但他后来改变了想法，并为之奋斗到生命的最后一刻。[16] 1940年，当时穆斯林联盟通过了要求建立独立国家的《拉哈尔宣言》（Lahore Declaration），此后，真纳再未曾在这一目标上妥协退缩过，尽管很长一段时间内，他并未详细阐明巴基斯坦的确切意义及其边界如何界定。

真纳的反对者经常说他的急性暴躁使得国大党与穆斯林联盟之间不可能达成谈判。一个不同的人也许会更灵活一些。真纳后来的妻子的老朋友坎吉·沃卡达斯（Kanji Dwarkadas）说，他觉得真纳一直受到国大党领导的糟糕对待。"他的自尊、骄傲和感受到的直接伤害使他怨恨，他创造了对周围所有人都猜疑和不信任的幽灵。" 用沃卡达斯的话说，坚定不移地要求建立巴基斯坦是真纳的谈判立场，他像个律师一样予以简明阐述。"直到1946年之前，他都准备要致力于建设一个统一的印度。他谈到巴基斯坦时，只是一种……讨价还价的筹码。"他接受巴基斯坦的国家地位和印度分立是因为"他恰好得出这样一个结论，即国大党领袖不想与他达成和解协议"。[17]

大概也是在这个时候，真纳对毫不留情地利用宗教为其政治目的服务有过非同寻常的评论。这可能反映了他的内心想法。"你可以属于任何宗教、任何种姓、任何种族——这与国家事务没什么关系……总有一天，在这

---

16 第一个在出版物中提出把印度分离成两个国家的人可能是哲学家和大教育家赛义德·阿赫玛德·可汗（Sayed Ahmed Khan），他的祖父曾经是莫卧儿帝国的官员。赛义德·阿赫玛德·可汗是个公务员，为印度人、穆斯林和锡克人建立了许多所学校。他在1878年写道："印度人和穆斯林是两个族群，即使他们同饮一泉水、在同一个城市呼吸着同样的空气。"
17 坎吉·德沃克达斯（Kanji Dwarkadas）：《通往自由的十年》（*Ten Years to Freedom*），孟买：大众（Popular Prakashan）出版公司，1968年。

第十七章 日薄西山的英印统治

些问题上谁是多数、谁是少数等所有棱角都将……弱化消失。实际上，如果你问我，我认为这一直是印度在争取独立和自由的过程中的最大障碍，要不是这样，我们很久很久以前就是自由人民了。"[18]

好几个星期里，佩西克-劳伦斯一直试图劝说国大党与穆斯林联盟达成一致意见，但是如同总督威韦维在日记中所说的："他不是能与强硬的印度政治家谈判的那种人……他不是扑克玩家。"在真纳那里，他的境遇更糟糕。这个穆斯林联盟领导人对模糊的理想主义毫无兴致，而佩西克-劳伦斯是个除此之外很少考虑其他的人。"真纳忍耐了十分钟听他关于世界福祉的散漫的陈词滥调，没有显示出一丝兴趣……我们没有取得任何进展。"在会议室之外的场合，真纳与尼赫鲁相遇时，两人从来不置一词。英国代表团6月29日两手空空、极其失望地回到了伦敦。他们离开后，威韦维给英国内阁写信说："这个国家极其麻烦的时候到了。"[19]

威韦维是个受人尊敬的将军，有反省精神，他的诗集《别人的花》（Other Men's Flowers）是最有意思的英语诗歌选集之一。他说，英国在"25年前在印度做了一个完全错误的转向"。威韦维认为，如果在一战前后，印度人像澳大利亚、加拿大、新西兰和南非等"白色"领土一样在英联邦内真正获得了自治，这将会是维持印度统一的好机会。20世纪30年代初，甘地和其他国大党领导人去伦敦与英国政府协商，英国政府向他们确认，很快印度将获得某种形式的自治——但并未成真。英国人没有给出自治的时间，1939年，威韦维的前任林利思戈（Linlithgow）勋爵在未与任何印度人商量的情况下宣布"代表印度"对德宣战，印度民族主义者们所有的美好愿望由此落空。然而，澳大利亚和加拿大政府则事前被询问过，而且他

18　穆罕默德·阿里·真纳（Mohammed Ali Jinnah）：《演讲录（1947—1948）》（Speeches ans Statements 1947—1948），卡拉奇：牛津大学出版社，2000年。
19　威韦维日志，1946年5月3日、18日，见阿奇博尔德·威韦维勋爵著、彭德瑞尔·莫恩编：《总督日志》；威韦维发内阁电，TNA：CAB 129.5.34。

们可以自行决定是否参战。英国人还指望用100万印度人去与德国人厮杀。

对法西斯主义和纳粹的厌恶不亚于英国的统治精英们的尼赫鲁说，当印度人自己还处在被外国占领的境遇时，印度人民很难为了波兰的自由去战斗。"如果英国要为民主而奋斗，她应该……在印度结束其帝国主义统治、建立完全的民主。一个自由和独立的印度将很乐意……与其他自由国家为反对侵略、共同防御而携手合作。"[20]

英国当权派则相信被派到印度的所有帝国权贵中最令人印象深刻的人——寇松（Curzon）勋爵的格言。世纪之交时，身为印度总督的寇松宣称："只要我们还统治着印度，我们就是这个世界上最有权势的国家。如果我们丢掉了印度，我们就将一落千丈，成为三流国家……其他都是多余的。"极少有人像最浪漫的帝国主义者温斯顿·丘吉尔那样发自肺腑地相信寇松的此言此语，丘吉尔在他的整个政治人生中都在为维护英国在印度的统治而奋斗。然而，丘吉尔可能也如同其他所有人一样加速了英国在印度统治的终结。

丘吉尔担任首相时，从来没有想过要放弃印度这颗英国王冠上的明珠。他告诉战时内阁，即使他在印度民族主义者的压力下被迫做出一些让步，但"我觉得在困难时期，没有义务兑现承诺"[21]。

丘吉尔把任何英国离开印度甚或给予印度自治地位的念头看作"犯罪的闹剧"。他一直保留着他在19世纪90年代作为低级骑兵军官驻扎印度西北前线时所形成的那种对英印统治的眷恋之情。二战期间的印度事务大臣里欧·艾默瑞（Leo Amery）说："温斯顿对印度的了解如乔治三世对美国殖民地的了解……他本能地和强烈地反对除了40年前他所了解的英国政府之外的其他任何政府的对印政策。"[22]

20　尼赫鲁在国大党集会上的演讲（加尔各答，1939年10月2日），引自：《尼赫鲁自传》。
21　TNA：CAB 129.5.34。
22　里欧·艾默瑞日记，1941年4月16日，见里欧·艾默瑞（Leo Amery）著、约翰·巴尼斯（John Barnes）和大卫·尼克尔森（David Nicholson）编：《里欧·艾默瑞日记（1929—1945）》(*The Empire at Bay: The Leo Amery Diaries, 1929—1945*)，伦敦：哈奇森出版社，1988年。

第十七章 日薄西山的英印统治

1942年，国大党发起公民抗命、退出印度运动，丘吉尔把印度领导人视作战争时期的叛徒。他下令对印度独立运动进行自1857年报复印度的反英运动以来最大规模的镇压。包括甘地和尼赫鲁在内，超过6万人被捕，350人被杀。真纳没有支持退出印度运动的罢工和抵制活动，他在聪明地算计着，假如英国赢得了战争，它也将筋疲力尽和财政窘迫至极，以至于不管怎样，它都可能被迫自行离开印度。

丘吉尔出了名的憎恨甘地，他说："这个煽动性的中殿律师学院的律师现在扮成个苦行僧"。他能变得令人吃惊的恶毒。当甘地被永久软禁时——尽管是被软禁在阿迦汗的豪华住处中，但仍然实际上如同监狱——他开始施行绝食抗议。在甘地的健康恶化时，丘吉尔建议说给他的水里加上葡萄糖。即便当有人告诉丘吉尔说甘地的生命真的有危险时（他长时间失去意识），首相仍称甘地为"一个老骗子"和"无赖"，拒绝释放他。他给他的朋友南非首相扬·克里斯蒂安·史末资（Jan Christiaan Smuts）写信说："我不认为甘地有一丝一毫想死的念头，可以想象，他吃的大餐肯定比我上周吃的还要好。我们一直在这样的虚张声势和故作感伤面前退缩，这是多愚蠢。"想想丘吉尔与甘地的腰围差距，也许这真是个极佳的笑话，但我们很难知道丘吉尔对自己加速了英国在印度统治的终结有什么样的真实想法。[23]

在内阁中，讨论到印度时，丘吉尔会暴跳如雷。有一次，他雷霆般咆哮着，让他手下大部分大臣吃惊不已："我恨印度人。那帮有该死的宗教的该死的家伙"。艾默瑞与丘吉尔的密切关系也因为首相对印度的态度而最终不可挽回地破裂了。"丘吉尔……在印度问题上不太寻常……即使在最简单的层面上，他似乎也无法谈及印度，会突然转移话题，闲扯一番……一个对首相的声望一无所知的外人可能会认为他是个有点风趣但也十分糊涂，无法

---

23 马丁·吉尔伯特（Martin Gilbert）：《丘吉尔传》（*Churchill: A Life*），伦敦：皮姆里科（Pimlico）出版社，2000年，第680页。

理解人们正在讨论些什么的老绅士……人们会奇怪在印度问题上他是否是真的愚蠢——在这个问题上，他的态度、身体状况和知识与他在跟战争直接相关的问题上显示出的平静和占主导地位的理智之间毫无关联。"[24]

艾默瑞并非独自一人。外交部常务次官（Permanent Secretary at the Foreign Office）卡多根（Cadogan）爵士形容丘吉尔在印度问题上"只是喋喋不休"。在1943—1944年孟加拉饥荒最严重之时，150万—200万人将饿死，丘吉尔最喜欢的一位将军阿兰·布鲁克（Alan Brooke）爵士惊恐于"首相仍想把印度用作军事行动基地，却似乎对让印度人忍饥挨饿很心满意足"。[25]

在二战末期，英国维持在印度的统治的唯一手段是大力、持续的高压。但由于驻印英军只有6万人，这条路并不可选。新的工党政府承诺撤离印度——并且要体面地撤离。但迅速而体面的撤离带来了巨大的困难。除了对英印统治的浪漫化和对英帝国的赞歌之外，英国人已经疲惫得不想听到号角声了。工党财政大臣休·道尔顿（Hugh Dalton）在1946年末说："只要英国人没在印度遭受重创，我不相信这个国家10万人中能有一个人对印度有丁点关注……对那些在英国国内的人而言，他们有其他要关心的问题，比如食品价格。"[26]

---

24 里欧·艾默瑞日记，1943年6月13日，里欧·艾默瑞：《里欧·艾默瑞日记（1929—1945）》。
25 亚历山大·卡多根爵士日记，1943年8月20日，见亚历山大·卡多根爵士（Sir Alexander Cadogan）著、大卫·迪克斯（David Dilks）编：《1938—1945年亚历山大·卡多根爵士日记》（*The Diaries of Sir Alexandr Cadogan, OM, 1938—1945*），伦敦：费博出版社（Faber），2010年；陆军元帅阿兰·布鲁克子爵日记，1943年11月2日，见陆军元帅阿兰·布鲁克子爵（Field Marshal Lord Alan Brooke）：《战时日记，1939—1945》，伦敦：威登菲尔和尼克尔森（Weidenfeld & Nicolson）出版社，2001年。
26 休·道尔顿日记，1946年11月27日，见休·道尔顿：《回忆录：第三卷，1945—1946》（*Memoirs: Vol. 3, High Tide and After, 1945—1960*），伦敦：穆勒（Muller）出版，1953年。

第十八章　难民

菲奥雷洛奥里罗·拉瓜迪亚（Fiorello LaGuardia）当过3任共计10年的纽约市长（1934—1945），此前，他还当了10年的众议员（1922—1933），是美国最知名的人物之一。然而，1945年，他在卸任市长职务并远离公众视野3个月后，再也不能自甘寂寞。他时年63岁，老当益壮，迫不及待地想大展身手。1946年3月31日，杜鲁门总统任命拉瓜迪亚为联合国善后救济总署（UNRRA, Unitied Nations Relief and Rehabilitation Administration）总干事。尽管拉瓜迪亚希望能在美国国内做一番更宏伟堂皇的事业，但他还是抓住了这个机会。他对他的支持者们说，善后救济是当时最重要的工作之一。的确如此。此前，世界上从未发生过这么大规模的难民危机，而拉瓜迪亚正是这场危机的解决者。接受总干事职务后不久，拉瓜迪亚如往常那样热情洋溢地对那些疑惑他为何接受这一任命的记者们解释说：“去图书馆读一读《新约圣经》吧，它会告诉你联合国善后救济总署是做什么的”[1]。

联合国善后救济总署在二战结束前的1943年就已经建立了。救济署的救援人员在靠近盟军战线后方的地方搭建起营地和医院，给数量巨大的民众提供救济，他们显然很清楚这场危机规模之大。他们专心致志、富有能力，考虑到战后欧洲的混乱不堪，他们确实挽救了许多人的生命。尽管在战争结束很久之后，都没人能确定到底有多少难民，但起初联合国善后救济总署估

---

[1] 《纽约时报》，1946年4月3日。

计他们要解决的难民大概有700万。然而，到1949年3月联合国善后救济总署宣告工作终结之时，难民人数远远超过这一数字，达到了1150万之巨。1946年春，在联合国善后救济总署成立3年之后，欧洲的难民或"流离失所者"（Displaced Persons）的数量仍有400万。难民与流离失所者的区别在于，难民可能有家可归，而流离失所者则完全无处容身。无疑，这不过是语义上的定义，二者之间差别甚微：难道一个奥斯维辛集中营的幸存者或一个家园被毁的奴役劳工真的有家可归？

"流离失所者"包括在集中营中幸存下来的犹太人、十几个国家的战俘以及被纳粹运往德国的奴役劳工——他们大多数在1946年被解救。到1944年末，整个德国的运转——包括其全部工业产值——都依赖于这些奴役劳工。实际上，德国有18%的劳动力是奴役劳工。他们大部分来自苏联（170万）、波兰（70万）以及其他东欧国家。不过，至少有50万奴役劳工是法国人，还有来自挪威、荷兰以及比利时的数千人。严格说来，这些来自西欧的人不能算作"奴役"劳工，更多情况下，他们是在枪口的威胁下被迫在雇佣合同上签字的。战后，救济这些劳工、遣送他们回家并保障其安全成为一项艰巨任务。联合国善后救济总署竭尽所能地处理此事，但陷入了泥潭，事务停滞不前——因此，总署急需委派拉瓜迪亚这样有才能有天赋的人担负此责。

拉瓜迪亚的前任是赫伯特·雷曼（Herbert Lehman，1943-1946年任总干事——译注）。雷曼出身于银行世家，还是富兰克林·罗斯福总统的密友，1932年罗斯福当选美国总统后，雷曼接替他担任纽约州长（1933—1942）。据雷曼的一位下属说，他"施行了一场小规模的将美国标准的优厚福利政策与正统金融理念相融合的纽约新政"。他是个大慈善家，也是各种犹太人慈善团体的组织者，这也是为什么罗斯福选择他担任联合国善后救济总署总干事的原因之一。尽管罗斯福说雷曼精明能干、正派诚实，但他也

第十八章 难民

明确表示:"我想看看一些法西斯王八蛋向犹太人乞讨求生"。[2]

有朋友形容雷曼"像个棕熊,很有亲和力,令人舒适。他坐在椅子上,轻轻晃着腿。诚实、勇敢,但行动迟缓……多少有点缺乏魅力"。其他人可没这么留情面。据一份送给英国外交大臣恩内斯特·贝文的报告说,英国官员认为他"无能",是个"冷漠的组织者,直觉迟钝,缺乏常识"。美国国务卿迪安·艾奇逊虽然私下很喜欢雷曼,但不打算让他担当重任,他说"雷曼州长从未展现出他对职责所需有什么理解。他甚至没能耐完成最简单的任务"。[3]

精力充沛、活泼有趣的拉瓜迪亚则截然不同。他是一名支持罗斯福新政的共和党人,也是一位反对坦慕尼协会(Tammany Hall)腐败的著名人士。他只有5英尺高,体重超标,外表不讨喜,但在竞选演说中,却是个魅力四射、能取悦众人的风头人物。他的人生是美国梦的典型演绎。他的个人经历也导致他对难民问题感同身受,知之甚深。拉瓜迪亚的父亲是个意大利音乐家,母亲是犹太人。他的童年时光是在美国西部和中西部的几个军事基地中度过的,10多岁时,他随父母一起回到了欧洲。他们在奥匈帝国的主要港口城市里亚斯特(Trieste)安了家。拉瓜迪亚是个天才的语言学家,能说流利的意大利语、德语、塞尔维亚-克罗地亚语、意第绪语、意大利罗马尼亚语,当然,还有英语。

17岁时,他获得了第一份工作,给美国驻里亚斯特领事馆做翻译。6年

---

[2] 引自本·谢菲尔德(Ben Shephard):《漫漫回家路:二战的后果》(*The Long Road Home: The Aftermath of the Second World War*),伦敦:伯德雷·海德出版社,2010年,第148页;此外,还可参见威尔逊·密斯坎布尔(Wilson Miscamble)的《从罗斯福到杜鲁门:波茨坦、广岛与冷战》(*From Roosevelt to Truman: Potsdam, Hiroshima, and the Cold War*)一书。

[3] TNA: FO 3715732;迪安·艾奇逊(Dean Acheson):《创世亲历记》(*Present at the Creation*),第399页,引自沃尔特·艾萨克森(Walter Isaacson)、伊文·托马斯(Even Thomas):《智者:六位朋友及其创建的世界》(*The Wise Men: Six Friends and the World They Made*)。

后的1906年，他回到美国，在纽约大学法学院求学，通过在埃利斯岛上做翻译实现了经济自立。1910年毕业后，他在曼哈顿下东区的一个贫穷社区当律师。当时，民主党把持着纽约州长及纽约市市长的位置，贪污腐败横行，一直野心勃勃的拉瓜迪亚成了一位共和党政治家。尽管如此，在一战期间，他却成了纽约州的检察官。

拉瓜迪亚可以诙谐而迷人，并且显然真切地想肃清纽约的政治。从1934年到1945年，他成了纽约历史上最高效的市长之一。但是，他也可以霸道粗鲁，人们难以与之共事，甚至他最虔诚的崇拜者也形容他的处事风格是"咆哮、挥拳头、大喊大叫，并且……不负责任"。总体来说，认同他的胆量和真实的公众们喜欢他，有些时候他们甚至钟爱他。不过，他的同僚们可就不那么喜欢他了。早期传记作家罗伯特·卡罗（Robert Caro）评论说："那些疑虑过度的人不信任他……他毫不迟疑地实行熔炉政治，挥舞着血腥之旗，用他那高谈阔论向听众诉说移民社区中各族群的不安全感、仇恨及偏见……他的赤裸裸的向上爬的野心、骄傲自大、野蛮以及暴躁脾气……令人生厌。"[4]

拉瓜迪亚旗帜鲜明地反对法西斯主义，但是失望地发现自己在战时政府中只得到了一个微不足道的职位，即民防负责人。尽管拉瓜迪亚是共和党人，罗斯福支持他担任纽约市市长，但总统并没有如拉瓜迪亚梦寐以求的那样高调表示对他的信任。杜鲁门担任总统后，看到了拉瓜迪亚的优点，但在1945年纽约市市长的激烈角逐中，杜鲁门想支持一个民主党人当选。拉瓜迪亚认为，由于没有跨党的支持，他可能会落选。因而，他撤了，倍感沮丧。

4　罗伯特·卡罗（Robert Caro）：《政治掮客：罗伯特·摩西与纽约的衰落》（*The Power Broker: Robert Moses and the Fall of New York*），纽约：古籍出版社（Vintage Books），1975年。

第十八章 难民

不管拉瓜迪亚对联合国善后救济总署是怎么想的，反正当杜鲁门一宣布任命他为总干事后，他立即以巨大的热情投入此项工作。首先就是发挥他全部的宣传天分。而无论是热情还是宣传能力，都恰恰是联合国善后救济总署急需的。拉瓜迪亚不知疲倦地巡视各个难民营，给救援人员鼓舞打气，同时不忘拍照宣传。1946年7月末，他被拍到与意大利著名的指挥家托斯卡尼尼（Arturo Toscanini）在米兰晤面。在美国，他是个精通政治强行推销的大师，理解选民们对庞大的海外支出的关注和警惕。不过，当拉瓜迪亚谈起美国人在前所未有的人道主义危机中责无旁贷时，人们都听从了他的话。当被问到人们能为穷人们做点什么时，拉瓜迪亚回答说："提供迅捷的船只，而非迟缓的许诺"[5]。

援助总是与政治如影相随、齐头并进，1946年的情况也不例外。援助的规模越大、花费越多，政治涉入的程度也越高。联合国善后救济总署在罗斯福和丘吉尔的倡议下，于1943年成立，当时的经费预算是为100亿美元的巨款。其中，美国提供四分之三的资金，英国和加拿大负责其余的四分之一。美国从一战后建立的美国救济署中获得了一些经验教训——这一机构在国内外均被视为失败。这倒不完全是它自身的过错，由于1919年的流感疫情引发的诸多问题，美国救济署不堪重负。这场疫情单单在欧洲就造成了1200多万人丧生，在亚洲，受害者更多。然而，1918年后，各种救济援助姗姗来迟，况且，还有许多附加条件。救济工作还因美国国内政治问题而裹足不前。在美国，有些州拒绝向国外提供财政援助，美国甚至拒绝与其他盟国在救济问题上互相合作。结果，一战期间美国在欧洲获得的声誉一落千丈。

这次，情况会有所不同。救济工作是盟国的战后计划中的重要内容，

---

[5] 《纽约时报》，1946年4月13日。

美国决定要与其他国家携手共进。不过，罗斯福意识到其中的隐患。1943年末，救济专家和国务院官员们的报告警告说："即便所有救援供应都来自于美国，我们也不应扮演'慷慨的富婆'，期待世人会因为美国这么富有而感谢我们。美国参与一个决定在哪里以及如何提供救援的国际组织可能更有意义"[6]。

然而，在现实层面上，联合国善后救济总署的工作却未能一直保持顺利。小说家和慈善家艾瑞斯·默多克（Iris Murdoch）曾在二战期间当过公务员，后又在联合国善后救济总署工作，她承认情况一团混乱。如同许许多多的人一样，她带着理想主义的热情加入联合国善后救济总署。她的男友——年轻的特种作战执行官弗兰克·汤普森（Frank Thompson）在巴尔干被杀身亡。

据默多克说，伦敦的办事处"里头到处是无能的英国公务员（比如我），以及有各种特别想法、英语不流畅、协调乏力的外国人……结果是一团糟……许多心地高贵、善良温和的人"被"平庸和混乱的洪流"搞得筋疲力尽。默多克也预见了潜存在总署里的紧张的国际关系，她说，联合国善后救济总署"主管的不是来自戴礼帽的伊令人（即代指英国人）……他们举止大体还像个绅士，而是那些来自密尔沃基、辛辛那提、纽黑文和康涅狄格州的美国佬们，他们放任撒野，给摇摇欲坠的欧洲以致命一击"[7]。

更值得一提的是，联合国善后救济总署的工作量比预期的大得多。起初，人们认为应派遣250支援助小组主要帮助在德国的770万民众。结果，不到3个月，需要并最终派遣的援助小组增加到了450个。有些难民营情况很糟糕，而且这种状况还将长期存在。英国军方的一位高级官员多诺万（F.

---

6 引自凯斯·劳尔（Keith Lowe）：《野蛮大陆：二战后的欧洲》（*Savage Continent: Europe in the Aftermath of World War II*），伦敦：维京（Viking）出版，2012年，第97页。
7 皮特·康拉蒂（Peter Conradi）编：《战时作家：艾瑞斯·默多克书信和日记选（1939—1945）》（*A writer at War, Letters and Diaries 1939—1945*），牛津大学出版社，2010年。

第十八章 难民

S. V. Donovan）给白宫英国政府的上级汇报说：

当这些难民者知道战争已经结束、他们已经被解放时，他们实际上毫无希望和幸福感可言……住宿条件常常很糟糕，用一些旧的、简易的东西草草搭建而成。水、电物资奇缺，卫生条件极糟。在当时，这样的条件是难以避免的。他们的境遇比许多德国人要好些，但是……在许多方面，这些难民们的境遇常常比在纳粹控制时还糟糕。[8]

同时，食物极为匮乏。巴伐利亚难民营的负责人凯瑟琳·胡姆（Kathryn Hulme）在一封写给友人的信中说，当红十字会的救援包裹抵达难民营时，发生了争抢食物的现象：

真是难以置信，几罐肉罐头或沙丁鱼罐头就几乎可以引发一场骚乱……几包立顿茶和速溶咖啡、几条巧克力就让人几乎发疯。但是，情况确实如此。一片废墟和荒凉的法兰克福正是饱遭践踏的欧洲的写照。这是人类灵魂的没落。目睹这一景象更令人苦痛难抑。[9]

军方与政治家、士兵与救援人员之间的关系长期紧张。起初，建立难民营、救济饥民的任务由英美部队承担，仅仅在几个星期之前，他们中的许多人还在一心杀敌，现在却要承担和平时期的角色和任务，而他们从未受过此种训练。很快，他们因为如军事行动一样以铁血原则完成救济任务而饱受批评。

杜鲁门总统致信艾森豪威尔将军，表示自己听闻了这样的指摘，问他这是否是事实。他希望接到有关难民营情况的报告。艾森豪威尔对外界的批评愤愤不平，但他的回信口气温和，在信中，他承认说："在某种情况下，我们未能按标准行事。但我要指出的是，整个军队面临着错综复杂的问题，

8　管制委员会对德档案。TNA: FO 371. 1074。
9　凯瑟琳·胡姆（Kathryn Hulme）：《荒野》（The Wild Place），纽约：口袋出版社（Pocket Books），1960年，第126页。

即如何从战斗调整转向遣送民众……以及非同寻常的福利救济任务"[10]。

到1946年底之前,难民营的工作人员是由军队人员充当的,此后,联合国善后救济总署才有足够的人手接管。军队未接受过救援工作的训练,士兵们也不知道如何应对营地里的难民。习惯了发号施令的军官常常最不了解救援工作,难民营的一位行政官员这样总结:"他们默认这是个后勤问题,而非人道主义问题"。巴伐利亚难民营的一位英国护士弗朗西斯卡·威尔逊(Francesca Wilson)回忆当一位军官未经通知就命令士兵们把儿童从一个难民营搬到另一个难民营时,她发火了。她告诉他:"我憎恶军队。为什么你们不滚蛋去跟别人打仗?为什么你们非得给普通民众、那些老老实实的民众干涉、添乱?你把他们当对手。觉得能像在战争中搬士兵或军火一样搬那些母亲、孩子和病人们?你们为什么就不坚持做你们能理解的事?"[11]

另一位护士被一位难民营的美国军官搞得火大,因为他"用强制和处分手段"颁布了新的卫生准则,威胁说违者将受制裁。乱扔垃圾者或把衣服挂在桩子上者将受处罚;拒绝工作的男性——包括集中营的幸存者和曾经是纳粹奴役劳工的人——将被逮捕。妇女必须强制进行性病检测。"军队的救济工作的才能并非一流。"她抱怨说。陆军元帅蒙哥马利(Field Marshal Montgomery)宣称联合国善后救济总署"很不称职",同样,士兵们也常常被联合国善后救济总署的救援队鄙视。[12]

许多美国士兵和政治家对为难民营花费如此之巨感到愤恨不已,尤其是当人们盛传救济过程中浪费严重、管理极为不善,还时常出现明显的腐败现象时更是如此。国会中的一些孤立主义者授意发表的一份报告说,这是

10　FRUS,1945年第4卷,第767页。另引自托尼·朱特(Tony Judt):《战后:1945年以来的欧洲史》(*Postwar: a History of Europe since 1945*),伦敦:海涅曼出版社,2005年。
11　弗朗西斯卡·威尔逊(Francesca Wilson):《后果:1945—1946年的法国、德国、澳大利亚和南斯拉夫》(*Aftermath: France, Germany, Austria, Yugoslavia, 1945 and 1946*),伦敦:企鹅出版社,1947年,第117页。
12　本·谢菲尔德:《漫漫回家路:二战的后果》,第237页。

第十八章 难民

"一场国际讹诈……主要是由于一些政治团体的支持"[13]。

英国心理学家在1946年夏末对难民营里来自东欧的奴役劳工的研究表明,许多、甚至可能是大多数劳工们被解救时,其心态远远说不上高兴,而是"敌意、敏感。一些联合国善后救济总署的行政人员以及士兵没有看到他们期望出现的感恩。相反,这里有的是与日俱增的愤恨、完全的无动于衷、缺乏主动性以及对所有权威的强烈怀疑。许多人……太过愤世嫉俗,甚至认为那些好心人所做的一切都不是真心实意。这样的反应似乎是可以高度预测到的,但无论是军方还是联合国善后救济总署很快给它取了个名字:'解放综合征'"[14]。

波兰小说家塔杜兹·诺瓦可斯基(Tadeusz Nowakoski)在一个难民营里待了一年多。他后来说,他将永远感激那些救援人员挽救了他和如此多人的生命。但是在他的悲惨的小说《灵魂之营》(The Camp of All Souls)中,却毫无浪漫之处。小说中,在关键时刻,他笔下的主人公说:

苦难……从未让人们团结一心。苦难只让他们离心;只有欢乐能把他们聚集起来。失败中并未孕育友爱……唯一的友爱只蕴含在胜利中。相同的战争经历也并未孕育出兄弟情谊或共同感情。与所有关于苦难和不公正会如何激励其受害者们的陈词滥调相反,源于道德失败的经历不会将人们团结起来。[15]

创伤后应激综合征在当时还不为人们熟知,但许多难民显然正承受着这一症状的折磨。在英国工作的波兰流亡者马塔·卡曼(Marta Karman)目睹了难民营里的一种模式:

许多难民们的问题在于,直到他们被解救的那一刻前,他们还做着将

---

13 《时代周刊》,1946年2月2日。
14 本·谢菲尔德:《漫漫回家路:二战的后果》,第197页。
15 塔杜兹·诺瓦可斯基(Tadeusz Nowakowski)著、诺伯特·盖特曼(Norbert Guterman)译:《圣徒之营》(Cam of All Saints),圣马丁出版社,1962年,第138页。

身处战前那个幸福美好的世界的白日梦。对他们来说，唤醒他们过去的白日梦、认清现实总是非常困难，而且常常还意味着肮脏和恐怖。在那个白日梦中，他们过去所经历的一切苦难都被遗忘，自由将把他们带回到一个毫无瑕疵的美好世界——一个天堂，在那里，所有的人都是好人，所有的妻子都亲善友好，所有的女婿都英俊迷人，所有的丈夫都忠贞不贰，所有的家庭都幸福美满。没有失业、贫穷、不幸。然而，在现实中，与回到天堂相反，他们发现，在很多情况下，他们的境遇比以往更惨。长期不活动让他们有的是时间反思……看清他们所处的现实……他们对更美好生活的期望被摧毁了，大部分人用酗酒或性来寻求逃避。任何人都会对难民营里的放荡和放纵感到吃惊不已。[16]

难民营的组织管理由于极高的出生率而恶化。到1946年中，美国占领区的难民营里婴儿出生数达到每个月750人。难民营里18到45岁的犹太妇女有三分之一已经生育或在怀孕中。许多救援工作人员——常常来自于宗教组织——对难民营成了性乱之地极为震惊，即便是贝尔根-贝尔森也是如此，那里曾有数千人受到纳粹的折磨。

弗朗西斯卡·威尔逊的日记里对难民营的条件有一些简短评论，但有不少篇幅描述难民们，尤其是女性难民是如何"毫无节制地放荡堕落"的。一个为联合国善后救济总署工作的医生在解释这一现象时，将其原因部分归结为无聊的结果——在收容营里，除此之外，还能干什么呢？不过，他又说，"这些妇女中，许多人道德标准很低……不正当的性行为达到惊人的程度"。但即便如此，也情有可原。这些年轻妇女，尤其是那些集中营中幸存下来的年轻女性"经历了地狱般的人生，现在无法自拔地渴望感情和遗忘，

---

16 本·谢菲尔德：《漫漫回家路：二战的后果》，第188页。

第十八章 难民

为此,他们会用一切方法来获得满足"[17]。

还有一个更基本的生物学上的解释:种族生存。大部分难民营里的犹太人并不是集中营的幸存者——集中营幸存者数量很少。不过,不管怎么样,他们逃脱了纳粹的毒手,所有人都失去了家人和所爱。他们渴求有新的联系纽带,渴望有新的下一代。如同一位历史学家在有关联合国善后救济总署的著作中所写的:"性并不仅仅是愉悦……还是一种为了对抗灭绝的反抗行为。"[18]

17　弗朗西斯卡·威尔逊:《后果:1945—1946年的法国、德国、澳大利亚和南斯拉夫》,第166页。
18　伊安·布鲁玛(Ian Buruma):《元年:1945年的历史》(*Year Zero, A History of 1945*),伦敦:大西洋出版公司(Atlantic Books),2013年,第116页。

第十九章　审判与错误

在巴黎歌剧院附近有两栋完好的法兰西帝国时代的建筑，这里是战犯与安全嫌疑犯登记中心（CROWCASS, the Central Registry of War Criminals and Security Suspects）的总部所在地。其中一栋楼在马图林（Maturins）街53号，第一层是西方反法西斯同盟肃清德国纳粹的中枢所在。登记中心中有一个雅致的房间，里面摆放着一台笨重的机器，有点像汽车发动机和打印机的排字设备的结合体。这是IBM的霍勒瑞斯（Hollerith）卡片索引机，是当时同类产品中最先进、最复杂的设备。美国华盛顿特区的联邦调查局、少数其他政府部门和大公司都配备了一台这样的机器，其目的是为了提高行政和管理效率。在CROWCASS，这台设备用来核对有嫌疑的纳粹党党员的照片、指纹和个人详细信息。[1]

这台机器是英美"纳粹清除者"们的骄傲和快乐。在从纳粹党党员名单中确认嫌疑战争犯的艰巨任务中，这台机器为他们节省了许多时间，他们对此印象深刻。但是，这其中也存在着巨大的弊端。很多时候，机器并不能正常运转——主要是由于法国的电力供应不足，每天都会停电很久。

---

[1] 庆幸的是，最新的完整纳粹党党员名单得以被抢救出来，未遭破坏。在战争的最后时刻，纳粹尽可能把能找到的纳粹党党员名录和档案给销毁了。纳粹在全德国各总部和各地区的官员对销毁工作贯彻得很彻底。但是，由于疏忽，纳粹首领忽视了一件事——从纳粹建党以来的党员名单、档案记录连同照片等文件被送往慕尼黑外的一个造纸厂去做纸浆销毁。然而，由于德国战败的混乱局势，没人去确认成千上万捆被送往约瑟夫·维斯（Josef Wirth）造纸厂的文件是否真的被销毁掉了。纸厂的管理人员汉斯·胡博（Hans Huber）意识到这些文件的重要性——他认为，对盟军而言，这是"王冠上的明珠"。他一再拖延销毁处理，而且，一抓住机会，他就立即将这些文件移交给了美军。

第十九章　审判与错误

然而，纳粹清除者们面对的真正问题是任务的艰巨。1945年5月战争结束时，纳粹党党员有800万之多，超过整个德国人口的10%。在盟军占领德国的初期，许多人热切地盼着对严重的犯罪分子予以惩罚，尤其希望经由将惩罚战犯视为占领德国的主要目的的美国人之手。

盟军驻欧最高统帅部（SHAEF，the Supreme Headquarters Allied Expeditionary Forces in Europe）起初接到的命令很明确：纳粹党党员及其"支持者"禁止从事除体力劳动外的任何工作，这包括任何受益于纳粹或曾在给纳粹提供金钱支援的公司里工作的人，如容克地主这样的"军国主义分子"以及在1933年纳粹掌权后的支持者。相对而言，英国人没那么理想主义，也不那么情愿花大力气铲除纳粹。尽管如此，英美都同意在惩罚纳粹之后应该为建立真正的民主德国而复兴并引导德国。这就是盟军在德国投降时的计划。

不过，他们很快就意识到这一任务的复杂性和艰巨性。如果太多纳粹太快地被褫夺职务，矿业以及其他行业的产能损失并非其唯一的后果。德国人生活的各个领域都需要纳粹党人。相比纳粹党人而言，中产阶级及专业人员在各行业的比重小得不成比例：波恩的112名医生里，有102名是纳粹党员；在被炮火摧残的科隆，废物管理、污水排放和水清洁方面的21个专家中，有18个是纳粹党员。作为应聘条件之一，绝大部分中学教师不得不加入纳粹党。柏林爱乐乐团的100位音乐家中，80位加入了纳粹党。

盟军面临的问题是如何找出身居要位的非纳粹党人。如同接替艾森豪威尔担任美军指挥官的卢修斯·克莱（Lucius Clay）所说："我们主要的管理问题是要找到那些不隶属于纳粹政权或与之没有联系的相当能干的德国人。似乎……在公务员系统（以及其他地方）中……常常有纳粹资历的人选比那些名义上参加过纳粹党活动的人还要多。"英国外交部中处理德国问题最资深的官员康·奥尼尔（Con O'Neill）则认为起初的严苛规则太蠢了：

"作为系统而琐细的典型例子,这套东西弱智得不能再弱智了。"[2]

卢修斯·克莱在战后的几年中成为德国最重要的人物之一。他出生在乔治亚州的马里塔,个子很高,走起路来昂首阔步,很注重自己的外表。他的一个主要顾问罗伯特·墨菲(Robert Murphy)在回忆录中形容他是"一位政治型的将军,对华盛顿方面想要什么有一种敏锐精明的本能"。从西点军校毕业后,他在陆军工程部队中服役了17年,战争期间,他并没有什么建树——他的一位副官回忆说:"他从未就火力比一张桌子更大点的事情下过命令"。但是,克莱是个天生的领导者,这一点在他49岁那年加入盟军驻欧最高统帅部的艾森豪威尔团队后清晰地显现出来。他说,一开始,他真正在管理军事装备上的工作并不多,更多的工作是给西方人做宣传,"推行我们的民主观念"。

在这份工作中,克莱最享受的一件事是他能使用莱茵河畔法兰克福的办公室,这里以前是艾森豪威尔的办公室。办公室坐落在一座庞大的纪念建筑中,这里一度是德国化学工业巨头法本化学公司的总部所在地,这个公司生产的产品之一是齐克隆B(Zyklon B,一种氰化物——译注),用来在毒气室中毒杀犹太人。这座建筑完好无损地耸立在法兰克福的市中心,周围是被美国轰炸后的废墟。艾森豪威尔的秘书凯·萨默斯比(Kay Sumersby)这样形容这座建筑:"它本身就是一个小城市。非常雅致……铺满了大理石,有许多喷泉和室内花园、曲度很大的楼梯以及奢华至极的办公室。好几个网球场与艾森豪威尔的办公室融为一体。"[3]

与之相对照的是,英占区的总部却是位于巴特欧豪森的一堆单调乏味的营房。1946年,前空军司令、皇家空军元帅肖尔托·道格拉斯(Sholto

---

2 卢修斯·克莱(Lucius Clay):《对德决策》(Decision in Germany),伦敦:海涅曼出版社,1950年,第113页。奥尼尔的话引自布鲁玛的《1945:元年》,第128页。
3 凯·萨默斯比(Kay Sumersby):《忘却过去:我与艾森豪威尔的恋情》(Past Forgetting: My Love Affair with Dwight D Eisenhower),纽约:西蒙和舒斯特(Simon and Schuster)出版社,1976年。

第十九章 审判与错误

Douglas）爵士接替蒙哥马利担任德国英占区总司令。他热爱德国音乐——战前他在巴赫合唱团唱过歌。在接任时，他说他的使命是尽可能地"恢复德国的正常生活"。英占区管制委员会是占领区的民政总负责机构，也是英国政府的一个分支，但它也不可避免地被认为是一团糟的证明。管制委员会的官僚人数一度膨胀到近2.5万人，分布在整个德国境内，并且在汉堡、柏林和汉诺威都有分支机构。它的官方总部在伦敦，由曾是兰卡斯特公爵领地大臣的约翰·海因德（John Hynd）领导，他此前还曾是一名铁路员工和工会官员。他的办公室也自然而然地被取了个"海因德总部"（Hyndquarters）的绰号。海因德本人说，他之所以被选任到这个职位，是因为他利用函授课程自学了德语，不过他有不少崇拜者。艾德礼以他一贯的简洁方式评价说，海因德聪明又能干——对他来说，这可是高度赞扬。而维克多·格兰茨（Victor Gollanz）说，"英国公众生活中，再没有比他更人性的人了"。[4]

起初，盟军试图自己肃清纳粹。他们最初的办法是做问卷登记，即要求英占区和美占区内所有未到领取养老金年龄的成年人——人数将近1300万——完成一份详细的问卷登记表，并提交给占领区的行政机关。那些未做问卷登记的人不能获得配给卡，也无法找到任何工作；有些人被投进了监狱。在问卷登记表的顶部用粗体字写着警告语："填写错误信息将被军政府法庭起诉。"

美国人根本不加任何区别地搞问卷登记，结果导致了一些荒谬情况的出现。在集中营里待了数年的人，或如著名儿童读物《爱弥儿与侦探》（Emil and Detectives）的作者、其作品被纳粹禁止的艾里希·凯斯特

---

[4] 艾德礼（C. R. Attlee）：《世事已定》（As it Happened），伦敦：海涅曼（Heinemann）出版社，1954年，第299页；维克多·格兰茨（Victor Gollancz）：《最黑暗的德国》（In Darkest Germany），伦敦：维克多·格兰茨出版社，1947年。

纳（Erich Kastener）等知名反纳粹人士也必须要提交问卷表单。让赫尔曼·戈林（Hermann Goering）的妻子艾米完成这些问卷同样毫无意义，多此一举。艾米被投入了施特劳宾的监狱，并在美国狱警的监督下填写问卷答案，而她丈夫赫尔曼则在纽伦堡等着被审判。

"其中一个问题是'你是否有亲戚或好友在第三帝国中担任要职？'"

"是的，我丈夫。"我写道。

"他担任什么职务？"

"他不在纳粹党卫军（SS），而在纳粹冲锋队（SA）。他是帝国元帅，空军司令。……"我想记住我丈夫的其他头衔，但只得以叹气结束。

"你叹什么气？"美国人问我。

"我记不起来他其他的头衔了。"

"不用担心。只要写下赫尔曼·戈林就行了。我们已经有他足够详细的资料了。"[5]

这些问题的设计初衷是要找出每一个德国人曾经多么忠心于第三帝国。他们是为了保住工作而加入纳粹党？是为了一时方便而成了纳粹的跟风者？抑或是纳粹的真心追随者？一个主要的衡量标准是入党的时间。1933年前的入党者被认为应受到处罚。不过，这个规定过于严苛，往往问卷答案所隐含的东西如同其揭示的一样多——许多应为屠杀大量犹太人和强制劳工负责的人压根没有正式加入纳粹。尽管如此，在占领期的前9个月，有11.5万人被拘留，另外有37万纳粹党人被褫夺公职。

问卷一完成就被送往巴黎的CROWCASS，答案被录入IBM的卡片索引机。有些时候，一天就有4万人的信息需要处理，整个系统陷入混乱。

---

[5] 吉尔斯·麦克唐纳（Giles MacDonogh）：《帝国之后：盟军占领德国的野蛮史》（*After the Reich: The Brutal History of Allied Occupation*），伦敦：基本书局（Basic Books），2009年，第276页。

第十九章　审判与错误

到1946年3月，尚有700万份问卷有待处理，其中有半数人自己供认是纳粹党。据估计，全部完成这些工作，需要两年多时间。盟军根本没法搞定。

4月1日，SHAEF颁布了一项由美国律师起草的新的"解除纳粹主义和军国主义法"（Law for Liberation from National Socialism and Militarism）。"为保障德国民主生活与世界和平共处的长久基础之计，凡是积极支持过纳粹暴政者，或违背了正义和人性原则、犯下罪行者，或创造条件以获得私利者，都应该被排除在公共经济和文化生活领域之外，并必须予以赔偿。"在盟国的设计框架下，一个新的非纳粹化法庭（Spruchkammer）体系建立起来了，但由德国法学家和官员独立运管。英占区的首席法律官员约翰·拉斯伯恩（John Rathbone）这样解释其中的基本原理："是德国人制造了乱局。我们认为他们应该收拾残局。这将对他们很有益处。"非纳粹化法庭让盟国得以脱身，但它也证明了这种伸张正义的手段成了一场闹剧。[6]

去纳粹化进程开始后不久，在德国流传起一个笑话。有个人走进警察局自首。"我是纳粹分子。"他说。负责的警官告诉他，为时已晚，"为什么你没在几个月前来自首呢？""噢。几个月前我还不是纳粹呢。"

问卷和去纳粹化审判几乎沦为笑柄。一些曾经反对希特勒政权的知名德国人士开始担心"纳粹复兴"。4月，SHAEF委托的一项盖洛普民意调查显示，49%的德国人认为"纳粹是一种实施得一团糟的好思想"。他们指责纳粹，但主要是指责纳粹在二战中战败了，给他们带来了灾难。超过三分之二的人排斥任何他们可能要对以他们的名义犯下的暴行负责的想法。在去纳粹化法庭建立几周后，新近成立的基督教民主联盟（Christian Democratic Union）的领导人、同时也是德国最受尊敬和最家喻户晓的政治家康拉

6　李德·哈特中心（Liddell Hart Center）军事史档案馆：CNN冷战系列访谈副本。

德·阿登纳（Konrad Adenauer）公然反对去纳粹化的扩大化。他说，应该别管那些"纳粹的跟风者"，去纳粹化进程拖延的时间太长了。"要相信，许多人主观上想为不太严重的罪行赎罪……我们认为这样做是可以接受的，这样我们可以抛却过去。"[7]

阿登纳认为，让德国人直面战争罪行、迫使他们观看集中营的影片、教育孩子们了解德国在二战中的战争罪行和恐怖会起一定的反作用，它在推动德国人悔悟的同时，也可能会引起强烈的民族主义的反弹。

阿登纳是一位与现实治理问题做斗争的政治家。不过，这些问题同样让一些著名哲学家焦虑不已。其中一位是在克尔凯郭尔（Kierkegaard）和存在主义方面有开创性著述的卡尔·雅斯贝斯（Karl Jaspers），他得出的结论与阿登纳类似。雅斯贝斯的妻子格特鲁德（Gertrude）是个犹太人。在纳粹时期，她被迫隐姓埋名，雅斯贝斯也不得不放弃在海德堡大学的教职，其著作被取缔出版；如果不是他的名气有这么大，他肯定会被送往集中营的。

1946年，雅斯贝斯出版了一本极具影响力的小册子《德国的罪过问题》(The Question of German Guilt)，引起他的同胞们的强烈共鸣。这本小册子出版时，雅斯贝斯还有一系列演讲，这些在接下来的二三十年中常常被人引用，用来证明德国人的集体失忆取代了盟军起初希望落败的敌人将感受的集体罪恶感。

雅斯贝斯写道，德国人并不邪恶，也不应该陷入自厌自弃中。"一概而论地讨论纳粹时代的几百万德国人的心态和行为必定是有局限性的，对大部分德国人而言，要用颜色来比喻他们的话，他们并不是非黑即白，而更多是各种深浅的灰色。"盟军占领德国是正当合理的，"他们阻止了我们变得

---

[7] 基督教民主联盟成立会，科隆，1946年3月23日，引自托尼·朱特：《战后：1945年以来的欧洲史》，第176页。

第十九章 审判与错误

妄自尊大,教我们要谦虚"。但是,他说,德国人更有迫在眉睫的忧虑:

人们不想听到有关过去的罪过的事情。他们不关心历史的判定。他们所想、所需的是结束苦难……清醒地认识德国的罪过并理解其后果是所有德国人的责任。纳粹统治下的德国如同监狱。陷入这样的监狱是德国的政治罪过。然而,一旦大门紧闭,被这座监狱关起来的人再不可能从内部越狱逃脱了。所有归咎于这种禁锢的罪过和责任——无论出现在何处——必须提出一个问题,即是否有什么是他们能做的?[8]

战争结束一年后,雅斯贝斯在海德堡的一次演讲中更直接地指出这一点:

成千上万的德国人因为反对纳粹政权或自杀,或被杀。他们中的大部分人仍然默默无名。我们这些幸存者没寻死。当我们的犹太人朋友被驱逐时,我们没有走上街头,也没有哭泣,直到纳粹把我们所有人都毁灭。我们宁肯以"我们的死亡无论如何都于事无补"这样看似正当的软弱理由继续活着。我们活着,这就是我们的罪过。[9]

雅斯贝斯最知名的学生汉娜·艾伦特(Hannah Arendt)提出一个抽象理论问题,即德国的去纳粹化法庭几乎没什么哲学内涵,变成了一种司法实践的具体形式。艾伦特也是犹太人,在20世纪30年代的大部分时间里以及整个二战期间,她一直流亡美国。她写了《极权主义的起源》(*The Origins of Totalitarianism*)一书。她强烈反对集体罪过概念。"一旦我们所有人都有罪,那么在最终分析中,将无人能被判定。"[10]

久而久之,问卷调查越来越事无巨细——也越来越官僚化。到1946年

---

8 演讲二,卡尔·雅斯贝斯(Karl Jaspers):《德国的罪过问题》(*The Question of German Guilt*),福德汉姆大学出版社,2000年。
9 演讲三,卡尔·雅斯贝斯(Karl Jaspers):《德国的罪过问题》(*The Question of German Guilt*),福德汉姆大学出版社,2000年。
10 汉娜·艾伦特(Hannah Arendt):《耶路撒冷的艾希曼》(*Eichmann in Jerusalem*),纽约:维京出版社,1964年。

初,问卷统计有12页纸之多,包含了133个问题。有些问题完全与纳粹无关,如人们的健康状态如何,或盟军的炸弹袭击是否"影响了你的睡眠"。尤其是有个问题虽与纳粹相关,但是引起人们的强烈不满,它问德国人在1932年是怎么投票的。但又有些问题太含糊不清,以至于人们无法确定答案,比如战前他们的银行账户细节。问卷统计使许多德国人陷入绝望。鲁斯·安德里亚斯(Ruth Andreas)在日记中叹息道:"是否有人因为有不堪回首的过去而会被认为做了伪证?"

还有个问题被许多德国人视作笑话,但美国人确信这能让他们洞察德国人的态度。这个问题是:作答者是否曾希望德国人赢得战争。这实在荒谬可笑,几乎不可能用简单的"是"或"否"来诚实回答。1945年5月后,德国人要是承认曾希望德国打赢,这当然让人难以接受。但是在1939年或1940年呢?情况是否有所不同?[11]

去纳粹化法庭有理由被人们嘲弄。他们主要是给那些需要证明有良好品行的嫌疑人洗白和粉饰。如同被Persil洗衣粉洗过一样,这些人被打上了声名狼藉的"清白证"(Persilschein)标签,以此表示他们"白得不能再白了,所有污点都已经去掉了"。法律界中任何人都不愿意连累和危及自己的一个基本问题是90%的德国律师都曾是纳粹党员。在二战结束时的汉堡,每一位法官要么是纳粹党员,要么是与纳粹关系密切的组织的成员。这是个永远无解的难题。纳粹法官审理有关纳粹罪行的案件——包括把那些犯了诸如犹太人与基督徒发生性关系等在希特勒上台前一直都并非死罪的所谓"罪

---

11 发明了问卷调查的许多纳粹清除者是20世纪30年代从德国流亡到美国的犹太人。他们掌握了德语和英语,但可以预料到,无论在德国人中间还是美军高级军官以及美国国会中,他们都不受欢迎。流亡美国的犹太人中最知名的是那些左翼知识分子以及法兰克福学派的哲学家和经济学家,比如弗朗兹·诺伊曼(Franz Neumann)和在20世纪60年代的加州极为风靡的赫伯特·马尔库塞(Herbert Marcuse)。艾森豪威尔很担心这些人的影响力,1946年初,他致信克莱,指出他们中的某些人"成为美国公民仅两三年,利用他们的地位或是支持德国共产党,或是沉迷于复仇"。艾森豪尔还说,华盛顿的许多"保守的人"向他建议说"任何没在美国待上至少十年时间的人都不应该在德国军政府中掌握要职"。

第十九章　审判与错误

行"的"犯罪"者送上绞刑架的法学家。在美占区，没有一个法官在战后被褫夺职务。

同样，大部分警察也曾是纳粹分子。他们本应禁止再从事本职，但事实上却并未如此。英占区军队派5人警察小组给德国社会民主党（SPD）的领导人库尔特·舒马赫（Kurt Shumacher）做警卫，英国军方向他保证说德国的警察队伍已经"清除纳粹"了。但1946年5月15日，舒马赫愤怒地致信英国官员，表示他在无意中听到警卫闲聊后，发现其中的四个人都曾是党卫军成员。他还无比震惊地听说英国人刚刚任命一个臭名昭著的党卫军成员——阿道夫·舒茨（Adolf Shult）中校为英占区的警察头头。盟国管制委员会递交给英国外交部的一份报告解释说："如果在警界彻底贯彻去纳粹化，显然将没警力可用了。考虑到德国的情况……似乎最紧要的事情是有一支可靠的警察力量，而如果警察没有某种意义上的安全感，也就无法实现其力量的可靠化。由于这样的原因，需要在某个阶段结束去纳粹化。我们肯定还需要这支警察力量，以其作为军政府的工具。"在这样的顺利过渡中，许多德国高官仍保留原职，如莱茵兰普法尔茨警察局长威廉·豪赛尔（Wilhelm Hauser）。他曾是一名白俄罗斯的党卫军军官，是无数战争暴行的制造者。[12]

实际上没有任何德国机构彻底"清白"了。污点无处不在。超过四分之三的大学教授曾是纳粹成员，而且即使那些曾短暂革职的人也很快复职了。德国最知名的高等学府之一的埃尔朗根-纽伦堡大学的神学系主任汉斯·普鲁斯（Hans Preuss）博士是一名狂热的纳粹分子，20世纪30年代，他曾组织焚烧学校图书馆的犹太人或马克思主义者的著作。1945年秋，普鲁斯被解雇，但是次年又复职了。差不多三分之二的德国教师都曾是纳粹成员，而在高中和初中，这个比例要更高。战争结束后的三四个月内，数千人

12　TNA：FO：371.8773.302。

被解雇。但到1946年，其中的90%的人又重返原职。曾担任公务员的英国诗人史蒂芬·斯宾德（Stephen Spender）在1946年初被派往德国的英占区报道英占区的教育状况，他知晓其中的原因。在汉堡的一所学校访问时，他问孩子们在学些什么。

"拉丁文和生物学。"孩子们回答说。

"没别的了？"我追问。

"先生，就这些，没别的了。要知道，历史、地理、英文和数学老师全都被解聘了。"[13]

连许多不管属于什么宗派的牧师都曾是纳粹成员。在许多德国公务员被解雇后，符腾堡（Wurtemberg）的路德教派主教特奥菲尔·沃姆（Theophil Wurm）布道说，这些人已经承受太多痛苦，是"极其巧妙的宣传的受害者……大部分人是考虑到为大众谋福利才加入纳粹党的。他们自己并不认同和支持纳粹政权"。他说这话可能也是考虑到自己。1933年，他加入了纳粹党，他认为他这样做是"诚心诚意地……相信它能带来一次宗教的复兴"，尽管他后来反对纳粹政权并被撤销了主教职务。占领区美国宗教事务部（The American Religious Affairs Division of the Occupation）向卢修斯·克莱报告说在美占区有351名积极活跃的牧师。其中，只有3人被解除圣职。1946年夏，由于狂热支持纳粹，绰号为"棕色康纳德"的弗莱堡（Freiburg）天主教大主教康纳德·格路博致信他教区的信徒，在信中，他将纳粹的兴起归咎于"世俗主义"，巧妙地为要对过去十几年中发生的事情负责的教堂及教民开脱。

去纳粹化法庭开始量刑很轻，到后来越来越宽松。只有10%的案件公开审理。成千上万宗案件中只是被处以书面声明为基础的罚款，案犯们被"重新分类"到更轻更低的种类（有首犯、重犯、次要罪犯、从犯、免予追

13　引自布鲁玛：《元年：1945年的历史》，第179页。

第十九章 审判与错误

究者五类——译注）中。许多声名狼藉的纳粹分子只需罚交毫无分量的50马克的罚款。在战前，这相当于三个星期的平均工资。而现在，这点钱还买不到一包香烟。这种毫无效果的惩罚使得整个审判体系声名狼藉。从1946年4月20日到12月20日，去纳粹化法庭共处理了41782桩案件，其中仅有116桩可以说是比较重大和被起诉的。海德堡的一位美占区官员向克莱将军报告说，如果仍由美国当局负责审判的话，80%多的案件中的罪犯应被划分到更严重的种类中。[14]

一些德国政客尽可能地破坏去纳粹化法庭。曾是知名反纳粹人士的巴伐利亚首席大臣安东·普费弗（Anton Pfeiffer）认为整个审判体系是"胜利者的正义"，并且从一开始就决心倾覆它。他宣称，在纳粹党的发源地巴伐利亚只有3万名纳粹分子，只有少数人是重犯，大部分人都是无足轻重的。在起初的反纳粹热情中，美国人解雇了数百名公务员及其他官员。普费弗把其中75%的人重新分类，要么恢复原职，要么在新部门中给他们一个新职位。

由于当时德国的这种情况，出现了"清白证"黑市。数千名著名纳粹分子从纳粹政权的反对者手中购买可以证明他们的"清白"的信件，这些信件足以让他们通过去纳粹化法庭的审查。甚至有纳粹分子花钱让犹太人幸存者证明他们曾掩护这些犹太人的家人或曾经帮助过他们逃脱迫害。还有些人直接贿赂法官给他们洗白。据美国情报机构的报告称，这在巴伐利亚尤其容易："纳粹分子花钱买无罪证明，对方则证实他们以前是反纳粹者并进行过反纳粹活动……截留的信件似乎暗示德国基督教社会联盟（CSU）极其普遍地给了这些前纳粹成员帮助和安抚"。[15]

在许多地方，德国人排斥所有在去纳粹化法庭或去纳粹化进程中任各

14　OMGUS（美国军政府办公室），RG（档案集，Record Group）197/105/66。
15　OMGUS，情报部，RG103/377/28。

种职务的人。因而，很难找到能胜任去纳粹化工作的人。一位在靠近纽伦堡的施特那赫的美国官员发来报告说，那里的去纳粹化法庭是美占区中"最无能的一个"：

> 庭长手下的检察官是个实为文盲的农民。有个年轻的法学生，他……负责整个法庭的运行。因为无论是检察官还是庭长都没能力拟定任何足以起诉的粗略东西或……文字决定，他既要给检察官写控诉书，又要帮庭长写判决书。因而，他地位特殊，先起草控诉书，然后再起草反对他的控诉书的判决书。这样的"双重"局面形成了一种巨大压力……他快要精神崩溃了。[16]

去纳粹化法庭的官员常常受到威胁。在靠近海德堡的施伟青根，去纳粹化法庭庭长接到一封恐吓信，信中警告说他为法庭工作是在"犯严重的罪行"。"一旦时机到了，你必须要承担你的行为的后果。想想你的家人吧。"在马尔堡，去纳粹化法庭庭长因为"害怕其后果"而辞职。

在美占区和英占区，起初被去纳粹化褫夺公职的公务员有83%在不到3年的时间内官复原职。如英占区的一名原是学者的官员诺尔·安南（Noel Annan）所说："大量狂热的纳粹分子知道他们的最好机会是……静候时机，等待局势平息，然后被聘为公职人员。"[17]

1933—1944年担任罗斯福国务卿的科德尔·赫尔（Cordel Hull）不赞同整个战争罪行审判的理念。离职前不久，他说，理想上他想"把希特勒……和东条英机及其主要同伙送上军事法庭。第二天，这将成为一个重大历史事件……"[18]丘吉尔同样反对公开审判，认为对主要战犯应该不声不响

16　OMGUS：美占区军政府办公室情报部门致卢修斯·克莱，1946年7月23日，RG103/325/68。

17　诺尔·安南（Noel Annan）：《变化的敌人：德国的战败与再生》（Changing Enemies: the Defeat and Regeneration of Germany），伦敦：哈珀·柯林斯出版社，1995年，第187页。

18　科德尔·赫尔是美国历史上任期最久的国务卿，而且可能后无来者。他在雾谷（美国国务院所在地）待了将近12年，也恰好是整个罗斯福总统的3个任期。1945年，他因为为建立联合国做出的突出贡献获得了诺贝尔和平奖（被称为"联合国之父"）。以健康为由从国务院辞职后，他成了联合国的一名代表，而没有致力于为法学做贡献。

第十九章 审判与错误

地处决了事。他说:"最好就是把他们排成一排,突突地打死。"不过,二战的最后几个月里,他改变了主意。英国外交部负责人贾德干(Cadogan)爵士在给战时内阁的备忘录中的建议说审判海因里希·希姆莱(Heinrich Himmler)这样的人是个错误,因为"他们的罪行滔天到已经超过了任何法律程序的范围"。但是杜鲁门、艾德礼——主要是斯大林——想开展大规模的审判。[19]

在绝大多数德国人以及全世界数百万知道铁幕后面发生着什么的人看来,主持着1945年11月开始的纽伦堡战犯审判的苏联法官的存在破坏了整个进程。斯大林决心告诉世界,苏联将在对战犯的司法惩罚上与西方盟国平起平坐,但是苏联法官的参与被认为是"胜利者的正义"的粗鲁展示。乔治·凯南认为起诉即便是幸存的纳粹顶层成员——纽伦堡审判中主要的第一批24名战犯的审判在1946年持续了大半年之久——都会适得其反。"毕竟,这一审判传递的唯一言外之意是,当这样的罪行是在一定环境下的政府的行为时,它们是无可非议的和可以谅解的,但是……当其是在另外环境下的另外政府的行为时,则是非正义的、不可饶恕的,而且要被判处死刑。"[20]

当时,除了美国,其他国家的法典中都没有人权法,没有任何国际法,也没有任何国际法庭可用来执行这样的审判任务,有的只是模糊的种族灭绝或"反人类罪"的概念。纽伦堡的法官们不得不创制新的法律,它们为此后发展起来的国际人权法院体系提供了先例。这些由美、英、苏、法法官

---

19 科德尔·赫尔(Cordel Hull):《科德尔·赫尔回忆录》(The Memoirs of Cordel Hull),伦敦:麦克米伦出版社,1948年;丘吉尔的话引自莫兰勋爵(Lord Moran)《温斯顿·丘吉尔:为生存而奋斗,1940—1965》(Winston Churchill: The Struggle for Survival, 1940—1965),伦敦:天体(Sphere)出版社,1968年,第399页;贾德干的备忘录见TNA: CAB 122.65.53。
20 乔治·凯南(George Kennan):《乔治·凯南回忆录(1925—1950年)》(Memoirs, 1925—1950),波士顿(马里兰):利特尔·布朗(Little Brown)出版社,1967年,第465页。

们起草的法律被用来绞死德国领导人。

世界各地的法学家被这些举动激怒了，许多人激昂地辩称，法庭的这种判例将极其危险。美国首席大法官哈兰·F.斯通（Harlan F. Stone）深感震惊，称之为"纽伦堡的高级死刑聚会"。他表示，他关心的不是美国的首席检察官罗伯特·杰克森（Robert Jackson）或其英国同行哈特利·肖克罗斯（Hartley Shawcross），他关注的是纳粹分子——他们死有余辜，但是，假装纽伦堡审判法庭是遵循了"按照习惯法或乃至自然正义的标准程序"的普通法庭是可悲可鄙的。当被要求宣誓成为国际军事法庭的美方成员时，他拒绝了，说他"一点都不想对国际军事法庭或美国最高法院表示祝福"。

肖克罗斯后来说，对盟国首脑而言，"审判既是教导，给德国人上了一课，也是正义或创造法律"。审判每天在德国电台公开广播，在学校和电影院里还播放着新闻短片。而这并未达到预期的效果。SHAEF在审判开始的第一个星期的一份民意调查显示，只有不到10%的德国人认为把纳粹首脑——戈尔、里宾特洛普及与希特勒关系密切的小团体——加以审判是不公平的。但是到1946年夏，当纽伦堡审判已经进行了6个月时，有40%的人认为这样做不公平。

然而，杜鲁门和艾德礼精明地辩称这一程序主要不是为了处决几十个明显的战犯。收集战争暴行的各种证据——屠杀犹太人、虐待强制劳工、对斯拉夫人的大规模掠夺——并且将这些罪行记录下来，这样，包括德国人在内，无人会遗忘发生的这一切。

英国人感到自己在纽伦堡审判前的1945年秋搞糟了一些早期案件。他们起诉的罪名不是反人类罪，而是难以证明的特定谋杀。辩护律师——全都是英国人——辩称，这些被起诉的人是在"服从上级的命令"，他们的辩诉在许多案件中都成功了。30名被告人中有14人被宣告无罪，5人判处短期

第十九章 审判与错误

徒刑，11人被绞死。艾德礼暴怒，认为整个过程搞得盟国"像个傻子"。1945年末，他告诉英国内阁成员，说在有效起诉方面，"缺乏动力和能量"。[21]

1946年初，英国首席检察官哈特利·肖克罗斯为了回应上述问题，提出了一个减少案件的"加速战争罪行审理进程"计划，他说："成千上万的德国人要为数百万人的死亡负责。在英占区，我们必须设定起诉10%的罪犯的最低绝对限度。这样大概有2000人被起诉。到1946年4月30日为止，我觉得我们应该设定最少要有500宗案件"。艾德礼很不情愿地接受了这一最后期限，但并不完全信服它能实现。他说："这肯定会带来这样的效果，即大量的罪犯没有受到惩罚，逍遥法外。"他言中了。事实证明，到这一期限时，英国人仅仅处理了肖克罗斯修改后的预期数量的三分之二的案件。[22]

追查和惩罚所有嫌疑人是项艰巨的任务——即便是只抓大鱼，不管漏网的小鱼。整项工作中，始终没有足够称职的调查人员或律师；当时整个德国的混乱情况，加上欧洲大部分地区数百万或迁徙或在难民营的难民们导致情况难上加难——尽管有检察官说"奇迹在于我们做了多少就收获了多少"，似乎很是自得意满。追捕纳粹分子——也许是无疑地——被认为没有填饱民众的肚子和重建国家那么重要。因而，毫不奇怪的是，如此多的罪犯逃脱了制裁。然而，许多人不是因为惰性或疏忽而仍然逍遥法外，而是政策蓄意为之的结果。

数以百计可能并且应该被投入监狱的纳粹科学家、工程师、企业家、间谍、银行家由于他们可能对盟国有用而获得自由。这比德国地方法庭显示出来的缺乏热情更让去纳粹化进程深刻地贬值掉价。如果盟国的法官、法

---

21 TNA：PREM4.109.102.28。
22 肖克罗斯致艾德礼，1946年1月20日，TNA：PREM8，108/203.34；艾德礼回肖克罗斯，1946年1月22日，PREM8，108/203.60。

庭在惩罚罪犯上说得天花乱坠，又用实用主义的理由让一些纳粹分子逍遥法外，为什么德国人就要在起诉那些不怎么严重的罪犯上那么严格、不留情面呢？德国人曾反复向盟国官员追问这个问题，但他们从来没有得到对方令人信服的回答。

在美军高效的"回纹针行动"（Paperclip）中，大约有400名德国科学家和技术人员被逮捕和审讯，如果他们有潜在的利用价值，无论他们有什么样的政治信仰或在违反人权上有什么样的记录，都会被送出德国。第三帝国的顶级技术人才被英美两国掠夺和共享——一方面是将其作为战利品，但同样重要的是，另一方面也是为了不让这些人及其工作成就落入苏联人之手。苏联人也扣留德国科学家——并且在违背他们意愿的情况下，强行将他们留在苏联或东德，不过苏联人似乎得到的都是些二流人物。大人物都去了美国，他们在那里生活得非常好，给美国设计火箭、卫星和导弹。有些人曾是著名的党卫军，比如沃纳·冯·布劳恩（Wernher von Braun）、瓦尔特·罗伯特·多恩伯格（Walter Robert Dornberger）和库尔特·海因里希·德布斯（Kurt Heinrich Debus），德布斯后来成了美国宇航局（NASA）在佛罗里达州的肯尼迪航天中心的第一任主任。

这些德国人是价值连城的商品。如同一份递交给美国国务院的报告肆无忌惮地说的那样："他们将来的科学影响力和重要性远远超过了他们现在的战争罪行。"即使是如阿瑟·鲁道夫（Arthur Rudolph）这样没那么知名的人物也受到了美国的保护。鲁道夫从1931年起就是个热忱的纳粹成员，也是把美国送上月球的土星运载火箭之父。他曾经炫耀说，有57个苦劳工就那么摇摇晃晃地挂在他实验室外的钩子上，而他仍然安静地继续他的研究工作。"他是个十足的纳粹分子，一个十分危险的家伙，应该被关起

第十九章 审判与错误

来。"最初审讯他的人曾如此报告说。[23]

美国的最大成就之一是获得了赫伯特·瓦格纳（Herbert Wagner）教授所掌握的资料，赫伯特与其说是个研究者倒不如说是个科学管理人员。他身处巴伐利亚阿尔卑斯山的一个地下掩体中，向美国科学家展示许多精密电子、通信系统和摄影设备的设计图，在当时的西方，这些东西比任何同类东西都先进得多。英美两国从德国夺取的这些人才将创造可观的商业财富。美国经济学家估计其价值与苏联从苏占区获得的赔偿相当。

绝大部分德国商业巨头几乎没有受到任何惩罚——即便是那些要为最恶劣的暴行负责的人。制造了德国大部分军火的大型钢铁和工程集团——克虏伯集团的头头阿尔弗雷德·克虏伯（Alfried Krupp）曾从集中营里雇用了数千犹太人和奴役劳工，常常让这些人劳累至死。他只坐了4年牢。法本化学工业公司的老板之一乔治·冯·施尼茨勒（George von Schnitzler）在他法兰克福的豪宅中被捕。他执掌的法本公司掠夺波兰资源，生产了屠杀数百万人的毒气，使用了数万奴役劳工。施尼茨勒欢迎将拘留他的美军的到来，他如同以往一样漫不经心，"穿着他标志性的花呢衣服和粗革皮鞋，和他美丽的妻子莉莉坐在一起，房间里的壁炉上挂着一幅巨大的雷诺阿的画作"。据送往美军总部的一份关于逮捕他的报告说，在递给美军士兵们白兰地（他们拒绝了）后，施尼茨勒说"他很高兴不愉快终于结束了"，他说的不愉快指的是战争。在审判中，施尼茨勒承认"法本公司很大程度上要为希特勒的政策负责"。夸张的是，他幸运地逃脱了绞刑架，只在牢里待了两年，然后又在德国工业领域担任要职。[24]

西德的一些纳粹分子以惊人的速度恢复了元气，他们的过去显然已经

23　有关"回纹针行动"报告见FRUS：1945年第4卷，第455页；阿瑟·鲁道夫的内容来自OMUS：情报部，RG19.357。
24　OMUS：情报部，RG16.454。

被人淡忘。1946年，康拉德·阿登纳私人办公室的负责人是汉斯·马里亚·格洛布克（Hans Maria Globke）。1933年，正是锋芒毕露的年轻律师格洛布克起草了《纽伦堡种族法》，奠定了纳粹攻击犹太人的立法框架。希特勒的内政部长威廉·弗里克（Wihelm Frick）向鲁道夫·赫斯（Rudolf Hess）大力赞扬格洛布克，说他"毫无疑问是我部门里最称职、最有天赋的官员之一"。格洛布克知道犹太人被驱逐往东边，也意识到这些计划是要在死亡集中营中谋杀他们。他从未被起诉，甚至从未被分类到纳粹重犯中，但是，他在纳粹中的作用至关重要。阿登纳担任科隆市长时任命格洛布克为政府工作委任委员会的负责人。西德成立后，他在德国基督教民主联盟政府中也负责同样的工作，成为总理阿登纳手下最资深的官员。

阿登纳的私人助手是前外交官赫伯特·布兰科霍恩（Herbert Blankenhorn），在美国参战前，他曾担任德国驻美国使馆的一等秘书。接替科德尔·赫尔担任美国国务卿的爱德华·斯退丁纽斯（Edward Reilly Stettinius）致信SHAEF政治顾问罗伯特·墨菲（Robert Murphy），警告说："种族主义是（布兰科霍恩）最喜欢的主题这一。他是纳粹的虔诚信仰者和拥趸，也是党卫军成员。这个人不可信任。"阿登纳担任西德的总理后，布兰科霍恩成了他的首席外交顾问。阿登纳的财政助手之一阿尔弗雷德·哈特曼（Alfred Hartmann）1930年曾在内政部任职，与布兰科霍恩一起监管没收犹太人财产的工作。二战期间，他管理着德国最大的铝业工厂，那里80%的工人是奴役劳工。1946年，这个工厂变成了德国难民部，由鲁道夫·森泰科（Rudolph Sentech）负责。二战期间，森泰科是一名党卫军高级军官，也是负责把德国"雅利安化"的种族与移民安置办公室的一名高官。

用瓦尔特·乌布利希（Walter Ulbricht，当时为德国共产党领导人，1971—1973年曾任德国统一社会党主席——译注）的话说，苏联在东德的

第十九章 审判与错误

所作所为"看似民主"。

斯大林最喜欢的在他的苏联化的"切香肠战术"中的一个手段是在各国由左翼政党建立起"反法西斯战线"或"进步联盟"。所谓的"切香肠战术"——共产党经常这么形容——指的是将他们想要的一切东西"如同切香肠那样一片一片地取走"。苏联鼓励社会民主党与共产党联合,这样他们就能积聚力量,赢得自由选举。显然,他们真正的计划是让共产党有机会准备颠覆新的联合政党,接管它,整个吞并社会民主党。这是苏联在他们新控制的地区广泛使用并且相当成功的一项策略。在德国的苏占区,这一策略也在某种程度上起效了。社会民主党被迫与共产党"联合起来"。不过,这也给了德国人另一个憎恨和害怕苏联的理由。

起初,乌布利希由衷地相信德国共产党将在自由选举中表现出色,他也这么告诉斯大林。他为什么会有这样的想法还是个谜。他的一些胆子比较大的官员们警告他,说德国人把他们看作俄国人的政党,不会给他们投票的。不可避免,他们遭遇了令人耻辱的失败。几乎没人关注乌布利希。乌布利希憎恨德国社会民主党(SDP)——他私下将其称之为"社会法西斯主义者",还说由于社会民主党使左翼分裂,他们要对希特勒的上台负责。但是,乌布利希也意识到他眼下还需要社会民主党。起初,乌布利希还相信社会民主党会投票同意与共产党联合,不过,很快他就意识到事情没那么容易。

西德的社会民主党领导人库尔特·舒马赫是个狂热的反共分子,而东德的社会民主党领导人奥托·格罗提渥(Otto Grotewohl)虽然更倾向左翼,但起初却反对与共产党联合。当乌布利希提议建立一个新的统一社会党时,奥托·格罗提渥宣称社会民主党是个可以追溯到马克思时代的有着悠久和辉煌历史的政党,而且,它有"独立的权利"。1945年末,奥托·格罗提渥向社会民主党的信徒们发表了一次激动人心的演讲,列举了他不赞同两党联合的十大理由。他说:"我们党内对作为兄弟党的共产党的深度不信任已经成为现实。"这里尤其指的是不信任共产党的领导人。社会民主党代理领导人艾里希·格尼夫科(Erich Gniffke)曾描述1946年初两党的高官会晤情况。"乌布利希没有注视我们中的任何一人。他冷冰冰的目光从一人扫向另一人。当他挤出一点笑容时,他的脸就像个面具,他的眼睛一点笑意都没有。我们越来越恼火,难以掩饰我们的恼怒。为了尽可能快地结束谈话,我们最终同意了他的提议。"[25]

不过,奥托·格罗提渥后来改变了主意,到1946年3月,他同意两党联合——一如几个星期前他反对联合那般热烈。他暗示他是被迫的,并且担忧自己的安全。他暗中告诉一名英占区的官员,说他承受着巨大压力,被"苏联的刺刀逗耍"。他还说东德的数千名社会民主党人被恐吓和威胁,苏联红军军官被告知要"在当地强制实行合并……省一级的社会民主党组织已经完全被破坏"。奥托·格罗提渥表示,反抗苏联的要求毫无意义。[26]

4月,两党合并的提案在柏林市中心的海军上将剧场举行的一次戏剧性的两党会议上获得通过,但成员们并没有顺服地接受这一必然结果。当奥托·格罗提渥起立发言表示支持两党统一时,台下的社会民主党人高喊"走狗""马屁精"以及"我们不会被强暴"等口号。社会民主党的柏林市议员露斯·安德里亚斯-费舍尔(Ruth Andreas-Fischer)在日记中记录了这次吵吵嚷嚷的会议:

抗议者在不断增加。他们越来越愤怒,情绪越来越激烈。讲话人……的声音被淹没在如涨潮一样的"叛徒""骗子""下台"的抗议声中。有人开始高歌:"兄弟姐妹们,朝着光明和自由前进吧"(社会党的一首老战

---

25 安妮·艾普鲍姆(Anne Applebaum):《铁幕》,伦敦:艾伦·雷恩(Allen Lane)出版社,2012年,第279页。
26 安妮·艾普鲍姆:《铁幕》,第242页。

第十九章　审判与错误

歌）……他的嘴唇中唱出这些词语，同志们自动加入其中。每个人的脸上都充满着骄傲和兴奋。这次我们绝不忍气吞声。13年来，我们第一次这样保卫我们的自由。

第二天，共产党的报纸《新德日报》高度赞扬新成立的统一社会党（SED，Sozialistische Einheitspartei Deutschlands）。"在这个统一的党内，没有任何分裂集团的容足之地。"或者用露丝·安德里亚斯-费舍尔的话说，"这并非是一个一党制政府，但另一方面，也没有其他政党的立足之地"[27]。

在西柏林，就两党合并问题有过一次不记名投票，但是苏联人不允许投票在他们控制的区域继续下去。在工人阶级所在的普伦茨劳贝格区和腓特烈斯海因区，社会民主党活动家试图违抗禁令，开放投票站。结果，苏联士兵来了，殴打了一些社会民主党支持者，关闭了投票站，还带走了他们的投票箱。在西柏林，登记的32547名社会民主党人有29610人投票反对两党合并，仅有2937人支持。但合并还是立即实行了。这是1933年以来的第一次自由选举。没几个德国人对苏联人将要对德国意欲何为抱有什么幻想。在5个月后的柏林市政选举中，社会民主党与统一社会党分开竞选。结果，社会民主党获得了柏林市的43%的选票，在130个席位中获得63席。新的"统一"党令人羞辱地只获得19%的选票和26个席位。这也是到1989年柏林墙倒塌和苏联崩溃前东德的最后一次自由选举。

27　露丝·安德里亚斯-弗里德里希日记，1946年4月26日，露丝·安德里亚斯-弗里德里希著、安娜·伯瑞森（Anna Boerreson）译：《柏林战场：1945—1948年日记》（*Battleground Berlin: Diaries, 1945—1948*），纽约：佳作书屋（Paragon House），1990年。

第二十章　希腊悲剧

1944年10月的一个深夜，希腊的命运由于斯大林和丘吉尔达成的一项"百分比协议"而尘埃落定。按照这个丘吉尔称之为"淘气文件"的协议，战后希腊的90%将落入西方控制，这实际上是让苏联人在巴尔干、罗马尼亚和保加利亚等其他地方为所欲为。斯大林相信由主要大国瓜分各大陆是正当之道。出于欧洲传统的"势力范围"的观念，丘吉尔也将此视为完全可以接受的安排。

但是在距离欧洲胜利日还不到一年后的1946年3月，欧洲战火再燃。希腊将陷入三年的激烈内战。这场内战也许仍可以说是一个相对较小的国家内的敌对争权势力间爆发的地区战争。然而，它也是冷战初期有标志性意义的一场战争。对西方人而言，希腊成了一次至关重要的试炼：共产主义在欧洲的蔓延能否停止？

现在回头看，谁将赢得希腊内战似乎是显而易见的。苏联人抛弃了当地共产党及他们的左翼盟友，让他们自生自灭，仅在为时已晚时伸出过援手。一开始是英国人、随后是美国人为希腊亲西方政府的军事运动提供了指导和经济援助，这一亲西方政府主要由中间派、自由派以及决心抵挡苏联红军的保皇派组成。

然而，在当时，打败共产党看起来尚未如此明朗。1944年秋德国从希腊撤退时，希腊的大部分城市以外的领土由反抗德国占领的武装抵抗组织——游击队，即"安达提斯"（Andartes）控制。其中力量最强的是民

第二十章 希腊悲剧

族解放阵线（EAM，National Liberation Front）及其武装派系希腊人民解放军（ELAS，Greek People's Liberation Army）。民族解放阵线自夸有1800万人，而整个希腊人口不过7700万——显然是过度夸张——后来的数字显示，实际上其成员从未超过70万。名义上他们是以意大利控制的一些岛屿为后盾抗击德国占领的统一抵抗运动的代表。德国人在希腊的统治如同欧洲其他地方一样残暴，将近50万希腊人或死于战争，或死于饥饿。民族解放战线和希腊人民解放军实际上都被希腊共产党控制。而希腊的第二大政党是全国共和联盟（EDES，National Republican League），从1941年德国入侵希腊起，英国人一直给这个组织提供武器支援和顾问。

希腊共产党与全国共和联盟两看两生厌。希腊政治在战前一直是独裁专制，尤其是1936年扬尼斯·梅塔克萨斯（Ioannis Metaxas）发动军事政变后更是如此。扬尼斯·梅塔克萨斯上台后，取缔了包括极端保守党派在内的所有政党，并且大肆逮捕和枪杀了数千名左翼人士。二战期间，希腊各游击势力在他们的控制地区建立起反轴心国的不稳定联盟。他们同意在英国将军的指挥下活动。他们之间也有一些小矛盾，但没有公开冲突。1944年秋，当英国人抵达雅典时，这座城市已经被抵抗力量控制。民族解放阵线及其军队以及共产党占据了优势地位。英国人让保守分子乔治·帕潘德里欧（Georgios Papandreou）领导的流亡政府重返希腊，在民族解放阵线的支持下组成"全民联合政府"（Government of National Unity）。丘吉尔也明确表态说他赞同希腊回归君主制。[1]

不过联合政府名不副实。民族解放阵线成员不信任其他人，这些人中部分人与梅塔克萨斯政权关系密切。至少有一位政府成员曾经是臭名昭著的战时通敌者，也是一个在德占期内组织了极右反共"敢死队"的将军。民族

---

[1] 帕潘德里欧创建的希腊政治王朝统治了希腊数十年。他的儿子安德里亚斯和孙子乔治尽管都是左翼人士，但都担任过希腊总理。

解放阵线反对此时仍然流亡伦敦的国王乔治二世回国，他是战前独裁统治的象征，二战期间，他一直住在布朗饭店的套房里。他们反对将武器交给英国，除非从埃及回来的"保皇党"势力也同样解除武装。丘吉尔曾期望这些士兵将会形成希腊军队的复兴基础。"君主专制主义者"根本没有致力于与左翼共事，而在有些地方，极右的"安全部队"组成敢死队追捕左翼人员。

英军对所有希腊游击势力评价都很低，据一位英军高官说，他们是业余者组成的"不稳定"的群体，"纯粹为了享受开火而开火"。英国人预计早晚会与左翼发生冲突。丘吉尔指示驻希腊盟军总指挥官罗纳德·斯科比（Ronald Scobie）将军做好共产党随时可能政变的准备。丘吉尔的命令是"利用所有必需的力量摧毁希腊人民解放军"。一场迫在眉睫的危机即将发生。"雅典人只需要一根点燃这桶汽油的火柴。"作家乔治·西奥塔卡斯（George Theotakas）在日记中这样写道。

民族解放阵线和共产党实际上最初并未打算要造反，但是1944年11月，他们主意已变。民族解放阵线总书记撒纳西斯·哈德吉斯（Thanasis Hadjis）宣称："我们不能就是跟随着两条路走，我们必须做出自己的选择。"民族解放阵线退出了联合政府，宣称这个政府是外国殖民势力控制下的傀儡，如同以前德国控制下的傀儡政权一样，并且号召举行总罢工。人们常常认为12月4日警察对宪法广场上的示威者开枪、造成数十个左翼抗议者的死亡标志着希腊内战的开始。实际上，在此之前几个小时，希腊人民解放军已经封锁了警察局，这也是他们暴动计划的一部分。[2]

英国立即插手，试图镇压丘吉尔所说的"共产党武装政变"。在雅典的街头巷尾，英国军队与希腊人民解放军的游击队间爆发了激烈的战斗，而仅仅几个星期前，他们还在并肩作战，抵抗纳粹，解放希腊。丘吉尔告诉斯

---

2 安德烈·基洛利马托斯（Andre Gerolymatos）：《红色卫城，黑色恐怖：希腊内战与美苏对抗的起源（1943—1949）》（*Red Acropolis, Black Terror: The Greek Civil War and the Origins of Soviet-American Rivalry, 1943—1949*），基本书局，2004年，第114页。

第二十章 希腊悲剧

科比要采取一切必要措施镇压这场"地方叛乱"。英军的重型炮火笼罩着希腊人民解放军的控制区以及"红色"郊区。英国空军轰炸包括城市住宅区在内的"叛乱"点。无数希望战争随着德国的战败一去不复返的心惊胆战的平民在交火中身亡。

局势转向了更大规模的内战。内战期间，帕潘德里欧政府在英国的帮助下，逮捕了1.5万名左翼嫌疑人，把其中将近三分之二的人投入了埃及和巴勒斯坦的战俘营。在雅典，安达提斯把数千名被打上"保皇党"或"保守分子"的中产阶级平民抓起来，将他们关押在塞萨洛尼基（Thessaloniki）的据点或山上的藏身处里。数百人被折磨致死。

在英国国内，丘吉尔面临着左右两派的铺天盖地的批评声浪。新近得以解放的法国惊慌失措。罗斯福把美国从这场"帝国主义的干涉"的浑水中拽了出来。但是，苏联没有任何抗议声。1945年1月，希腊共产党（KKE）和民族解放阵线的官员们在未知会苏联的情况下前往莫斯科请求援助。无论是斯大林还是苏联外长莫洛托夫都没有接见他们。相反，苏联的下级官员们告诉他们，让他们与"获得承认的"希腊政府妥协协商。在战争正酣之时，英国官员问苏联驻希腊代表团团长格里高利·波波夫（Grigory Popov）中校对希腊共产党的行动有何看法。"他耸了耸肩，回答说，希腊共产党既没有请求也不打算听从苏联的建议。"[3]

内战开始将近两个月后，战争双方都筋疲力尽了。1945年2月，英国与作战双方斡旋，调停停火。民族解放阵线同意在来年的选举中，在帕潘德里欧政府中占一席之地。不过，他们同时还酝酿着再次接管权力。停战协定签订后，希腊人民解放军许诺解除武装并交出他们的武器储备。他们确实上缴

3　AVPRF（苏联对外政策档案馆）191，f.46.335；格里高利·波波夫的话引自乔纳森·哈斯拉姆（Jonathen Haslam）：《俄国的冷战：从十月革命到解体》（*Russia's Cold War: From the October Revolution to the Fall of the Wall*），纽哈文（康涅狄格）、伦敦：耶鲁大学出版社，2011年，第233页。

了一些武器。但是在一份发给希腊共产党基层党组织的指示中，希腊共产党命令战士们"为紧急关头之需"而藏好大量武器。[4]

到1945年秋，停战协定被撕毁了。帕潘德里欧违背了他的把希腊共产党积极分子和希腊人民解放军战士从牢里放出来的誓言，说"这会打开监狱大门，共产党匪徒的力量由于一流犯罪分子的加入而增强"。他的一个主要副手说得更直白："我们害怕共产党不诚心实意，会再次暴动造反、夺权。"极右的"安全部队"谋杀了一些著名的左翼人士；希腊人民解放军的回应是杀掉了一些知名反共人士，尤其是在他们铁拳控制的伯罗奔尼撒。民族解放阵线再次退出了希腊政府。[5]

正是在这一点上，左翼犯了大错。民族解放阵线抵制预计在1946年3月末举行的选举。共产党宣称无法保证这是一次自由选举。可能确实如此，但问题不在此。斯大林命令他们改变主意。他说，抵制选举是"考虑不周"和"错误"的，将会导致共产党的失败。但是希腊共产党没搭理他。[6]

此时，希腊共产党的领导人尼克斯·扎恰里迪斯（Nikos Zachariadis）是个劲头十足、富有感召力的人物，他在德国达豪坐了4年牢。他坚信希腊共产党和希腊人民解放军将独自夺得大权，他可不打算与任何人做妥协——哪怕是苏联人也一样。斯大林两次呼吁他三思而行，参加选举。唯我独尊的扎恰里迪斯的野心是专政独裁，毫不顾忌地回绝了他。斯大林认为，共产党在被操纵的民意调查中将会被打得很惨，看起来像"失败者"。直到此时，斯大林一直认为希腊共产党应该如同法国或意大利的共产

4　安德烈·基洛利马托斯：《红色卫城，黑色恐怖：希腊内战与美苏对抗的起源（1943—1949）》，第78页。另参见凯斯·劳尔：《野蛮大陆：二战后的欧洲》，伦敦：维京出版社，2012年，第247页。

5　约翰·O.亚崔德斯（John O. Iatrides）、琳达·瑞格雷（Linda Wrigley）编：《十字路口的希腊：内战及其遗产》（Greece at the Crossroads: The Civil War and its Legacy），大学公园（宾夕法尼亚）：宾夕法尼亚州立大学出版社，1995年，第168页。

6　米洛万·吉拉斯（Milovan Djilas）著、迈克尔·B.波多维奇（Michael B. Petrovich）译：《与斯大林的谈话》（Conversations with Stalin），纽约：哈考特·布雷斯·乔万诺维奇（Harcourt Brace Jovanovich）出版社，1962年，第177页。

第二十章 希腊悲剧

党一样运作，换句话说也就是组成联盟，为"以后的革命"和"走资产阶级民主道路"奠定基础。最重要的是，他不希望各国共产党给他与西方盟国的关系惹麻烦。[7]斯大林告诉他的一个密友："我的看法是不要在希腊挑起争端。希腊人民解放军和共产党不应从帕潘德里欧政府中辞职。他们要得太多，没法掌控。"[8]

希腊共产党的确失掉了选举。不过，如同在法国和意大利一样，尽管民意选举是被操纵的，但他们毕竟有了体面的露脸，获得了合法性。如果共产党显示出有相当大的民意支持，镇压他们会棘手得多。可以预料到的是，右翼政府赢得了选举，并开始逮捕民族解放阵线和共产党的活跃分子。"我们不能再一次等着他们采取行动……我们要先下手为强。"新任希腊总理康斯坦丁·察尔扎里斯（Constantine Tsaldaris）的一位助手这样说。游击队又回到了他们抵抗德国时待过的山头。

战后的英国工党政府延续了丘吉尔的政策，支持希腊右翼，尽管其代价是英国难以承受的。支持希腊政府每年要花4000多万英镑，还不包括通过联合国善后救济总署花在救济希腊难民上的钱。德国占领时期，1943—1944年的大饥荒使得超过25万的希腊人被饿死。英国首相艾德礼及外交大臣贝文指望美国帮把手，美国也在1946年夏开始插手。不过，此时英国又背上了冷战的新负担。艾德礼被外交部的备忘录给淹没了，这些备忘录警告说，如果希腊转向共产主义，苏联人首先将扩张到土耳其，然后是威胁中东的原油供应。英国内阁中最热忱的反苏人士恩内斯特·贝文警告说英国的工业力量到时将倍受威胁。他说："我们的船只……我们工业的巨大动力……

---

7 安德烈·基洛利马托斯：《红色卫城，黑色恐怖：希腊内战与美苏对抗的起源（1943—1949）》，第144页。
8 艾沃·布拉那克（Ivo Branac）编、简·T.海杰斯（Jane T. Hedges）、狄默思·谢尔盖（Timothy D. Sergay）、伊丽娜·费安（Irina Faion）译：《格奥尔基·季米特洛夫日记》（The Diary fo George Dimitrov），波士顿（马萨诸塞）：耶鲁大学出版社，2003年，第396页。

这个国家的生活标准和工人们的薪资全都依赖所有这一切。"[9]

希腊共产党绝望地向莫斯科求救,他们派遣代表请求苏联在他们"积极反击,武装夺取政权"的过程中施与援手。莫洛托夫直接拒绝了他,说:"在当前的情势下,我们的希腊朋友不能指望我们会有积极干涉"。他给了希腊共产党一小笔钱和道义支持,但没什么实质东西。斯大林更不屑一顾,还想让其他巴尔干国家也不要支持希腊共产党,他认为,支持希腊共产党将引起苏联与西方的嫌隙。斯大林写信给新任保加利亚领导人格奥尔基·季米特洛夫(Georgi Dimitrov)说:"他们(希腊共产党)明显指望着红军一路直往爱琴海。我们不能这么做。我们不能派遣部队去希腊。希腊人做得太愚蠢了。"[10]

丘吉尔一直坚持认为苏联人遵守了"百分比协议":"斯大林严格、忠实地遵守了我们的协议……在雅典街头与共产党长达几个月的战斗期间,《真理报》(Pravda)和《消息报》(Izvestia)一句指责的话都没说。"1946年5月,丘吉尔告诉加拿大总理麦肯齐·金(Mackenzie King),说他与斯大林的百分比协议让他"在希腊忙着恢复和平。这导致大量希腊共产党员被杀。斯大林知道这点。至少持续了一个月……他从未说过一句话。他坚持了他做出的决定的真义"。[11]

然而,有一个国家想帮助希腊共产党,这就是南斯拉夫。南斯拉夫领导人铁托(Marshal Tito)给希腊人民解放军送去了许多武器和金钱,一方面是由于他想帮助急需支援的同志,另一方面也是为了表明他的独立自主路线,即他所说的"社会主义的国家路线"。20世纪30年代,铁托曾在莫斯科流亡数年,他在很多方面把自己比作克里姆林宫的斯大林。他已经建立起

9　贝文在工党大会上的讲话,1945年9月28日。
10　AVPRF 192. F. 44.277;《格奥尔基·季米特洛夫日记》,第366页。
11　温斯顿·丘吉尔:《胜利与悲剧》(*Triumph and Tragedy*),纽约:水手书屋(Mariner),1986年,第533页;与麦肯齐·金的话引自吉尔伯特:《丘吉尔的政治人生》,伦敦:皮姆利科出版社,2000年,第646页。

一支由凶狠的安特·兰科维奇（Ante Rankovic）领导的秘密警察部队，谋杀了数千名反对派人士。

斯大林不信任铁托，认为他太自私，他对贝利亚和莫洛托夫说，铁托"太野心勃勃，太热忱，太满腔热情"。尽管南斯拉夫从苏联和英国那里都得到了武器和金钱支助，但它是东欧独立解放的国家——没有用到苏军。铁托曾告诉自己的好友说，他对要听莫斯科的指手画脚很是愤恨，他也知道这些话会传回克里姆林宫。希腊战争开始几个月后，南斯拉夫公开宣称里亚斯特及其周边的数千名游击队员都归其所有，但是英国坚持这是意大利主权所有。铁托继续抗议，并且威胁要全面进攻。然而，苏联人命令他放弃对里亚斯特的所有权声明，铁托勉勉强强地同意了。不过，他难以掩饰自己的挫败感。他说自己不想当"大国政治中的小筹码"。同时，斯大林则认为铁托是贪心不足蛇吞象。

现在，斯大林指示南斯拉夫停止援助希腊。他告诉来自贝尔格莱德的两名官员——米洛凡·吉拉斯（Milovan Djilas）和爱德华·卡德尔（Edvard Kardelj），希腊的暴动"无论如何没有成功的可能。怎么，你们以为大英帝国和美国——世界上最强大的国家——会让你们打破他们在地中海的交通线吗？胡说八道。希腊的起义必须停止，而且要尽可能快。"[12]

然而，铁托公然反抗苏联，不仅继续向希腊左翼提供支援，而且还加强了援助力度，其后果严重。这是将在接下来的几十年里主宰东欧的引人注目的苏联-南斯拉夫分裂局势的第一缕迹象——也是在整个"社会主义阵营"中大规模的斯大林主义大清洗的伏笔。如同20世纪30年代苏联的"托派"一样，东欧的所谓铁托主义者被折磨、被无情打击。在希腊，内战要持续到1949年才结束，导致超过10万人死亡，大约100万人无家可归——而且，这个地区将一步步成为冷战中东方与西方冲突的前线。

---

12 米洛凡·吉拉斯：《与斯大林的谈话》，第197页。

第二十一章　幸存者

在他的家乡费城，厄尔·G.哈里森（Earl G. Harrison）是个出了名的冷静的人，古板沉闷，对细节和秩序孜孜以求。二战结束时，他时年46岁，是个"清瘦，方下巴，红头发"的律师，刚被任命为宾夕法尼亚大学法学院系主任。他是个虔诚的卫理公会教徒、滴酒不沾的共和党人，战争期间曾担任移民与归化局专员。他是个能干的管理人，尽管有点沉闷，保持谨言慎行、近乎无影无踪的形象。现在，人到中年，哈里森发现自己有宣传和行动的天分。厄尔·G.哈里森不是士兵，也不是思想家或发言人。然而，他在创建以色列国家中的作用不逊色于任何人。

20世纪30年代，哈里森不知疲倦地与基督教慈善团体一起共事，筹集资金帮助被驱逐的欧洲犹太人。战后，杜鲁门总统派遣他以及一个救济管理及医疗专家小组去查看德国和澳大利亚的犹太难民和集中营幸存者的状况。哈里森发回的爆炸性的报告以及他随后主持的调查委员会让美国政府深感羞辱，从而支持建立犹太人的国家——进而使得英美两国间的"特殊关系"紧张化。哈里森耸人听闻的报告也是美国国会为何花了这么久才批准梅纳德·凯恩斯（Maynard Keynes）主持谈判的至关重要的英美贷款的原因之一。

"就目前情况看，我们似乎如同纳粹那般对待犹太人，除了我们没对他们实行种族灭绝。"1945年初秋，哈里森这么说。他访问了贝尔森集中营，那里已经变成了英国监管下的一所医院，但里面的员工还是德国医生和

第二十一章 幸存者

护士。但是，他去贝尔根的时候，"带着魔窟般的毒气室和焚尸炉的建筑都被毁掉了"。正如这句话所显示的，尽管哈里森是个追求事实的人，但他的报告错误百出：贝尔根-贝尔森集中营根本没有毒气室。数千人在这里死于饥饿和虐待，但是这里不是灭绝营。情感诉求战胜了细节。他的报告继续写道："许多犹太人……（难民）生活在被各种带倒钩的铁栅栏围着的营地里，被警卫防守着……包括几个最臭名昭著的难民营……里面拥挤不堪，卫生条件堪忧，放任自流，除了偷偷摸摸地与外界交流，没有其他机会，他们等待着，希望有一些鼓舞他们的语言和一些代表他们利益的举措。"[1]

哈里森认为，美国应当接受犹太人是一个民族的看法——这个问题第一次在一份美国官方文件中如此直白地提出来。"这些人民的首要需求是承认他们作为犹太人的地位。"哈里森写道。与之相比的是，英国人自1917年的"贝尔福宣言"（Balfour Declaration）以来已经承认了锡安主义（即犹太复国主义）者的期望，但是用词模棱两可，它许诺要给犹太人一个"民族家园"。哈里森进而提出了一个建议，带给杜鲁门一个政治难题，也给自一战后一直托管巴勒斯坦的英国带来一个无解的困境。他说："……（我）建议立即向巴勒斯坦移民10万犹太人。"他一拍脑袋突然冒出来这么个数字。他向难民营里的一些犹太领导人讲过这话，回到美国后也对一些活动家们说过，但是他从未想过巴勒斯坦是否能"立即"吸收这么多人。他没对德国或巴勒斯坦的英国官员们说过，更不用说是阿拉伯人了，而阿拉伯人才是巴勒斯坦的主要人口，占其总数的近三分之一，而且他们激烈反对新的犹太人移居此地。然而，哈里森的报告很快被采纳并作为美国的政策，10万这

---

[1] 哈里森再一次错了。到这个时候，犹太人没有再被监禁起来。他们肯定可以在贝尔森随意进出，但是他们中很少有人离开。偶尔，确实有报道说他们被德国人辱骂、嘲笑，甚至吐痰。一个几乎丧生的年轻犹太人说他走到外面去时，德国人向他抱怨，说"我们只有一点点口粮，忍饥挨饿，你们却还有特别大餐"。

个数字成了支持锡安主义者事业的衡量标准。[2]

杜鲁门说他读到哈里森的报告时忍不住流泪了。不过,他的决定并非是出于感情而做出的。"巴勒斯坦……真正是个价值6.4万美元的问题。"他告诉助手说。美国国务院总体上对锡安主义和犹太移民持敌意态度。国务院官员们警告说如果将来美国想在中东发挥日益重要的影响力——这是美国显然的战后目标之一——美国应该回归阿拉伯人。阿拉伯人数量更多,力量更弱,更不团结,尽管他们一直以来比犹太人势力更大。美国公众总体上是支持锡安主义者的事业的,但远未达到后来那种几乎狂热的地步。[3]

杜鲁门的日记里充满了"犹太办事员""聪明的希伯来人"之类的用词,以及他特有的喜好——"罗森博格(Rosenberg,犹太人的常见姓氏)们可不会这么做"。杜鲁门即便不是整个锡安主义事业的支持者,也一直是犹太人向巴勒斯坦移民的温和支持者。当参议员时,他曾经投票反对在巴勒斯坦建立犹太人国家。现在,他接受了哈里森的建议,承诺美国将在代表犹太人利益上发挥更积极的作用,一方面是因为这是正当和正确的——"我觉得有义务帮助这些可怜的幸存的人们。"他告诉沙特阿拉伯国王伊本·沙特说。另一方面这也是政治上的权宜之策。对此,他很坦白地说:"我不得不答复数十万渴望锡安主义成功的人"。他还说:"我可没有数十万阿拉伯人选民。"1946年11月将举行中期选举(即美国总统大选结束两年后举行的选举,国会将在中期选举中改选,时间一般在11月份——译注),纽约州和宾夕法尼亚州将成为至关重要的争夺战场——当时,这两个州都是著名的摇摆州,而杜鲁门认为那里犹太人的选票举足轻重。"这不仅是个欧洲人的问题或巴勒斯坦人的问题。这是个美国人的问题。"[4]

2　FRUS:1945年第1卷,第455页。
3　迪安·艾奇逊:《创世亲历记》,第288页。
4　杜鲁门与沙特阿拉伯国王伊本·沙特的谈话,见FRUS:1945年第5卷,第388页;中期选举和国内政治问题见杜鲁门图书馆藏:杜鲁门日记,1945年10月24日。

第二十一章 幸存者

杜鲁门与美国公众同一个鼻孔出气。美国的态度中除了理想主义和"乐于助人的真诚"外，还有相当浓厚的实用主义的意味。美国的犹太人一直对锡安主义兴致不高，至少直到20世纪30年代中期纳粹掌权前是这样。30年代中期后，一些杰出的犹太人士转向了犹太复国事业。然而，到1946年，美国拥有世界上最大的犹太人社区。全美一共有450万犹太人，绝大部分是在城市——仅纽约市就有175万。

如在巴勒斯坦购置土地、帮助被迫害的犹太人移居巴勒斯坦的美国联合分配委员会（US Joint Distribution Committee）这样的大型救济慈善团体主要由美国资助。但是几乎没有美国犹太人愿意放弃美国公民权，前往锡安主义所设想的犹太人"民族家园"巴勒斯坦追求新生活。1936年到1946年，只有494名美国犹太人选择前往巴勒斯坦——这个比例是全世界包括苏联在内的所有犹太人社区中最低的。在美国，锡安主义的出现并非源于迫害；相反，是源于美国的援助。美国为犹太人的民族家园提供了最多的财政支持，但未招募过犹太人。

对许多非犹太人的美国人来说，他们呼吁大规模向巴勒斯坦移民即便不是伪善，其背后也确实有自身利益的考量。美国一直没有采取措施改变其严苛的移民条例，即便是在欧洲日见紧迫之时。19世纪末期有过数次向美国移民的浪潮，1904—1914年又有新一波的移民潮。但是，在大萧条期间，美国关闭了移民大门，即便在二战结束后，移民条例也没有更改。直到美国大兵被遣送并且复员找到工作后，这个状况才会有所转变。从1933年到1945年，有36.5万人被准许移民入美，但是只有25万人被划分为难民，这是在近一个世纪内的最低数字。尽管遭遇纳粹的迫害，但这12年里仅有16万犹太人移民美国。而即便是人口只有美国的五分之一、有关巴勒斯坦的政策常常被嘲弄的英国，在这12年间也给了20万犹太人难民身份。[5]

从牛津大学哲学教师转向左翼工党议员的理查德·克罗斯曼（Richard Crossman）毕生都是锡安主义、犹太人事业的支持者。他在1946年初访美期间，对美国的所见所闻很是吃惊：

> 普通美国人支持向巴勒斯坦移民是因为他不希望美国有更多的犹太人。通过高喊建立一个犹太人的国家，美国人能一举多得：他们攻击英帝国和英国的保护主义；他们在拥护一项道德事业，他们对这一事业的实现没有道德责任；最重要的是，美国的移民法是产生这一问题的原因之一，而他们正把注意力转移出去。我很生气……（在华盛顿）阿拉伯几乎完全被人忽视。只有极少数……在中东待过的美国人显示出他们对这一问题有所了解。其他的人似乎都不言而喻地认为，一旦犹太人向巴勒斯坦移民的法定权利确定了，就没什么其他要讨论的问题了……他们把阿拉伯人看作土著印第安人，是"天定命运"和进步的障碍……假若现代性和进步将要占上风，这些人就必须要被扔到一边去。[6]

这也是许多右翼英国人的一致看法。如前保守党外交大臣、战后英国驻美大使哈利法克斯爵士于1946年1月向伦敦报告说："普通美国公民不希望美国有更多的犹太人，他们通过提倡犹太人移民巴勒斯坦而抚慰自己的良心。"[7]

---

5 关于犹太人向巴勒斯坦移民问题，参见：汤姆·塞格夫（Tom Segev）：《一个巴勒斯坦：英国托管下的犹太人和阿拉伯人》（*One Palestine Complete, Jews and Arabs Under the British Mandate*），伦敦：阿巴卡斯（Abacus）出版社，2001年；戴维·本·古里安（David Ben Gurion）：《以色列：我的历史》（*Israel, A Personal History*），纽约：凡客和瓦格纳尔（Funk & Wagnalls）出版社，1971年；西蒙·塞巴·蒙特弗洛尔（Simon Sebag Montefiore）：《耶路撒冷传》（*Jerusalem: the Biography*），伦敦：威登菲尔和尼克尔森出版社，2011年。
6 理查德·克罗斯曼（Richard Crossman）：《巴勒斯坦使命》（*Palestine Mission*），伦敦：哈密什·哈密尔顿出版社，1947年，第68页。
7 引自：艾伦·布洛克：《恩内斯特·贝文：外交大臣（1945—1951）》，伦敦：海涅曼出版社，2002年，第498页。

第二十一章 幸存者

接到哈里森的报告后,杜鲁门很快就致电艾德礼,建议英国应"立刻"让10万犹太人移民到巴勒斯坦,并且说他会公开支持建立犹太人的家园。"如同我在波茨坦向你说过的一样,美国人民坚信向巴勒斯坦移民不应停止,被迫害的欧洲犹太人中应有合理数量的人……安置到那里去。"他没说明的一点是,在美国总统关于难民的特别指示中,美国人自己只允许12849名犹太人进入美国。[8]

艾德礼愤愤不平。他很快给杜鲁门回电,警告说"提出一个不考虑到中东的后果的数字将会严重伤害英美关系"。他还附了一封信,在信中,他反对把犹太难民区别对待,划到一个为特别的"走在队伍前头"的类别中,他认为,"在移民问题上,阿拉伯人的看法也应当像犹太人的看法那样被考虑在内"。杜鲁门立即在白宫新闻发布会上公布了艾德礼的回应。愤怒不已的艾德礼又拍了份电报回击。[9]

争吵暂时平息了。杜鲁门总统和艾德礼首相同意建立一个英美联合委员会来"了解欧洲的犹太人的情况,以及怎么解决这一问题"。尽管遭到部分英国人的反对,联合委员会主席还是由厄尔·哈里森担任了。1946年前三个月,委员会听取了来自德国、澳大利亚、伦敦、华盛顿和耶路撒冷的数百名证人的证词。1946年4月21日,哈里森在瑞士洛桑公开发表了他的建议。这些建议本质上与6个月前他曾得出的结论类似——即应向巴勒斯坦新移民10万犹太人,现在应建立一个自治、但并非完全独立的犹太人国家。阿拉伯人一开始就激烈反对这一计划;犹太人则将此视为谈判基础。但是,一周后,艾德礼拒绝了这一建议,还警告说,英国将对锡安主义者开辟的

8　杜鲁门图书馆藏:杜鲁门致阿特里函,1945年8月24日。
9　TNA: PREM 4105.57;杜鲁门和阿特里的讨论见伯纳德·沃瑟斯坦(Bernard Wasserstein):《英国在巴勒斯坦:托管政府与阿-犹矛盾(1917—1929)》(*The British in Palestine: The Mandatory Government and the Arab-Jewish Conflict 1917—1929*),牛津:牛津大学出版社,1974年,第307—310页。

将德国难民营中的犹太人偷渡到巴勒斯坦的"非法"移民路线采取严厉措施。犹太人游击组织应诺要继续战斗,迫使英国人离开,并保障犹太人的家园——以色列。正是这一系列小规模的冲突升级成了大规模的反恐战争——也突显了英国人在日不落帝国撤退的过程中是何等艰苦。[10]

巴勒斯坦的伊休夫(Yishuv,犹太人社区定居点)有47.5万犹太人,他们对难民营里的"幸存"的欧洲犹太人感情复杂。在耶路撒冷出生并长大的小说家阿莫斯·奥兹(Amos Oz)在描写他在巴勒斯坦成长经历的非凡自传《爱与黑暗的故事》(*A Tale of Love and Darkness*)里,这样解释说:

> 我们大体上带着同情和厌恶看待他们。他们是悲惨的可怜人,但在还有时间可以逃离时,他们却选择坐以待毙而不是到巴勒斯坦来,这难道是我们的错吗?为什么他们搞得如同待宰的羔羊,而不是组织起来,奋起反抗?要是他们能停止向我们唠叨别人在欧洲都对他们做了些什么就好了,因为这让他们——或我们丢脸。不管怎么说,在这里,我们要面向未来,而非过去。

战后最有影响力的锡安主义领导人大卫·本·古里安(David Ben Gurion)也同意这一看法。过去10年里,本·古里安一直是犹太事务局的主席,这个组织是英国官员建立起来的,主管教育等与犹太人相关的事务。奥兹回忆,本·古里安"个子矮矮胖胖,有点秃顶,一头如同先知般的银发",有着如同"具有远见卓识的农民"那样的意志力。他总是拒绝被动接受命运。他好斗、不安分,战争开始后不久,他说:"叫我反犹太分子吧,但是我必须要说……我们因为在德国、波兰发生的一切以及犹太人没有奋起

---

10 关于移民路线问题,见本尼·莫里斯(Benny Morris):《正义的受害者》(*Righteous Victims*),纽约:古籍出版社(Vintage),2001年;大卫·本·古里安:《以色列:我的历史》,纽约:凡客和瓦格纳尔出版社,1971年。

第二十一章 幸存者

反抗而倍感耻辱。我们反对这样的犹太人"。他的方法是"不祈求……祈求是拉比和女人的事",他宣称,"我们的方法"是通过不屈不挠的政治宣传来普及锡安主义。[11]

本·古里安出生于沙皇时代的波兰,1906年,他20岁,移居到当时还是奥斯曼帝国的一部分的巴勒斯坦。如同早期许多巴勒斯坦的先驱犹太人一样,古里安是个坚定的社会主义者,1915年,他因"左派分子和煽动锡安主义"而被奥斯曼土耳其帝国驱逐,直到一战期间英国占领巴勒斯坦后才得以返回故土。他为建立犹太人国家而奋斗了整整40年,现在,他正致力于犹太人建国最关键阶段的斗争。

二战期间,本·古里安担心到盟军胜利时,欧洲可能再也不会有犹太人了。不过,比他和其他一些犹太领导人预期的多得多的犹太人在浩劫中幸存下来了。20万人走出了集中营,尽管其中的两成在解放后数周内死亡。在东欧和中欧,共计超过30万犹太人逃脱了集中营——有325万犹太人的波兰有8万人逃脱了,还有17.5万匈牙利的犹太人以及其他地区的9万犹太人也成功逃离了。有些人隐姓埋名地生活起来,但是大部分成功地逃脱了纳粹的迫害并前往苏联。战后,苏联人鼓励他们离开苏联。他们为犹太人打开外流的大门——不过,只有犹太人能出去。波兰和东欧也同样盼着犹太人离开。数万人前往德国和澳大利亚,那里建有难民营。在经历了战争恐怖之后,很奇怪,仍然有许多犹太人想去德国。但是,没法阻止他们,在那里,他们感觉最安全。

本·古里安现在有了另一个关注点。他担心在难民营里待了这么久

---

11 对本·古里安的描述见阿莫斯·奥兹(Amos Oz)著、尼古拉斯·兰格(Nicholas de Lange)译:《爱与黑暗的故事》(*A Tale of Love and Darkness*),伦敦:古籍出版社(Vintage),2005年,第112页;本·古里安对反犹主义的论述见:本·古里安著:《本·古里安回忆录》(*Recollections: David Ben-Gurion*),伦敦:麦克唐纳(McDonald)出版社,1970年,第157—159页。

后，浩劫的幸存者不想在巴勒斯坦定居，而选择其他地方安家，这即便不在理论上也会在实际上削弱锡安主义者建立犹太人国家的事业。他对美国联合分配委员会即"联委会"花钱把难民们送往南美、加拿大、澳大利亚和美国感到愤愤不平。"我们不应该这么轻率地处理，"他告诉犹太事务局的助手说，"这不仅是对锡安主义也是对伊休夫的最大威胁。"[12]

古里安巡视各个难民营，鼓励难民们要相信犹太人的家园触手可及，浩劫使得这有可能，而且只要有足够多的犹太人为之鼓动，它很快就能成为现实。不过，要让他们信服并不总是那么容易，他在日记中吐露说："战胜他们的心理的道路漫长而艰难"[13]。

作为一个现实主义者，本·古里安承认他需要利用犹太难民作为反对英国的武器。许多人认为他愤世嫉俗，他的支持者认为他注重实际。他在战争期间曾说过"我们希望希特勒被摧毁，但是只要他还存在，我们就能……为了巴勒斯坦的利益而利用他"。现在，他再次重申这一点。"他们……（犹太难民）……幸存者必须成为一项政治因素。在前面的斗争中，我们主要有三股力量：伊休夫及其势力、美国、德国的难民。锡安主义的功用不在于帮助幸存者们在欧洲生存，而是要为了犹太人和伊休夫的利益而拯救他们。美籍犹太人和难民在这一拯救行动中有着独特地位。"[14]

他在犹太事务局向助手吐露心声说："灾难……如若能带来创造力，它就是一种力量……锡安主义的整个诀窍是它知道怎么不把我们的灾难引向依赖或退化——如同流离在外的犹太人的例子中那样，而是将它引导成创造力和发展的源泉。"[15]

12　本·古里安的话引自塞格夫：《一个巴勒斯坦：英国托管下的犹太人和阿拉伯人》，第364页；有关本·古里安的政治观点，参见西蒙·皮尔斯（Shimon Peres）：《本·古里安的政治生活》（Ben Gurion: A Political Life），肖肯（Shocken）出版社，2011年。
13　本·古里安：《本·古里安回忆录》，第214页。
14　本·古里安：《本·古里安回忆录》，第230页。
15　塞格夫：《一个巴勒斯坦：英国托管下的犹太人和阿拉伯人》，第388页。

第二十一章 幸存者

本·古里安认为向英国施压的最好方式是鼓励尽可能多的来自东欧的犹太人前往德国的美占区难民营。他在巡游难民营时，每次都或多或少要做同样的"政治演说"。"美国人知道他们不会永远待在慕尼黑"，他说，"你们唯一能去的地方……是巴勒斯坦，而且，这样……你们将给美国带来压力。"他告诉犹太人："尽快地把难民带过来……这将是美国人要求犹太人向巴勒斯坦移民的主要因素。如果我们能集中起来，在美占区的犹太人达到25万多的话，这将增加美国对英国施加的压力，不是因为经济问题——这对他们没什么用——而是因为除了巴勒斯坦，他们看不到犹太人在任何其他地方有其他未来。"[16]

本·古里安还身处另一场艰难的战斗之中——犹太人内部的权力斗争。锡安主义内部一直存在着分裂和分歧，但是数十年来，锡安主义最杰出的人物、最知名的领导人是哈伊姆·魏茨曼（Chaim Weizmann）。魏茨曼是个政治巨人，受到犹太人和非犹太人的广泛尊敬。他的风格是宽容大度，经常利用他在英国和其他地方与上层的各种关系为其行事寻求便利。在数十年的时间里，他带领犹太人进行的复国事业取得的进展远远超过了19世纪锡安主义奠基者们的想象。他的个人外交手腕、巨大的个人魅力和狡黠的心智在"贝尔福宣言"的通过中比其他任何东西起的作用都大。

在魏茨曼的领导下，巴勒斯坦的犹太人数量在英国托管期间增加了将近10倍，从屈指可数到将近占巴勒斯坦人口的三分之一。犹太人获得了将近六分之一的土地，建立起一个繁华的城市特拉维夫和许多个繁荣的村庄，以及吸引了全世界的理想主义者和社会主义者的锡安主义的独特农业聚居点——基布兹（Kibbutz）。

不过，现在魏茨曼已经72岁了，身体欠佳。新一代的人希望有一个政

---

16 塞格夫：《一个巴勒斯坦：英国托管下的犹太人和阿拉伯人》，第396页。

治风格更富有生机和积极主动的领导人——野心勃勃的本·古里安挺身而出。本·古里安认为元老魏茨曼对英国上层太过亲切、太宽容，总的来说是太得体了，无法应对将要到来的战斗。魏茨曼反对用任何暴力形式将英国赶出巴勒斯坦。本·古里安公开同意这一点，但实际上却与恐怖主义组织保持联系，并说犹太人有权利保护自己。

魏茨曼犯了个政治错误，他现身于哈里森委员会，并坦白地告诉他说："问题不在于对与错，而在于不公平程度的大与小。不公正是难以避免的……你必须要决定是对阿拉伯人不公平更好一点还是对犹太人不公平更好一些"。这是一种也许在1920年的伦敦晚餐桌上呼吁过的科学的、超然的讨论，然而，它似乎已经跟不上战后更激进的锡安主义情绪了。而且，它引起了伊休夫的犹太人的警觉。[17]

古里安和魏茨曼两人之间的不合变成了人身攻击。本·古里安嘲弄魏茨曼的谄媚和"软弱"，说魏茨曼恋栈太久。后来，他在数百页的回忆录中仅仅提到两次魏茨曼——有一次只是形容他看起来像列宁。老先生魏茨曼虽然后来后悔了，但他一度指责本·古里安"举止如同德国元首"，"有法西斯的倾向，妄自尊大，还有政治歇斯底里症"。到1946年末，惹人厌的本·古里安把魏茨曼从当了多年的世界锡安主义大会会长的位子上赶下台。元老魏茨曼成了生活在过去的荣耀名声里的边缘人物。[18]

巴勒斯坦的阿拉伯人的领导层就没这么幸运了。他们既没有魏茨曼式的人物来讨论他们的问题，也没有本·古里安这样有政治和组织天分的人物

---

[17] 关于魏茨曼的传记，最好的作者是诺曼·罗斯（Norman Rose）。见：诺曼·罗斯：《魏茨曼传》（*Weizmann: A Biogrphy*），伦敦：维京出版社，1986年；魏茨曼的自传见魏茨曼：《磨炼与谬误》（*Trial and Error*），哈密什·哈密尔顿出版社，1949年。另外，了解魏茨曼还有必不可少的资料来源，见巴内特·利特维诺夫（Barnet Litvinov）和伯纳德·沃瑟斯坦（Bernard Wasserstein）编：《魏茨曼文集和书信集》，罗格斯大学出版社，1968—1980年。

[18] 本·古里安：《本·古里安回忆录》，第108、231页；巴内特·利特维诺夫、伯纳德·沃瑟斯坦编：《魏茨曼文集和书信集》第三卷，第708页。

第二十一章 幸存者

来动员他们的力量。他们大部分都是苦哈哈的农民。在奥斯曼帝国时代，少数拥有土地的富人家族如侯赛因家族、纳沙希比家族、阿拉米家族、达贾尼家族等和一些贝都因部落元老们掌握着当地权力，他们维持着半封建形式，数个世纪保持原样。后来，英国人来了，但仍旧没什么变化。巴勒斯坦的阿拉伯人很少建立各种组织机构。比如，20世纪20年代，犹太人已经建立了锡安主义者规划的重要组织——商会，本·古里安曾经好几年都是商会活跃人士。商会帮助犹太工人就工资问题激烈地讨价还价。结果是即使是在阿拉伯人和犹太人共事的一些地方——比如特拉维夫或其他地方的建筑工作中，阿拉伯人的工资整体上比他们的犹太人同行要少三分之一。甚至当雇主是阿拉伯人时也一样。在从教育到卫生等各种服务业中，情况同样如此。犹太事务局组织相当高效，但阿拉伯人并没有同类组织。

在巴勒斯坦的犹太人为数还微乎其微时，阿拉伯人与犹太人社区间就时有摩擦。偶尔还会发生冲突，但是整体上，他们都同样贫穷，各自区隔生活。只要他们不干预政治，奥斯曼土耳其帝国对两类群体都听之任之。英国人控制耶路撒冷时，巴勒斯坦大概有5万犹太人，还不到总人口的10%。英国托管巴勒斯坦后，犹太人移民立即攀升，阿拉伯人认为这是对他们的威胁，真正的冲突出现了。许多人立即意识到了其后果。早在1919年，本·古里安就说过："人人都将此看作是阿拉伯人与犹太人的问题。但没人意识到这是无解之题"。在英国托管巴勒斯坦的整整四分之一个世纪中，无数驻巴勒斯坦的英国官兵的日记和信件都在叙说同样的事情。后来的英雄"蒙蒂"——20世纪30年代驻巴勒斯坦的年轻将领伯纳德·蒙哥马利（Bernard Montgomery）在一封写给家人的信中说："犹太人杀阿拉伯人，阿拉伯人杀犹太人。这就是现在巴勒斯坦发生的事。而且，这种情况十有八九还要持续个50年。"[19]

阿拉伯领导人一直把移民视为他们的最大委屈。随着法西斯势力的推进，从1929年到1939年，巴勒斯坦增加了超过25万新居民，而且几乎所有人都来自东欧。一旦土地转手，阿拉伯佃农就被驱逐。零星的反犹暴动变得更普遍，尽管为数仍然不多。这些暴动几乎总是因移民、土地买卖和新犹太居民而引发的。然而，卖地给犹太人的正是阿拉伯人：从1920年起，无论来自美国和西方其他地方的捐助有多么慷慨，巴勒斯坦等着卖的土地远远超过了锡安主义运动能买得起的程度。

有时候，卖地的是住在巴勒斯坦之外的阿拉伯人，但由当地的土地代理人负责交易。不过，常常秘密做卖地交易的是一些知名阿拉伯领导人及发言人。在一系列反移民的暴动中，锡安主义组织泄露了卖地给犹太人的阿拉伯人的名单，为首的正是部分巴勒斯坦的阿拉伯权贵。其中包括前耶路撒冷市长、阿拉伯民族主义运动领导人卡西姆·侯赛因（Kasim al-Husseini）以及耶路撒冷最富有、最有权势的人物之一拉吉卜·纳沙希比（Ragheb al-Nashasibi）。这些自诩的爱国者在雅法（Jaffa）和加沙（Gaza）把土地卖给犹太人。巴勒斯坦最有影响力的阿拉伯人之一、将在哈里森委员会中代表阿拉伯人的穆沙·阿拉米（Musa Aalami）把贝特锡安山谷（Beit She'an Valley）的一块地卖给锡安主义者，犹太人把这里建设成了以正统派拉比命名的基布兹样板——提拉兹维基布兹（Tirat Zvi Kibbutz）。[20]

---

19 蒙哥马利致康诺（Connor）信，引自塞格夫：《一个巴勒斯坦：英国托管下的犹太人和阿拉伯人》，第332页。
20 土地所有问题参见如下著作：西蒙·塞巴·蒙特弗洛尔：《耶路撒冷传》，第440—460页；塞格夫：《一个巴勒斯坦：英国托管下的犹太人和阿拉伯人》，第330—336页；乔治·安东尼乌斯（George Antonius）：《阿拉伯觉醒：阿拉伯民族运动》（The Arab Awakening: The Story of the Arab National Movement），克甘·鲍尔（Kegan Paul）出版社，2000年；拉希德·哈立迪（Rashid Khalidi）：《铁笼：巴勒斯坦为争取国家地位的斗争》（The Iron Cage, The Story of the Palestinian Struggle for Statehood），灯塔（Beacon）出版社，2007年；拉希德·哈立迪：《巴勒斯坦人认同：现代民族意识的建立》（Palestinian Identity: The Construction of Modern National Consciousness），1998年；莫里斯：《正义的受害者》，第126—134页。

第二十一章 幸存者

巴勒斯坦的阿拉伯人从来都不团结，而且由无能的耶路撒冷穆夫提哈吉·阿明·侯赛因（Haj Amin al-Husseini）接管后，领导层四分五裂。哈吉的领导是场灾难，他把巴勒斯坦人的事业从20世纪30年代中期失败的反英起义转向了与希特勒合作，最终，又在以色列建国后的巴以战争中耻辱地惨败。巴勒斯坦人不能把命运交给不可靠的人。一些有识之士提出了强有力的例证，但是极端主义者的意见占了上风，压倒了他们。

阿拉伯人感到愤怒和挫败，他们深信英国人背叛了他们，站在了锡安主义这一边，并因而开始了暴力叛乱。叛乱爆发于1936年，以阿拉伯人攻击犹太人为开端，但很快扩大为谋杀英国警察和士兵。蒙哥马利将军残忍地、但也很容易地镇压了叛乱。整个整个的村庄在反恐行动中受到惩罚。将近120名阿拉伯人在游击式冲突中被杀，9000人被关入监牢。包括7-13岁男孩在内的许多人受到当时的标准式责罚：鞭刑。超过30名阿拉伯人被绞死。

然而不久之后，由于战争的临近，巴勒斯坦的阿拉伯人得到了一些他们想要的东西。张伯伦政府意识到在即将来临的与德国的斗争中，英国人在中东其他地方将需要阿拉伯人的支持，因而改变了方针。至少殖民大臣马尔科姆·麦克唐纳（Malcolm MacDonald）曾坦诚地说："如果我们要得罪一方，那我们就得罪犹太人而别得罪阿拉伯人吧。"英国政府通过了新的限制向巴勒斯坦移民的法律，限定每年只能移民1.25万人，并且禁止售卖土地给犹太人组织。锡安主义者因而暴怒不已。二战爆发前，犹太恐怖主义分子发起了第一次反英、反阿拉伯行动，他们在耶路撒冷的咖啡馆里谋杀警察、英国士兵和阿拉伯人，造成大约130人死亡。[21]

二战期间，大部分锡安主义者顺理成章地支持英国——数万人加入了

---

21 麦克唐纳的话引自伯纳德·沃瑟斯坦：《英国在巴勒斯坦：托管政府与阿-犹矛盾（1917—1929）》，第248页。

英军中的犹太旅及犹太事务局自己的抵抗组织哈迦拿卫队（Haganah）。但是阿拉伯人除了少数人加入了柏林的穆夫提试图让希特勒支持进攻巴勒斯坦却以失败告终外，大部分人持中立态度。

大屠杀发生后，尽管阿拉伯人和英国人未能预见到，但一切为之一变。英国人设想他们仍能一切照旧，保持着日不落帝国的地位。英国政府认为，这意味着英国要保持它在中东的传统作用和角色，而控制巴勒斯坦至关重要。阿拉伯人没料到由美国人主导并得到苏联人支持的世界舆论会保证为犹太人建立家园。

巴勒斯坦人可以强力论证他们的反对意见。1946年，历史学家乔治·安东尼乌斯（George Antonius）在哈里森委员会做了激情洋溢的陈述。他说："我们所有人都同情犹太人的遭遇，也震惊于基督教国家对他们的迫害。但是，你们能指望巴勒斯坦的穆斯林能比基督的追随者们更'基督'、更人道主义一些吗？在德国、波兰、罗马尼亚等地方发生了迫害犹太人事件后，难道我们（巴勒斯坦人）为了补偿你们的所作所为而不得不遭难？……德国及其他欧洲国家的犹太人所遭受的苦难是那些始作俑者及现代文明的耻辱。解决被从德国驱逐出去的犹太人的办法不应该是把阿拉伯人从巴勒斯坦赶出去。"然而，世界未能倾听他的呼声。[22]

英国的困境完全是自作自受。英国人向阿拉伯人和犹太人这两个不同的群体做了即便不是一样的也是类似的承诺，还盼着他们都不会注意到，也不会抱怨。正是一位英国官员首创了一句流行语："巴勒斯坦：两度应许之地（Palestine: the twice-promised land）。"（巴勒斯坦一直被称为"应许之地"，即promised land）作家阿瑟·库斯勒（Arthur Koestler）在大半生里都是一个热忱的锡安主义者，但是他看到了英国此举的道义陷

---

22 英美调查委员会关于欧洲的犹太人和巴勒斯坦问题的报告，见Cmd6808。

第二十一章 幸存者

阱,他说:"这是一个国家将另一个国家的土地许诺给第三方——一个完全不可能实现的念头"。关于英国发布"贝尔福宣言"到底是故意地还是只是大意地搞这种两面手法,已经有不少论著进行过探讨。这一宣言说"大英政府赞成在巴勒斯坦建立犹太人民的民族家园",然而同时它又给阿拉伯人鼓劲,让他们相信他们可以脱离奥斯曼帝国,获得独立。无论有意还是无意,其结果和影响都是一样的。如同哈伊姆·魏茨曼所说:"英国人在愚弄阿拉伯人,愚弄犹太人,同时也在愚弄他们自己。"[23]

当时的一大假象是英国人认为巴勒斯坦对英国有重要战略意义。一战期间,头号帝国主义者基奇纳(Kitchener)勋爵曾告诉首相劳合·乔治(Lloyd George):"巴勒斯坦对我们几乎没什么重要意义。"1923年,当时英国毫无从印度或埃及撤退的想法,一个军事专家小组总结说控制巴勒斯坦没什么价值。英国总参谋长、陆军元帅、卡文伯爵弗里德里克·兰巴特(Frederick Lambart)说:"假如我们为了将外国机场限制在距离我们领土的安全范围外而在日益广阔的地表占领一个要塞,那么我们就得马上占领大半个世界。"他指出,占领巴勒斯坦的"道义价值远大于军事价值"。英国人在"圣地"巴勒斯坦尤其是耶路撒冷掌握控制权是一种理念、象征,因为这是3000年来他们第一次成为这里的征服者。[24]

二战结束后,英国工党政府仍抱着日不落帝国的幻想。副首相赫伯特·莫里森(Herbert Morrison)在1946年初递交给内阁的一份报告中说,为了帝国的利益,与阿拉伯人保持良好关系至关重要:

---

23 罗伯特·格雷夫斯(Robert Graves)将"贝尔福宣言"形容为一个对作家和外交官们极其有用的把戏的"经典案例"。他写道:"一个作者如果希望能完全、准确地被读者理解,就必须制定和遵守一定的文学准则……诚然,他也许不总是希望被这般理解……那么,他可以故意用英语中各种语义宽泛的短语做许多文章。"

库斯勒的话引自亚瑟·库斯勒:《许诺与实现:巴勒斯坦史(1917—1949)》(Promise and Fulfilment: Palestine 1917—1949),纽约:拉梅奇(Ramage)出版社,2007年;《魏茨曼文集和书信集》第三卷,第469页。

24 塞格夫:《一个巴勒斯坦:英国托管下的犹太人和阿拉伯人》,第213页。

比起肯定会在整个中东地区的阿拉伯人中以及可能在印度的穆斯林中引发的广泛动荡，选择让巴勒斯坦的犹太人的麻烦局部化要有利得多……中东是对英帝国极其重要的一个地区。它构成了连接英国与印度、澳大利亚和远东的交通体系中的海、陆、空交点。同时，它还是帝国的主要油储地。阿拉伯国家对英国任何决定的看法……都是头等大事。因此，保护我们的至要利益将取决于我们能获得的与这些独立国家的合作。不幸的是，在阿拉伯人看来，巴勒斯坦的未来将遭遇极大阻碍。……强行推行任何他们反对的，尤其是将让我们受到背信弃义的指责的政策都将严重破坏我们的立场，不仅会导致广泛的动乱……还会导致帝国利益所依赖的合作的取消。[25]

这是一个已经过时得可能要作为备忘录送给索尔兹伯里（Salisbury）勋爵（英国保守党领袖，1885—1886年、1886—1892年、1895—1902年任英国首相——译注）的报告。然而，对艾德礼政府来说，阻止犹太人前往巴勒斯坦的理由似乎无法反驳。

本·古里安及他身边的社会主义者觉得被英国人背弃了。英国工党长期支持锡安主义，而且反复声明其对"贝尔福宣言"的支持。英国的工人运动与巴勒斯坦的工会及全世界的左派一直保持着紧密联系。

1944年，工党大会提出一个解决办法："'犹太人民族家园'肯定既无希望也无意义，除非如果犹太人希望的话，我们打算让犹太人大量涌入这片方寸之地，成为多数。战前，我们有这么做的强有力的理由。……现在，在纳粹打算要杀害欧洲的所有犹太人的难以名状的暴行之后，我们有了这么做的不可抗的理由"。

在1945年大选前几周，如果工党获胜，当时最受欢迎有望成为外交大臣的休·道尔顿（Hugh Dalton）宣称："对任何现在想进入巴勒斯坦的犹

25　引自艾伦·布洛克：《恩内斯特·贝文：外交大臣（1945—1951）》，第715页。

太人设置障碍在道德上是错误的，政治上是站不住脚的。我们认为应该允许犹太人无需顾及目前的禁忌向巴勒斯坦移民……这不是一件单单英国应承担责任的事……英、美、苏政府间应当密切协议和合作，这是必不可少的。英国应采取措施与美苏两国政府进行磋商，看看能否取得他们对我们在巴勒斯坦建立一个幸福、自由和繁荣的犹太国家的政策的一致支持"。他在别的场合对工党同僚明确表示："从今往后应该再也没有所谓的非法犹太移民问题是我们的固有政策"。[26]

但是，一旦上台执政后，工党领导层的想法立即变了。英国在巴勒斯坦的失败主要被归咎到了外交大臣恩内斯特·贝文身上。1946年，贝文时年66岁，他体型像头熊，是工党历史上的伟大人物之一，艾德礼说他"在许多方面都是个巨人"。作为英国运输总工会（Transport and General Workers Union）的创建者，贝文是英国历史上权势最盛的工会领导人。他是个真正的工人阶级英雄，但从不乏味——"乏味"是英国中产阶级能想到的形容一个人的最严重的侮辱之词。他手下最有教养的公务员之一的尼科·亨德森（Nico Henderson）说："伦敦码头工人和国王都同样喜欢他。"他胃口超好，烟瘾超大，还常常饮酒过量，身患心脏病、肾病、肝病和急性鼻窦炎。1943年，医生说："他身体没一个部件是完好的——他随时可能爆发心脏病"。[27]

贝文脾气急躁，而且特别享受与其工党同僚间的宿怨。但是他的声誉很大部分在于他是个温和的、有创造力的、负责的左派人物。二战期间，贝文担任劳工大臣，丘吉尔认为他是联合政府中最有能力的大臣。他也被公认

26　本尼·莫里斯：《正义的受害者》，第186页。
27　不过贝文很有幽默感。有人评价他的竞争对手赫伯特·莫里森（Herbert Morrison）时说："可怜的赫伯特……他最大的敌人就是他自己。"贝文回嘴道："只要我还活着，他就不是。"见艾伦·布洛克：《恩内斯特·贝文：外交大臣（1945—1951）》，第468—488页。

为是二战后最有影响力和最成功的外交大臣，除了中东问题外，在大部分事情上，他都是正确的。有些锡安主义者指责他是个反犹分子。这种指责既不真实也不公平。二战初期，哈伊姆·魏茨曼写信给巴勒斯坦的友人，说："英国基本上没人比贝文更理解犹太事务局的问题，也没人比他更愿意倾听他们的心声"。是帝国愚行而非反犹主义使得贝文在巴勒斯坦问题上存在盲点。但是，并非只有他存在这一盲点。艾德礼及其他人同样有过错。[28]

他们确信有办法说服德国难民营的犹太人回到东欧。贝文说，他"强烈地感到如果犹太人不能待在他们对其重建起至关重要的作用的欧洲大陆，那么打这场战争毫无意义"。他手下的官员向魏茨曼表明了这一点，认为接受哈里森报告的观点是"承认对犹太人民来说欧洲没有未来。在欧洲的情况仍然一团混乱，纳粹刻意培植的反犹政策的影响尚未清除的时候，接受这一看法是自暴自弃、错误的。……承认欧洲没有犹太人的容身之地有些过火了。我们的任务无疑是为他们创造各种能让他们感到回家是自然而然的和正确的条件，而不是承认在现阶段不可能创造这样的条件"。

然而，这些官员们从未想过解决的一个问题是：在波兰、匈牙利和罗马尼亚等国家被苏联占领并且其人民希望犹太人离开的境况下，英国人如何能够创造这些条件？[29]

查尔斯国王街（英国外交部所在地——译注）的许多英国外交官们知道这有多么不切实际，也意识到锡安主义对犹太难民和集体朝着德国难民营前进的东欧犹太人有强大吸引力。英国驻波兰大使维克多·卡文迪许-本廷克（Victor Cavendish-Bentinck）在一份电报中以一种非常规外交式冷静的强烈口吻指出了这一点。他说，幸存的波兰犹太人"只不过是不希望再继续生活在一个对他们来说是巨大坟墓的地方"。[30]

---

28 《魏茨曼文集和书信集》第三卷，第378页。
29 艾伦·布洛克：《恩内斯特·贝文：外交大臣（1945—1951）》，第695—696页。
30 卡文迪许-本廷克致贝文，1945年9月30日，见TNA：FO1027.305。

第二十一章 幸存者

贝文与锡安主义者的大多数冲突在于恐怖主义问题。就在哈里森委员会公开其报告前夕,英国情报机构从犹太事务局驻伦敦办公室和哈迦拿领导人摩西·斯奈(Moshe Sneh)那里截获了一份情报,情报显示出游击队与犹太事务局之间有密切联系。贝文向魏茨曼出示了证据,非常愤怒地说:"你是要强人所难吗?如果你想打仗的话,就来吧"。魏茨曼从未就此原谅贝文。

几周后,海法的一个炼油厂发生了爆炸。贝文召唤魏茨曼,说这一事件相当于对英国的"宣战书"。如果他们想发动战争,他们应当开诚布公,英国将放弃和平解决问题的努力。"我们不会在暴力威胁下谈判协商。我不能容忍英国士兵被杀。他们是无辜的。"当魏茨曼指出数百万犹太人被屠杀,还有数百万人在难民营里受苦时,贝文回答说:"我也不希望任何犹太人被杀。但是我热爱英国士兵。他们是我所在的阶级的一部分。他们都是工人。这是个非常难的问题"。[31]

到1946年,本·古里安的主要竞争对手是很晚才移居巴勒斯坦的另一个波兰籍犹太人梅纳赫姆·贝京(Menachem Begin)。贝京1913年出生于布雷斯特-立托夫斯克,此时本·古里安已经在巴勒斯坦生活了7年,而且成为奥斯曼帝国统治下的一名活跃的民族主义政治家。二战初期,在波兰被苏联和德国瓜分后,贝京被贝利亚控制的内务人民委员部(NKVD)作为英国间谍嫌疑犯逮捕,并且被遣送到古拉格。他后来曾开玩笑说:"做英国特工?"很快他就被英国警方以最高奖金悬赏捉拿。[32]

1941年,贝京被释放,次年,他前往巴勒斯坦。在波兰,他是雅博廷斯基为犹太卫队创建的贝塔尔运动(Betar Movement,犹太复国主义中修

---

31 艾伦·布洛克:《恩内斯特·贝文:外交大臣(1945—1951)》,第537—538页;伯纳德·沃瑟斯坦:《英国在巴勒斯坦:托管政府与阿-犹矛盾(1917—1929)》,第301页。
32 梅纳赫姆·贝京(Menachem Begin):《反抗》(*Revolt*),伦敦:未来出版社(Futura),1980年,第103页。

正派的青年运动——译注）的成员，但是一到巴勒斯坦，他在政治上立即变得更极端和虔诚。他个子矮小、结实，举止优雅，动作精准，据1948年采访过他的阿瑟·库斯勒形容，他"双手绵软，很不安分，头发稀疏，嘴唇温润"。他戴着无框眼镜，看上去更像个银行职员，而非暴力革命家。他坚信要"赎回土地"、发动"反对那些占领了我们祖先的土地的人的解放战争"。[33]

1944年，贝京成了埃泽尔（Etzel，犹太右翼复国主义军事恐怖组织——译注）——更常以伊尔贡（Irgun）之名为世人周知的领导人。伊尔贡大概有600名成员，它起初是反击攻击犹太人的阿拉伯人的自卫组织。如同犹太事务局有自己的武装力量——有2万人的强大的哈迦拿和帕尔玛奇一样，伊尔贡的特种部队有1000名训练有素的成员，在二战期间，它站在了英国这边。不过，亚伯拉罕·斯特恩（Abraham Stern）率领一小派人从中分裂出去了。在斯特恩被英国警察杀掉后，这些人形成了一个更为极端的竞争派别——莱希（Lehi），在英国，他们被称为"斯特恩帮"。

当盟国显然将赢得战争时，贝京改变了策略。1944年初，英国人称之为"组织"的伊尔贡提出了一份"战斗到底的宣言"。宣言书的顶端是该组织的标识：一份抵达伊拉克边界的巴勒斯坦地图加上一把枪。贝京希望通过控制耶路撒冷的哭墙公开叛乱，但计划未能奏效。相反，伊尔贡杀掉了一名路经耶路撒冷的英国警官。贝京不停地变换住处，很少在同一个地方两次就寝，常常在精心伪装下活动。对他的悬赏高达1万英镑。

伊尔贡和莱希策划了两次针对英国驻巴勒斯坦高级官员哈罗德·麦可迈克尔（Harold MacMichael）的暗杀行动，攻击了耶路撒冷的警察局；谋杀了丘吉尔的老朋友沃尔特·吉尼斯（Walter Guinness）即莫恩勋爵，洗

---

[33] 西蒙·塞巴·蒙特弗洛尔：《耶路撒冷传》，第462页。

第二十一章 幸存者

劫了英国的弹药库。

本·古里安常常谴责暴力行为。当一名伊尔贡战士被绞死时，他没有将其追认为烈士。"这不是追悼日，而是羞耻日"，他说，"我并不为一个犹太人在巴勒斯坦被绞死而震惊。我为导致这一事件的所作所为而感到羞耻"。但是，他仍然继续公开保持着与恐怖主义组织的联系，并且从未彻底否认它们。[34]

战争结束时，英国试图暂停欧洲移民，本·古里安、贝京和莱希一起加入了一个联合抵抗指挥部，将犹太人偷渡到英国。随后，英国海军登上了一艘载有集中营幸存者的船只，并将他们遣送回德国。在船上的混战中，3名犹太人身亡。

对此，哈迦拿和帕尔玛奇只是组织起布里察（Bricha，意为逃脱）这一从德国到巴勒斯坦的地下偷渡路线，但是其他的小团体却继续攻击英国士兵和警察，杀掉了数十人。1946年6月初，艾德礼派遣"蒙蒂"——陆军元帅、阿拉曼子爵蒙哥马利担任英国驻巴勒斯坦部队的指挥官。作为英军总参谋长的蒙哥马利被英国在巴勒斯坦的立场给激怒了。他告诉艾德礼，英国政府已经失去了对巴勒斯坦的控制，"胜利者是犹太人，他们正告诉英国当局'别惹我们'，局势不能再这么继续下去了"。他还说，英国在巴勒斯坦有10万大军，他们"束手束脚……平均每天有两人伤亡。倘若我们不打算在巴勒斯坦维持法律和秩序，那么不如撤走了事"。但是英国政府不能也不会赞同他。[35]

蒙哥马利提出了一个可以迅速终止暴动的计划。6月29日，星期六，他的副指挥官"泡泡"艾弗林·巴克（Evelyn Barker）将军下令对锡安主

34　塞格夫：《一个巴勒斯坦：英国托管下的犹太人和阿拉伯人》，第436页。
35　伯纳德·蒙哥马利（Bernard Montgomery）：《陆军元帅蒙哥马利回忆录》（*The Memoirs of Field Marshal Montgomery of Alamein*），伦敦：柯林斯出版社，1958年。

义者展开全面攻击。他逮捕了3000名犹太人，但本·古里安逃脱了——他当时正在巴黎，贝京四处躲藏，无法露面。许多人被关押在耶路撒冷的俄式堡垒里，锡安主义者给这里取了个"安全地带"（Bevingrad）的绰号。巴克称此次攻击为"阿加莎行动"，锡安主义者称之为"黑色安息日"。贝京加入了莱希，准备展开特别报复行动。报复将很快来临，而且极为血腥——它也将成为以色列诞生的决定性时刻。

第二十二章 "犹太布尔什维克阴谋"——血祭诽谤

1946年7月1日,一个年仅8岁的男孩亨里克·布瓦什奇克从他在凯尔采的家里失踪了,凯尔采当时是波兰中部一个大约有13万人口的大城镇。那天上午,他和几个朋友搭顺风车去了20公里外的一个村子,他们一家曾经在那里生活过。他记得以前邻居家的花园里有鲜美的樱桃,他挺想再尝一尝。当天晚上,他没有回家,惊慌失措的父母去警察局报告了他的失踪。两天后即7月3日的下午7点左右,他现身了,带着满满一篮子水果。那天晚上的晚些时候,亨里克和父亲瓦蓝迪·布瓦什奇克去了附近的警察局,告诉值班警官说孩子被犹太人诱拐并被关到了一个地下室,但后来孩子设法逃脱了。父亲不知不觉喝伏特加喝高了,警察并不完全相信孩子说的话,让他们回家,第二天上午再去做个完整的陈述。

第二天,即7月4日早晨,在前往警察局的路上,孩子和他的父母经过了一栋建筑——位于凯尔采的普兰迪大街7号的犹太人委员会总部。在大楼门外,亨里克指着一个带着绿色帽子的中年男人,声称他就是那个抓走他的人,其他孩子也被关在这栋大楼里面了。几分钟后,警察赶到普兰迪大街,逮捕了亨里克指认的绑架者卡尔曼·辛格(Kalman Singer)。他们对他进行殴打刑讯。更多的警察冲进了这栋楼,但是,楼里根本没有地下室,他们没找到其他孩子。亨里克因为不想告诉父母他那一天半的行踪而一直撒谎。警察狠狠地教训了孩子一顿。辛格被释放。

然而,为时已晚。后果已经造成。犹太人绑架了"一个基督教的孩子"的消息在整个凯尔采不胫而走。愤怒的民众包围了犹太人委员会，准备向地下室发起冲击，解救那些被认为正等着被献祭的孩子——根据数百年来的传说，犹太人用基督教儿童的血做逾越节薄饼。[1] 来自镇上犹太人社区——其人口从战前的将近2万人缩减到现在的仅仅380人——的代表试图平息众怒，但以失败告终。

很快，数百人聚集起来，开始朝大楼扔石头。警察局派遣了一支小队伍去恢复秩序，但几乎被人群淹没。一小伙士兵抵达现场支援警察的工作，但是仍然控制不住暴怒的人群。突然，在上午11点时，有人开了一枪——没人确切地知道是谁。随后引发了骚乱。士兵和警察一起破门而入，抓住他们发现的所有人，并将他们交给外面小广场上的怒不可遏的暴民们。

15名男女跑到了三楼，躲在一个小房间里。其中一个名叫巴鲁克·多曼（Baruch Dorman）的年轻男子回忆后来的场景说：

> 他们开始在门外朝我们大喊大叫……穿着制服的士兵和一小伙市民破门而入。然后我受伤了。他们命令我们去楼外，让我们排成两列。已经有平民在楼梯间那儿，还有一些妇女。士兵们用枪托打我们。平民——无论男女，也对我们没头没脑地乱打。我的上装有点像制服，可能这是他们后来没有再打我的原因。我们到了广场。那些和我一起被带出来的人被他们用刺刀刺、用枪击、用石头砸。但即便在这时，我也没受什么攻击。我穿过广场准备要走，但是我的表情肯定让他们认出了我是刚才被带出大楼的犹太人之一，因为有个平民朝我尖叫'一个犹太人！'到了这个时候，他们才开始攻击我。石头和枪托砸在我身上。我晕了过去，失去了意识。我时晕时醒，然后他们又开始打我……我躺在地上，有人想朝我开枪，但是我听到另外一个人说'别开枪，不管怎么说，他还在哼哼着呢'。我又晕了过去。我再次醒

---

[1] 尽管一般认为"血祭诽谤"（blood libel）最初出现于12世纪，是被十字军传播出来的，但无论是犹太人学者还是基督教学者都不能完全肯定它的起源时间和地点。

第二十二章 "犹太布尔什维克阴谋"——血祭诽谤

过来时,有人正拉着我的腿,把我扔上卡车。这是另外的部队的人,因为等我醒过来时,我正在凯尔采的一所医院里。[2]

后来,待在广场上的一个名叫雷沙德·斯洛瓦卡的警察承认他和其他许多在场的警察"没做什么反应……当民众又冲回大楼带出来更多犹太人时,我们视若无睹……民众杀掉了他们"。

10多岁的少女被暴民们从三楼窗户扔到大街上。当犹太人委员会的负责人被发现试图打电话求救时,他被人从后面射杀了。年轻的妈妈里吉娜·菲茨(Regina Fisz)被迫眼睁睁看着她的新生孩子被杀——接着,她也被杀了。屠杀持续了整整一天。下午,附近的卢多维科铸造厂的500多名工人也来到了现场。15—20名犹太人被他们用铁棍殴打致死。死者中包括3个因为参加波兰地下抵抗组织"救国军"的战斗而赢得奖章的犹太人,还有两个被错认为犹太人的波兰基督徒。这天,凯尔采有42名犹太人被杀,80多人身受重伤。还有另外大约30名犹太人在附近的公路和铁路上被屠杀。[3]

凯尔采大屠杀是二战后发生的最恶劣的反犹屠杀,但是它绝非孤立事件。对犹太人的攻击不仅限于波兰。5月末,在匈牙利小镇孔毛道劳什发生了类似的事件,由于古代血祭诽谤的刺激,一群暴民杀害了3名犹太人,超过15人受重伤。在斯洛伐克的托坡坎,在战争结束后的12个月内,有1200—1500名犹太人被杀害——远远超过了1939年前的12年的总数。

在大屠杀发生后不久就爆发了这么凶残的反犹大潮,表面上看,这似

---

[2] 有关凯尔采大屠杀的大部分口述都得益于波兰出色的历史学家简·格罗斯(Jan Gross)的工作,他详尽地整理了目击者们的证据文件记录。他随后的著作《恐惧:奥斯维辛后波兰的反犹主义》(Fear: Anti-semitism in Poland after Auschwitz)兰登书屋,纽约:2006年。

[3] 见简·格罗斯(Jan Gross):《恐惧:奥斯维辛后波兰的反犹主义》(Fear: Anti-semitism in Poland after Auschwitz)兰登书屋,纽约:2006年。另外,还可参见:安妮·艾普鲍姆(Anne Applebaum):《铁幕》(Iron Curtain),伦敦:艾伦·雷恩(Allen Lane)出版社,2012年;阿妮塔·普拉茨莫乌斯卡(Anita Prazmowska):《波兰现代史》(A History of Modern Poland),陶瑞斯(I.B.Tauris)出版社,2010年;凯斯·劳尔:《野蛮大陆:二战后的欧洲》(Savage Continent: Europe in the Aftermath of World War II),伦敦:维京出版社,2012年。

乎令人难以置信，但实际上并不难理解。如同波兰哲学家斯坦尼斯拉夫·奥索夫斯基（Stanislaw Ossowski）在凯尔采大屠杀一年后睿智地指出的："同情并非对不幸者的唯一回应。"罪恶完全是一种理性反应，尤其是对于整个欧洲的许多人来讲，谋杀犹太人能让他们获益。"那些命运注定要被毁灭的人们很容易引起别人的反感，并且被排除在其人际关系的范围外……如果一个人的灾难能让别人得益，那么他们会产生一种说服自己和其他人的冲动，即这种灾难在道德上是正义的。"[4]

反犹主义往往都与财产争端有关。当一些集中营幸存者返回老家时，他们发现自己的房产、公寓、农场都被别人霸占了，霸占者还咄咄逼人地声称他们对这些东西有所有权，拒绝离开。有时候，这些幸存者的财产会立即返还给他们，但这种情况多属例外。当局总是使得犹太人要收回他们的财产极其困难。曾在波兰流亡政府中担任外交事务委员会负责人的罗曼·诺尔（Roman Knoll）令人齿寒地为此做辩护。他说："如果犹太人集体回来……要收回财产，人们不会认为这是要物归原主，而认为这是入侵，他们甚至会采取物理手段进行抵抗。"[5]

数百万匈牙利人、捷克人、波兰人和罗马尼亚人从大屠杀中获利了——短短数年间，这些国家就出现了一个全新的中产阶级。东欧国家的经济发展方向并非始自战后的苏式共产主义，而是产生自20世纪30年代的专制政权，并且因纳粹而得以增强。波兰畅销杂志《复兴》（Odrozenie）曾注意到"一个完整的社会阶层——新兴的波兰资产阶级——真正地取代了被屠杀的犹太人，并且，由于它嗅到了双手的血腥味，它比以往任何时候都更憎恨犹太人"。回归的犹太人遭到大多数人的怨恨。人们诅咒着所有战争期

---

[4] 引自安妮·艾普鲍姆（Anne Applebaum）：《铁幕》（*Iron Curtain*），伦敦：艾伦·雷恩（Allen Lane）出版社，2012年，第312页。
[5] 引自凯斯·劳尔：《野蛮大陆：二战后的欧洲》，伦敦：维京出版社，2012年，第336页。

第二十二章 "犹太布尔什维克阴谋"——血祭诽谤

间曾"消失"、现在又回来了的犹太人的好运气。

也有许多人有像奥斯维辛集中营幸存者赫达·科瓦利(Heda Kováły)那样愉悦的"回家"经历。战后,她回到了她以前离布拉格很近的住所。她回忆说:"我按响了门铃,过了一会,一个胖胖的、没刮胡子的男人开了门,他盯着我看了一会,然后欢呼着说:'你终于回来了。我们都盼着呢。'我转身走进树林,在那里待了3个小时,漫步在长满青苔的杉树下,倾听着鸟儿的声音,然后我搭下一趟火车回到了布拉格。"[6]

东欧人,尤其是东欧的犹太人常常用黑色幽默应付苦难和不幸。孔毛道劳什大屠杀发生后,布达佩斯流传着一个笑话。一个匈牙利籍犹太人回家遇到了一个基督教熟人。"情况怎么样?"对方问他。"噢,不用问啦,"犹太人回答说,"我从集中营里回了家,现在我除了你身上穿的衣服外,别无他物了"。

但是,在一个关于人们是如何继续从大屠杀中获利的可怕案例中,我们看不到任何好笑的地方。1946年春,数百人在特雷布林卡和贝尔塞克灭绝营的所在地掘金。瑞秋·奥尔巴赫(Rachel Auerbach)是希特勒罪行调查委员会里的一名波兰人,她在视察难民营时,看到了一个满是弹坑和人类骨骸的"月球景观"。她回忆说:"到处都是拿着铲子的强盗,他们到处挖,到处找,把死者骨骸扔得满地都是。他们也许还能找到些东西……可能是纳粹未能找到的一颗金牙。"[7]

凯尔采大屠杀使世界舆论大为震惊。文森蒂·贝德纳佐克(Wincenty Bednarczuk)在《复兴》上撰文说,反犹主义"不再是一个经济问题":

---
6 赫达·玛尔戈留斯·科瓦利(Heda Margolius Kováły)著、弗兰西·艾普斯特(Franci Epstein)和海伦·艾普斯特(Helen Epstein)译:《告别布拉格》(Prague Farewell),伦敦:维克多·格朗茨(Victor Gollancz)出版社,1988年,第114页。
7 瑞秋·奥尔巴赫(Rachel Auerbach):《特雷布林卡灭绝营》(On the Fields of Treblinka),波兰犹太人历史委员会报告(Report of Historical Commission of Polish Jews),华沙,1947年。

这是个纯粹而简单的道德问题。当今，它并不是一个把犹太人从不幸和死亡中挽救出来的问题，而是一个如何把波兰从道德灾难和精神死亡中挽救出来的问题。我们希望波兰发生的犹太人悲剧将消除波兰的反犹主义。我们认为，对老人和儿童的屠杀必须也只能唤起人们的同情。波兰人和犹太人在德国占领期间遭受的共同命运必须在某种程度上让他们和解。但是，我们不了解人类的本性。事实证明，我们对人类的看法很天真。[8]

然而，仍旧有不少人想从中捞好处。有个波兰词语Żydokomuna，翻译过来即"犹太共产主义"的意思，但在东欧，这个词语有其特定的内涵。这个词可以被定义为"犹太布尔什维克阴谋"，是当苏联开始对不想接受共产主义的地方用枪口推行共产主义时出现的一种反响极强的思潮。如同其名称所示，这一理论包含了这样一个事实：中欧的共产党的一些领导人是犹太人。它必定意味着，犹太人——而不是"真正的"波兰人、匈牙利人或罗马尼亚人——多半是共产主义者，他们盼着苏联掌权。天主教教会并未对这种误解提出异议。

凯尔采大屠杀后，天主教教会团结起来，一致对外。波兰大主教、红衣主教奥古斯特·霍伦德（August Hlond）从来没有清楚明确地谴责过反犹主义，而且他还得到了绝大多数波兰主教的支持。仅有一次，他严格意义上谴责了凯尔采大屠杀——但受到同行的斥责。当地的牧师们未采取任何措施平息当时席卷凯尔采的种族仇恨浪潮。他们谈到对包括妇女儿童在内的手无寸铁的百姓的屠杀时，轻描淡写地说："发生了不幸"。

现在，红衣主教奥古斯特·霍伦德暗示犹太共产主义者是麻烦的根源。他说："天主教反对任何谋杀，无论这发生在何地，无论谁是加害者、谁是受害者。"但是，他又坚持说：

8　《复兴》（Orodzjenie），1946年9月25日。

第二十二章 "犹太布尔什维克阴谋"——血祭诽谤

可悲可叹的凯尔采事件不能归咎于种族主义……无数波兰的犹太人幸亏波兰人和波兰牧师才保全性命……而现在在政府机构中占据领导地位的是犹太人,并且执意将一种这个国家大多数人都反对的政权强加给他们,在某种程度上,犹太人要对这种关系的恶化负责。这是个致命的游戏,将导致危险的紧张局势。不幸的是,在波兰的政治斗争面前,在可悲的武装冲突中,有些犹太人丧生,但是波兰人丧生的数量远远超过其数量。[9]

仅次于奥古斯特·霍伦德的克拉科夫大主教沙比亚(Sapieha)甚至被他手下的一些牧师和主教们形容为"恶毒的犹太仇恨者"。著名的法国天主教人士,同时也是政治和文化报刊《精神》(L'Esprit)的创始者艾马纽尔·穆尼埃(Emmanuel Mounier)在1946年访问过沙比亚,他写道,他很疑惑"即便在高级天主教教士中,反犹主义也如此之强烈……仿佛灭绝犹太人的惨剧从未发生"。

凯尔采主教及其手下的传教士将责任归咎于政府和警察。他们宣称,战争期间,大部分波兰人对犹太人都很友好,在德国占领期间,当犹太人被抓捕和杀害时,波兰人也没有显示出对他们的敌意。凯尔采主教说:

在苏联军队进入波兰,卢布林政府将其统治延伸到整个国家后,情况剧变。对犹太人的仇视迅速蔓延……这是一个无法否认的现象。即便是在卢布林政府内的波兰人也憎恨犹太人。犹太人是波兰共产主义的主要传播者,然而波兰人民并不想要被武力强加于他们身上的共产主义。犹太人人人都在工商业领域中得到了好工作、无限的机会和各种帮助。政府各部门全都是犹太人……他们占据了各个地方的各种机会……和职位。他们主管安全警卫工作、实施逮捕。基于上述原因,我们可以说在针对犹太人的仇恨问题上,他们要负大部分责任。特定的共产主义环境加上犹太人对安全部门的控制诱发

---

9 霍伦德主教在媒体会上的发言(1946年7月11日),见《纽约时报》,1946年7月13日。

了这场屠杀。

凯尔采屠杀后来被作为法西斯主义和反犹主义在波兰社会中占主导地位以及基督教教会是反动的证据而大肆宣扬。

只有琴斯托霍瓦的主教西奥多·库比那（Teodor Kubina）断然站出来说所谓的血祭是一种迷信，他震惊于这么多受过教育的波兰人还相信这样的迷信：

我们要声明，所有有关祭祀谋杀的话都是谎言。凯尔采、琴斯托霍瓦或其他任何地方都从来没有基督徒因为宗教仪式的目的被犹太人杀害。从未听说过有基督教儿童被犹太人绑架的事件……所有与此相关的流言、故事要么是被犯罪分子有意捏造出来的，要么是那些没脑子的糊涂人传出来的，他们的目标是挑起犯罪。人们不应听从这些人……我们呼吁所有人……用你们的所有力量、所有努力与反犹暴行做斗争。

库比那被同事排挤。由于这样的言论，他受到霍伦德和其他主教的指责，他们说："由于教会的基本知识和教规准则，这对其他教区的主教们是难以接受的"。[10]

英国驻波兰大使维克多·卡文迪许-本廷克在发给伦敦的电报中说，他见到了霍伦德，要求他和各主教明确公开表态反对暴力的反犹主义。但是，红衣主教拒绝了。"他告诉我说，由于波兰反犹情绪强烈，主教担心公开谴责反犹主义……可能会削弱教会的影响力。我可不相信这个，我认为这是为了逃避发表措辞严厉的谴责反犹主义的声明而找的借口。我担心整个波兰神职界根本上都是反犹的。"[11]

本廷克大使还附带说波兰的共产党同样如此。共产党对"犹太布尔什

---

[10] 简·格罗斯（Jan Gross）：《恐惧：奥斯维辛后波兰的反犹主义》（*Fear: Anti-semitism in Poland after Auschwitz*），兰登书屋，纽约：2006年，第218—227页。
[11] 卡文迪许·本廷克致外交部（1946年7月18日），见TNA：FO1027.412。

第二十二章 "犹太布尔什维克阴谋"——血祭诽谤

维克"理解得很透彻,并且意识到与凯尔采市民们对垒将什么都捞不到。波兰内政部长加库波·伯曼(Jakob Berman)自己就是个犹太人,凯尔采屠杀刚发生他就知道了,但他没有下令采取严厉措施阻止暴乱。2万多钢铁工人和矿工在距离凯尔采不远的罗兹罢工。他们在游行中打出的口号大多数都是反犹的。当地党委书记给罢工工人加薪,并且指责是犹太人造成了国家的诸多经济弊病。他说犹太人是"掮客而非生产性的工人",还说7.5万多从大屠杀中幸存下来的波兰籍犹太人"最好从波兰滚蛋"。许多人确实离开了波兰,前往德国的难民营。[12]

后来,波兰政府审判了部分暴民首脑——尽管听证会显然很不公正,9人显然在审判开始前就已经被判处死刑。受审的人中,没有一个是警官、士兵或地方官员,而这些地方官中还有些人被提拔为共产党高级干部。[13]

整个东欧的共产党领导人都对自己的背景很敏感。波兰共产党总书记哥穆尔卡(Wladyslaw Gomulka)的妻子佐菲亚(Zofia)是个犹太人,他常常说波兰共产党要任命更多的非犹太人官员。他建议现存领导层在短时间内改名换姓以隐藏他们的族群性。他还让佐菲亚负责改名的审查。

在匈牙利,共产党的几个头号人物都是犹太人,包括最高领导人拉科西·马加什(Mátyás Rákosi)。他毫不迂回地、诡异地把自己变成了匈牙利的一个极其热衷的反犹主义者。他给一个犹太共产党员写信说:"你可能觉得天主教会是最大的反政府情报中心。但实际上,由于犹太人无处不在,锡安主义才是真正的谍报中心。"

---

12 特蕾莎·托兰斯卡(Teresa Toranska):《〈他们〉:斯大林在波兰的傀儡》(*Oni: Stalin's Polish Puppets*),柯林斯·哈维尔出版社,1987年,第135页。

13 简·格罗斯:《恐惧:奥斯维辛后波兰的反犹主义》,第286页;安妮·艾普鲍姆(Anne Applebaum)和阿妮塔·普拉茨莫乌斯卡(Anita Prazmowska)对"犹太共产主义"(Zydokomuna)的研究很有启发性。

第二十三章　反恐战争

1946年7月22日星期一的中午，一辆破旧的车牌号为M.7022的克莱斯勒卡车停在了耶路撒冷最出名的地标——大卫王酒店（King David Hotel）的侧门外。当一群身着阿拉伯长袍的酒店年轻员工从卡车上把牛奶卸下来并运到酒店地下室的摄政餐厅（La Régence）时，几乎没人注意到他们。

大卫王酒店于1930年开业，很快声名鹊起。它是耶路撒冷最好最高档的酒店，经常客满。酒店的南翼是英治巴勒斯坦政府秘书处，右翼是驻巴勒斯坦英军总部。还有些房间是给私人住的，他们大部分都是记者；巴勒斯坦是世界各地新闻的头条，而大卫王酒店有耶路撒冷最热闹的酒吧。摄政餐厅按照都铎风格装修得很奇特，也是记者们最喜欢的就餐处。[1]

这些"阿拉伯人"把奶桶带到了紧挨着餐厅的厨房，厨房上方正是英治巴勒斯坦政府秘书处。但是他们的吵闹声打扰了一名英国官员——上尉亚历山大·麦金托什（Alexander Mackintosh），他下楼去看怎么回事。结果，一名"阿拉伯人"从长袍中掏出枪朝他腹部开了两枪。他们别无选择，上头命令他们不能让任何人看到奶桶。他们卸下这些装有330公斤TNT炸药的奶桶时，有些导火线若隐若现地从盖子里冒了出来，上面有30分钟引爆

1　大卫王酒店是由一群富裕的埃及籍犹太人和英国银行家弗兰克·戈德史密斯（Frank Goldsmith）投资建立起来的。弗兰克·戈德史密斯是詹姆斯爵士的父亲、英国下议员扎克和记者、慈善家杰迈玛的祖父。杰迈玛曾与巴基斯坦著名板球运动员和政治家伊姆兰·汗有过一段短暂的婚姻。

第二十三章 反恐战争

计时器。

他们匆匆地逃走了。刚到出口，一个转移注意力的炸弹在100米外的一棵树下面爆炸了，引爆者是在酒店外的伊尔贡战士。士兵们立即朝着两伙恐怖分子开枪。2人受伤，1人致命，但是他们逃到了等在外面的出租车上。

接下来的20分钟一团混乱。但是伊尔贡事前至少发出了三次匿名警告。第一次是给大卫王酒店，第二次是给酒店正对面的法国领事馆，他们说"要爆炸了，赶紧打开窗户"，第三次是给巴勒斯坦邮局。然而，没人当回事。贝京正在附近等着。"每一分钟如同一日那般漫长。21、22（分钟）。马上要到中午12点了。就要到半个小时了。27……突然，整个城市似乎都在震动。"

酒店的整个南翼被夷为平地。爆炸把富丽堂皇的酒店大堂里的大理石都给掀了起来，砸伤了酒店外的路人。有目击者"听到有人被砰的一声炸到了酒店对面的基督教青年会休闲大厅旁；他的身体在白色的墙壁上留下了一块红色印记"。《泰晤士报》的一名记者报道，南翼隔壁办公室的一名英国官员目睹了"一名办事员的脸几乎被一块飞击而来的玻璃劈成两半"。爆炸共造成91人死亡，其中28名英国人、17名犹太人、41名巴勒斯坦阿拉伯人，还有5名外国客人。超过200人被炸伤。[2]

本·古里安谴责了这次袭击，这次他动了真格。他的助手回忆说："他认为贝京甚至超过了英国人，成了头号敌人。"本·古里安说，贝京成了锡安主义的威胁，如果他的乱砍乱杀得到允许，将挑起犹太人之间的内

---

2 有关大卫王酒店爆炸的论述参见如下：大卫·莱奇（David Leitch）的文章，迈克尔·西森斯（Michael Sissons）、菲利普·弗兰奇（Philip French）编：《节俭年代》（Age of Austerity），伦敦：霍德和斯陶顿（Hodder and Stoughton）出版社，1963年，第203—230页；梅纳赫姆·贝京：《反抗》，第235—240页；《泰晤士报》，1946年7月23—26日；《纽约时报》，1946年7月25、26日；诺曼·罗斯：《毫无意义的肮脏战争：来自巴勒斯坦的声音，1890年代—1948年》（A Senseless, Squalid War: Voices from Palestine, 1890s—1948），伦敦：兰登书屋，2010年，第158—169页。

战。他甚至将贝京比作希特勒。"希特勒也招募了一些人加入他的纳粹运动,他们为实现其理想而被杀。某些纳粹分子有理想主义的动机。但是纳粹运动整体上应该受到谴责,而且摧毁了德国人民。"埃泽尔很可能"摧毁伊休夫……(它)如同黑死病"。[3]

如果本·古里安的双手真的完全干净清白的话,他的谴责可能会更有价值一点。然而,他与那些主张暴力的强硬人物保持联系。当他们与他合拍的时候,他不反对与他们合作;然后在方便的时候,他再谴责他们。

哈迦拿表示它不赞成大卫王酒店的暴行,声称自己与此事毫无关系。但严格来说,并非如此。哈迦拿的联合抵抗指挥部是支持这次袭击的。但在死亡人数如此之多后,大部分温和的锡安主义者都愤怒了。哈迦拿否认它对此事有任何责任,坚持说他"对此次行动的细节无掌控力"。大部分人都知道这不过是遁词而已。犹太事务处撤销了联合抵抗指挥部,此后,温和主义者与极端主义者之间的关系更加脆弱。

极端主义者坚持搞恐怖运动。伊尔贡炸毁了英国驻罗马大使馆,他们发动了对耶路撒冷的戈德史密德之家(Goldsmid House)的英国军官俱乐部的爆炸袭击,导致14名士兵丧生,还组织了一场戏剧性的阿卡监狱的越狱活动。当贝京手下的一名士兵被绞死时,他下令针对"反犹活动"处决两名英国士兵。这种肮脏战斗一直在继续,削弱了英国留在巴勒斯坦的意志力。英国从积极打击暴乱的战斗转向了保卫自己人的防卫斗争。大部分英国平民撤出了耶路撒冷。

与此同时,阿拉伯人袖手旁观,他们大部分人意识到一旦英国人撤离,战争即将爆发。只有比如耶路撒冷的穆夫提等住在巴勒斯坦之外的阿拉伯人有信心他们将赢得战争。犹太人则担心他们会被屠杀。

3　塞格夫:《一个巴勒斯坦:英国托管下的犹太人和阿拉伯人》,第475页。

第二十三章 反恐战争

在世界舆论看来，英国在某种程度上把大卫王酒店暴行变成了一场公关灾难。这是英国托管巴勒斯坦的近30年中最严重的恐怖主义袭击事件，可以想见在英国国内出现的公众抗议声浪之大。在巴勒斯坦，许多人认为英军自作自受，而且还毫不犹豫地说出口。

起初，在欧洲和美国，许多人对英国抱以同情。但之后，各方的反应都变了。蒙哥马利令曾经逮捕过3000名锡安主义者、导致伊尔贡搞爆炸袭击的艾弗林·巴克向英国士兵们强调，他们正面临着"残酷、狂热和狡猾的敌人，无法知道谁是敌、谁是友"。他还附加了一条警告："还有女恐怖分子。"他们与当地人的友善不得不宣告终结。[4]

巴克时年42岁，是个"高高瘦瘦、棱角分明的老牌殖民官员，看起来有点像18世纪的肖像画里走出来的人物"。他的军事生涯极其杰出，20世纪30年代与蒙哥马利一起在巴勒斯坦服役。二战期间，他因为在勒阿弗尔战斗中的出色表现获得了杰出服务勋章，随后又获得了十字勋章。1945年4月，他和蒙哥马利率军渡过莱茵河，进入德国，解放了伯根-贝尔森。但是，在巴勒斯坦，他就是一场灾难。在阿拉伯暴动中，他作为一名高官被阿拉伯人反感。现在他又成了犹太人的眼中钉。

巴克将蒙哥马利的话解释为所有餐馆、酒吧和"娱乐场所"禁止对英国士兵开放。大卫王酒店爆炸后4天，他给手下官员写信说：

巴勒斯坦的犹太人与一系列暴行有牵涉。我认为他们都得接受惩罚，我们必须让他们意识到我们对其所作所为的蔑视和厌恶。我们绝不能被他们的领导人和代表机构显示出的虚伪同情所迷惑，也不能被他们决计负不起

---

[4] 蒙哥马利是出了名的反犹者。20世纪30年代中期，曾在阿拉伯暴动后立即训练犹太人夜间别动队（Special Night Squads）的英国官员奥德·温盖特（Orde Wingate）告诉本·古里安，要他"当心蒙哥马利"。温盖特是一个执着的锡安主义者，他参加了缅甸战役（Burma Campaign），成了一名英雄指挥官。在与日本的丛林作战中，他在许多次危险重重的任务中都得以脱身幸存，最后在1944年印度的一次民航飞机失事中不幸身亡。

责任的抗议行为所蒙蔽……英国士兵不得与任何犹太人交往，如果职责所在需要有某些往来时，那也应当尽可能地简要，并且要严格地掌握往来的主动权……我们将采取这个种族所讨厌的一切方式来惩罚他们——打击他们的钱袋，展现出我们对他们的蔑视。[5]

这封信被泄露出来，成为各大媒体的头条。"打击他们的钱袋"的说法震惊了全世界数百万人，尤其是在美国。与早些时候对英国的同情相反，各种公允的社论暗示英国在巴勒斯坦做出的决定并不真正那么轻率，现在人们蔑视英国殖民统治的傲慢和狭隘。

艾德礼私下训斥了巴克，巴克灰溜溜地打道回府了。但这一事件对英国名誉为害甚巨且持久。

如果人们知道贝克的私下意见，对他的轻视会更严重，犹太人对他的厌恨也会更深重。巴克虽然已婚并有一个年幼的孩子留在了英国，但他却与巴勒斯坦的一位名媛凯蒂·安东尼斯（Katy Antonius）有婚外情。凯蒂·安东尼斯是历史学家乔治·安东尼斯的遗孀，也是一个时尚沙龙的女主人。这个沙龙用英国议员克罗斯曼的话来形容，"里面有私家侦探、锡安主义代言人、阿拉伯酋长、特别记者，气氛很吓人，所有人都谨慎地坐在一起，互相听对方的交谈"。阿拉伯显贵、西方外交官、英国官员等常常在她的别墅里宴会到深夜。但巴克是她的入幕之宾。[6]

巴克写给凯蒂的不检点的信件中的内容可以说是对凯蒂的爱慕之情和对犹太人的痛恨的令人反胃的结合体。在其中一封信中，他写道，他看着她的照片流泪，他的"双眼盈满泪珠"。"我如此爱你。是的，只要想到人生和金钱都浪费在这些该死的犹太人身上，我就恨之深矣。"[7]

---

5 伯纳德·蒙哥马利：《陆军元帅蒙哥马利回忆录》，第466—470页；巴克之信，《纽约时报》，1946年8月6日。
6 克罗斯曼：《巴勒斯坦使命》，伦敦：哈密什·哈密尔顿出版社，1947年，第137页。
7 巴克致凯蒂的通信保存在耶路撒冷的以色列国家档案馆。在他们的婚外情期间，巴克每天都给她写信，甚至有时一天不止一封。在他们的婚外情中，这些信件读起来既可怜，又有点卑劣。

第二十三章 反恐战争

美国的锡安主义者督促杜鲁门向英国施加更大压力,让其接受哈里森委员会的报告。然而,杜鲁门支持英国副首相赫伯特·莫里森(Herbert Morrison)与美国国务院官员亨利·格兰迪(Henry Grady)谈判达成的折中方案,这一方案将分离巴勒斯坦,给阿拉伯人和犹太人以有限自治权,允许新的犹太人移民到巴勒斯坦,但是人数并非哈里森报告中提出的10万。英国、阿拉伯人和锡安主义者都反对这一方案。杜鲁门对锡安主义者的反应很失望。尽管他现在是犹太人事业的坚定支持者,但他还是对此很恼火,大卫王酒店爆炸后几天,他告诉助手说:"犹太人让我很烦躁。即便耶稣基督在世都无法取悦他们,所以怎么有人能指望我有这个运气"。在日记中,他还表现出乡村俱乐部的粗野反犹主义情绪。"犹太人不知分寸,他们对世界事务也没有任何判断力……我发现,犹太人非常非常自私。只要犹太人受了特别对待,他们就不关心有多少爱沙尼亚人、波兰人、南斯拉夫人或希腊人被杀害。然而,在他们有了权势——无论是物质上还是财政或政治上时,希特勒或斯大林都没对他们有过什么残忍行为或虐待。"[8]

艾德礼在伦敦召集会议讨论莫里森-格兰迪的修正方案。会议彻底谈崩了。本·古里安和锡安主义者拒绝参会。只有3个阿拉伯代表现身,但是没有一个是代表巴勒斯坦的,因为英国不允许20世纪30年代领导了阿拉伯人暴动并与希特勒打得火热的耶路撒冷的穆夫提参加会议。

英国对托管巴勒斯坦厌倦不已。本·古里安一直认为,他们英国人需要的"是被人推一把"。他的想法是对的。大卫王酒店爆炸加速了英国从巴勒斯坦撤退的到来。仅仅6个月后,英国就通过了撤离巴勒斯坦的正式决定。爆炸案后,很快英国高级专员乔治·卡宁汉(George Cunningham)

---

8 克拉克·克利夫特(Clark Clifford):《总统顾问回忆录》(*Counsel to the President: A Memoir*),纽约:兰登书屋,1991年;杜鲁门图书馆藏:《杜鲁门日记》。

就告诉本·古里安,"英国人烦透了这该死的整个一切"。[9]

爆炸袭击后,英国发生了令人不安的反犹事件,震惊了英国政府、在野党和大部分公众。在利物浦的利物浦莫特尔大街,数百人捣毁和抢劫犹太人的船只。在曼彻斯特,发生了攻击犹太人的事件。在伦敦东部的贝斯纳尔格林,犹太退伍军人会议遭到一大群充满敌意的群众的威胁,后来在警察的建议下取消了。

丘吉尔是最响亮地呼吁英国撤出巴勒斯坦的人。尽管在他担任首相期间,他未采取措施解除导致如此强烈恐怖主义的犹太人移民禁令,但他一直支持"贝尔福宣言"和犹太人的事业。不过,他是个只会记住对自己有利的事情的人。[10] 现如今,作为保守党领导人,他说他被"这种为了把巴勒斯坦给阿拉伯人或鬼知道别的什么人而与犹太人发生的愚蠢和肮脏的战争"惊呆了。他在下议院说每年为驻巴勒斯坦的英国军队花3000万英镑很是荒谬,巴勒斯坦不仅有一场反恐战争要打,还要阻止"犹太人与阿拉伯人之间的不可避免的冲突……为了把巴勒斯坦给阿拉伯人而与犹太人开战,这似乎把思想与政策的不协调搞到了几乎前无古人的地步"。[11]

财政大臣休·道尔顿不断地试图说服英国内阁做出退出巴勒斯坦的决定。"目前的情势不仅在人力和财力方面对我们而言太过高昂,而且……从战略上而言,也没有什么真正价值。黄蜂窝上无安全。这是为了不怎么好的目的而把我们的年轻人们暴露在可恶的危险中,也是在以惊人的速度滋生反

---

9 本·古里安:《本·古里安回忆录》,第355页。
10 丘吉尔是当时以及甚至可能到20世纪50年代为止英国最亲犹的首相。不过,他是他这一时代的产物。在他的信件和几次演讲中,有些如果他活得更久,很可能不会使用的欠考虑的说法,这些说辞常常与他发自内心的反社会主义相关,比如"犹太政委"(Jew commissar)、"犹太阴谋家"(semitic conspirators)、"无情的犹太国际主义者"(cold semitic internationalists)和"危险的世界主义犹太人"(subversive cosmopolitan Jewry)。无论什么时候说起托洛茨基,他总要加上"别名布罗斯坦"(Bronstein)。
11 马丁·吉尔伯特(Martin Gilbert):《丘吉尔与犹太人》(Churchill and the Jews),纽约:亨利·霍尔特(Henry Holt)出版社,2007年。

第二十三章 反恐战争

犹主义。"[12]

后来,外交大臣恩内斯特·贝文也回心转意了,坦白地承认说问题不过是丢了脸面。他说:"巴勒斯坦对英国并非至关重要,但是英国不想承认失败。"1947年2月14日,艾德礼最终同意结束对巴勒斯坦的托管,尽管他得以以一种尽可能体面的方式撤离。他将整个巴勒斯坦问题提交联合国解决,联合国成立了一个巴勒斯坦问题特别委员会决定其将来。一年后的1948年,在联合国监督下,巴勒斯坦分立为独立的犹太人国家和阿拉伯国家,这是世界新的和平卫士创建的第一批国家。但在此之前,英国仍负责巴勒斯坦的治安,杀戮和死亡仍在继续。[13]

---

12 道尔顿在内阁会议上的讲话,TNA:CAB 128/10。
13 艾伦·布洛克:《恩内斯特·贝文:外交大臣(1945—1951)》,伦敦:海涅曼出版社,2002年,第488—493页。

第二十四章　倾听世界 这是转折时刻

东经166度与北纬12度的相交处是南太平洋中间的一个荒僻的小岛——比基尼环礁岛，它是马绍尔群岛链上最小的一个岛屿。1946年7月25日清晨，在距离比基尼岛8英里外的美国战斗巡洋舰阿巴拉契亚号上，一群美国船员、科学家和官员以及40名国际观察家和记者正在侧耳倾听船上的扩音器。"这是转折点。距离最后时刻还有15分钟。"倒计时一分钟一分钟地过去。上午8点30分——"还剩下5分钟。"——船上的所有人被要求戴上一副护目镜，并被嘱咐在观察右侧时一定要万分小心。

英国记者詹姆斯·卡梅隆（James Cameron）是目击者之一，他这样描述：

10秒……6秒……3秒……它轻轻地、不知不觉地开始了，我的灵敏感官似乎在某种程度上让第一秒钟减速、分割，然后我看见……一个瞬间事物的逐渐成长。镜头所看到的视野的斜对面是蔓延无边的太平洋地平线。在这平直的边缘与天空的交接处，出现了一团火光……一个闪闪地发着纯白的光的半球如同一个奇异的、短暂的泡泡变得越来越大，从海面腾起……一个直径超过半英里的硕大的水柱、携带着100万吨太平洋的海水静静地直冲入云霄；一英里高，两英里高，然后停顿了一下，再如同一座大山般的雪人一样慢悠悠地落到可怕的大锅一样的比基尼湖中，掀起阴沉沉、雾腾腾的水雾。在这样一个开创性的时刻……阿肯色号战列舰如同一个小玩具一样在半空中摇摇晃晃，被垂直地抛上抛下。感觉就好像一个巨大的水球以完美的均衡状

第二十四章 倾听世界 这是转折时刻

态膨胀、扩大成一个庞然大物,这个庞然大物似乎永远不会停止生长,似乎将无限地膨胀,并将把我们——不只是我们,而是所有人类——湮没、吞噬。接着,向外的运动变成了向上的运动,这个庞然水柱以难以言表的优雅、疲倦而缓慢之势带着其百万吨海水回归比基尼湖。[1]

这次代号为"贝克"(Baker)的试验是第一次在水下进行的核爆炸试验。核弹在海平面下27米深的海水中爆炸,它也确立了这样一种看法,即水下核弹试验要比陆地上的核弹试验更"肮脏"。10天前,科学家认为,在比基尼湖附近的地方进行试验,辐射水平是安全的。3个半星期前,在比基尼环礁还有过一次核试验,这次是空中引爆的。不过,这次试验失了准头,偏离了目标处几百米,但它仍然损坏了一些被拖到南太平洋做练习用的作古的德、日、美船只。

这两次核试验——核弹共计23吨、比摧毁广岛的原子弹威力稍大、引爆方式稍有调整——都未能给美国科学家或美国军方提供任何未知的新东西。但是这两次核试验向世界发出了信号:人们曾经有过的无核世界的希望——无论多么微弱——的终结。

美国有核垄断,但它不确定如果要使用核武器的话,该如何使用。美国无人认真地建议要用核武器攻击新兴敌人苏联。当时,美国将军们和疯狂的物理学家们阴谋对苏联发动突然核袭击的想法还是个不可思议的神话。五角大楼的战争总规划师乔治·林肯(George Lincoln)给杜鲁门递交了一份备忘录,说"可能要先发制人"。他表示:"但在政治上这么做(核袭击)或声明我们要这么做……是不可行的。"首先,美国并没有足够的核弹。一旦这些核弹都扔了,接下来怎么办呢?"征服俄国是一回事",冷战期间美国政府最热忱的反共分子——国防部长詹姆斯·福莱斯特(James

---

[1] 詹姆斯·卡梅隆(James Cameron):《出发时刻》(*Points of Departure*),伦敦:奥瑞尔(Oriel)出版社,1978年,第93—95页。

Forrestal）说，"但是搞明白此后要怎么做是完全不同的另一回事"。起初反对对日本进行原子弹袭击的艾森豪威尔对这种要抢先打击苏联的想法惊骇不已。[2]

二战胜利日后，很快，一些杜鲁门的顾问认为他们可以利用核弹优势——有顾问说"我们已经拿了皇家同花顺的好牌"。但是，他们并不了解苏联人。在1945年末的伦敦外长会议上，詹姆斯·伯恩斯（James Byrnes，时为美国国务卿）试着幽默了一把。莫洛托夫问美国是否打算利用核外交。

"你带着核弹吗？"伯恩斯回答说，"如果你还在（协议上）搪塞的话，我可就拉出个核弹给你啦"。

莫洛托夫一本正经地说："那你得当心点。美国不是唯一在制造核武器的国家。"[3]

从广岛原子弹爆炸的那天起，斯大林就一直坚持着他确立的路线：苏联人绝不会被恐吓到。他告诉采访他的英国《星期日泰晤士报》记者亚历山大·沃斯（Alexander Werth）："原子弹会吓到意志薄弱的人。但是它们不能决定战争的结局……（它们）还不够分量。当然，对核弹的垄断权……会产生威胁，但也至少有对之不利的两个因素：（1）垄断权无法永久持续下去；（2）核弹将被禁止使用。"[4]

杜鲁门发现，核弹并没有让操控苏联人变得更容易，而是让他们没那

2　林肯致杜鲁门（1945年9月1日），见华盛顿美国国家档案馆：WO 165.8.1.233；福莱斯特的话引自克拉克·克利夫特：《总统顾问回忆录》，第396页；史蒂芬·安布罗斯（Stephen Ambrose）：《艾森豪威尔：战士和总统》（*Eisenhower: Soldier and President*），纽约：西蒙和舒斯特（Simon and Schuster）出版社，1990年。
3　丹尼尔·叶尔金（Daniel Yergin）：《破碎的和平：冷战的起源与国家安全》（*Shattered Peace: The Origins of the Cold War and the National Security State*），伦敦：安德烈·多伊奇（Andre Deutsch）出版社，1978年，第238页。
4　大卫·霍洛威（David Holloway）：《斯大林与原子弹：苏联与原子能，1939—1956》（*Stalin and the Bomb: the Soviet Union and Atomic Energy, 1939—1956*），纽哈文（康涅狄格）：耶鲁大学出版社，1994年，第322页。

第二十四章 倾听世界 这是转折时刻

么强硬了。在与其朋友、预算主管哈罗德·史密斯（Harold Smith）的会面中，杜鲁门对俄国人在一系列事情上有多么固执简直感到绝望。

哈罗德·史密斯说："可是，总统先生，你手里有原子弹呢……这可是差别。"

杜鲁门回答："我是有。可是我不确定我能用它。"

罗斯福与丘吉尔达成的一系列战时协议显然表明他们意图将俄国人排斥在核研究之外，并且对相关信息严格保密。其中最特别的协议是他们于1944年9月在罗斯福位于纽约的哈德逊河边的海德公园的寓所会晤时达成的。此次会议的协议备忘录中说："关于向世界通告涉及管合金（核计划的代号）的情况以便就其控制和使用达成国际协定的建议是不可接受的。此事应当继续视为绝密。"[5]

当时，美国人认为可以与苏联人一起探讨，与他们分享核技术。杜鲁门最信任的顾问之一——迪安·艾奇逊热烈地拥护这个想法："与英国一起联合开发核计划……必须使其在苏联人看来这不是英美联合对付他们的毋庸置疑的证据。"1945年10月，他告诉杜鲁门总统："势力及势力意识这般强大的苏联政府不对这一形势做出积极反应，这是不可能的事。"[6]

6个月后的1946年春，艾奇逊仍然倡导英美两国实行某种形式的合作："在这样的（武器）竞争中保持领先的优势完全无法与没有竞争相比拟，还不如没有竞争。"与苏联人的"长期合作"未必有把握，但是如果苏联人被排斥到核协作之外，合作将是"不可能的"。他说："俄国有一天终归知道这一秘密。"最好的办法是现在"以和解的方式接近他们"。[7]

二战期间曾在新墨西哥州的洛斯阿拉莫斯领导曼哈顿计划团队的"原

---

5 罗伯特·多拉克：《失落的和平：1945—1953年恐怖与希望并存时期的领导人》，第165页；叶尔金：《破碎的和平：冷战的起源与国家安全》，第228页。
6 迪安·艾奇逊：《创世亲历记》，第277页。
7 迪安·艾奇逊：《创世亲历记》，第280页。

子弹之父"罗伯特·奥本海默（Robert Oppenheimer）写了一份论证有力、文笔优美的报告，建议所有核研究、核材料、核技术都应当在一个国际机构下共管，这个机构控制铀和钍的生产以及用于生产核武器的各种材料。

"只有当核能的危险性不掌握在国家手中时……才会有反对用核能制造核弹的保障的合理前景。"[8]

其他许多科学家——其中最突出的诺贝尔奖得主丹麦物理学家尼尔斯·玻尔（Niels Bohr）——一直希望能确保美苏两方都能有制造原子弹的核技术。[9]玻尔认为，如果核武器被看作一种常规危险，就更可能使它们被人们弃之不用。到1946年仲夏，这似乎是个理想主义式的空想。

杜鲁门拒绝了这一计划。斯大林在任何时候都不相信美国人或英国人会与他分享任何重要的核技术。他们在反法西斯的密切军事合作时的二战中都没有分享过，他不能想象现在这个时刻他们能这么做。换了是他的话，他肯定也不会与西方分享任何秘密。

沸沸扬扬中，联合国原子能委员会（United Nations Atomic Energy Commission）建立起来，其职责在于对用于和平目的的核能发展方式进行审查。整个1946年春夏，美国人和苏联人就后来可以称之为"核不扩散"提案的诸多想法展开了争辩，但不过是粉饰而已。无论是美国还是苏联，没有一方真正有兴趣达成协议。此时，没有任何东西可以阻止苏联人自己研制原子弹。美国人也不会放弃他们的核武器发展。在会谈中，美国提出一个提议，即苏联人应当放弃任何发展核武器的想法，但美国人可以"为全人类代

8　瑞·蒙克（Ray Monk）：《中心之内：奥本海默传》（*Robert Oppenheimer, A Life at the Centre*），纽约：双日（Dubleday）出版社，2013年。
9　丘吉尔和罗斯福严肃地考虑过玻尔可能会帮助苏联人进行核研究。尽管玻尔不了解曼哈顿计划的所有秘密，但他知道这一计划的存在，他与许多曼哈顿计划的科学家关系良好。而且，作为他那个时代最出色的理论物理学家之一，玻尔可能一直在给苏联人某些关键信息的立场。实际上，他并没有帮助苏联。不过，他接近丘吉尔和罗斯福，敦促他们与苏联人共享核研究成果。海德公园备忘录还有一份秘密附录，内容是："应调查玻尔教授的活动，并采取措施确保他不会泄露情报，尤其是不向俄国人泄露情报"。

管"而保留核弹。从苏联人看,这可是个没什么吸引力的想法。俄国人提议,美国应当销毁其核弹,人人都应许诺将来不再制造核武器。可以想见,美国人当然反对这一方案。

比基尼岛的核试验使得谈判暂停。如果美国人有任何放弃核武器的严肃想法的话,这真会使包括那些曾是比基尼岛核试验的目击者在内的许多人感到奇怪,因为他们正在研制和试验规模更大、威力更强的核武器。

一场同样艰苦的核争端现在浮现在英美"特别关系"中。美国人停止与英国人分享核秘密。在广岛和长崎原子弹爆炸后,英美联合工作立即中止。曾经在洛斯阿拉莫斯及其他地方的实验室工作的英国科学家在二战胜利后很快回到了英国。英国人认为尽管核研究的资金和技术大部来自美国,但合作仍将继续,研究成果仍将共享。让他们吃惊的是,美国人显然在重新考虑战时的合作协议是否要继续下去。英国人愤怒了。但是英国政府不想就此做些什么,以免扰乱英美间至关重要的贷款的微妙谈判,因而,英国对此事采取的是低调的外交式抗议。尽管艾德礼是个人尽周知的暴脾气的人,常常向他手下的公务员炮轰美国,但在致电华盛顿的电文中,他不过彬彬有礼地私下表示他的"失望"。[10]

艾德礼认为战时协议很清楚。在海德公园会晤中,丘吉尔与罗斯福已经决定"在为军事和商业用途而发展管合金过程中英美两国的全面合作应该在击败日本后继续下去,除非两国联合协议终止"。但是美国的风向已变,尤其是在科学家们之间,有些人认为,在二战结束后,英国人没有理由继续从美国科学家出于爱国义务而做的工作中渔利。

哈佛大学校长、国防研究委员会(the National Defence Research Committee)主席詹姆斯·科南特(James Conant)在墨西哥沙漠中目睹

---

10 卡内斯·哈里斯(Kenneth Harris):《艾德礼传》(Attlee),伦敦:威登菲尔和尼克尔森出版社,1982年,第383页。

了第一次原子弹爆炸试验。他声称英国人对核能的"战后工业发展"比其军事用途更感兴趣,彻底反对继续合作。他说他确定自己是代表大多数曾为曼哈顿计划工作的科学家、工程师、技术人员说话。[11]

前战争部部长史汀生致信杜鲁门,问"英国人有什么权利享受美国人的劳动成果?我们……做了百分之九十的工作"。杜鲁门致信伦敦,改变了战时协议的解释,他说,战时各项协议"不适用于商业交换和工业发展……只适用于科学数据"。比基尼核试验的前一个月,美国国会通过了"麦克马洪法案",禁止与任何外国政府或机构进行核能交换,杜鲁门说他的手脚因此被束缚了。[12]

在伦敦,许多官员和大臣困惑不解。贝文告诉内阁成员说:"我们必须在财政上尽可能地自立、不依赖于美国。除非我们能自立自存……否则我们永远都不能尽好我们的本分。"[13]因此,英国应研制自己的核弹。

奇怪的是当时英国国内对此问题没什么争议。日不落帝国虽已经破产,但英国仍愿意为保持大国、强国地位而付出代价。内阁中的财政大臣休·道尔顿和斯塔福德·克里普斯(Stafford Cripps)爵士因为财政原因反对发展核弹的决定——尤其是1946年内阁委员会被告知这要比原先估计多花三四千万英镑,相当于超支15%。不过,他们或多或少属于孤独的少数派。发展核弹之事极为机密,以至于许多内阁大臣压根不知道正在计划制造核弹。1947年1月,这一计划被批准了,内阁委员会建议时仅说"英国不能落在后面"。如以往一样,贝文说得更生动一些。他说:"我们必须要有这个东西。我们必须在原子弹上插上英国国旗。"[14]

11 叶尔金:《破碎的和平》,第355页;威尔逊·密斯坎布尔:《从罗斯福到杜鲁门:波茨坦、广岛与冷战》,第244页。
12 杜鲁门图书馆藏:史汀生致杜鲁门,通信第46号。
13 布洛克:《恩内斯特·贝文:外交大臣(1945—1951)》,第525页。
14 布洛克:《恩内斯特·贝文:外交大臣(1945—1951)》,第530页。

第二十四章 倾听世界 这是转折时刻

　　美国工程师和发明家万尼瓦尔·布什（Vannevar Bush）是最早预见到互联网的人之一。他不知道这会如何发生以及在何时发生，但是，早在20世纪40年代初，他就撰文讨论将出现可以让大家以某种电子交互的方式联系和交流的"全新形式的百科全书"。然而，他更为人们熟知的身份是曼哈顿计划的主要监管人、一位机敏的科学管理者。二战后，他被任命为美国科学研究和发展办公室负责人。布什质疑美国能保持其核垄断权多长时间，也因为政客和决策者的思想素质堪忧而感觉沮丧，他认为这些人是在哄骗、愚弄公众。他不指望他们理解核弹背后的科学知识，但是他们似乎也无法把握政治："国会的这些人……和公众认为有一个秘密，可能就写在一页纸上，是某种神奇的公式。如果我们守护好这个秘密，就永远只有我们拥有原子弹。"

　　布什知道俄国人早晚会研制他们自己的原子弹。洛斯阿拉莫斯和其他军事实验室的科学家和工程师们认为美国的"垄断"可能会持续3到5年时间。他们知道俄国有一大批天才在从事他们自己的原子弹发展计划，他们已经独立地研究明白了制造原子弹的关键点。

　　布什指出，原子弹的基本"秘密"在于原子弹是可行、可研制出来的。"剩下的不过是研制（原子弹）的细节……和制造过程。"他告诉杜鲁门，如果苏联人投入足够的资源——而且他们必定会如此，"5年之内他们就能造出来"。来自杜邦、美国联合碳化公司和伊士曼等参与曼哈顿计划的大公司的实业家们认为苏联人甚至不需要三五年的时间。[15]

　　不过，这些都不是白宫想听的声音——尤其是因为这可能会提升那些想与俄国人分享研发原子弹的人的地位。

　　美国军方确信俄国人发展核武要花远比这更长的时间——很可能要

15　叶尔金：《破碎的和平》，第366页。

20多年。二战期间因主持美国的核计划而被广为信任的莱斯利·格罗夫斯（Leslie Groves）将军在战后仍然管理着洛斯阿拉莫斯，他尤其坚定不移地持这样的看法。他对杜鲁门和参议院调查会说，苏联人搞不到足够的铀。美国已经从世界最大的铀矿地比属刚果买断了整个铀的供应，而且在二战尾声时期的一次戏剧性的突击行动中，美国还搞到了德国的一些核原料。格罗夫斯说苏联和中欧"肯定"没有任何铀原料，尽管来自几个著名的科学家、地理学家和采矿工程师的证据告诉美国当局情况显然与之相反。

然而，政客们喜欢听那些曾主管了第一颗原子弹的制造的军方人员的令人放心的声音。如同一位总统顾问所说的，格罗夫斯把科学家说成是行为出格、反复异常的人，不够资格决定高层政策。在比基尼岛核试验不久前，正是格罗夫斯用他在参议院委员会的听证会上的说辞安抚了国会。"原子弹意味着在另一个国家有它之前，我们掌握着完全的胜利……没有国家有机会秘密武装起来。"[16]

杜鲁门相信军方顾问——从一开始就是这样。但是到1946年底，他意识到美国的核垄断终将飞逝。在斯大林召集库尔恰托夫（Kurchatov）到克里姆林宫并告诉他要加速完成一号任务恰好一年之后，即1946年的圣诞节，苏联科学家进行了可裂变物质的链式反应——这是制造原子弹的关键步骤。此时距离苏联制造出可用的核武器还有两年时间，但是核武器竞赛——冷战最为人们熟悉的军事、政治和文化特征之一——将在1946年结束之前开启。

---

16 叶尔金：《破碎的和平》，第368页。

第二十五章 法兰西的荣耀——"心中的抵抗"

1946年夏的一个夜晚，阿瑟·库斯勒（Arthur Koestler）正在巴黎圣日耳曼区的一个阿拉伯小酒馆中为一个六人小宴做东。宴会包括了一些当时欧洲最著名的知识分子：库斯勒与他美得惊人并很快将成为他的妻子的女伴玛曼因·佩吉特（Mamaine Paget）、让-保罗·萨特（Jean-Paul Sartre）及其伴侣西蒙·波伏娃（Simone de Beauvoir）、作家阿尔贝·加缪（Albert Camus）及其妻子弗朗辛·加缪（Francine）。这个晚上开始时非常安详宁和，萨特由于次日要在联合国教科文组织（UNESCO）大会上演讲，故而打算早点休息。

但是晚餐结束后，宴会仍在继续，如佩吉特所描述的，"跳了会舞……俱乐部里蓝粉交织的霓虹灯下，戴着礼帽的男士们与穿着超短裙的女孩们翩翩起舞"。佩吉特说，她"看见了库斯勒的迷人一面"，他"带着我很难想象在她一生中曾跳过舞的海狸（波伏娃的昵称）起舞"，而同样没什么经验的萨特"在和加缪夫人起舞"。

库斯勒劝说大家继续去白俄罗斯人开的天方夜谭（Scheherezade）夜总会尽欢，在德国占领时期，这家夜总会经常被德国官员光顾。夜总会的特色——吉普森音乐、伏特加、香槟和冷盘美食——让他们身受其害。库斯勒曾是共产党，后来又退了党，现在是个虔诚的冷战分子，他对斯大林进行长篇大论的刻薄攻击。他的杰作《中午的黑暗》（Darkness at Noon）写的是苏联在1930年后期的大清洗，最近刚刚在法国出版，并且很快卖出了25万多册。萨特和波伏娃尽管不是共产党员,但是共产党的同情者,而且,他们公开地辩称共产主义是将来的必然趋势。加缪大致处在这两种观点之间。

虽然加缪控制住了自己的酒量,但所有人都醉醺醺的。凌晨4点左右,库斯勒纠集着一群人一起去巴黎大堂接着喝酥皮洋葱汤、白葡萄酒、香槟,吃牡蛎。萨特醉得尤其厉害。他不停地"往餐巾上倒胡椒和盐,然后叠成小块,塞进口袋"。早晨8点时,20世纪哲学史上两位巨匠——波伏娃和萨特沿着横跨塞纳河的桥上踉踉跄跄地走着,一边大声说他们要不要跳进河里。萨特只睡了两个小时,但是这天的晚些时候,他还是写作并发表了他的演讲,获得了热烈的掌声。[1]

尽管法国在二战中遭遇了屈辱的失败——被德国占领了,尽管有解放后立即开始的秋后算账的创伤以及自此之后的持续的政治和经济危机,但巴黎仍然慢慢地开始恢复元气。……巴黎仍然是巴黎。首先,人们能搞到像样的食物和酒了——如果你够幸运的话。还有不少载歌载舞的夜总会。迷人而时尚的女性沙龙重新开张了。各类思想和思潮潮涌,影响重大,引发了人们的热烈讨论。与之如此不同的是,如乔治·奥威尔(George Orwell)所观察到的,在生活拮据的英国人的生活中,没人如法国人这样关注各类思潮。战后,奥威尔写道:"英国人对知识问题没足够兴趣,他们难以忍受这些问题"。与欧洲大陆其他国家相比,法国在二战中遭到的物质损伤稍小,巴黎甚至除了在盟军解放后德国人撤退时遭遇过几次炸弹,可以说几乎没被轰炸

---

1 阿瑟·库斯勒和让-保罗·萨特的故事可参见安东尼·比弗(Antony Beevor)和阿特密斯·库伯(Artemis Cooper):《解放后的巴黎》(*Paris After Liberation*)伦敦:企鹅出版社,1995年,第300—302页;赛利亚·古德曼(Celia Goodman)编:《与库斯勒一起生活:玛曼因·佩吉特的信(1945—1951)》(*Living with Koestler, Mamaine Koestler's Letters 1945—1951*),纽约:圣马丁出版社,1985年。

第二十五章 法兰西的荣耀——"心中的抵抗"

过。巴黎的伤痕不同——但深重。[2]

1946年，巴黎和平会议从8月开到了10月，尽管有来自各方的延宕，最终还是缔结了盟军与意大利、匈牙利、罗马尼亚、保加利亚和芬兰之间的"巴黎和约"（亦称五国和约）。这次会议没有将近30年前一战结束后在凡尔赛宫镜厅中举行的巴黎会议那么壮观和盛大。当年的巴黎和会上，各国总统和首相在巴黎待了几个星期，决定了好几个有数百年历史的帝国的命运，大笔一挥地创建了好几个新的国家。而现在的和平大会中，做决定的是16个国家的外长，整个夏天，他们在巴黎的卢森堡宫召开了一系列的会议。此前，反法西斯同盟国间还举行了一系列单独会议。这些关于意大利的殖民地的未来、昔兰尼加问题和芬兰中立问题的决定非常重要。但最重要的是东西方之间以及偶尔在西方盟国之间出现的不断深化的不信任感。

会议期间，经常有——可能是欠考虑的——官方午餐。有一天下午的会上，贝文注意到英国驻法大使达夫·库珀（Duff Cooper）正昏昏欲睡。贝文告诉他的一位行政助手说："告诉达夫，如果有事，我会叫他。"接着，他又更大声地说："他是这个房间里最明智的人。这完全是浪费时间"。[3]

还有一次，贝文再次重复了他此前关于苏联人的评论。"我们都不得不接受这一点，在欧洲某些地方所发生的一切不过是一伙骗子取代了另一伙骗子。"[4]

早先的会议使法国与其他西方盟国之间积聚已久的不和爆发出来。法

---

[2] 乔治·奥威尔（George Orwell）：《政治与英语》（*Politics and the English Language*），《地平线》（*Horizon*），1946年3月。

[3] 达夫·库珀日记，1946年8月18日，见约翰·尤利乌斯·诺维奇（John Julius Norwich）编：《达夫·库珀日记》（*The Duff Cooper Diaries*），伦敦：威登菲尔和尼克尔森出版社，2005年。

[4] 引自：阿诺德·奥夫纳（Arnold Offner）：《另一种胜利：杜鲁门与冷战，1945—1953》（*Another Such Victory: President Truman and the Cold War, 1945—1953*），斯坦福（加利福尼亚）：斯坦福大学出版社，2002年，第276页。

国在德国有部分占领区,主要由大产煤地萨尔区组成(一战后,萨尔从德国分离出来,归属法国。1935年,萨尔区人民全民公投,回归德国。1945-1955年再次划归法国管辖。1955年再度公投归属德国。——译注)。在雅尔塔会议上,美苏两国都不希望法国占领任何德国领土;斯大林和罗斯福想知道到底为什么一个"失败"国家——斯大林称之为"一个屈辱的国家",罗斯福认为是一个无足轻重的国家——应当在德国问题上有权置喙。丘吉尔认为,作为一个"欧洲强国",法国应当有"战胜国"的待遇。他的意见占了上风,但是其他盟国坚持法国区应当从英国防区中划分出来。丘吉尔同意了,但他的打算可没有法国人想的那么浪漫和荣耀。丘吉尔认为,如果美军在接下来的两三年内撤出欧洲,英国人将需要与法国人共事,将法国作为抵抗俄国人的一个堡垒,而且,用他的话说,他想"抬举法国"。丘吉尔还坚持法国应在联合国中坐上席,成为联合国的常任理事国之一。

在法国流亡领导人戴高乐(Charles de Gaulle)将军看来,在德国有一个法国占领区极为重要。戴高乐在1944年作为流亡政府首脑回到巴黎,巴黎举行了盛大的胜利游行。对他来说,荣耀既是一种情感,也是一种实际政策。可能法国不再是以前那样的强国,但是在戴高乐战后那非凡的虚张声势中,其中一部分就是要把法国仍当作昔日强大的法兰西。他坚持认为,法国的团结取决于自尊。

但在1946年初,在一系列他认为已经使得整个国家无法治理了的选举后,戴高乐辞职了。没有政党获得多数优势,共产党和右翼之间的联合很不稳定,也没有人有权做出决策。戴高乐相信他是必不可少的,法国人民会要求他作为国家的救星回归政坛,如同1944年夏那样。不过,这次他将要等

第二十五章 法兰西的荣耀——"心中的抵抗"

待12年。[5]

在德国的占领区问题上，戴高乐的继任者的态度和他一致。可以理解，法国对德国念念不忘。法国人想要获得严厉的赔偿——如他们在一战后那样——起初，他们打算完成摧毁德国经济。他们一直坚持要求德国解除武装，还想把鲁尔的大部分工业以及萨尔的煤矿移交给法国。这是个狮子大开口的自欺欺人的计划，从来就没有实现的可能。美国人和英国人想重建德国，他们认为法国的恢复需要有一个强大的德国，让德国一穷二白毫无意义，因为法国的复原有赖于德国的煤、钢铁及其专长。

争论自胜利日后一直在继续。但在1946年的巴黎和平会议上，法国人气馁地知道了英国人和美国人打算把他们在德国的占领区合为一个，这实质上是创建一个有民主合法性和规模经济的州。时机是英国人强迫选定的，他们再没法在英防区养活这么多德国人了。英国国内刚刚引入面包配给制，英国人抱怨，德国人吃饱了，英国人却要挨饿。

不过，美国政府已经认定，自欺欺人地认为德国在被4个国家占领的情况下还仍是一个国家毫无意义。乔治·凯南曾预言说："认为德国可以由德国人与俄国人共同经营的想法简直是痴人说梦。我们没得选择，只能带领我们在德国的占领区——我们和英国人都认为这一区域是我们的责任——成为一个繁荣、安全的、优秀的以至于东方无法威胁它的独立体。……一个分离的德国比统一的德国要好。一个分离的德国至少可以作为极权主义

---

5 有关戴高乐重建法国的问题参见如下著作：乔纳森·芬比（Jonathan Fenby）：《戴高乐及其拯救的法国》（*The General: General de Gaulle and the France he Saved*），伦敦：西蒙和舒斯特出版社，2011年，第277—340页；比弗、库伯：《解放后的巴黎》；罗伯特·艾伦（Robert Aron）：《法国解放史》（*l'Histoire de la Libération de La France*），巴黎：费亚德（Fayard）出版社，1959年；戴高乐（Charles de Galut）：《战争回忆录第三卷：拯救（1944—1946）》（*Memoires De Guerre: Le Salut, 1944—1946*），巴黎：普隆（Plon）出版社，1962年；安德烈·马劳克斯（Andre Malraux）：《反回忆录》（*Les Antimémoires*），巴黎：伽利玛（Gallimard）出版社，1967年；威廉姆·希区柯克（William Hitchcock）：《法国复兴：冷战外交和寻求欧洲领导权（1944—1954）》（*France Restored: Cold War Diplomacy and the Quest for Leadership in Europe, 1944—1954*），教堂山（北卡罗来纳）：北卡罗来纳大学出版社，1998年。

力量的缓冲区,而一个统一的德国将把集权主义力量引入北大西洋的北海去。"美国人从戏剧中想出了一个名词——随着巴黎和平大会的开始,双占区(Bizonia,即英美占领区)应运而生。[6]

法国与盟友相处不睦。西方盟国无一打算要与苏联人和睦共处。为会谈而翻修一新的卢森堡宫的气氛日趋冷淡。

不过,有些巴黎人心满意足。外交官和政客们给这座城市的餐馆和夜总会带来了许多生意,使其门庭若市,正如大半生都生活在巴黎的作家南希·米特福特(Nancy Mitford)给姐妹们的信中所写的:"有人告诉我,参加和平会议的人离开卢森堡宫时,皮条客们简直恨不得拉住他们,跟他们说'我爱你们'。他们简直是上帝"[7]。

如同英国人一样,法国人也不得不请求美国贷款。这笔贷款总额为22.50亿美元,比给英国的贷款额度稍小,但是不得不对伤害了法国人的自尊和骄傲的美国人毕恭毕敬。法国正处于灾难性的经济困境之中。战争期间,法国被德国人吸干了血。德国占领期间,纳粹让维希政府付出了巨额代价。法国一直被迫将几乎所有外汇储备交给德国人,但这还不够。德国人还印刷纸币,给通货膨胀火上浇油。

战争中幸存下来的人常常摈弃现金,回归到以物易物。人们互相交换商品和服务,甚至工厂工人的工资也常常是实物形式。在许多城镇,饥饿是

---

6 法国人最终同意了合并占领区的意见,1947年,法占区合为一个。幸亏没人想取名为三占区(Trizonia)。两年后,西德(全称为德意志联邦共和国)成立。法国人也明白复兴德国的道理,并且确立了一个法德煤钢联营体系。这是后来成长为欧盟的机构的肇始。德国人曾开玩笑说占领区之间的差别:"美国人许诺极少,但给予极多。俄国人什么都许诺,但什么都没给;英国人什么都不许诺,什么都不给。法国人许诺……他们永远恨我们。"乔治·凯南致查尔斯·博伦(Charles Bohlen)的信(1945年7月20日),引自:沃尔特·伊萨克森:《智者:六位朋友与他们创建的世界》,第306页;另见叶尔全:《破碎的和平》,第288页。

7 给戴安娜·莫斯雷(Diana Mosley)的信(1946年8月9日),见比弗、库珀:《解放后的巴黎》,第296页;夏洛特·莫斯雷(Charlotte Mosley)编:《米特福特一家:六姐妹通信集》(The Mitfords, Letters Bertween Six Sisters),哈珀·佩莱尼尔(*Harper Perennial*)出版社,2008年。

常见景象。住在乡村的人们的境况要好些,毫不奇怪,在富裕地区的人们当然境遇最好。法国虽然不再被占领,但其境内——尤其在巴黎——有许多美国大兵和官员在为盟国机构做事。刚刚进入1946年春,盟军驻欧最高统帅部就接到了许多令人不安的报告。有报告说,"法国的食物问题仍然严峻。法国的城市从未达到过平均每人有2000卡食物的水平"。另外一份报告指出,"消费失衡"令人深感担忧。据盟军驻欧最高统帅部的估计,大部分法国人每天只能有1350卡的食物维持生存。

当然,黑市扭曲了所有的一切。这是通病,几乎所有人都在打破常规。在巴黎最优秀的孔多塞中学,一群学生在一名13岁的孩子的带领下,从美国人那里抓了一大堆口香糖,通过出售获利颇丰。到处都是坑蒙拐骗,农民们非法将东西卖给有燃油津贴的外交官们,这样他们的东西可以装上车并运输出去。餐馆与有意的顾客搞黑市交易。法国解放后,枪支被暂时禁止,结果出现了猖狂的非法军火交易。任何可以搞到外币的人都能大发横财。

《外交》杂志中颇有影响力的编辑汉密尔顿·费什(Hamilton Fish)1946年曾经旅法。他报道说:

什么东西都极度稀缺——运行的火车、公交、载客大巴都非常少……做无添加的面包的面粉也少得可怜……食物紧缺,无法为辛勤工作提供能量;纸张短缺,报纸只能印一小张有关世界新闻的报道;连种子和施肥用的肥料也奇缺;可以住的房子也少得可怜,甚至没有足够的玻璃安装窗户;造鞋子用的皮革、做毛衫用的羊毛、取暖和做饭用的煤、做尿布用的棉花、做果酱用的糖、煎炸用的油、婴儿吃的牛奶、洗衣服用的肥皂,等等,无一不稀缺。……[8]

---

8 引自托尼·朱特:《战后:1945年以来的欧洲史》,第132页。

有些手里有大量东西的人尽管过得雅致风光，但也很无耻。诺埃尔·科沃德（Noel Coward）记录了他为温莎公爵和公爵夫人举办的宴会。"我招待了他们一份精美的晚餐：清炖肉汤、骨髓土司、烤龙虾、蛋黄酱沾腓里牛排、巧克力蛋奶酥。可怜的挨饿的法兰西。"不过，人们对此很是反感。在第五俱乐部演出的歌手伊夫·蒙当（Yves Montand）看到有顾客点了整整一份龙虾，却只吃了一半，然后把一根雪茄摁灭在没吃完的龙虾上，他走下舞台，把那人揍了一顿。[9]

在解放后的最初几个月里，6000人死在所谓的"清肃"（L'épuration sauvage）中，这是地方治安员发起的第一波复仇浪潮。著名的"叛国者"被处以私刑或枪杀，有些官员因"国家堕落"罪甚至无须私设公堂就被折磨致死。一些妇女因横向合作——与敌人有性关系——而被杀，尽管通常的惩罚是被当众剥光衣服、剪掉头发、涂上油漆、扎上羽毛。虽然逐渐有法律干预，但1945年和1946年的6763宗死刑控诉案件中，还是有791人被斩首处决。

战时合作非常广泛。而法国政府就是最大的合作者。戴高乐试着以一种叙事模式统一和团结法国，在这种叙事模式中，大多数法国人都是"抗敌"的，但法国先是被战前的第三共和国的政客们、继而由被维希政府的一小撮叛徒出卖了。戴高乐说，在整个德国占领期间，法国男女老少在心中都是忠于祖国的，而且，通常他们的行为也是这样。一旦维希政府垮台，法国将如往常一样前进，忘却过去的数年时光。

这种叙述模式中的法国历史的一个问题在于，维希政府实际上很受欢迎，而且一直是依据宪法组成的。为维希政府工作的人可以合法地宣称他们没有做任何违法的事。战后，在600万政府雇员中，大概有1.1万公务员丢

---

9 引自比弗、库珀：《解放后的巴黎》，第325页。

第二十五章　法兰西的荣耀——"心中的抵抗"

掉了饭碗，比被维希政府解雇的3.5万人要少一些。

那些与德国人发生性关系的妇女同样没有违法。法国通过了一项治理她们的罪行——"国家之耻"罪——的法律，她们被追溯起诉。此外，还有许多如太过热烈地支持维希政府的教师等其他人（共计49723人）实际上也没有犯法。惩罚通常是剥夺投票权，男人们必须归还他们的战争奖章，有些人还被投入了监牢。但审判他们的法官在维希政府时期就一直在其位。没人因为类似于反人类罪这样的罪行——比如抓捕犹太人，将其送入东部的集中营——而受到惩处。如同其他战争罪行一样，人们公认，只有德国人犯下了这样的滔天罪行。[10]

根南希·米特福特写给伊夫林·沃夫（Evelyn Waugh）的信说，温莎公爵和公爵夫人"跟每个人说法国正处在共产主义的边缘，他们必须把珠宝放到一个安全的地方"。解放后，共产党在联合政府中获得了一系列职位，尽管他们始终是少数。但他们在战后第一次选举中赢了，获得了26.5%的选票，尽管在1946年6月的民意调查中，他们位居第二，落后于人民共和运动党（Christian Democratic Mouvement Republicain Populaire）。1946年年中，法国共产党的党员数量比除了苏联外的欧洲任何国家都多。他们还宣称，有7.5万党员被杀，极大地夸张了共产党抵抗战士被打击的人数。[11]

不过，毫无疑问，共产党会试图武力夺取政权。斯大林也绝不会允许他们这么做。他对法国共产党有兴趣，给他们提供小笔资金，给他们大量的道义支持，但是他一直告诉他们要坚持走和平道路。法共领导人莫里斯·多列士（Maurice Thorez）——"他的敌人把他结实的、弹性十足的脸看作

10　关于法国在战后的"清洗"问题参见托尼·朱特：《战后：1945年以来的欧洲史》，第112—116页；另见希区柯克的《法国复兴：冷战外交和寻求欧洲领导权（1944—1954）》；罗伯特·艾伦：《法国解放史》，第235—245页。
11　米特福特致沃夫（Waugh）信（1946年10月21日），夏洛特·莫斯雷编：《南希·米特福特与伊夫林·沃夫通信集》（*The Letters of Nancy Mitford and Evelyn Waugh*），伦敦：企鹅出版社，2010年。

是骗人的面具"——在战争期间的多数时间里流亡莫斯科。在俄国流亡的将近5年时间内,他仅仅与斯大林见过两次面。第二次见面是在他回巴黎的前一天,苏联最高领导人告诉他不要做"扰乱我们与美国的同盟关系"的任何事。多列士当时51岁,以前当过矿工,靠惊人的记忆力自学成才,他是个彻彻底底、货真价实的斯大林主义者。他遵从了斯大林的话,尽管许多法国同志对苏联人不鼓励他们夺取政权感到失望。[12]

多列士不断收到来克里姆林宫的信息,这些信息建议他避免任何导致与西方决裂的行为,并且,要"继续加入人民阵线的道路"。斯大林和多列士本人都相信,法共早晚将赢得可以领导联合政府的选票。多列士小心谨慎。法共在工会中的组织非常强,尽可能多地吸收知识分子加入或偏向共产党,但他们没有做任何违宪的事。

然而,美国人和英国人惊恐了——恰恰是因为多列士是如此正确和明智。英国驻法大使达夫·库珀说:"好像共产党对任何事、在任何地方都有他们自己的方法。"美国驻法大使杰弗森·卡福瑞(Jefferson Caffery)向国务院报告:"巴黎是名副其实的共产党特务的蜂巢。苏联人的木马计掩饰得天衣无缝,数百万共产党激进分子、同情者和投机者一直相信保卫法国的最佳方式就是把法国的国家利益等同于苏联的目标。"[13]

许多法国人同样关心另一个外国势力对法国的影响。西蒙·波伏娃在天方夜谭的酒醉之后不久前往美国巡回讲学。她说:

> 他们反共反得几近神经衰弱,他们对欧洲、法国的态度是一种傲慢的屈尊俯就……我听到学生、教师和记者严肃地质疑,如果在苏联来得及反击之前向莫斯特投掷原子弹是否会更好。他们向我解释,为了保卫自由,有必要镇压共产主义。政治迫害开始了。

---

12 比弗、库珀:《解放后的巴黎》(*The Liberation of Paris*),第243—245页。
13 卡福瑞大使致国务院,1946年9月30日,FRUS:1946年第5卷,第776页。

第二十五章 法兰西的荣耀——"心中的抵抗"

回到巴黎后,波伏娃在餐馆里见到一些美国士兵。"我们过去热爱他们。这些穿着卡其色的高个子士兵们看上去如此平和。他们是我们的自由的保障……现在,他们代表着我们的依靠和道德威胁。"[14]

作家罗伯特·艾伦(Robert Aron)的意见似乎代表了大多数人。他不喜欢美国人所提供的那些东西。美国的经济体系并不是"人性化的范本"。但是个人的选择如同国家选择一样,"在于是要有广泛的自由……还是要严苛统治下的别的东西"。这话说得相当直截了当。"这从来不是善与恶之间的斗争,而是更好更优与可憎可恶之间的斗争。"

---

14 西蒙·波伏娃(Simone de Beauvoir)著、理查德·霍华德(Richard Howard)译:《环境的力量》(*Force of Circumstance*),伦敦:企鹅出版社,1968年,第455页。

第二十六章　斯大林的土耳其空城计

在他人生的最后时刻，盲目忠诚的莫洛托夫承认他的领袖斯大林犯了大错。他说，在斯大林数十年的掌权中，他几乎在所有事情上都是正确的——除了1946年的土耳其。在土耳其，他严重失算了。苏联人和美国人几乎卷入一场他们都不想打的战争。只是由于一个英国间谍的预警行动而幸得避免。

1946年8月和9月，巴黎和平大会的气氛越来越充满火药味。代表们火气十足。在他们的第一轮会谈中，恩内斯特·贝文把莫洛托夫比作希特勒；莫洛托夫这个苏联巨头（他确曾与希特勒会过面）开始看起来很震惊，然后冷笑着，没搭理这个英国外交大臣。贝文道了歉，双方的交锋更加激烈。贝文厌恶共产党，因为他们在20世纪20—30年代试图向他深爱的英国运输总工会和工党的一些部门渗透，而且他很少掩饰他的厌恶之情。在巴黎期间，他说："莫洛托夫就像工党中的共产党。要是待他不好，他会充分利用他的不满；要是待他好，他只是提高价码，然后骂你。"[1]

而在幕后，苏联人正试图威吓土耳其政府，要求土耳其政府同意苏联人在博斯普鲁斯建立军事基地——这是自沙皇时代起俄国人一直以来试图实现的一个关键目标，并且苏联军舰可以自由通过达达尼尔海峡。战争一结束，斯大林向土耳其要求其东北部的卡尔斯和阿尔达汉的共同所有权。这两

---

[1] 休·托马斯（Hugh Thomas）：《武装停战：冷战的开端》（*Armed Truce: the Beginning of the Cold War, 1945—1946*），163页。

第二十六章 斯大林的土耳其空城计

个地方在18世纪的凯瑟琳大帝统治时期一直被俄国人征服占有，但1921年布尔什维克专注于俄国内战时，列宁放弃了这个地方，将其归还给土耳其。土耳其人拒绝了斯大林的要求，在波茨坦会议上，英美两国都支持土耳其。苏联有权通过达达尼尔海峡，但不能在土耳其建立军事基地。

斯大林不会放弃。苏联在保加利亚有20万大军，在罗马尼亚有7.5万苏军。他预计如果向土耳其施加足够大的压力，他们肯定会屈从于苏联的要求，西方盟国也会接受这一既成事实。莫洛托夫一度不同意领袖斯大林。他对斯大林这样说："西方人不会接受。这一步走得太远。"后来，他又说："这始终是个不合时宜和不现实的事……但是斯大林坚持并且命令我继续推进和要求共同所有权"。[2]

土耳其人向美国求助。杜鲁门确信苏联人准备入侵土耳其，认为这是对他的强硬"遏制"政策的一次大考验。8月15日，星期四，杜鲁门在总统办公室会见了参谋长联席会议各成员、中情局局长和代替正在巴黎的国务卿詹姆斯·伯恩斯的迪安·艾奇逊。参谋长联席会议的将军们和情报局局长报告说，巴尔干的苏军没有明显的调动迹象，与其说这是个军事问题，不如说更多的是政治问题。6个月前的伊朗危机中，艾奇逊不鼓励强硬路线；相反，他建议实行让俄国人从容撤退的路线。但这一次他却毫不含糊。"制止苏联人对美国的利益而言至关重要"，他告诉杜鲁门，"而且，只有当苏联人相信美国准备用武力对付他们的侵略时，才能制止住他们"。[3]

杜鲁门一度几乎要同意他的观点。他命令立即派遣一支舰队前往地中海。五角大楼在前一年已经开始为中东的铁钳战争计划（Operation Pincher）做准备，但后来被叫停了。现在，杜鲁门希望能再次仔细考虑下

---

2 菲利克斯·乔弗（Feliks Chuev）口述、阿尔伯特·瑞希斯（Albert Resis）编：《莫洛托夫回忆录》（*Molotov Remembers: Inside Kremlin Politics: Conversations with Felix Chuev*），芝加哥：I.R. Dee，第194页。
3 艾奇逊：《创世亲历记》，306页。

这一计划。[4]

他让艾奇逊去接近英国人,要求他们允许携带原子弹的B-29美军轰炸机使用英国军事基地。他还说,他会将艾奇逊的政策"推行到底"。艾奇逊后来说,杜鲁门决定极为迅速,以至于有将军问他是否完全理解其影响。杜鲁门把手伸进桌子,拉出来一张破旧的大世界地图,开始向大家演说自古以来中东地区的历史重要性。他说:"我们不妨看看苏联人是不是在现在开始的五年或十年内一心一意地征服世界。"[5]

4天后,即8月19日,美国国务院告诉莫洛托夫,强调"海峡的防卫问题最好留给土耳其"。苏联军舰可以安静地通过海峡,但是如果有打算在土耳其建立苏军基地的任何威胁或攻击,将"遭遇联合国安理会的行动"。其言外之意是美国将插手土耳其的防御。

也正是在同一天,当美国听说南斯拉夫击落了一架非武装的美军C-47运输机、导致5名机组人员丧生时,局势更为紧张。这家运输机进入南斯拉夫领空仅仅3000米,南斯拉夫未经警告就发动了袭击。这是巧合,完全没有事前计划,与俄国人毫无干系,但杜鲁门和国务院却对此表示怀疑。政府中的许多人认为铁托为斯大林打掩护,不相信社会主义"阵营"即将分裂的流言。飞机被击落的消息一传来,参谋长联席会议主席艾森豪威尔立即警告说不要反应过度。他说,这并不是一场危机。他告诉国防部长,他不认为击

---

[4] 英国人也搞了一个对付苏联人的战争计划,不过是在欧洲。这一计划的想法是一旦需要的话,利用德国士兵对付苏联人。1945年遭遇大选失败的两个星期前,丘吉尔让帝国参谋总长搞一个进攻苏联人的"假想"计划。策划者们被告知,他们将得到英美政府的"全力支持"。这一计划代号为"不可思议"(Operation Unthinkable)——这一计划在二战胜利日后仅仅两个月后出台,确实够不可思议的。这一计划的主要内容是"如何将美国和英帝国的意志施加于俄国",争取东欧的"公平交易"。尽管苏联红军有优势兵力,这一计划却打算用47个师进攻苏联,比德国在1941—1942年更深入苏联境内。计划者们认为,即使利用此前的敌人的德国部队,胜算仍然渺茫。总参谋长艾伦·布鲁克(Alan Brooke)爵士(后来的勋爵)在日记中写道:"整个想法天马行空,不可能有成功的机会。"这个计划很快偃旗息鼓——而丘吉尔在他的细致的回忆录巨篇中从未提及它的存在。

[5] 艾奇逊:《创世亲历记》,308页。

第二十六章 斯大林的土耳其空城计

落一架运输机可以导致一场战争。"[6]

当晚的晚些时候,艾奇逊召集在华盛顿的新任英国驻美大使——尊贵的英弗查普尔勋爵(Lord Inverchapel)来国务院。和卡尔爵士(Archibald Clark Kerr)一样,几周前,英弗查普尔爵士还是驻莫斯科大使。艾奇逊向英弗查普尔公布了杜鲁门对此事将追查"到底"的意见。英国大使问美国是否准备开战。艾奇逊沉重地表示:"总统完全意识到这一问题的严重性,准备采取相应行动。"[7]

他们在华盛顿等着下一步的行动……莫洛托夫解释说:"我们及时撤退了,这是好事……否则将会出现对我们的联合攻击。"两天后,苏联人让步了,撤销了军事基地的要求。莫洛托夫说,他们"操之过急",然后,他又风趣地加了一句:"情报机构可能阻止了战争的爆发"。[8]

事实上,是在苏联间谍、剑桥五杰[9]之一的唐纳德·麦林恩(Donald Maclean)阻止了战争的爆发。麦林恩当时是英国驻华盛顿大使馆的一等秘书。他知道英弗查普尔与艾奇逊之间的谈话,并看到了大使发回伦敦、强调杜鲁门追究"到底"的电文。他将此消息急电发给了莫斯科。

斯大林从来没打算激起一场战争。正如莫洛托夫曾说,他是在"试探",看看西方人到底会走多远,用列宁的名言说:"用刺刀试着刺一下,如果感觉柔软,那就再用力一些。如果遇到抵抗,感觉僵硬,那就退回来,再想一想"。现在斯大林对美国人有了更多的了解——或者说,他自认为如此。

---

6 罗伯特·多拉克:《失落的和平:1945—1953年恐怖与希望并存时期的领导人》,第216页。
7 艾奇逊:《创世亲历记》,第309页。
8 《莫洛托夫回忆录》,第196页。
9 剑桥五杰(Cambridge Five)是5名被苏联克格勃招募的英国间谍。其中已知的4人分别为英国情报局官员盖·伯吉斯(Guy Burgess)、吉姆·费尔比(Kim Philby)和安东尼·布朗特(Anthony Blunt)以及英国外交部秘书唐纳德·麦克林(Donald Maclean),但第五人身份至今未知。这几人20世纪30年代都曾经在剑桥大学就读过。——译注。

这场危机并未改变莫洛托夫的间谍观。他广泛地依赖于他们。一位与莫洛托夫共事的克格勃"组织"的第二大人物帕维尔·苏朵普拉托夫（Pavel Sudoplatov）回忆说："我们因为他的要求而几近极限。……如果莫洛托夫感到自己没有获得充分情报，他会大发怒火。'为什么？'有一次他咆哮着说，'为什么没有相关文件？'"[10]

莫洛托夫不信任任何人——这是苏联领导人的共性。他对间谍也保留有特殊猜疑。"你不能依赖情报官员。你可以听他们的意见，但是有必要查清他们。情报官员可以把你引向危险境地……（在他们中间），这里、那里，到处都有许多奸细。"

杜鲁门将土耳其危机看作一场不流血的胜利和"遏制"政策的正确的证明。俄国人看法却不同——不管怎么说，他们从未打算进攻土耳其。尽管最后结果是斯大林在土耳其的"刺探"耗掉了他在美国和欧洲的许多政治资本。他再未被美、欧信任，很快，美国将在土耳其设立军事基地，恰好是沿着苏联的南边国界。而且，建议对苏采取强硬政策的华盛顿冷战斗士的力量得以加强了。

---

10 帕维尔·苏朵普拉托夫（Pavel Sudoplatov）：《特殊任务》（*Special Tasks*），353页。

第二十七章　血洗加尔各答

1946年8月16日，星期五，早晨8点，加尔各答市中心的温度已经高达31摄氏度，湿度91%。这是季风季节的顶峰时期。穆斯林联盟主席穆罕默德·阿里·真纳（Mohammed Ali Jinnah）称这天为罢工和示威游行（hartal，在乌尔都语和印地语中，意思为总罢工）的直接行动日（Direct Action Day）。在此次行动中，整个印度的穆斯林都将宣誓要致力于建立巴基斯坦、反对国大党。在全国大部分地区，真纳的关于和平抗议的再三呼吁受到了人们的重视。然而，在加尔各答，总罢工是3天血腥暴动的开端，导致了6000多人死亡，至少1.5万人受伤，腐尸的臭气势不可挡地充斥于这个西孟加拉邦的大城市。

导致"直接行动日"的近因是春季选举后印度临时政府的组成。真纳宣传，英国人没有给穆斯林足够多的高级职位，他还称国大党是"法西斯大聚会"。他发布消息，呼吁所有穆斯林联盟成员"和平自控、举止纪律，不要给敌人以……可乘之机"。

但是，在总罢工的这天上午，当穆斯林联盟支持者打开报纸时，发现了一则显眼的广告：

今天是直接行动日，

今天，印度的穆斯林将为自由事业，

奉献生命和所有一切。

今天，让每个穆斯林以真主的名义发誓，

抵抗侵略，

直接行动现在是他们的唯一出路。

因为他们提出和平，但和平却被践踏，

他们尊重他们说的话，但他们却被出卖，

他们宣言自由，得到的却是奴役，

现在只有竭尽全力才能保障他们的权利。

加尔各答市长的头像被印在传单上，为计划在这天下午进行的集会做广告："我们穆斯林曾经加冕称王，并施行统治。不要灰心，做好准备，拿起剑。异教徒，你们的死期不远，大屠杀即将来临"[1]。

这一天的天气越来越闷热，整个上午，穆斯林朝着加尔各答市中心的公共开放区马坦前进，示威游行将在那里开始。加尔各答的印度人为这次麻烦做好了准备。许多人把自己封锁在他们的地盘内。印度犯罪团伙在穆斯林的直接行动日的前一周就一直在武装自己，当天上午，他们截断了两条跨过胡格利河的桥，以阻止穆斯林前往集会地。

下午两点，1万多用刀、警棍和各种棍棒武装起来的男人聚集在奥特隆尼纪念碑附近，这个纪念碑是个丑得出了名的50米高的方尖碑，顶上是一个拜占庭风格的迷你圆顶。此碑是1828年为纪念大卫·奥特隆尼（David Ochterlony）而建立的，他是一名苏格兰将军，打赢了兼并尼泊尔的战争。这个纪念碑是英属加尔各答的主要地标之一。这天下午，大腹便便的西孟加拉邦首席部长、穆斯林联盟的主要领导人之一侯赛因·沙希德·苏拉瓦底（Husain Shaheed Suhrawardy）正是在这里发表了煽动性的演讲。据印度总督威韦尔勋爵说，苏拉瓦底"是印度最无能、自负和不诚实的政客之一……一个毫无原则的追名逐利的野心家"。没有对他此次演讲的原文的准

---

[1] 亚斯敏·可汗（Yasmin Khan）：《大分裂：印度与巴基斯坦的形成》（*The Great Partition: The Making of India and Pakistan*），耶鲁大学出版社，2007年，第288—292页。

第二十七章 血洗加尔各答

确记录，但当时在场的不少人记得他的演讲令人不寒而栗，尤其是在当时的环境下，更是如此。

几分钟内，示威运动失控了，加尔各答被纵火焚烧。无人确切知晓暴力是如何发生的、谁是始作俑者，但是穆斯林劫掠印度人的家和商店，印度人也狠狠地回击穆斯林。下午4点50分，英军驻加尔各答总部所在地威廉堡发出了"红"字紧急信号，向其他英属印度地区通告加尔各答发生了严重的暴力骚乱。

英军司令官中将弗朗西斯·图克尔（Francis Tuker）爵士下令实行宵禁。当来自格林霍华德团的部队抵达加尔各答时，他们目击到暴力已经从加尔各答市中心扩散到了郊区的码头和贫民窟。当时的情景极其悲惨。一家给年轻印度人提供服务的健身中心的老板裘格尔·齐德拉·高殊（Jugal Chandra Ghosh）承认，在穆斯林攻击他所在的街区后，他协助组织了"报复队"。"我看见……有4辆卡车，每辆车上的死尸堆得将1米高；他们被堆到卡车上，血和脑浆如同装在袋子里的糖浆一样慢慢流了出来。……整个景象对我震撼极大。"结果是他去杀死了更多的穆斯林。另一个印度打手回忆说："一个国大党政客把我带到他的吉普车里。我看到了好多尸体。印度人的尸体。我告诉他……印度人会报复的。"

"人们……兴奋异常，或是因为酒，或是因为热情。"一个穆斯林大学生萨义德·纳兹姆·哈希姆（Sayed Nazim Hashim）回忆说。他还说，穆斯林联盟内存在着一种"兴奋"感，如同身在战斗中。加尔各答到处都是骑着白马、挥舞着弯刀的真纳的巨幅画像。另一个学生回忆了在暴乱后的大学街的景象，这条街上，住着数十家穆斯林书商。"当我们到那里时……看到街道两边都堆满了尸体，有男人，有女人，还有小孩，所有书都被扔在路上，烧了、毁了。"[2]

---

2 亚斯敏·可汗（Yasmin Khan）：《大分裂：印度与巴基斯坦的形成》，第120页。

晚上，局势暂时平静了几个钟头，但是，第二天，暴力冲突再度爆发，并且比前一天更为严重。在印度，印度人与穆斯林之间此前曾发生了无数次暴乱，但没有一次有这样的规模和残暴。第二天，加尔各答的小群体锡克人也加入其中，据一位目击者说，他们"冲进穆斯林地区，任意残杀"。没有人是安全的，异教徒——世俗主义者——要么被视作是此派，要么被认为是彼派。他们开始在衣服上画上红十字，以表明他们既非印度人，亦非穆斯林，但压根没有用。

无论是警察还是军方都没能控制住这个城市。加尔各答看上去如同战场。图尔克将军向总督报告说："这是恣意的兽行，嗜杀成性的疯子随意地屠杀、残害、焚烧。加尔各答的黑暗势力在操纵着这座城市……警察没法控制住。"[3]

当孟加拉邦总督弗里德里克·巴罗斯（Frederick Burrows）爵士在第三天戒备重重地前往加尔各答时，为之惊骇。"我可以诚实地说，这个城市的一些地方如同我在索姆河战役所见到的景象一样糟糕。……我真真切切地看到一群人把3个无辜的人活活打死……许多尸体被剥光、肢体残缺不全。"[4]

军队派遣了大规模增援部队——4个英军营，另外还有一支正在途中，以及两个印度营，数天后，还会增加另外两个营。到星期一的8月19日，气温将近40摄氏度，加尔各答已有4.5万军队，表面秩序部分得以恢复。尸横遍野。有记者统计，在加尔各答的一条主干道阿帕奇特普路上，50具尸体堆得老高。他在报道中描述了秃鹫如何享受尸体大餐，啄食着死者的肉体，而对旁边的死狗视而不见。图克尔担心会引发瘟疫，想把这些尸体焚烧处理

3　《威韦尔日记》（Wavell Diaries），1946年8月19日。
4　佩西克·弗兰奇（Patrick French）：《自由还是死亡：印度的独立与分裂之旅》（*Liberty or Death: India's Journey to Independence and Division*），伦敦：弗拉明戈（Flamingo）出版社，1998年，第293页。

第二十七章 血洗加尔各答

掉,却冒犯了印度人和穆斯林的宗教情感。但他还是冒着引发宗教愤怒的风险着手此事。运送尸体到穆斯林墓地或印度人焚葬场的士兵可以获得奖金。他们花了整整一天一夜清理街头的腐尸。[5]

那些可以离开加尔各答的人赢得了先机。3天内,超过10万人逃离加尔各答,出城的道路水泄不通。尽管至少有一列火车被迫停运并被锡克人捣毁了,还是有许多人绝望地想乘火车逃离。豪拉火车站看起来就像难民营。在事态平静后,对死亡人数的粗略估计显示,将近四分之三的死者是穆斯林。

这一事件被称为加尔各答大屠杀(the Great Calcutta Killings),它是伴随1947年夏印巴分治而发生的大屠杀浪潮的第一幕。无法知道到底有多少人被杀。最恰当的估计数据在100万—120万之间。在大规模的逃离中,150万人颠沛流离,无家可归。印度从未像这样到处都是难民。

暴乱的一个直接结果是真纳因为发动直接行动日受到英国人和国大党的责难,他们指责穆斯林联盟激化了伊斯兰民族主义情绪。然而,印度的所有领导人都在犯玩弄族群政治的罪行,在他们的严厉言辞导致暴力行动时,他们却假装吃惊。

尼赫鲁说:"英国人走了后,印度就不会发生更多的社群问题了。"真纳也没有预见到印巴分治后将发生什么。印度教与穆斯林精英们偶尔会在社交上平安相处,并且还会结下深厚友谊——但即便这样,他们也不可避免地受到种姓制度和古兰经的种种禁忌的限制。印度教与穆斯林的民众互相隔绝地生活,两个群体通常住在不同的村庄和清楚地区分开的大城镇和城市区域。他们严格遵循各自的习俗。在英国人抵达印度前,穆斯林与印度教相安无事地生活了数百年,这是个令人欣慰的奇迹。莫卧儿帝国曾经有过对异教徒相对宽容的时期,但其他时候,绝非如此。

英国人在100多年的时间里,在团结印度教和穆斯林方面可能确实无所

---

5 《泰晤士报》,1946年8月20日。

作为，但分而治之并不是一个深思熟虑的政策或阴谋，相反，它有时是一种权宜之举。不过，在1946年，显然分治并非权宜之计。生于长于印度的最资深公务员V.P.梅农（V.P. Menon）目睹了一连串的殖民官员走马灯般来来去去，他评论道："英国政府在印度的政策……更多的是因时势的紧急状况演变而成的，而非深思熟虑的计划的结果"[6]。

甘地在某种程度上比更多精英领导人洞悉了其中的诱因。他一生都在为一个团结的印度而奋斗，极力试图用他独特的方式制止暴乱。有两次他成功了——尽管时间短暂。1946年末，当他实行绝食抗议时，孟买屠杀停止了。他以身作则，但追随他的人比以往更少。制止流血冲突或阻止印度分裂不是他能做到的。早在1942年他就说过："如果绝大部分穆斯林认为他们是一个独立的国家，世上就没有力量能促使他们反向思考。如果他们想分离印度，他们就肯定会分离……除非印度人想打仗。"[7]

而且，甘地对两派的分立也知之甚深。当他的儿子马尼拉（Manilal）被人撞见在亲吻一个年轻的已婚印度妇女时，甘地逼着这个妇女剃光了头发，并要求马尼拉宣誓一生忠贞于她。马尼拉多年遵循了誓言，但1926年，他与一位穆斯林少女法蒂玛（Fatima）相爱，还声言要与她结婚。甘地震惊不已，坚持必须取消这场婚姻。他给马尼拉写信说："你的欲望违背了你的宗教。这就好像一把剑鞘要放两把剑。……你的婚姻将引起印度教-穆斯林关系的巨大震动。"马尼拉听从了甘地，未与法蒂玛结婚。[8]

---

6 彭德瑞尔・莫恩爵士（Sir Penderel Moon）：《分裂与撤退：目击印度的分治》（*Divide and Quit: An Eyewitness Account of the Partition of India*），德里：牛津大学出版社，1998年，第133页。
7 引自约瑟夫・莱利维尔德（Joseph Lelyveld）：《伟大的灵魂：甘地及其为印度的奋斗》（*Great Soul: Mahatma Ghandi and his strugglke with India*），纽约：艾尔弗雷德・A.克诺夫（Alfred A. Knopf）出版社，2011年。
8 引自史坦利・沃尔帕特（Stanley Wolpert）：《甘地的一生与遗产》（*Ghandi's Passion: The Life and Legacy of Mahatma Ghandhi*），伦敦：牛津大学出版社，2002年，第266页；阿丽克斯・冯・藤泽尔曼（Alex von Tunzelmann）：《印度之夏》（*Indian Summer: The Secret History of the End of an Empire*），口袋丛书（Pocket Books），2008年，第194页。

第二十七章　血洗加尔各答

暴乱加速了英国的撤退。工党政府起初计划在1948年年中交接权力，但计划提前了，1946年底，艾德礼任命路易斯·蒙巴顿（Louis Mountbatten）勋爵为最后一任印度总督。蒙巴顿是位公关高手，他在1947年的任务是某种程度上将英印统治的终结展现为一场英国体面和管理印度的胜利。其他如丘吉尔等人把这称为不体面的"急撤"。人们经常提醒艾德礼，英国人撤走后，印度很可能发生灾难，但艾德礼会说——至少私下会这么说——灾难"不会在我们手上发生"。

1946年11月，艾德礼将尼赫鲁、真纳和印度其他领导人聚集于伦敦，为在一个统一的印度内达成权力分享协议做最后一次努力。此次峰会开局不顺。代表们坐同一架小飞机抵达英国，但真纳来晚了，并且除了早餐前向机组人员要了啤酒外，对机上的人一言不发。经过在唐宁街的4天曲折谈判后，会谈颗粒无收，代表们又在同样不友好的航程中回家了。

艾德礼随后解除了威韦尔的职务，他此前准备了一个除非政府同意"大规模军事强化"否则英国将在一年内撤离印度的计划。即便政府实行军事强化，英国在印度的统治也仅能最多持续10年左右。他说，在印度大部分地方，政府权力已经"只能靠威逼利诱在有限程度上得以施展"。这一代号为疯人院（Operation Madhouse）的计划为分离印度提出了相当详细的分界线建议。艾德礼拒绝了这个计划，认为这是"危言耸听"——然后，他让蒙巴顿推进一个几乎是一模一样的计划。

正是艾德礼决定了英国撤退的时间——1947年8月，这个时间并非最后一任总督蒙巴顿在各种误导性描述中所说的时间。首相最后拍板，继续急切要求尽可能地迅速撤退。

新国家巴基斯坦的边界是由对印度知之甚少的高等法院法官西里尔·拉德克利夫（Cyril Radcliffe）爵士决定的。他率领的边界委员会花了47天时间，做出了一个错综复杂的安排，把几个世纪来并肩生活或至少彼此相容的人们给分离开了。现在他们再也容不下彼此了。

威斯坦·休·奥登（W. H. Auden）针对整个委员会的边界确立过程写了一首名为《分割》（*Partition*）的讽刺诗：

在他开始他的使命时，至少他还不偏不倚。

他的目光从未落到过这片他被传唤将其分立的土地，

他从不了解这两个疯狂争执的民族，

毫不知晓他们的习俗和各自不相容的神灵。

在伦敦，他们简要地告诉他："时间短暂"，

和解和理性的讨论"为时已晚"，

现在唯一的解决办法是分立。

但是，七个星期内，边界已经确定。

不管好坏，一个大陆就这么被分割。

第二天，他启程回英国，在那里，他很快就淡忘

这件事，如同一个出色的律师所必需的那样。

回国后，

他告诉他们，他才不担心被杀呢。[9]

人们经常说印度人充分利用了分治及随其而来的财政安排。比起与穆斯林联盟的相处来说，大部分英国工党政治家与国大党的左翼领导人相处要融洽得多。艾德礼对真纳不满，很有误导性地称他为"我遇到的唯一一个印度法西斯"。但国大党失去了他们最重要的东西：一个统一的、世俗的印度。真纳及穆斯林得到了他们最想要的，尽管压根并非他们梦想的而是如部分穆斯林所说的——一个"被虫蛀了的巴基斯坦"。

英国人被指责撤离得太快。假如不得不分治，他们就不能再待一些时

---

9 奥登（W.H.Auden）：《奥登诗选》（*Collected Poems*），伦敦：费伯（Faber）出版社，2007年。

第二十七章 血洗加尔各答

候来监督印巴和平分治吗？这似乎是个不切实际的想法。对大多数无论是印度教或穆斯林的印度人而言，英国人都是占领军。英国人已经"管理"了南亚次大陆两百年，很难说再多两年会有什么不同。对印度双方的领导人来说，英国人是问题，而非解决办法。他们不想要英国人待在印度。尼赫鲁直接指出："我宁愿印度每个村庄都毁于一旦，也不想要有一个英国兵留在印度片刻。"[10]

欧洲殖民主义再无法持续下去，当英国国旗在德里的总督府降下时，它事实上已经终结了。一年后将成为英国人撤离后的印度总督的拉贾戈帕拉查理（Chakravarti Rajagopalachari）说，如果英国人那时没有移交权力，"很可能他们没有权力可移交了"。[11]

---

10 朱迪斯·布朗（Judith Brown）：《尼赫鲁的政治人生》（*Nehru: A Political Life*），耶鲁大学出版社，2003年，第396页。
11 佩西克·弗兰奇：《自由还是死亡：印度的独立与分裂之旅》，第397页。

第二十八章　日丹诺夫恐怖

8月16日晚，俄国一些最知名的作家正挤在列宁格勒（即现在的圣彼得堡）的作家协会的演讲厅里。作家协会所在地是一栋就在列宁格勒的主干道涅瓦大街边上的古典简约的美丽建筑。这是个闷热而潮湿的夜晚，气氛紧张，混合着期待与担忧。大部分观众都做好了准备，期待主讲人会说点戏剧性的、重要的事。

主讲贵宾是个肥胖、脸色苍白、胡子整齐的人物——安德烈·亚历山德罗维奇·日丹诺夫（Andrey Alexandrovich Zhdanov）。他时年50岁，不停地喘气、流汗，看上去健康欠佳，是苏共最有权势、最令人惧怕的政要之一。他立即进入主题，恶毒地攻击著名的、身受人们喜爱的列宁格勒的女儿——诗人安娜·安德烈耶芙娜·艾哈迈托娃（Anna Andreyevn Akhmatova）。日丹诺夫几乎毫不掩饰他的讥讽之意：

她的主题是彻底的个人主义。她的诗歌范围有限得可怜，都是关于她的微小的、狭隘的私人生活，她的琐碎的经历。这是野蛮女人的沙龙诗歌，其内容无非是从闺房到祷告座。它以与哀悼、忧郁的死亡、神秘主义和孤立相连的色情主题为基础……她是半修女、半荡妇，或者不如说是修女兼荡妇，她的世界集淫荡与祷告于一身。

然后，日丹诺夫转头攻击另一个备受推崇的列宁格勒作家——流行讽刺作家米哈伊尔·米哈伊洛维奇·左琴科（Mikhail Mikhailovich Zoshchenko），炮轰左琴科是"下流、无足轻重的小资产阶级分子，流露出反苏的

第二十八章　日丹诺夫恐怖

毒素、耽于淫秽和政治流氓行为"。他说，苏联作家在战争期间有了过多自由，他们受了堕落的西方的太多影响，各种形式的艺术是时候回归苏联风格的社会现实主义和"道德上、政治上的正确价值观"了。[1]

日丹诺夫这一著名讲话预示着对艺术家的新一轮压迫。压迫迅速从文学蔓延到美术、音乐、电影制作，甚至建筑界。俄国人称之为日丹诺夫恐怖（Zhdanovschina），但实际上这是认为文化清洗极为重要的斯大林精心策划的。

日丹诺夫出生于亚速海的港口城市马里乌波尔，出身贵族家庭（如同列宁和莫洛托夫）。和列宁的父亲一样，他的父亲也是个19世纪的学监，母亲是个训练有素的高水准钢琴家，在她的言传身教下，她的儿子弹得一手好钢琴。日丹诺夫深受古典文化的熏陶，但对绘画一无所知。他把自己设想为一名知识分子，斯大林也很敬重他的知识的丰富，但其他人怀疑他的知识深度。据一位克里姆林宫要人说，他"更像个图书管理员，而非知识分子"。他是个痴迷勤奋的人，不仅由于他的勤奋，也由于他深不可测的谄媚奉承，他是最受斯大林喜爱的人之一，在斯大林的体系内，他很快被提拔到要职。不同寻常的是，斯大林用更亲密的"ty"（相当于"你"，俄语中表示比较亲近的朋友的称呼——译注）——相当于法语中的"tu"（即"你"）——称呼日丹诺夫，而不是用对其他下属的更正式的"vy"（相当于"您"，俄语中的敬称——译注）。斯大林劝说女儿斯维特兰娜（Svetlana）嫁给日丹诺夫的儿子尤里（Yury）。日丹诺夫被许多克里姆林宫观察家看作苏联高层中的二把手——一个危险位置。[2]然而，不管日丹诺夫是如何有用和听话顺从，斯大林仍会斥责他，如同他对在某种情况下对其

1　日丹诺夫发言，《真理报》，1946年8月20日。
2　"图书馆管理员"的评论是贝利亚的儿子谢尔戈（Sergo）对贝利亚的形容，见谢尔戈·贝利亚（Sergi Beria）：《我的父亲贝利亚在克里姆林宫》（Beria: My Father Inside the Kremlin）。

他人一样。在斯大林的别墅里的一次冗长的晚宴上，尽管领袖知道日丹诺夫有心脏病、严重的哮喘和慢性高血压，他还是被日丹诺夫在餐桌上的沉默给触怒了。据斯维特兰娜说，他冷冷地指着他的"亲信"，然后说"看看他，坐在那像个小基督一样，仿佛什么都跟他没关系"。日丹诺夫脸色苍白，前额渗出汗珠。[3]

在读过这么多东西的斯大林看来，作家至关重要，用他常说的话，他们是"灵魂工程师"。和他的奉承者、可能根本没有读过艾哈迈托娃的热情奔放和令人难以忘怀的诗歌的日丹诺夫不同，斯大林肯定读过她的作品。文化恐怖的目标不只是恢复马列主义的纯洁性，它更多地与俄国的民族主义和对西方的极端疑惧有关，这是为什么日丹诺夫恐怖对苏联的作家协会或音乐厅之外的世界这么重要的原因。"我们的一些文艺人……陷入了对庸俗的外国文学的卑躬屈膝中了。"斯大林这样说，与他给参加国际会议的莫洛托夫的指示要旨相呼应。意识形态的清洗还将很快蔓延到科学界，结果导致各种浮夸和不准确的声言——俄国科研者在一系列自然科学领域有重要发现。[4]

斯大林也是个严厉的影评人。他在观看了《伊凡雷帝》（Ivan The Terrible，也译作《恐怖的伊凡》《伊凡大帝》，这部电影是描写俄国第一个沙皇伊凡四世的历史巨剧——译注）第二部的预告片后，会见了伟大的导演谢尔盖·爱森斯坦（Sergei Eisenstein）。他大体赞同1944年上映的第一部。爱森斯坦打算将这部电影做成三部曲，但是斯大林认为第二部"有点像噩梦"，缺乏俄罗斯骄傲，而且有些地方不准确。"没有正确地显示出他

---

3 在发动文化清洗两个月后，日丹诺夫犯了心脏病，不得不在克里米亚修养，在那里，他待了几个星期。1948年，日丹诺夫去世。苏联时代，有许多阴谋论说他是被谋杀的，或是被斯大林下令，或是被"组织"内的破坏分子，或是嫉妒他的位置的竞争政掌对手。但这些说法都不可信。在他人生最后几年中，他身体很不好，很虚弱，抽烟过量，工作过多，他随时都可能死。

4 西蒙·塞巴·蒙特弗洛尔（Simon Sebag Montefiore）：《斯大林：红色沙皇》（Stalin: The Court of the Red Tsar），伦敦：威登菲尔和尼克尔森出版社，2003年，第488页。

第二十八章 日丹诺夫恐怖

们那个时代的历史形象",斯大林这么告诉导演,"比如,在第一部中,伊凡花这么长时间亲吻妻子,这是错误的。在那个时代,这是不被容许的……沙皇优柔寡断,就像哈姆雷特……人人都建议他应该做什么,但是他不能做决定"。[5]

斯大林花了许多时间、费了许多麻烦对付艺术家。在日丹诺夫的列宁格勒演讲的前几个星期,他召见了一份内容晦涩、发行量很小的文学期刊《列宁格勒》的主编鲍里斯·利卡雷夫(Boris Likharev),与他在克里姆林宫深夜会谈。斯大林告诉利卡雷夫,他读过最新一期的《列宁格勒》,奇怪为什么里面有好几篇译自外国作家的文章。"苏联人值得在外国面前蹑足而行吗?你这是在培植奴性感情。这是大罪过。"主编吓坏了,但还是咕哝着说他的杂志只是偶尔而不是经常刊登外国作家的作品。斯大林训斥了他一顿。"你这样做,是在逐步灌输我们是二等人的感觉……这是错误的。你是小学生,他们是老师。这里面的本质就是错误的。"有些作家被判入狱或被送到北极荒地的劳改营中——如亚历山大·索尔仁尼琴(Aleksandr Solzhenitsyn)——尽管人数没有20世纪30年代的清洗那么多。不过,由于这一清洗运动是有计划进行的,日丹诺夫恐怖强迫作家和其他艺术家们进行自我审查。直到斯大林去世前,苏联的文化生活一直处于深度冰冻时期。[6]

---

[5] 电影第二部直到爱森斯坦(死于1948年)和斯大林(死于1953年)死后的1958年才面世。当影片最终面世时,里面已经只有极少的亲吻镜头了。见西蒙·塞巴·蒙特弗洛尔(Simon Sebag Montefiore):《斯大林:红色沙皇》(Stalin: The Court of the Red Tsar),伦敦:威登菲尔和尼克尔森出版社,2003年,第496页。

[6] 罗伯特·盖雷特里(Robert Gellately):《斯大林的诅咒:热战、冷战中为共产主义而奋斗》(Stalin's Curse: Battling for Communism in War and Cold War),牛津大学出版社,2013年,第297页。

第二十九章　国王回归

当9月27日星期五这一天，希腊国王乔治二世结束流亡回到国内时，他发现他在雅典城外的塔托伊皇宫已经被洗劫一空了，树林里的树被当作柴火砍掉了，整个地面上，数十具尸体葬在浅浅的坟墓中。这是乔治二世第二次恢复王位，他的父亲乔治一世也在一战后被迫流亡海外。回来后不久，当他被提问一个好国王需要什么时，他回答说："一个手提箱。所有希腊国王都需要一个好手提箱"。[1]

是月初，在英国人组织的希腊公民投票中，三分之二的人希望君主回归，但对国王乔治来说，这并非胜利，他时年56岁，因动脉硬化严重身体欠佳，看上去比实际年龄要老上10岁甚至更多。投票者可能希望君主将把因内战分裂的国家重新统一起来，但即便是在那些为国王回归投票的人中，许多人也对国王怀抱疑虑。乔治二世出了名的迷人、聪敏，但他从未被人民热爱，而且一直被人们认为赞同战前独裁。他最终否认了梅塔克萨斯政权，但已为时太晚——注定太晚，此时这个政权已经杀害了数百名无论左派、右派的反对派并且沦落为暴政，注定要失败。在梅塔克萨斯政权下，柏拉图和色诺芬的著作被禁止，任何含有修昔底德记录的伯里克利的葬礼演说（伯里克利公元前431年在阵亡将士葬礼上的演讲词——译注）的书同样被禁。

希腊一团乱麻。国家的许多重要地方控制在暴动分子"安达提斯"手

---

[1] 迈克尔·西森斯（Michael Sissons）、菲利普·弗兰奇（Philip French）编：《节俭年代》（Age of Austerity），伦敦：霍德和斯陶顿（Hodder and Stoughton）出版社，1963年，第119页。

第二十九章 国王回归

中,其他一些地方被极右翼的"保安队"、敢死队控制着。脆弱不堪的政府只能靠英军和不断增加的美国顾问、官员和大量美元支撑。在乔治二世回雅典前夕,英国外交大臣贝文与他短暂会过面。贝文恳请乔治二世回希腊,并且是像他的表弟、英国国王乔治六世那样作为立宪君主回国。"现在这年头,国王非常廉价。"贝文这样提醒乔治二世。但乔治二世几乎一回国就立即干预了政治。他回国后不到一个月,美国驻希腊大使林肯·麦克维(Lincoln MacVeagh)向华盛顿报告:"国王是被作为政客们不会处理的问题的解决方案带回来的,他仍然是那个苍老、糊涂、优柔寡断的人"。[2]

政府的政令只能在全国一半地方,即雅典和大多数大城镇通行,而多数党及其支持者们之间存在着无尽的裂痕。有些政府领导人是著名的前纳粹合作者,比如公共秩序部长拿破仑·齐伐斯(Napoleon Zervas)。据麦伐斯说,他统领着一个如此残忍的安全机构,以至于他"制造的共产党比他消灭的共产党还多"。[3]

反叛主要得到南斯拉夫的物资和财政援助,共产党游击队还被铁托领导下战斗过的前南斯拉夫游击队训练过。反叛势力内部也有不和,在各个互相竞争的安达提斯小队间,有时候还有暴力冲突。有些人主张在雅典或其他城市搞城市起义,其他人却想在农村实行农民战争。

素卜哈·沙地(Subhi Sadi)是美国大通银行的驻中东代表,决非左派,1946年秋末,他因为一笔贷款谈判前往希腊。他在希腊各地旅行过。在发给纽约总部的报告中,他说:"这是个完全混乱的国家,城市以外……完全是无政府状态。事实上,希腊分为了两个部分:一个是如雅典、比雷

---

2 贝文的话引自休·托马斯:《武装停战:冷战的开端》,第338页;林肯·麦克维大使的话引自FRUS:1946年第5卷,第674页,以及约翰·O.亚崔德斯(John O. Iatrides):《麦克维大使报告:希腊,1933—1947》(Ambassador MacVeagh Reports: Greece, 1933—1947),普林斯顿(新泽西):普林斯顿大学出版社,1980年,第64页。

3 约翰·O.亚崔德斯(John O. Iatrides):《麦克维大使报告:希腊,1933—1947》,第53页。

埃夫斯和萨洛尼卡这样的城市希腊，这里是在强大的安全帮助下被政府控制着。另外就是余下的其他地方了"。[4]

当运行着希腊政府大部分职能的美国人刚来到希腊时，他们被希腊政府的无能和腐败惊呆了。保罗·波特（Paul Potter）是美国战时价格管理局（The Office of Price Administration）局长，也是美国驻希腊代表团的经济顾问。他告诉美国驻希腊大使，希腊"事实上破产了"。政府"在非生产性用途上花了全国收入的一半……腐败猖獗，公务部门就是闹剧……富人逃税，总理无能。这里事实上没有西方概念中的政府的存在，只有一个松散的政客集团，他们只关心自己的权力斗争"和中饱私囊。他说"除非有美国的日复一日的指导，才能在经济上和政治上拯救希腊"。[5]

腐败危害着军方打击游击队的工作。1946年初，美国在希腊派驻了少数部队，但这一年中，美军人数一直在增加。到1946年秋，美国驻希腊援助团已经在希腊国防最高委员会中有两名代表，即戴特·格里斯沃德（Dwight Griswold）和詹姆斯·范·福利特（James van Fleet）将军，他们指导着希腊内战。他们向华盛顿报告说："希腊国民经济部的官员坚持他们不仅要在所有离部原始文件上签字，还要在所有副本上也这样，因为……他不相信任何希腊官员，不相信副本是从原始文件真实复制的。"[6]

英国人急切地想退出希腊，将其整个转交给美国人。英国人当时手头正有巴勒斯坦问题等待解决，还要做关于撤出印度的决策，无力负担在希腊

---

4 梅尔文·莱夫勒（Melvyn Leffler）、大卫·佩恩特（David Paynter）编：《冷战的起源》（The Origins of the Cold War），伦敦：劳特利奇出版社（Routledge），2005年，第135页。
5 梅尔文·莱夫勒、大卫·佩恩特编：《冷战的起源》，第136页。有关希腊政府的腐败还可参见：阿诺德·奥夫纳（Arnold Offner）的《另一种胜利：杜鲁门与冷战，1945—1953》（Another Such Victory: President Truman and the Cold War, 1945—1953），斯坦福大学出版社，2002年；安德鲁·吉洛里马托斯（Andre Gerolymatos）的《红色卫城，黑色恐怖：希腊内战与美苏争霸的起源，1943—1949》（Red Acropolis, Black Terror: The Greek Civil War And The Origins Of The Soviet-american Rivalry, 1943—1949），基础书局，2004年。
6 梅尔文·莱夫勒、大卫·佩恩特编：《冷战的起源》，第137页。

第二十九章 国王回归

维持驻军和打游击战。维持一个强国的地位正在不断消耗英国的资源。贝文尤其憎恨显示英国的软弱,但没有什么选择余地。英国开始请求美国带头打击希腊的共产主义。财政大臣休·道尔顿在1946年11月说,他不确定"即使我们有钱……我们是否应当花在这个上面"。他告诉内阁:"即便有美国人的援助,我还是对要资助这个东地中海的羸弱国家反对俄国人持怀疑态度……我担心,我们正在一个走向急流的半死不活的状态中飘摇"。最终,英国政府中的其他人甚至贝文都认识到撤出希腊是不可避免的。道尔顿说,是时候"结束我们英国纳税人的钱无休止地流向美国人了……把这个问题以一种能刺激美国人负起责任的方式交给华盛顿"。[7]

杜鲁门政府并不需要多大刺激。迪安·艾奇逊反复说,如果"希腊转向了共产主义,如同装进了篮子的苹果一样……希腊的共产主义会感染到中东、非洲……世界将面临自雅典和斯巴达以来最大的两极权力分化"。不过,杜鲁门确实需要说服美国人承担援助希腊的成本及后果。11月,共和党人在中期选举中取得了压倒性胜利。在近20年的时间里,共和党第一次在国会中控制了的参、众两院,使得杜鲁门如同一个不中用的领导人。然而,3个月后,他做了他一生中最出名的一次演讲,产生了一个冠上了他的名字的"主义"——杜鲁门主义(the Truman Doctrine)。他说,从今以后"美国的政策必须是支持自由国家人民抵抗少数武装分子,或外来压力的征服企图"。国会同意给希腊提供4亿美元的军事和经济援助。

斯大林在杜鲁门演讲之后,在帮助希腊共产党的问题上改变了主意。他开始了一项慷慨的援助计划,给希腊送去武器和金钱,但没有派出兵力。然而,为时已晚。苏联的援助抵达希腊时,局势已经转为对反叛者不利,他们即将失掉这场战争,尽管他们距离最终失败还有两年时间。到1949年战

---

7 TNA(英国国家档案馆):CAB(内阁办公室),129.177;丹尼尔·叶尔金:《破碎的和平:冷战的起源与国家安全》,第334页。

争结束时，希腊死亡10.8万人，有80多万难民，得到一片到处都是难民的国土。

如同乔治·奥威尔将其置于西方与苏联之间的冷战背景下的第一幕所分析的，希腊内战更广泛的后果是："我们也许不是正走向全面崩溃，而是在走向一个如同古代奴隶帝国一样极其稳定的新时代。苏联是一个无法立即战胜的国家，而且将与它的邻居处于长期的冷战状态"。[8]

---

[8] 不过"冷战"这个说法早在奥威尔前就有了。许多人认为这是19世纪晚期德国马克思主义历史学家爱德华·伯恩斯坦（Edward Bernstein）提出的，他说"这种不断地武备、迫使其他人跟上德国的状态本身就是一种战争。我不知道这个表述是否以前被使用过。但是，人们可能会说这是一场'冷战'。冷战下，没有硝烟，但有流血"。事实上，类似这样的说法已经被多次使用。我找到这个概念首次使用是14世纪的西班牙骑士唐·胡安·曼纽尔（Don Juan Manuel, 1282—1348）。他说："战争极其强烈、极其火热，其结果要么死，要么和平，而冷战（对那些制造冷战的人）既不会带来和平，也不会带来荣誉。"
乔治·奥威尔（George Orwell）：《人类与原子弹》（You and the Atomic bomb），《论坛报》（Tribune），1945年10月19日。

第三十章　往老鼠洞里灌沙子

1946年10月，在台湾，人们正准备迎接一位特殊的来访者。21日星期一的下午，中华民国总统、委员长蒋介石第一次踏上了台湾岛。中国领导人有个传统，生日时要"顺"着官方为表示敬意进行大张旗鼓的宣传，还会在家里举行私人庆祝活动。因此，为了避免10天后60岁生日大寿的纷纷扰扰，蒋介石离开了国民党的根据地和首都南京，带着妻子宋美龄飞抵台湾省城台北。这不是一次完全安静或低调的旅程。由于蒋介石在将台湾人从日本人手下解放出来、让他们与大陆重新统一中居功至伟，当总统的随行驱车前往新近翻修的住地时，街上挤满了欢迎的人群，这是岛内人民送给他的生日礼物。

在过去的50年里，台湾人在日本占领下吃尽了苦头——尤其是在过去10年间的亚洲战争时期更是如此。台湾岛盛产水稻和蔬菜，但由于食物输出到日本，每年有数千台湾当地人被饿死。日本人在街头任意挑选年轻女子，将她们遣送到日本或其他地方的日军基地做慰安妇。日本的殖民政府官员和一些贸易商生活奢侈，然而台湾人却被狠狠地利用、剥削。蒋介石要住的宏伟府邸原是为日本人所建的台湾总督府。这栋建筑始建于1912年，耗资将近当年年度预算的十分之一，花了6年时间才建成。[1]

蒋介石带着一群他最忠心的亲信以及高级军官到台湾并待了一个星期

---

[1] 二战期间，台湾总督府被美军轰炸严重损毁。公众甚至是学龄儿童都为其修复给蒋介石造访时使用而捐资，并且总督府还为表示对蒋介石的尊敬而改名为"介寿宫"。此后，这里一直是总统府所在地。

之久，此行还有另外一个重要目的——这是一次探查之旅。他仍然相信自己会在与共产党的内战中获胜。但他也在准备撤退路线，以免万一事态有变。他要找一个一旦需要可以重新集结起来的战略地，他选择了台湾。现在他需要检验台湾人的忠诚，同时考察台湾这个军事战略地。他不是非常满意：有少数人想要脱离中国大陆搞独立。他命令台湾省长陈仪镇压这些麻烦制造者。刚刚开始的独立运动的头头们被捕了，接下来的几个星期内，数百人进了监狱。生日后不久，蒋介石就回到了南京继续与毛泽东的内战。

美国的和平特使乔治·马歇尔（George Marshall）的乐观主义烟消云散了。与整个1946年的一系列类似的停火协议一样，马歇尔在年初抵达中国不久后调停达成的停火协议仅仅维持了几个星期。现在，他意识到他的中国使命将失败。他指责国共双方；无论哪一方都不想达成协议，每一方都只准备把对方彻底打倒。

马歇尔试图实行劝说和静默外交，起初这似乎有效。他协商达成了一个协议，按照此协议，将建立一个容纳包括自由主义者和共产党在内的部分反对派权威人士的国民大会以及联合政府。但蒋介石领导的国民党反对这个计划。1946年春，国共双方在东北交火，一开始，共产党夺取了几个大城市，但国民党又打了回去。美国人用美国飞机把成千上万的国民党军队从南方的据点运到北方，从而给了蒋介石至关重要的帮助。国民党部队重新夺回了部分被共产党夺走的地方，并且占领长江沿岸的一些重要的共产党根据地。

但是，马歇尔坚持要求停火，用他的话说，要"用大棒"实现停火。他不相信国民党能有效打击共产党，而且，在当时，继续战争"违背中国人民的愿望"。他告诉蒋介石，美国人再也不会给他提供金钱或装备，还将停止运送国民党军队。

5月31日，他写信给蒋介石，说："在目前政府军在东北继续推进的环境下……我必须重申，已经到了这样一个关头，即我本人立场的正直与否成

第三十章　往老鼠洞里灌沙子

了严重问题……因此我再度请求您立即下令政府军停止推进、进攻或追赶共产党"。[2]

蒋介石别无选择。美国给他提供了3亿美元之多的资金，而且另外给了他价值850万美元的武器、战斗机和船只。他接受了停火，说这是个"严重的错误"，他很不情愿这么做。"如果你要打击共产主义，就要打到底……打打停停、停停打打，这毫无益处。"他这么告诉陈立夫。从那时起，他对马歇尔满腹怨气，而这种情绪也是相互的。[3]

蒋介石给杜鲁门写信，请求杜鲁门允许他自由行动，但杜鲁门支持他的特使。1946年夏末，美国的一份民意调查显示，不管中国游说团在国会和媒体上如何强有力地鼓动，仍然只有15%的美国人赞同继续支持蒋介石，但有50%的人希望"不插手中国事务"。杜鲁门现在告诉蒋介石，美国人民"对待中国的事情很反感……如果没有和平解决的话，我们可能不得不重新定义美国在中国的立场"。宋美龄在美国作了巡回演讲，鼓吹美国支持她的丈夫。她极富魅力，吸引了许多听众，但杜鲁门拒绝让她去白宫。他告诉助手，他不想继续"在中国往老鼠洞里灌沙子"。[4]

蒋介石认为马歇尔很幼稚。"难道马歇尔还不了解共产党的本性？他越来越上了他们的当了。美国人容易……轻信人。老练如马歇尔者也不能免俗。"[5]

停火给毛泽东助了一把力，也给了共产党喘息的空间和宝贵时间。但

2　FRUS：1946年第10卷，第656页；《马歇尔使华报告》第2卷，阿灵顿：维吉尼亚大学出版社，1976年。
3　乔纳森·芬比（Jonathan Fenby）：《企鹅版中国近代史》（*The Penguin History of Modern China: the Fall and Rise of a Great Power, 1850—2009*），企鹅出版社，2009年，第384页。
4　杜鲁门致蒋介石信（1946年8月18日），FRUS：1946年第10卷，第778页；"往老鼠洞里灌沙子"的评论是他对克拉克·克利夫特（Clark Clifford）说的，见克利夫特：《总统顾问回忆录》（*Counsel to the President: A Memoir*），纽约：兰登书屋，1991年，第487页。
5　李敦仁（Dun Jen Li）：《近代中国：从旧时官僚到政委》（*Modern China: From Mandarin to Commissar*），斯克里布纳（Scribner）出版社，1978年。

这并不是国民党失败的原因。他们失败的命运已经注定。蒋介石唯一取胜的方法是让大规模的美军站在他这一边，帮助他打内战，而在当时，这是在政治上和外交上都不可能的事情。[6]

马歇尔并没有被毛泽东牵着鼻子走，他形容毛泽东是个"彻头彻尾的共产党"，而且肯定站在苏联人那边。毛泽东和追随者不断地试图争取美国人的支持，劝说美国人相信他的"革命"的真正意义是民主改革和农业社会主义。当毛泽东手下的要员、迷人而温文尔雅的周恩来与马歇尔会见时，他告诉马歇尔，中国共产党的价值观与美国的价值观有许多共同之处。

当时俄国人承认蒋介石是中华民国总统，但他们给中国红军提供了大量的武器和物资援助。通过东北的铁路网，这极容易办到。在雅尔塔协定中，苏联取得了对中国东北地区的控制权，从而形成了共产党控制的东北南部地区的安全走廊。

不管毛泽东与斯大林之间关系如何，苏联人肯定支持共产党，不仅是出于意识形态的原因，还因为他们想支持最可能胜利的一方。1946年和1947年，苏联人给了中国共产党70万—90万支步枪，1.4万门重炮，还有防空武器、坦克和其他军事装备。在东北，他们至少抓了5万日军俘虏，包括许多经验丰富的军官。苏联人派出了很有才干的军事顾问帮助中国共产党，其中包括一名斯大林格勒战役的英雄、最高级别的将军罗季翁·马利诺夫斯基（Rodion Malinovsky）。

内战对国共双方都非常残酷，通常采取集团军作战方式。大规模的投诚使得双方军队的规模都有所减少。国民党认为日渐增加的压力和军队腐败在从内部摧毁着国民党。士兵们劫掠来自美国的医药品，偷来的血浆在上海的黑市卖到了25美元一品脱。河南遭遇大饥荒。1946年，超过4万人死于饥饿。

---

6 张戎（Chang Jung）、乔·哈利戴（Jon Halliday）：《毛泽东：鲜为人知的故事》（MAO: The Unknown Story），古籍出版社（Vintage Books），2007年，253页。

第三十章 往老鼠洞里灌沙子

国民党士兵被发现偷窃西方给中国孤儿的援助食品,然后在黑市上出售。

所有反对派团体都遭到国民党的骚扰和打击,自由党派中国民主联盟。一个警察这么解释他收到的命令:"如果我们认为这个人是共产党特务,我们会抓住他,由他自己证明他不是共产党。中国老百姓是用来……虐待的。他们知道这点,一直知道。"在北京,军队向支持自由主义者的抗议示威群众开火,枪杀了许多学生。[7]

杜鲁门收到了关于国民党官员挪用美援的情况的报告,其中着重是描写了蒋介石的亲信们。美国国务院告诉他,在此前的10年时间里,中国政府里的"贪污犯和骗子"从美国贷款中窃取了10亿美元之巨。他在日记中记载:"他们全都是小偷,个个都该死。"当然,其中为首的就是蒋介石的亲戚们。委员长对此几乎无所作为,尽管他确实下了命令调查为蒋夫人一家带来3亿美元利益的外汇诈骗案。

这是一份严格保密的报告,但还是被一份报纸泄露出来了。它引发了巨大的丑闻,但蒋介石不过是降了他的大舅子兼外交部长宋子文的职务;几个月后,宋子文又官复原职。宋美龄给这个泄密的报纸的编辑打了许多个怒气冲冲的电话。在披露消息的报纸付印两天后,在巨大的压力下,报社不得不刊登了一份"澄清声明",宣称报社出了错误,小数点标错了地方。宋氏一家的获利金额不是3亿美元,而"只有"300万美元。

1946年末,马歇尔最终放弃了,承认他的中国使命已经失败,并且咒骂国共双方。1947年1月7日,就在他回华盛顿的最后一次与蒋介石的会面中,他明明白白地告诉蒋介石,他正在失去战争胜利的可能。委员长看上去漠不关心,他说马歇尔错了,并宣称他将在"十个月"内赢得胜利。[8]

---

7 乔纳森·芬比:《企鹅版中国近代史》,第307页;李敦仁:《近代中国:从旧时官僚到政委》,第399页。
8 《马歇尔使华报告》第2卷,第498页。

第三十一章　总命令——民主

日本天皇几乎不出现在百姓面前，他也极少迈出皇宫。1946年初，昭和天皇发表《人间宣言》（1946年1月1日，天皇发布皇室诏书，宣告天皇为有人性的普通人——译注），但在11月3日星期天的早晨，东京街头挤满了民众，他们想目睹先前的活生生的天神——天皇，即天照大神。在前往国会的短短旅程中，昭和天皇僵坐在车里。他是个看上去局促不安、有点瘦弱的人。在国会的一场阴沉的仪式上，他正式签署了日本全新的、突破性的宪法。

直到日本灾难性的战败前，昭和天皇始终显示出对和平、民主、妇女选举权或整体上的西方式公民权利没什么热情；他是个坚持和讲究帝国专制主义、等级制度、贵族头衔和封建土地所有制的人。现在他——或他的大臣们——宣告，日本将实行君主立宪、开放妇女选举权、废除贵族制、推行独立司法制度、实行大规模土改，而最具革命性的是，解除日本武装力量。"日本永远放弃以战争……或使用武力作为解决国际争端的手段。"整个仪式上，基本出身贵族的政府大臣们看上去很凄惨。天皇如同以往一样，似乎不自在，但相对冷淡——毕竟，他还在天皇的位置上，而且他还逃脱了被绞死的所有可能。

在附近的盟军驻日最高统帅（Supreme Commander of the Allied Powers）部，日本的实际统治者道格拉斯·麦克阿瑟将军声称他很满意。经济学家、国务院官员约翰·加尔布雷思（J. K. Galbraith）说，盟军最高

第三十一章 总命令——民主

统帅总是显示出"对崇高目标的傲慢肯定"。当麦克阿瑟霸道地强迫通过新的宪法时,他生动地显示出他的这一面。实际上,这是麦克阿瑟做得最好的一件事,也是将日本转变为一个现代民主国家的关键一步,但他是通过威胁恐吓实现的,用他手下的一名官员的话说,他用的方法"让人想起艾尔·卡彭(Al Capone,为20世纪20—40年代美国著名的黑帮人物——译注)"。[1]

宪法由美国律师和一些法学家仅用了10天就写出来了,用起草了此宪法的大部分的上校查尔斯·凯兹(Charles Kades)——战前曾是布鲁克林的一名律师——的话说,这些人对日本几乎一无所知。"我对日本的历史或文化没什么了解",他说,"除了从日报上得到的零星知识……我对日本一片空白。"[2]

1945年末,麦克阿瑟命令日本人设法拿出一个新的"保障所有人的自由的现代的、民主的结构框架"来。由于美国宪法是美国的生活方式的核心,他让日本人准备出一个与之不相上下的文件来。过了好几个星期,极端保守的大臣和皇室内务部的侍臣们出台了一个方案(即松本方案——译注),按照这个方案,天皇仍然至高无上,拥有最高统治权,而方案中没有妇女选举权,也没有普选,权力仍旧由贵族掌握。麦克阿瑟拒绝了这个提案,并且直截了当地威胁说,盟军以及华盛顿的许多人想废除天皇并把他扔到牢里去。他说,他自己"并非无所不能"——对麦克阿瑟来说,这是鲜有的坦承之词,他还说,如果日本政治家不"更合作一些",其他盟军可能会

1　J.K.加尔布雷斯(J.K Galbraith):《我们的时代:加尔布雷斯回忆录》(*A Life in Our Times: Memoirs*),伦敦:安德烈·多伊奇(Andre Deutsch)出版社,1981年;查尔斯·凯兹上校(Colonel Charles Kades)与乔纳森·海培(Jonathan Hapey)的谈话,华盛顿大学,1989年5月23日,You Tube。
2　查尔斯·凯兹(Charles Kades):《美国在日本帝国宪法修订中的作用》(*The American role in Revising Japan's Imperiam Constitution*),《政治学季刊》(*Political Science Quarterly*),1989年,第104卷2期。

为所欲为，甚至违反盟军最高统帅部的意愿。他们有10天时间打定主意，否则他将推出一个"激进的"新宪法。同时，麦克阿瑟命令最高司令官总司令部民政局局长考特尼·惠特尼（Courtney Whitney）将军组织一个美国人的团队起草新的宪法，在这一宪法下，天皇将成为立宪君主，美国式的个人自由要体现在法律中。

日本政府认为麦克阿瑟在虚张声势。最后期限日——1946年2月13日上午10点，惠特尼将军与随行高级官员一起去了日本外相吉田茂家里。吉田茂正和自己的助手以及日本版宪法草案起草者、法学教授松本烝治在一起。根据惠特尼自己生动的记载，日本代表们开始解释他们为什么没有改变草案。惠特尼打断了他们，把松本方案推到一边，说："你们前几日交给我们的方案完全不能作为一个自由民主的文件被最高统帅接受"。他拿出了15页的美国方案，将其放在桌子上。10点10分，他起身出门，"步入花园的阳光里……非常偶然，恰好在当时一架美国飞机从头顶呼啸而过"。15分钟后，松本的助手白洲次郎出来问了惠特尼一个问题。凯兹上校观察了一会，说"我们正在这里享受着原子能的温暖"。这是个蓄意的咄咄逼人的评语，引起了"重要的心理转变"。

上午11点，惠特尼回到了屋里，明确地告诉日本人，如果他们不理解接受盟军最高统帅部的条文将会发生什么。天皇的地位将"被重新审视"，美国人将把他们的宪法草案进行公决。由于麦克阿瑟当时在日本比把百姓拖入灾难性的战争的统治阶级——正是在场的那些日本人——受欢迎得多，百姓们必定投票肯定美国方案。这是个残忍的策略，但奏效了。日本代表在询问"他们会不会被带到外面，被枪决"之后接受了美国提案。[3]

---

3 考特尼·惠特尼（Courtney Whitney）：《麦克阿瑟：与历史的约会》（*MacArthur: His Rensezvous With History*），纽约：诺普夫出版社（Knopf），1956年，第249—255页；日本对此会面的描述参见古关彰一（Soseki Soichi）著、瑞·摩尔（Ray Moore）译：《战后日本宪法的诞生》（*The Birth of Japan's Postwar Constitution*），西方视点（Westview Press）出版社，1997年。

这次戏剧性会面后不久，日本首相币原喜重郎被引见给凯兹上校，他得知凯兹就是宪法的主要起草人。

"所以，上校，你觉得你们让日本成了一个民主国家？"他问道。

"是的，我们可以试一试。"凯兹回答说。[4]

麦克阿瑟后来说，确立新的宪法是他作为驻日盟军最高统帅5年期间做的最重要的一件事。他还解释，人们常常很有必要把日本人当作犯了错的儿童，因为他们还不成熟，"就像德国人一样"。他在送给华盛顿的国会委员会的一份文件中写道："如果说安格鲁撒克逊人在科学、艺术和文化上的发展如同45岁的人，德国人也大致相当。然而，日本人尽管历史古老……却在这些方面还是极其需要教诲的状态。用现代文明标准衡量，他们就像12岁的孩子，与45岁的我们相比较……他们很易于接受新的模式、新的思想……他们仍然来得及从头开始，有相当大的灵活性……愿意接受新的观念。"[5]

在昭和天皇颁布新宪法的几个星期前，日本一份备受推崇的政论和文化月刊《时事新报》发表了一篇社论。当时麦克阿瑟的新传记刚刚出版，方式太过诌媚奉承，不为此刊所喜。这一传记用此前为天皇保留的名词——"天照大神"形容麦克阿瑟。《时事新报》总体上是麦克阿瑟和美军占领的积极支持者，但对这种阿谀奉承的圣徒记式的传记持批评态度，它提出了一个非常理性的论断："如果不约束那种政府是一位杰出的神、伟人或领导强加给人们的某种东西的概念的话，民主政府就可能会被摧毁。我们担心麦克

---

4 查尔斯·凯兹：《美国在日本帝国宪法修订中的作用》，《政治学季刊》，1989年，第104卷2期。
5 麦克阿瑟是位出色的雄辩演说家，即席演讲很机智，有时候还有许多闪光点。但是他是个差劲的写作者。他坚持自己写作他的回忆录，这可是个错误。这些回忆录几乎不堪卒读。他的朋友作家约翰·刚瑟（John Gunther）评论说："麦克阿瑟这样讲得出色的人却写得如此糟糕，这令人吃惊……不仅是说他的风格华而不实。它要比这更糟糕。"道格拉斯·麦克阿瑟（Douglas MacArthur）：《麦克阿瑟回忆录》（*Reminiscences*），纽约：麦克劳-希尔（McGraw Hill）出版社，1964年，第376页。

阿瑟撤出之后，某些天神可能会被搬出来，带来那种导致太平洋战争的独裁……表达对麦克阿瑟将军管理战后日本的聪明才智和使日本民主化的努力的感激的方式不是把他当作天神来崇拜，而是要摈弃仆从精神，获得不向人任何人低头的自尊。"这一内容被禁止在主要给美国读者阅读的《日本时报》上译载。它被认为不得体并容易削弱占领军的名誉。[6]

无论在战前还是在战后，媒体都被紧密控制。不允许批评政府。令人胆寒的"思想警察"——特别高等警察（他们的出现早于乔治·奥威尔，尽管他们实际上被称为警察中的"思想部"）极端野蛮地对待不同政见者或制造麻烦的记者们。但特工们很少向别人讲授民主或异议权。

美国人建立了庞大的检查机构，这与其想象的威胁完全不相称。日本是个文化素养很高的社会。到1946年末，每个月有6000名美国审查人员检查和翻译2.6万份报纸、3800份通讯社报道、2.3万份广播稿、4000份不同的期刊，以及1800册书和小册子。如同整个历史上的审查人员一样，这些人几乎全都无知愚钝，而且，人越多，他们的任务变得越愚蠢。没人因为出版美国人不喜欢的东西而被折磨、殴打或杀掉，而这在过去是许多作者们的遭遇。但是，在美国人控制的4年里，出现了一些荒谬的例子，一些幽默搞笑的案例，还有其他完全是险恶的状况。审查制度招致了受到教育的日本人的怨恨，尤其是他们还要为美军占领付钱——极其巨额的金钱，其中详情被保密了许多年。

审查员被要求找出所有鼓吹"军国主义"的东西，因此，有一段时间，他们禁止了《战争与和平》（提出禁令的人不可能读过托尔斯泰的这部作品）的流通。不允许对盟军有任何批评——非常奇怪的是，在冷战的早期阶段，甚至不能批评俄国——因而，一份学术期刊上一篇不起眼的关于哥伦

---

[6] 《时事新报》（日），1946年9月25日。

第三十一章 总命令——民主

布的文章都被禁了，而文章不过是说明欧洲强国如英国、西班牙、法国和荷兰在全世界有许多个殖民地。

在盟军占领初期，盟军最高统帅部的一份言论自由令宣称，只要媒体坚持"真理"，不做任何"不扰乱公共安宁"的事，对它们就"应该施行绝对的最低限制"。但复杂的审查体系越来越庞大。编辑和出版商接到一份禁令对象的列表详单，但首要规则是不得提及审查的存在。"所有出版商必须完全理解不得公开审查程序……人们认为，所有出版商都理解不会出现审查的实体迹象（比如在一些地方涂黑、空格、粘贴等等）……没有'通过审查'或'被占领军允许出版'之类的字样，或其他任何审查的表示或暗示。"[7]

禁止出版的列表非常详尽，有时又令人困惑。不能出现有关美军的电影或纪录片的画面；不能刊载任何美国士兵和日本妇女在一起的图片。不允许出版士兵坐在吉普车里的图片；不允许任何美国大兵犯罪的报道（不管怎么说，还是有极少数被报道的案件；总体上，美军纪律较好）。战争必须被称之为太平洋战争，而非日本人一直用来所指的大东亚战争。不许提及黑市活动；针对饥饿和限量供应时不应"夸大"；不能有军国主义的宣传；不能有对盟军最高统帅部，尤其是麦克阿瑟将军的批评。

最大的禁忌之一是提及广岛和长崎。不能出版有关这两个城市因原子弹带来的灾难的图片。约翰·赫尔西（John Hersey）的最初作为长文刊登于8月31日的《纽约客》的杰作《广岛》在11月于美国正式出版。一家日本出版社想在日本出版。盟军最高统帅部直接拒绝了这一计划，此书一直被禁，直到1948年末才得以在日本面世。在东京受到良好教育的圈子里，一

---

[7] 关于SCAP的审查程序参见约翰·多威尔（John Dower）：《不断逼近的失败：二战中的日本》（*Embracing Defeat: Japan in the Wake of World War Two*），伦敦：阿伦·雷恩出版社，1999年，第410—440页。日本学者奥泉荣三郎（Eizaburo Okiuzumi）将一部分几乎完全丢失的SCAP当局审查的文件重新编辑，见马里兰大学学院市分校东亚文库缩微胶卷。

些人传阅着如同铁幕背后的地下出版手稿的盗版美国出版物。

麦克阿瑟以一个雄心勃勃的激进计划开始如改造日本政府形式那般彻底地改造日本经济。他想拿掉统治日本经济的大型垄断企业,引入自由市场竞争机制。麦克阿瑟经常被刻画为一个相信上帝、白人和大商业的过于简单的保守分子。他确实有一些他试图对他讨厌的新政民主党人掩饰,却往往失败的右翼观点,不过一旦新政民主党人成了他的上司,他总是服从命令。但是,他的复杂、纯粹和富于想象力远远超过大多数他的批评家。[8]他作为盟军最高统帅的第一个行动是释放所有前日本政权下的政治犯。数百名日本共产党被从监狱里放了出来。日本共产党的超正统的马克思主义者领导人德田球一评价麦克阿瑟是个"伟大的自由主义者",许多知道麦克阿瑟的观点的人都乐坏了。德田球一坐了18年监狱,他在被释放那天说:"我们对盟军占领日本、致力于将世界从法西斯主义和军国主义中解放出来、开启日本民主革命的路途表示最深的敬意"。日共与盟军最高统帅部的关系在冷战开始后没有这么亲热了,但麦克阿瑟一直坚持释放共产党人的自由是一件值得做的正确的事情——除非他们不遵守他的法律。[9]

麦克阿瑟的命令要把那些可能使日本陷入战争的势力连根拔起。对他而言,这意味着要摧毁财阀(Zaibatsu),即那些占有和主宰着日本经济的垄断企业家。战争期间,有10个大企业控制着超过四分之三的日本工业和财政,其中,有4家企业控制了一半,它们是三菱(Mitsubishi)、三井(Mitsui)、住友(Sumitomo)和安田(Yasuda)。现在,这些财阀们被勒令计划自己解散。麦克阿瑟后来在回忆录中说:"世界从未有类似这样的反常经济体系。它允许为了少数人的独占利益剥夺多数人。这几个……企业

---

8 罗伯特·哈维(Robert Harvey):《美国幕府将军:麦克阿瑟、昭和天皇与美日决斗》(*American Shogun: MacArthur, Hirohito and the American duel with Japan*),伦敦:约翰·穆瑞出版社,2006年,第215页。
9 约翰·多威尔:《不断逼近的失败:二战中的日本》,第186页。

与政府的一体化非常完整，它们对政府的影响力过强过大……它们定下了最终导致战争的航向……[10]

盟军最高统帅部的经济学家埃莉诺·赫德利（Eleanor Hadley）向麦克阿瑟报告说，单单是三菱家族"就相当于一个包括美国钢铁公司、通用汽车公司、新泽西石油公司、道格拉斯飞行器公司、杜邦公司、太阳船舶制造公司、西屋电器公司、AT&T、IBM、美国橡胶公司、海岛制糖公司、凤梨园公司、美国班轮公司、国民城市银行、大都会人寿保险公司和伍尔沃斯百货公司在内的大企业集团"。[11]

财阀们相信他们是碰不得的，并向麦克阿瑟建议，可以实行一些内部改革，去除某些高级管理人员，解散某些子公司，但要通过免税的烟幕弹和法律漏洞保留他们的家族的完全控股权，允许他们获得这些公司的所有权和控制权。麦克阿瑟拒绝了他们的方案，如同他对待日本政客们一样，他告诉这些企业家们赶紧拿出个更好的计划，或者他强行给他们一个对他们来说极其痛苦的方案。

经济学家科文·D.爱德华（Corwin D. Edwards）准备了"取缔垄断"计划，这一计划将打破卡特尔，更广泛地分散股权、打击垄断、鼓励工会的活跃发展。这一计划完全契合了麦克阿瑟的在开放市场下公平竞争——或者用他的话说，美国方式——的观点。这是一种生机勃勃的、亲资本家的政策，这一政策是20世纪之交，共和党总统西奥多·罗斯福为了打破美国大企业的垄断而实行的。

用爱德华的话说，财阀"是日本的战争主要责任者，也是日本战争潜力的主要因素……他们在雇主与雇员间实行半封建的雇佣关系，压低工

10　华盛顿美国国家档案馆：军方向麦克阿瑟的报告（1946年），第3卷，第290页。
11　华盛顿美国国家档案馆：军方向麦克阿瑟的报告（1946年），第2卷，第128页。

资……他们妨碍了日本中产阶级的崛起……是军事专制的平衡力量"[12]。

麦克阿瑟准备用他一贯的气力打击卡特尔势力，但华盛顿方面警告，要他缓和处理此问题。财阀集团联络了他们在华盛顿的商业伙伴，这些人最终向杜鲁门政府施压。日本政治家无一有兴趣挑战那些常常是他们的后台老板的大企业集团。麦克阿瑟被告知，他的计划太过冒险，他必须让日本人用他们希望的方式运行其经济，只要它大体上是自由企业制度就可以。这一次，麦克阿瑟采取了战略撤退，到1946年底，他反对实力最强的商业领袖的运动结束了。但麦克阿瑟这个所谓的狂热右翼分子在农民方面取得了更大成功。他剥夺了在外地的地主和业主的大量地产，确保数百万农民获得了自己的土地。他认为——后来经过日本的选举证明是正确的——小地主天性保守。麦克阿瑟的土地改革比铁幕后发生的任何事情都要激进。

1946年10月16日，在纽伦堡，9名纳粹首要战犯在正义宫的体育馆被一个接一个地绞死了。在东京，类似的审判还要持续两年，并导致了严重得多的有关听证会的意义真正何在的问题。5月，主要的25名战犯的审判开始，但公众很快失去了兴趣，不仅是在日本如此，在同盟国也一样，媒体也兴趣缺乏，并停止了对审判进程的报道。

在二战期间被日本占领的亚洲国家中，984名日本人已经被处决，许多都未经正式审判。其中，236人被荷兰人处决，223人被英国人处决，153人被澳大利亚人处决，140人被美国人处决。几乎所有被处决的人都是虐待或杀害战俘的日本士兵。在东京审判中，日本首要战犯被起诉的"发动侵略战争"的罪名是个整体上复杂得多的事情。如同两名法官指出的，主要问题是最大的战犯并不在被告席上。澳大利亚法官威廉姆·韦伯（William Webb）爵士说："战争的罪魁祸首尽管可以被审判，却得以豁免。天皇的

12　华盛顿美国国家档案馆：军方向麦克阿瑟的报告（1946年），第3卷，第409—411页。

第三十一章　总命令——民主

权威是发动战争所必需的。如果他不想要战争，他就应该拒绝使用他的权威。"

法国法官亨利·伯纳德（Henri Bernard）表示，整个审判程序弊病丛生，他完全不能行使判决。天皇的缺席是"明显的不公平……日本破坏和平的罪行有一个逃脱了所有控诉的主要始作俑者。对天皇采取不同的评判标准破坏了正义事业"。[13]

许多组织东京审判的美国人后来说事情适得其反。麦克阿瑟从一开始就质疑听证会。他告诉杜鲁门，就纳粹而言，证明其有种族屠杀的意图和指明罪行"相对简单"，但在日本，"这样的界定线一直没有固定下来"。审讯被告并决定谁受审判的陆军准将埃立特·索普（Elliot Thorpe）告诉麦克阿瑟，整个程序"不知所云……我们走一步算一步，边走边制定规则"。后来，索普写道，"我们想要制裁，然后借着上帝的名义，得以制裁"。[14]

在其他许多人看来，审判不仅仅是胜利者的正义，还是白人的正义。被日本占领的亚洲国家遭受的痛苦最深，但他们却在远东国际军事法庭的法官团里没有一席之地。一名英国法官代表马来人，一名法国法官代表越南人和柬埔寨人。韩国被日本殖民统治将近50年，在东京审判中却没有韩国法官。在20多名被告面临的指控中，有一项是他们"参与为日本获得在东亚、太平洋和印度洋的军事、海权和政治支配权的计划或阴谋"。在东京审判的31个月中，法国人发动了反对胡志明领导的越南独立运动、重获其在越南殖民权的战争；荷兰人与印度尼西亚的民族主义者开战，试图重夺他们在印尼的领土；英国人在马来西亚与要求独立的游击队作战。

13　约翰·多威尔在《不断逼近的失败：二战中的日本》的第435—475页对东京审判有出色的论述。东京审判完整的审判过程和结论参见：《远东国际军事法庭——东京审判》（The Tokyo Judgment: The International Military Tribunal for the Far East），阿姆斯特丹大学出版社，1977年。

14　埃立特·索普（Elliott Thorpe）将军访谈，1977年5月29日，维吉尼亚：诺福克，麦克阿瑟纪念馆，资料第6盒。

只有一名法官——印度人拉达宾诺德·巴尔（Radhabinod Pal）指出了其中的双重标准。他赞同日本人在侵略和占领亚洲的各国家中犯下了令人发指的罪行，但是，他认为，他们既非独一无二，也并非没有先例。"回想下……这些正在控诉日本的西方列强所宣称的他们在东半球的大多数利益正是通过这样的侵略方法获得的，这是非常恰当的。"他们所声称的"国家荣誉""保护切身利益"或"命运天定"与日本人何其类似。日本征服者犯了罪行，但是这些罪行应置于相关环境下讨论。[15]对亚洲许多国家而言，太平洋战争的结束是民族解放的开始，而非结束。东京审判产生了一个整体问题，这就是老资格的欧洲强国还能维持他们的殖民帝国多久。当1948年前日本帝国的7名主要军事首脑被处决时，盟军想要听到的或传递给世界的可不是这个问题的答案。在被处决的7名战犯中，包括前日本首相东条英机，此前他自杀未遂。

如同在德国一样，一些日本主要战犯被追捕和惩罚，但也有一些逍遥法外，并且后来再度辉煌，这主要是因为在冷战中，他们被美国看作反苏的朋友和盟友。好几个日军飞行中队驾驶着他们的飞机到了中国，与蒋介石的军队共同作战，在国民党丢掉大陆后，他们还跟着蒋介石去了台湾。

其中最知名的一个逃脱者（尽管总人数有数十人）是辻政信，一个残酷无情、恶魔般的日本军官，他曾下令在新加坡和菲律宾屠杀士兵和平民。辻政信是伪装大师，也是曾经清除日本及其殖民的"破坏分子"的高级情报特工。他逃脱了英国人的追捕，到了南京，1948年，他又回到了日本，以一名中国学教授的隐蔽身份平安地生活下来。如同许多纳粹嫌疑犯一样，他有许多可以交换的有用情报，并且很快为美国军事情报机构工作，一直到美军占领结束。此后，他又在日本做相应的情报工作，策划反共行动。他写了

15　《远东国际军事法庭——东京审判》，第2卷，第235页。阿姆斯特丹大学出版社，1977年。

第三十一章 总命令——民主

一本非常畅销的书,描写他的战绩和秘密生活,尽管有"军国主义者或极端民族主义者"不得从政的禁令,他还是回到了日本政坛,在日本下议院当了好几年的议员。

从二战后,日本一直是个模范和平主义国家。[16]日本被解除武装,但并非全部。整个1946年,出现了隐藏武器和弹药库的事件,但被忽略了。数十人被杀。日本建立起一支只有10个师的小规模防卫力量,到1946年末,190个军方人员组成的团体创建了一个作为军事情报单位的掩护的"历史研究"机构,由二战期间声名狼藉的参谋本部情报头目有末精三(Seizo Arisue)领导。有末精三和东条英机的前私人秘书服部卓四郎——两人都幸运地逃脱了战犯起诉——还建立了一个包括50名高官的"影子"参谋总部,与盟军最高统帅部一同共事。[17]

1946年11月8日,即天皇宣布宪法后5天,日本政府禁止16295名公务员、地方官员、政治家甚至某些高中校长担任公职。他们因为极端的军国主义或极端的民族主义而受到惩罚——都是各种奇怪名称的组织的成员,如黑龙会、排外精神协会、刺刀会等,这足够被人们认为他们遭到驱逐了。但不到一年,这些人中的10%又恢复原职,包括一些此前的"思想警察"的成员。禁令从1945年8月开始,这意味着到1946年夏,政府又再度允许雇佣他们;到1948年,超过三分之一的人恢复原职了,到1949年,只有9000人未复职。和德国一样,日本人想要遗忘过去——而且似乎成功了。岸信介是日本野蛮侵略中国期间的"满洲国"的一名高官,他建立起奴役劳工制度,导致了数千中国人死亡。二战期间,他是日本的军需副大臣,也是一名甲级

---

16 但是,作为对势力和财富日益增强的中国的回应,日本人暗中加强了其军事力量,这一力量本应作为在海内外进行人道主义救援的力量而存在。2012年以来,在日本一直有是否要取消麦克阿瑟推动的宪法中的"和平主义"条款的争论。
17 多威尔在《不断逼近的失败:二战中的日本》第520—553页对战犯的逃脱问题有精彩论述。

（最高级）战犯嫌疑犯，战后和东条英机一起在东京的巢鸭监狱被关了两年。但岸信介从未被起诉或审判。仅仅10年后，即1957年1月，岸信介就被选为了首相。让日本重新恢复秩序是美国战后的一项艰巨任务，也是其战后最大成就之一。但这并非完美无缺或真正纯粹的正义和民主的胜利。[18]

18　多威尔：《不断逼近的失败：二战中的日本》，第540—542页。

第三十二章　大冰冻

在英国，12月29日的星期日是50年来最寒冷的一天；在法国，气象局说整个12月是过去一个世纪有气候记录以来的最寒冷的一个月。整个欧洲遭遇了一个漫长的冬季，有些人回忆起来几乎如同回忆战争那么生动清晰。"朋友们说'这比战争还糟糕'……我能理解。这不能被看作是对自我牺牲和爱国主义的考验；这简直就是地狱。"从加利福尼亚回到伦敦的作家克里斯托弗·依舍伍（Christopher Isherwood）这样评论说。即便是始终的乐观主义者的丘吉尔到1946年底也觉得很难开心起来。"欧洲已经陷入一种怎样的困境？在许多地区，那些备受折磨、食不果腹、忧心忡忡和惶恐不安的人们一边战栗着向沦为废墟的城市和家园张望，一边随时提防着从黑暗的地平线上逼近的新的危险、暴政或恐怖。胜利者欢声雷动，失败者则默然无声。"[1]

在伦敦和英国许多地方，圣诞节后几天，电力供应中断了，照明停了很长一段时间，直到来年4月才恢复。煤气供应减少到正常压力的四分之一，使煤火只能忽明忽暗地闪烁着。交通几近中断，所以煤没法运输。人们用双关语调侃不幸的燃料和电力供应大臣埃曼努埃尔·辛威尔——"与辛威尔一起颤抖（Shiver with ［Emmanuel］ Shinwell）"。巴黎的情况同样

---

[1] 克里斯托弗·依舍伍（Christopher Isherwood）:《失落年代：1945—1951回忆录》（*The Lost Years 1945—1951 A Memory*），伦敦：哈伯柯林斯出版社，2000年；丘吉尔在苏黎世大学的著名讲话（1946年9月19日）到底是支持还是反对欧洲一体化，可能取决于读者个人对欧盟的看法。

糟糕。学校和办公室没有暖气；许多孩子饱受冻疮的折磨，连笔都拿不住。甚至因为没有预警就停电，发生了医生不得不中止手术的事件。

整个欧洲，人人都在密切关注寒冷。熬过了这个冬天的人不可避免地在写日记、写信时都以天气开头。"雪如同一个正在入侵的敌人……"依舍伍写道，他说不定正梦想着美国阳光灿烂的西海岸的家，"……（在有些地方）士兵们到头来要用喷火器与之做斗争。报纸用准军事语言谈及天气，如'被孤立的苏格兰'或'英格兰被切成了两半'"。有天晚上，他去了剧院，演员们在空荡荡的房间里表演，他们"英勇地脱下了室内衣物，而我们几个观众紧紧地挤成一团，把下巴缩在外套、毛衣和围巾里"[2]。

詹姆斯·利兹-米尔尼（James Lees-Milne）在1947年1月4日的日记中写道："我穿着雪地靴和毛皮内衬的外套，还是一点都没有暖和起来。所有的管道包括厕所的都冻住了，洗澡或洗漱都成了问题。办公室的厕所也同样冻住了。我们生活在20世纪。我们连文明的基本要素也被剥夺了。"[3]

南希·米特福特1946年春搬到巴黎并在那里一直生活到1973年去世，她说在家里根本不可能工作，因为双手即便戴着连指手套也太冷了。"每一口呼吸都如同剑割。"她给姐姐戴安娜写信，她说，整个城市的管道都爆裂了；水喷涌而出，然后在街上冰冻了。她写道："我从来没在这个城市看见过像这样爆裂的管道。每栋房子都如同瀑布。"从20世纪20年代起就担任《纽约客》驻巴黎通讯员的朱迪斯·弗兰纳（Judith Flanner）描述："在巴黎或可能整个欧洲，都弥漫着一种无助的灾难即将来临的感觉……不安的气氛……人们期盼着发生些什么，或者，更糟糕的是，什么都不会发

---

2 克里斯托弗·依舍伍：《失落年代：1945—1951回忆录》，第176页。
3 詹姆斯·里斯·米尔内（James Lees Milne）：《1942—1945年日记》，约翰·穆瑞出版社，2007年。

第三十二章 大冰冻

生。……整个欧洲大陆正在缓慢地进入一个新的冰河时代。"[4]

这个冬天极其微薄的粮食配给和普遍的节衣缩食印在了未来的滚石明星比尔·怀曼（Bill Wyman）的记忆里，当时他年仅十岁，名字叫威廉·帕克斯（William Perks），住在伦敦东南部的宾治。他的父亲是个砖匠，因为天气原因被裁员了；生活捉襟见肘，家里有5个孩子。"没有足够的食物"，怀曼回忆说，"所以他会揍我们几个，然后，让我们不吃晚饭就睡觉"。这是个残忍的惩罚，不仅因为殴打和饥饿，还因为"在我们住的房子里，你压根就不想睡觉。整个都是冰冻的……窗户里面都结冰了"[5]。

对许多欧洲的人们而言，气温、电力中断、饥饿、混乱是更深层的东西——总体衰退，进一步陷入混乱——的外在物理表现。"欧洲在道德上和经济上……丢掉了战争"，西里尔·康诺利（Cyril Connolly）说，"我们所有人在其中成长、阅读、写作、恋爱、旅行的欧洲文明的舞台大幕已经降落；边上的绳索已经磨破；中间的柱子已经破裂，桌子椅子全都成了碎片，帐篷里空无一物，玫瑰已经枯萎"[6]。

1946年底，极少有人相信复苏即将来临，或甚至有复苏的可能。有些人忧郁不已，如同感觉末日来临："这种世界形势在欧洲显然体现得极为清晰，但在远东也一样，它威胁着我们祖祖辈辈所知晓的世界的整个根基、整个机体"。迪安·艾奇逊这样告诉杜鲁门。[7]

然而，事实上，复苏比任何人预期更快得多地来临了——主要多亏美

---

4 南希·米特福特致戴安娜·莫斯雷的信（1947年1月25日），引自比弗、库珀：《解放后的巴黎》，第287页；简内特·弗兰纳（Janet Flanner）：《巴黎日志：1944—1955》（*Paris Journal: 1944—1955*），马瑞内书屋（Mariner Books），1988年；《纽约客》，1946年1月29日。
5 比尔·怀曼的话引自大卫·基纳斯顿（David Kynaston）：《勒紧腰带的英国，1945—1951：新耶路撒冷的故事》（*Austerity Britain, 1945—1951: Tales of a New Jerusalem*），伦敦：布鲁姆斯伯里（Bloomsbury）出版公司，2008年，第194页。
6 引自托尼·朱特：《战后：1945年以来的欧洲史》，第131页。
7 迪安·艾奇逊：《创世亲历记》，第144页。

国和像艾奇逊，尤其是乔治·马歇尔这样知道如何实现复苏的人。美国在战后的优先考虑是要阻止西欧落入共产主义。1947年夏开启的马歇尔计划是冷战的产物。美国在接下来的4年里提供了比其历史上为了强力推动被战争摧毁的经济还要多的经济援助——130亿美元。马歇尔计划富有远见，是利己主义的，但它也将改变战后世界。复苏就在不久的将来。然而，如同以往，复苏的第一缕可见的迹象体现在显然的微小事物中。珍妮特·弗兰纳（Janet Flanner）在1946年的年中观察颇为有趣：在巴黎，公寓商店里常常有妇女光顾，毫不奇怪，卖得最多的是内衣。但她们买的第二大类东西是婴儿车，这是一份生物学上的呈现给未来的信心的表示。

尾声

亚历克斯·德·托克维尔（Alexis de Tocqueville）在19世纪30年代的作品中预测"有一天美国和俄国将分别掌握着半个世界的命运"。这一天在二战结束后到来了。二战急剧地改变了全球力量的平衡以及在所谓的"两极世界"中两边是如何看待对方的。[1]

美国在珍珠港事件后放弃了孤立主义。随着同盟国战胜了纳粹德国和日本，美国国内令人吃惊地出现了少数要回到堡垒时代的要求，如同在一战结束之后。用美国总统的话说，1946年是"决定性的一年"，这一年，美国决心向全世界扩张其影响力、意识形态及其军事力量。"我们被迫承担领导自由人民的任务"，迪安·艾奇逊宣称，"英国人再也不能承担起这个领导任务。我们能"。[2]

苏联人发现自己是世界第二大强国（尽管还不是超级大国）——承蒙阿道夫·希特勒的"关照"，矛盾的是，也承蒙美国的"关照"。如果纳粹没有入侵苏联，苏联人不会以占领大部分东欧和中欧地区结束二战，也不会以帝国之姿和耀武扬威的、似乎对西方的自由民主的思想造成挑战的胜利之姿结束二战。二战期间，正是美国人给了苏联人这么做的武器、食物以及发展到重要程度的工业能力。布尔什维克们经常抱着输出"革命"的想法。美国则给他们提供了方法。

---

1 亚历克斯·德·托克维尔（Alexis de Tocqueville）：《美国的民主》（Democracy in America），企鹅经典，1998年，第266页。
2 迪安·艾奇逊：《创世亲历记》，第109页。

从1941年到1945年，在苏联与纳粹生死决斗时，这似乎是为了打败德国人和日本人值得付出的代价。到1946年，整个代价变得更为清明。

斯大林说不管谁占领一个国家，谁都会将其制度施加于它，他实质上是对的。在斯大林于"铁幕"后控制匈牙利、罗马尼亚、保加利亚或其他地方与美国对日本长达6年半的占领这二者之间，道德上并不对等。但美国以自己的设想重塑日本，并确保它仍然处于西方的轨道之中。美国人花了巨额的金钱来维持西欧的自由民主及其后来的繁荣。苏联则是通过政治高压建立和维持的。战后的和平女神美国——受到苏联的阻挡——是基于选择建立起来的，但这一选择是有限选择。这在1946年也变得非常明显。

在世界进入冷战的过程中，各国领袖都存在着误解和误判。但东西之间的差别如此尖锐，如此之迅捷，东西之间的目标与野心如此相左，使得它们相处起来不可能只有摩擦而无冲突。斯大林施加的权力和影响越大，其他领导人发现与他相处就越来越令人沮丧和困难——而他从苏联的观点出发犯的失误也就越多。

斯大林大部分的战利品是在战争结束前在东欧和中欧取得的，这些战利品有些不过是海市蜃楼。如果他在东欧和中欧更灵活变通一些，他的"外在帝国"可能会有更受欢迎的基础。他在其他地方未能如愿。在伊朗，他没能得到觊觎已久的油田；在西方，他因为开出了连如莫洛托夫这样依顺的人都无法容忍、华盛顿和伦敦永远不会接受的要求而耗光了他的政治资本。在英美两国开始散伙时，斯大林把英美两国带入一种稳固的"特殊关系"中。即便1949年中国共产主义取得的胜利也与苏联的帮助关系不大，苏联对毛泽东的帮助比起美国不情愿给予蒋介石的国民党的无限的支援要少得多。这是1946年杜鲁门和乔治·马歇尔的决策的结果。

东西冲突中的一件自然而然的事是，可能对东西双方来说，它们都同意对方可以在各自的"势力范围"内为所欲为。毕竟，这是一种传统的大国约定，而在现实层面上，这是已经发生的事实——尽管在西方，西方公众或特别是西方领导人从不会公开承认这一点。也许，在结束反对专制独裁的战争这么短的时间里就倡导这样的交易，实在令人讥诮。另一种选择——试图强迫苏联从东欧撤退——更为令人不快和不切实际。不可能发生反对苏联的侵略战争，即便美国人在1949年前一直把持着原子弹的垄断权。结果是双方多年来形成了一种言辞夸张但行为相对谨慎和冷静的奇怪状态，这也是冷战时代最突出的特征。

在"两极世界"中，各方的决策者似乎都通过苏联-西方对抗的棱镜从冷战角度看待一切。这是一种直到20世纪90年代苏联解体才宣告终结的变形和扭曲，但这种变形和扭曲在二战结束后几个月内就开始了。当1947年末苏联热烈地支持巴以分治时，美国人变得紧张不安。斯大林是个狂热的反犹主义者，本打算发动他的最后一次大清洗运动——在苏联反犹。但是，这时他认为当时是锡安主义运动的主要领导者的社会主义犹太人也许能被说服支持苏联，而俄国将在中东获得一些影响力。斯大林的其他主要目标只是捣乱，让美国人不舒服。他确实做到了。1948年，当以色列成功建国，美国国务院向杜鲁门建议，不要承认这个新国家——部分原因是苏联人会承认以色列。华盛顿最有影响力的内部人士之一、助理国务卿罗伯特·洛维特（Robert Lovett）告诉杜鲁门，以色列很可能变成美国的敌人、苏联的客户，"这是我们绝不容许的"。杜鲁门拒绝了其建议，但在以色列建国后的起初几年内，直到苏联人知道他们在以色列毫无所获后，美国的冷战斗士一直都非常警惕以色列。[3]

另一个明显例子是反帝国主义和反法，杜鲁门支持法国重返越南和柬埔寨等殖民地，尽管显然法国人太弱，没法打得过东南亚或实际上是任何其

3　洛维特的话引自FRUS, 1947年第5卷，第567页。

他地方的非常受欢迎的民族主义者。这一政策很快导致了血腥后果，在越南，它给美国人自己带来了灾难，也是在东西方争斗的40多年时间里最大的代理战争（Proxy War，指国际关系中在大国目的影响下的战争——译注）。现代历史上一个最有意思的问题之一是"如果"。如果美国人支持自认为是共产党的越南民族主义者的话，又将如何呢？如同美国对何时使用其军事力量的看法一样，假若如此，21世纪的亚洲也许会大不相同。

在其他地方，欧洲人是以一种不同的方式退出帝国的，尽管这肯定会发生。有些帝国荣耀的观念如同种族优越论一样，还徘徊了一些时候，但帝国力量的支配权并未如此。1946年，英国看到无法留下一个统一的印度，印度人也毫无办法。在此后的一些年，许多英国人苦苦思索，这种撤离是否是耻辱的"开溜"，他们能否阻止印度人与穆斯林之间的社群内部的屠杀。此后的故事——接下来的25年里，印巴之间爆发了3次战争，以及双方间令人不安和不舒服的核对峙——也许应当促进人们从哲学家角度思考更深入的关于人类冲突本性的问题，而不是对印巴分治的细节的深入分析。

在西欧，许多新的思考是关于统一而非分立的形式。欧盟的雏形（即欧洲煤钢联营共同体）是由经济学家、政治家和商业领袖计划出台的，他们的目的在于把这个大陆的经济和市场紧密地连接在一起，使得再也不会发生另一场摧毁欧洲大陆的战争。在将近10年的时间里，实际上并未发生什么，但希望、计划和解决方案均在1946年乍见——如同塑造现代世界的如此多的观念一样。

致谢

本书的内容囊括了四大洲,大部分都集中在一年内。但最后的成书是我作为记者和作家在世界许多地方的数十次旅行的结果。每当报道一个即时新闻事件时,我都会以与人们讨论他们的回忆结束。通常,他们最清晰、最有影响力的回忆都是关于战后的初期阶段的;有些人已经去世,但我可以在本书中丰富地使用了他们的见解和故事。当我与他们以一般方式谈论过去时,我并未声明这一点。我下意识地想着最终要写下这本书。假如没有与智者安东尼·奇塔姆(Anthony Cheetham)的偶然谈话,可能我不会写作这本书,正是这次谈话使我有了写作本书想法的苗头;随后,重读玛格丽特·麦克米伦(Margaret MacMillan)关于战后处理的杰作《大国的博弈:改变世界的一百八十天》(*Peacemakers: six Months that changed the world*)使得我确信可以沿着类似的路线——但绝非模仿——写作二战的后果。

我对此后诸多个人和组织给予我的诸多思想启发、研究和写作内容上的建议和支持深表感激。在英国,我要感谢如下各位:理查德·艾迪斯(Richard Addis)、安妮·艾普鲍姆(Anne Applebaum)、布莱恩·艾普亚德和克里斯蒂娜·艾普亚德(Bryan and Christina Appleyard)、唐·贝瑞(Don Berry)、帕崔克主教(Patrick Bishop)、艾奇·布朗(Archie Brown)教授、理查德·伯奇(Richard Burge)教授、布莱恩·卡特利奇(Bryan Cartledge)爵士、张戎(Jung Chang)、安东尼·卡提斯（Anthony Curtis）、米特罗·迪米托夫（Mitro Dimitov）、胡戈·迪克逊（Hugo Dixon）、马克·迪克逊（Mark Dixon）、爱普尔·爱德华兹（April Edwards）、乔纳森·芬比（Jonthan Fenby）、伊恩·弗格森（Iain Fergusson）、瑟琳娜·福克斯塞纳（Serena Fokschaner）、乔纳森·福特（Jonathan Ford）、莫里斯·弗拉瑟（Maurice Fraser）教授、狄默思·卡顿·艾希（Timothy Garton Ash）、阿德拉·古奇（Adela Gooch）、古德哈特勋爵和勋爵夫人（Lord and Lady Goodhart）、苏菲·格拉姆（Sophie Graham）、约翰·哈密尔顿（John Hamilton）、马克思·哈斯丁（Max Hastings）爵士、苏珊娜·赫伯特（Susannah Herbert）、安德鲁·赫尔盖特（Andrew Holgate）、马克·琼斯（Mark Jones）、芭芭拉·凯斯（Barbara Kiss）、本·路易斯（Ben Lewis）、凯斯·劳尔（Keith Lowe）、布兰文·马东克斯（Bronwen Maddox）、安德鲁·马丁（Andrew Martin）、安娜贝尔·马科娃（Annabel Markova）、菲利帕·诺瑞斯（Philippa Norris）、德比·欧文（Debbie Owen）、茱莉亚·博瑞（Julia Pearie）、鲍威尔勋爵（Lord Powell）、安娜·瑞德（Anna Reid）、理查德·萨奇斯（Richard Sachs）、马塔亚斯·萨克兹（Matyas Sarkozi）、西蒙·瑟伯格·蒙特佛罗（Simon Sebag Montefiore）博士、阿曼达·瑟巴斯提恩（Amanda Sebestyen）、乔治·泽特斯（George Szirtes）。我非常感谢皮尔斯·迪克逊（Piers Dixon）让我阅读他父亲皮尔森·迪克森（Pierson）爵士的私人文件。感谢伦敦图书馆、博德利图书馆、牛津大学圣·安东尼学院、邱园的国家档案馆的各位工作人员，伦敦的国王学院图书馆的李德·哈特中心战史资料馆的宝贵资料一直给了我巨大帮助，非常有用。我还要感谢威尔顿庄园的各位成员和理事的鼓励与帮助。

在美国，我同样得到了许多人的帮助，他们是：卡罗尔·布鲁（Carol

Blue)、约翰·路易斯·卡迪斯(John Lewis Gaddis)、查理斯·盖蒂(Charles Gati)、凯蒂·马顿(Kati Marton)、杰克·马特洛克(Jack Matlock)、瑞贝卡·米德(Rebecca Mead)、赫伦·莫尼汉(Helen Moynihan)、克里斯蒂安·奥斯特曼(Christian Osterman)、弗兰克·罗伯特森(Frank Robertson)、康德里扎·莱斯(Condoleezza Rice)、罗纳尔德·拉多什(Ronald Radosh)教授、鲍勃·西蒙斯(Bob Simms)、乔安·斯坦因(Joan Stein)、费拉迪米尔·迪斯曼纽努(Vladimir Tismaneanu)、马丁·沃克(Martin Walker)。我还要感谢华盛顿特区威尔逊中心的冷战国际史项目组、华盛顿的国会图书馆、斯坦福大学的胡佛研究所、纽约哥伦比亚大学图书馆的礼貌热情和始终如一的效率。弗吉尼亚州莱克星顿的乔治·马歇尔基金会的工作人员一直以来给了我极大的帮助,同样还有密苏里州的哈里·杜鲁门总统图书馆。

在中东和亚洲,我要感谢我的老朋友桑吉夫(Sanjev)和穆克提·布尔昌达尼(Mukti Bulchandani),他们帮我找到了一位能帮我翻译印地语的现代印度史学者阿米特·奇拉巴贾(Amit Chilabaj)。我还要感谢下面各位的指导和耐心帮助:米拉·巴尔·希拉尔(Mira Bar Hillel)、亚历克斯·张(Alex Chang)、米德拉特·乔杜里(Minderat Chaudhuri)、尼姆拉德·乔杜里(Nimrad Chaudhuri)、齐棱(Len Chi)、威廉姆·达尔林普尔(William Dalrymple),以及胡大能(Hu Daneng)的汉语翻译,还有大卫·爱普尔(David Eppel)、莱克斯迈尔·艾皮杜(Laxmal Erpidu)、汤姆·格罗斯(Tom Gross)、诺里欧·库伯(Norio Kuboi)、黑田汤城、希蒙·佩雷斯(Shimon Peres)总统阁下、马丽尔·施耐德(Mariel Schneider),以及金德拉(Kindera Sinjei)的日文翻译。

我还要在此感谢许多欧洲朋友在我20多年的时间里的几十次拜访中在无数方面给予我的帮助。我要提到的有达沙·安特洛瓦(Dasa

Antelova）、沙巴·比克斯（Csaba Bekes）、 菲利普·伯纽夫（Phillippe Boneuve）、贝塔·布罗德（Peta Brod）、安娜·布莱森（Anna Bryson）、帕瓦尔·卡贝努（Pavel Campeanu）、谢尔盖·塞拉克（Sergiu Celac）、鲁门·达诺夫（Rumen Danov）、克莱尔·德福斯（Claire Defors）、戈博尔·戴姆斯基（Gabor Demszky）、伊日·丁斯特比尔（Jiri Dienstbier）、布莱加·德米特洛瓦（Blaga Dimitrova）、拉兹洛·艾欧西（Laszlo Eorsi）、丹努塔·（Danuta Galecka）、密克罗斯·哈拉兹蒂（Miklos Haraszti）、杰诺斯·凯斯（Janos Kis）、费兰科·克塞格（Ferenc Koszeg）、卡斯滕·克兰兹（Carsten Krenz）、亚当·拉伯（Adam LeBor）、简·罗金思（Jean Longines）、薇拉·朗斯菲尔德（Vera Lengsfeld）、卡洛里·玛卡（Karoly Makk）、塔杜兹·玛佐维奇（Tadeusz Mazowiecki）、安妮-伊丽莎白·蒙特德（Anne-Elisabeth Moutet）、马西亚斯·穆勒博士（Matthias Muller）、依米拉·波兹盖（Imre Poszgay）、阿拉姆·拉多姆斯基（Aram Radomski）、拉斯佐罗·拉吉卡（Laszlo Rajk）、甘瑟·沙博夫斯基（Gunther Schabowski）、瑞恩哈德·沙尔特（Rheinhard Schult）、狄默思·辛德（Timothy Snyder）教授、卡拉森·斯坦切夫（Krassen Stanchev）、尼科·索普（Nick Thorpe）、皮特·乌尔（Peter Uhl）、杰兹·额尔邦（Jerzy Urban）和马里亚瓦沙赫伊（Maria Vasarhelyi）博士。在俄国，许多人帮助我寻找档案资料，联系和寻找可以采访的人。然而，现代俄国的一个遗憾是，他们中没有一人希望在我的致谢中被提及。无论如何，我都非常感激他们。

  莫斯科的戈尔巴乔夫基金会的档案对我很有帮助，另外很有助益的还有俄国总统、外交部的档案及俄罗斯国家社会和政治历史档案馆（Russian State Archives of Social and Political History）。在德国，我要感谢国家档案馆（German Federal Archive）帮助我找到正确档案所做的无私努力，以及斯塔西（Stasi）文件、国家安全记录委员会（Commission for Records of the State Security）、柏林的政党国家档案馆（State Archive of Political Parties）的管理人员。在捷克共和国，我要感谢总统办公室档案馆（Archive of President's Office）和保存着国家安全部的档案的内政部档案馆（Interior Ministry Archive）的工作人员。在波兰，中央军事档案（Central Military Archives）、中央议会档案馆（Central Archive of Parliament）和内政部档案馆（Interior Minsistry Archive）、华沙的国民记忆研究所（Institute of National Remembrance）对我帮助极大。在布加勒斯特，我要感谢罗马尼亚内政部档案馆。

我的兄妹约翰·沃尔克（John Walko）和朱迪斯·梅纳德（Judith Maynard）、侄女安德拉·沃尔克-罗伯斯（Andrea Walko-Roberts）、简妮·狄格瑞（Jayne Diggory）和阿迪尔·阿里（Adil Ali）的帮助极为重要。

我还要感谢我在麦克米伦（Macmilan）出版公司的编辑乔治·莫利（George Morley）在时而棘手的编辑过程中给予我的冷静判断、令人放心的直觉和智慧。同样在麦克米伦的尼古拉斯·布莱克（Nicholas Blake）和泽诺·康普顿（Zennor Compton）也予以我极大的帮助。

乔治·卡佩尔（George Capel）的乐观、冷静和给作者鼓舞打气的出奇能力令人吃惊。我很幸运能有她作为我的代理人。

对杰西卡·普雷（Jessica Pulay）在本书中所做的一切，我的感激无以言表。她不知疲倦地阅读我的手稿，找到了无数种提升本书内容的方法，而且一直细心周到地鼓励我努力奋斗。没有她的清晰头脑作为支持和助力，没有她的慷慨精神，本书永不可能完成。我将永远记得她的这份情谊。

参考文献

档案类

1. 莫斯科，俄罗斯联邦总统档案馆。APRF – Arkhiv Presidenta Rossiisskoi Federatsii（Archive of the President of the Russian Federation）。
2. 莫斯科，戈尔巴乔夫基金会档案馆。Archive of the Gorbachev Foundation。
3. 加利福尼亚，斯坦福大学胡佛研究所，波兰流亡政府档案。Archive of the Polish Government-in-exile, Hoover Institution, Stanford University, California。
4. 莫斯科，俄罗斯联邦外交政策档案处。AVPRF – Arkhiv Vneshnei Politiki Rossiisskoi Federatsii（Archive of Foreign Policy of the Russian Federation）。
5. 柏林，德国国家档案馆。Bundesarchiv（German Federal Archives）。
6. 华沙，现代中央档案馆。Central Archive of Modern Records。
7. 华沙，中央军事档案馆。Central Military Archive。
8. 华盛顿，国会图书馆手稿馆，哈里曼档案，查尔斯·博伦卷。Charles Bohlen Papers, Averell Harriman Collection, Library of Congress Manuscripts, Washington, DC。
9. 伦敦，国王学院，李德·哈特中心军史档案馆、CNN冷战系列档案。CNN Cold War Series Archive, Liddell Hart Centre for Military Archives。
10. 华盛顿，华盛顿大学冷战国际史项目组（Cold War International History Project）。
11. 纽约，哥伦比亚大学口述史项目组（Columbia University Oral History Project）。
12. 柏林，东德国家档案委员会（斯塔西档案，Federal Commission for the

State Archives of the GDR [Stasi Archives])。

13. 华盛顿，美国国家档案馆，美国对外关系文件集（FRUS, Foreign Relations of the United States）。

14. 华盛顿，乔治城大学，哈里·霍普金斯文件（Harry Hopkins Papers, Georgetown University）。

15. 密苏里，独立城，哈里·杜鲁门图书馆（Harry S. Truman Library, Independence, Missouri）。

16. 加利福尼亚，斯坦福大学胡佛研究所。

17. 布达佩斯，匈牙利国家档案馆（Hungarian National Archives）。

18. 伦敦，帝国战争博物馆档案处（Imperial War Museum Archive）。

19. 布达佩斯，1956年匈牙利革命档案研究所（Institute for the History of the 1956 Hungarian Revolution Archive）。

20. 华沙，国民记忆研究所：秘密警察档案馆（Institute of National Remembrance, SB Secret Police Archive）。

21. 华沙，犹太历史学会（Jewish Historical Institute）。

22. 布达佩斯，犹太历史博物馆和档案馆（Jewish History Museum and Archive）。

23. 伦敦国王学院，李德·哈特军事史料馆（Liddell Hart Centre for Military Archives）。

24. 伦敦，英国国家档案馆战争受害者纪念馆。

25. 华盛顿，美国国家档案馆，美国军政府办公室（OMGUS, Office of the Military Government of the United States）。

26. 加利福尼亚，斯坦福大学胡佛研究所口述历史项目组。

27. 莫斯科，俄罗斯当代历史国家档案馆（RGANI, Rossiiskoi Gosudarvstestvennyi Arkhiv Novoshei Istorii, Russian State Archive of Contemporary History）。

28. 莫斯科，俄罗斯国家社会和政治历史档案馆（RGASPI, Rossiiskoi Gosudarvstestvennyi Arkhiv Sotsialnopoliticheskoi Istorii, Russian State Archive of Social and Political History）。

出版文献

1. 《英美委员会关于巴勒斯坦问题的报告》（Anglo-American Commission Report on Palestine），Cmd.（Command）6808，伦敦：英国皇家出版局（HMSO），1946年。

2. 美国国务院历史文献办公室：《德国文件1944—1945》（Documents on Germany 1944—1945）。

3. 赫尔曼·韦伯（Hermman Weber）：《东德：德意志民主共和国历史文献》（DDR: Dokumente zur Geschichte der Deutschen Demokratischen Republik），慕尼黑：1986年。

4. 埃斯特凡·布达（Isztvan Buda）编：《匈牙利与苏联关系历史文献》（Iratok a Magyar-Szovjet, Kapcsolatok tortenetehez, 1944—1948），布达佩斯，2005。

5. 乔治·马歇尔（George Marshall）：《中国使命》（Mission to China），美国对外关系文件集（FRUS）。

6. Pirazada Syed Sharifuddin：《巴基斯坦的创建》（Foundations of Pakistan），穆斯林联盟文件1906—1948，卡拉奇，1990年。

著作和刊物

1. 约旦国王阿卜杜拉（Abdullah）：《我的回忆：补遗》（My Memoirs Completed: 'AlTakmilah'），伦敦：朗文出版社（Longman），1978年。

2. 迪安·艾奇逊（Dean Acheson）：《创世亲历记：我在美国国务院的岁月》（Present at the Creation: My Years in the State Department），纽约：诺顿（Norton）出版社，1969年。

3. 陆军元帅阿兰布鲁克勋爵（Field Marshal Lord Alanbrooke）：《战时日记，1939—1945》，伦敦：威登菲尔和尼克尔森（Weidenfeld & Nicolson）出版社，2001年。

4. 理查德·艾尔德瑞奇（Richard Aldrich）：《隐藏之手：英美与冷战

秘密情报》（The Hidden Hand, Britain, America and Cold War Secret Intelligence），伦敦：约翰·穆瑞（John Murray）出版社，2001年。

5. G. M. 亚历山大（G. M. Alexander）：《杜鲁门主义的序曲：英国对希腊政策，1944—1947》（The Prelude to the Truman Doctrine: British Policy in Greece 1944—1947），牛津大学出版社（Clarendon Press），1982年。

6. 斯维特拉娜·阿利卢耶娃（Sveltana Alliluyeva）：《与友人的二十封信》，伦敦：哈珀·柯林斯出版社（Harper Collins），1967年。

7. 盖尔·阿尔佩罗维兹（Gar Alperovitz）：《原子外交：广岛和波茨坦》（Atomic Diplomacy: Hiroshima and Potsdam），纽约：企鹅（Penguin）出版社，1985年。

8. 史蒂芬·安布罗斯（Stephen Ambrose）：《艾森豪威尔：战士和总统》（Eisenhower: Soldier and President），纽约：西蒙和舒斯特（Simon and Schuster）出版社，1990年。

9. 露丝·安德里亚斯－弗里德里希（Ruth Andreas-Freidrich）著、安娜·伯瑞森（Anna Boerreson）译：《柏林战场：1945—1948年日记》（Battleground Berlin: Diaries, 1945—1948），纽约：佳作书屋（Paragon House），1990年。

10. 诺伊尔·安南（Noel Annan）：《变化的敌人：德国的战败与再生》（Changing Enemies: the Defeat and Regeneration of Germany），伦敦：哈珀·柯林斯出版社，1995年。

11. 菲利普·博伊姆（Philip Boehm）译：《柏林女人》（A Woman in Berlin），伦敦：斗牛士（Picador）出版社，2006年。

12. 安妮·艾普鲍姆（Anne Applebaum）：《铁幕》，伦敦：艾伦·雷恩（Allen Lane）出版社，2012年。

13. 汉娜·艾伦特（Hannah Arendt）：《极权主义的起源》（The Origins of Totalitarianism），伦敦：艾伦和艾文（Allen & Unwin）出版社，1958年。

14. 克莱门特·艾德礼（Clement Attlee）：《世事已定》（As it Happened），伦敦：海涅曼（Heinemann）出版社，1954年。

15. 阿布·卡拉姆·阿扎德（Abdul Kalam Azad）：《印度赢得自由》

（India Wins Freedom），德里：桑甘姆（Sangam Books）出版公司，1998年。

16. 耶胡达·鲍尔（Yehuda Bauer）：《逃离与救援：布里察》（Flight and Rescue：Brichah），纽约：兰登书屋（Random House），1970年。

17. 安东尼·比弗（Antony Beevor）：《柏林：1945年的陷落》（Berlin：The Downfall 1945），伦敦：企鹅出版社，2003年。

18. 安东尼·比弗（Antony Beevor）、阿特密斯·库伯（Artemis Cooper）：《解放后的巴黎》（Paris After the Liberation），伦敦：企鹅出版社，1995年。

19. 梅纳赫姆·贝京（Menachem Begin）：《反抗》（Revolt），伦敦：未来出版社（Futura），1980年。

20. 戴维·本·古里安（David Ben Gurion）：《以色列：我的历史》（Israel，A Personal History），纽约：凡客和瓦格纳尔（Funk & Wagnalls）出版社，1971年。

21. 瓦列金·别列什科夫（Valentin Berezhkov）著、谢尔盖·M.米赫耶夫（Sergei M. Mikheyev）译：《斯大林私人翻译回忆录》（At Stalin's Side：His Interpreter's Memoirs），贝奇·雷恩出版社（Birch Lane Press），希考克斯（Secaucus，新泽西），1994年。

22. 谢尔戈·贝利亚（Sergo Beria）：《我的父亲贝利亚：克里姆林宫内幕》（My Father：Inside Stalin's Kremlin），伦敦：达克沃斯（Duchworth）出版社，2001年。

23. 佩里·比迪斯康比（Perry Biddiscombe）：《德国的去纳粹化：1945—1950》（The Denazification of Germany：A History 1945—1950），斯特劳德（Stroud）：汤普斯（Tempus）出版社，2007年。

24. 理查德·贝塞尔（Richad Bessel）：《1945年的德国：从战争到和平》（Germany 1945：From War to Peace），伦敦：哈珀·佩莱尼尔（Harper Perennial）出版，2009年。

25. 菲利普·波德莱尔（Philippe Bourdrel）：《野蛮的净化》（L'épuration sauvage），巴黎：佩林（Perrin）出版社，2002年。

26. 查尔斯·博伦（Charles Bohlen）：《目击历史》（Witness to

History），纽约：诺顿出版，1973年。

27. 汤姆·鲍尔（Tom Bower）：《对谋杀视而不见》（Blind Eye to Murder），伦敦：德意志出版社，1982年。

28. 朱迪斯·布朗（Judith Brown）：《尼赫鲁的政治人生》（Nehru: A Political Life），耶鲁大学出版社，2003年。

29. 艾伦·布洛克（Alan Bullock）：《恩内斯特·贝文：外交大臣1945—1951》（Ernest Bevin: Foreign Secretary 1945—1951），伦敦：海涅曼出版社，2002年。

30. 伊恩·布鲁玛（Ian Buruma）：《元年：1945年的历史》（Year Zero: A History of 1945），伦敦：大西洋出版公司（Atlantic Books），2013年。

31. 亚历山大·卡多根爵士（Sir Alexander Cadogan）著、大卫·迪克斯（David Dilks）编：《1938—1945年亚历山大·卡多根爵士日记》（The Diaries of Sir Alexandr Cadogan, OM, 1938—1945），伦敦：费博出版社（Faber），2010年。

32. 詹姆斯·卡梅隆（James Cameron）：《出发时刻》（Points of Departure），伦敦：奥瑞尔（Oriel）出版社，1978年。

33. 比潘·珊德拉（Bipan Chandra）：《殖民主义文集》（Essays on Colonialism），德里：朗文出版社，1999年。

34. 比潘·珊德拉（Bipan Chandra）：《印度为争取独立的斗争》（India's Struggle for Independence），新德里：企鹅出版社，1988年。

35. 大卫·查特斯（David Charters）：《巴勒斯坦的英军与犹太人反叛，1945—1947》（The British Army and the Jewish Insurgency in Palestine 1945—1947），伦敦：麦克米伦出版社，1989年。

36. 尼拉德·乔杜里（Nirad Chaudhuri）：《鲜为人知的印度传》（Autobiography of an Unknown Indian），伦敦：麦克米伦出版社，1951年。

37. 尼拉德·乔杜里（Nirad Chaudhuri）：（Thy Hand, Great Anarch!），伦敦：Chatto and Windus，1987年。

38. 陈坚：《毛泽东的中国与冷战》（Mao's China and the Cold War），北卡罗来纳大学出版社，2001年。

39. 菲利克斯·乔弗（Feliks Chuev）口述、阿尔伯特·瑞希斯（Albert Resis）编：《莫洛托夫回忆录：克里姆林宫的内部政治》（Molotov Remembers: Inside Kremlin Politics: Conversations with Felix Chuev），I.R. Dee，芝加哥，1993年。（俄文版：Molotov: Poluderzhavnyii vlastelin，莫斯科：OLMA出版社，1999年）

40. 温斯顿·丘吉尔：《胜利与悲剧》（Triumph and Tragedy），纽约：Mariner，1986年。

41. 乔治·克莱尔（George Clare）：《柏林时光：1946—1947》（Berlin Days: 1946—1947），伦敦：麦克米伦出版社，1989年。

42. 卢修斯·克莱（Lucius Clay）：《对德决策》（Decisions in Germany），伦敦：海涅曼出版社，1950年。

43. 克拉克·克利夫特（Clark Clifford）：《总统顾问回忆录》（Counsel to the President: A Memoir），纽约：兰登书屋，1991年。

44. 约翰·科尔维尔爵士（Sir John Colville）：《权力边缘：唐宁街日记1939—1945》（The Fringes of Power, Downing Street Diaries 1939—1945），伦敦：威登菲尔和尼克尔森出版社，2004年。

45. 罗伯特·E.康诺特（Robert E. Conot）：《纽伦堡审判》（Justice at Nuremberg），纽约：基础书屋（Baisc Books），1993年。

46. 达夫·库伯（Duff Cooper）著、约翰·尤利乌斯·诺维奇（John Julius Norwich）编：《达夫·库伯日记》（The Duff Cooper Diaries），伦敦：威登菲尔和尼克尔森出版社，2005年。

47. 理查德·克罗斯曼（Richard Crossman）：《国家重生》（A Nation Reborn），伦敦：哈密什·哈密尔顿出版社（Hamish Hamilton），1960年。

48. 理查德·克罗斯曼（Richard Crossman）：《巴勒斯坦使命》，伦敦：哈密什·哈密尔顿出版社，1947年。

49. 艾伦·卡宁汉（Alan Cunningham）：《托管的最后时刻》（The Last Days of the Mandate），《国际事务》（International Affairs）第24卷，伦敦，1948年。

50. 格雷格·达拉斯（Gregor Dallas）：《有毒的和平：1945，永不结束的战争》(Poisoned Peace: 1945—The War that Never Ended),伦敦:约翰·穆瑞出版社,2006年。

51. 罗伯特·多拉克(Robert Dallek):《富兰克林·D.罗斯福与美国的外交政策,1932—1945》(Franklin D. Roosevelt and American Foreign Policy, 1932—1945),纽约:牛津大学出版社,1995年。

52. 罗伯特·多拉克(Robert Dallek):《世界领袖富兰克林·罗斯福》(Franklin Roosevelt as World Leader),《美国历史研究》(American Historical Review),1976年,第76卷。

53. 罗伯特·多拉克(Robert Dallek):《哈里·杜鲁门》(Harry S. Truman),纽约:时代出版社(Times Books),2008年。

54. 罗伯特·多拉克(Robert Dallek):失落的和平:1945—1953年恐怖与希望并存时期的领导人》(The Lost Peace, Leadership in a Time of Horror and Hope, 1945—1953),纽约:哈珀·柯林斯出版社,2010年。

55. 休·道尔顿(Hugh Dalton):《回忆录:第三卷,1945—1946》(Memoirs: Vol. 3, High Tide and After, 1945—1960),伦敦:穆勒(Muller)出版,1953年。

56. 诺曼·戴维斯(Norman Davies):《神的游乐场:波兰史》(God's Playground: A History of Poland),伦敦:牛津大学出版社,2005年。

57. 诺曼·戴维斯(Norman Davies):《1944年起义:华沙战役》(Rising'44: the Battle for Warsaw),伦敦:麦克米伦出版社,2004年。

58. 伊斯特万·蒂克(Istvan Deak)、简·T.格罗斯(Jan T. Gross)、托尼·朱特(Tony Judt)编:(The Politics of Retribution in Europe),普林斯顿(新泽西):普林斯顿大学出版社,2000年。

59. 艾沃·布拉那克(Ivo Branac)编、简·T.海杰斯(Jane T. Hedges)、狄默思·谢尔盖(Timothy D. Sergay)、伊丽娜·费安(Irina Faion)译:《格奥尔基·季米特洛夫日记》(The Diary fo George Dimitrov),波士顿(马萨诸塞):耶鲁大学出版社,2003年。

60. 米洛万·吉拉斯(Milovan Djilas)著、迈克尔·B.波多维奇(Michael B. Petrovich)译:《与斯大林的谈话》(Conversations with Stalin),纽约:哈考

特·布雷斯·乔万诺维奇（Harcourt Brace Jovanovich）出版社，1962年。

61. 迈克尔·多布斯（Michael Dobbs）：《1945年的六个月》（Six Month in 1945），纽约：诺博夫（Knopf）出版社，2012年。

62. 格拉菲·马里安·唐霍夫（Grafin Marion Donhoff）：（Namen, die keiner mehr nent: Ostrpreussen, Menschen und Geschichte），慕尼黑：Diederichs出版社，2005年。

63. 约翰·帕索斯·多斯（John Passos Dos）：《责任之旅》（Tour of Duty），纽约：普雷格（Praeger）出版社，1946年。

64. R. M. 道格拉斯（R. M. Douglas）：《秩序与人性：二战后的德国人》（Orderly and Humane, The Expulsion of the Germans after the Second World War），纽哈文（康涅狄格）：耶鲁大学出版社，2012年。

65. 约翰·多威尔（John Dower）：《不断逼近的失败：二战中的日本》（Embracing Defeat: Japan in the Wake of World War Two），伦敦：艾伦·雷恩出版社，1999年。

66. 约翰·多威尔（John Dower）：《日本帝国及其后果：吉田茂与日本的历程，1878—1954》（Empire and Aftermath: Yoshida Shigeru and the Japanese Experience, 1878—1954），剑桥（马萨诸塞）：哈佛大学出版社，1979年。

67. 约翰·多威尔（John Dower）：《日本的战争与和平：论文集》（Japan in War and Peace: Selected Essays），纽约：新媒体（New Press）出版社，1993年。

68. 斯拉芬卡·德拉库利奇（Slavenka Drakulic）：《巴尔干快报：战争另一面剪影》（Balkan Express: Fragments from the Other Side of War），伦敦：哈奇森（Hutchinson）出版社，1993年。

69. 坎吉·德沃克达斯（Kanji Dwarkadas）：《通往自由的十年》（Ten Years to Freedom），孟买：大众（Popular Prakashan）出版公司，1968年。

70. 杰奥吉·弗卢迪（Gyorgy Faludy）：《地狱的快乐时光》（My Happy Days in Hell），伦敦：安东烈·多伊奇（Andre Deutsch）出版社，1962年。

71. 路易斯·雷斯垂奇·弗西特（Louise L'Estrange Fawcett）：《伊朗与冷战：1946年的阿塞拜疆危机》（Iran and the Cold War: The Azerbaijan Crisis

of 1946），纽约：剑桥大学出版社，1992年。

72. 伊斯特万·费尔（Istvan Feher）：《最后一分钟：匈牙利，1945—1990》（Az utolso percben： Magyarorzag nemzetisegei， 1945—1990），布达佩斯：克苏斯（Kossuth）出版社，1993年。

73. 乔纳森·芬比（Jonathan Fenby）：《戴高乐及其拯救的法国》（The General： General de Gaulle and the France he Saved），伦敦：西蒙和舒斯特出版社，2011年。

74. 乔纳森·芬比（Jonathan Fenby）：《委员长：蒋介石与他失去的中国》（Generalissimo： Chiang Kai-Shek and the China He Lost），伦敦：自由（Free）出版社，2003年。

75. 乔纳森·芬比（Jonathan Fenby）：《企鹅版中国现代史》（The Penguin History of Modern China），伦敦：艾伦·雷恩出版社，2008年。

76. 佩西克·弗兰奇（Patrick French）：《自由还是死亡：印度的独立与分裂之旅》（Liberty or Death： India's Journey to Independence and Division），伦敦：弗拉明戈（Flamingo）出版社，1998年。

77. 弗兰克西斯·福莱特（Francois Furet）著、德博拉·福莱特（Deborah Furet）译：《幻觉的飘逝：20世纪的共产主义思想》（The Passing of an Illusion： The Idea of Communism in the Twentieth Century），芝加哥（伊利诺伊）：芝加哥大学出版社，1999年。

78. 约翰·盖迪斯（John Gaddis）：《冷战》（The Cold War），伦敦：艾伦·雷恩出版社，2006年。

79. 约翰·盖迪斯（John Gaddis）：《乔治·凯南：美国人生》（George Kennan： An American Life），纽约：企鹅出版社，2011年。

80. 约翰·盖迪斯（John Gaddis）：《漫长的和平：冷战史研究》（The Long Peace： Inquiries into the History of the Cold War），牛津大学出版社，1984年。

81. 约翰·盖迪斯（John Gaddis）：《冷战史反思》（We Now Know： Rethinking Cold War History），牛津大学出版社，1997年。

82. 罗伯特·盖雷特里（Robert Gellately）：《斯大林的诅咒：热战、冷战中为共产主义而奋斗》（Stalin's Curse: Battling for Communism in War and Cold War），牛津大学出版社，2013年。

83. 杰恩斯·盖塞克（Jens Gieseke）著、玛丽·卡雷恩·弗兹特（Mary Carlene Forszt）译：《东德国家安全部：党的剑与盾》（The GDR State Security: Sword and Shield of the Party），柏林：联邦委员会（Federal Commissioner），2012年。

84. 阿伯特·格里森（Abbot Gleason）：《极权主义：冷战内部史》（Totalitarianism: The Inner History of the Cold War），纽约：牛津大学出版社，1995年。

85. 维克多·格兰茨（Victor Gollancz）：《听天由命：德国的饥饿伦理》（Leaving Them to Their Fate: the Ethics of Starvation in Germany），伦敦：格兰兹，1947年。

86. 瓦迪斯瓦夫·哥穆尔卡（Wladyslaw Gomulka）：《回忆录》（Pamietnike），华沙：柏林BGW出版社，1994年。

87. 萨瓦帕里·戈培尔（Sarvepalli Gopal）：《尼赫鲁传》三卷（Jawaharlal Nehru: A Biography），伦敦：乔纳森·卡普（Jonathan Cape）出版社，1976—1984年。

88. 安德烈·葛罗米柯（Andrei Gromyko）著、哈罗德·舒克曼（Harold Shukman）译：《回忆录》（Memoirs），纽约：双日（Doubleday）出版社，1989年。

89. 皮特·格罗斯（Peter Grose）：《绅士间谍：艾伦·杜勒斯传》（Gentleman Spay, The Life of Allen Dulles），波士顿：洪顿·米夫林（Houghton Mifflin）出版社，1994年。

90. 简·格鲁斯（Jan Gross）：《恐惧：奥斯维辛后波兰的反犹主义》（Fear: Anti-Semitism in Poland after Auschwitz），纽约：兰登书屋，2006年。

91. 艾伦佐·哈姆比（Alonzo Hamby）：《杜鲁门传》（Man of the People, A Life of Harry S. Truman），纽约：牛津大学出版社，1995年。

92. 弗拉瑟·J.哈布特（Fraser J. Harbutt）：《铁幕：丘吉尔、美国与冷战的起源》(The Iron Curtain: Churchill, Ameirca and the Origins of the Cold War),纽约:牛津大学出版社,1986年。

93. W. 艾维尔·哈里曼(W. Averell Harriman)、艾力·艾贝尔(Elie Abel)著:《丘吉尔和斯大林的特使》(Special Envoy to Churchill and Stalin, 1941—1946),纽约:兰登书屋,1975年。

94. 卡内斯·哈里斯(Kenneth Harris):《艾德礼传》(Attlee),伦敦:威登菲尔和尼克尔森出版社,1982年。

95. 罗伯特·哈维(Robert Harvey):《美国幕府将军:麦克阿瑟、昭和天皇与美日决斗》(American Shogun: MacArthur, Hirohito and the American duel with Japan),伦敦:约翰·穆瑞出版社,2006年。

96. 穆希鲁·哈桑(Mushirul Hasan)编:《印度分裂:自由的另一面》(India Partitioned: The Other Face of Freedom),新德里:罗利图书(Roli Books),2013年。

97. 乔纳森·哈斯拉姆(Jonathen Haslam):《俄国的冷战:从十月革命到解体》(Russia's Cold War: From the October Revolution to the Fall of the Wall),纽哈文(康涅狄格)和伦敦:耶鲁大学出版社,2011年。

98. 尤利乌斯·海依(Julius Hay)著、J. A. 安德伍德(J. A. Underwood)译编:《生于1900年:尤利乌斯回忆录》(Born 1900: Memoirs),伦敦:哈奇森出版社,1974年。

99. 威廉姆·希区柯克(William Hitchcock):《通向自由的苦路:欧洲解放新史》(The Bitter Road to Freedom: A New History of the Liberation of Europe),纽约:自由出版社,2008年。

100. 威廉姆·希区柯克(William Hitchcock):《法国复兴:冷战外交和寻求欧洲领导权,1944—1954》(France Restored: Cold War Diplomacy and the Quest for Leadership in Europe, 1944—1954),教堂山(北卡罗来纳):北卡罗来纳大学出版社,1998年。

101. 威廉姆·希区柯克(William Hitchcock):《为欧洲而奋斗》(The Struggle for Europe),纽约:双日出版社,2003年。

102. 威廉姆·西克森(William Hixson):《分裂铁幕:宣传、文化与冷战，1945—1961》（Parting the Curtain: Propaganda, Culture and the Cold War, 1945—1961），伦敦：麦克米伦出版社，1997年。

103. 埃里克·霍布斯鲍姆（Eric Hobsbawm）：《极端年代（1914—1991）》（The Age of Extremes: A History of the World, 1914—1991），纽约：帕特农（Pantheon）出版社，1994年。

104. 大卫·霍洛威（David Holloway）：《斯大林与原子弹：苏联与原子能，1939—1956》（Stalin and the Bomb: the Soviet Union and Atomic Energy, 1939—1956），纽哈文（康涅狄格）：耶鲁大学出版社，1994年。

105. 恩文·霍查（Enver Hoxha）：《回忆斯大林》（With Stalin: Memoirs），地拉那（Tirana）：Nentori 8, 1979年。

106. 约翰·O.亚崔德斯（John O. Iatrides）：《麦克维大使报告：希腊，1933—1947》（Ambassador MacVeagh Reports: Greece, 1933—1947），普林斯顿（新泽西）：普林斯顿大学出版社，1980年。

107. 约翰·O.亚崔德斯（John O. Iatrides）：《1940年代的希腊：书目》（Greece in the 1940s: a Bibliographic Companion），汉诺威（新罕布什尔）：新英格兰大学出版社，1981年。

108. 约翰·O.亚崔德斯（John O. Iatrides）、琳达·瑞格雷（Linda Wrigley）编：《十字路口的希腊：内战及其遗产》（Greece at the Crossroads: The Civil War and its Legacy），大学公园（宾夕法尼亚）：宾夕法尼亚州立大学出版社，1995年。

109. 吉塔·爱洛尼斯科（Ghita Ionesco）：《共产主义在罗马尼亚，1944—1962》（Communism in Romania, 1944—1962），伦敦：牛津大学出版社，1964年。

110. 沃尔特·伊萨克森（Walter Issacson）、艾文·托马斯（Evan Thomas）：《智者：六位朋友与他们创建的世界》（The Wise Men: Six Friends and the World They Made），伦敦：费伯出版社，1986年。

111. 托尼·朱特（Tony Judt）：《战后：1945年以来的欧洲史》（Postwar: a History of Europe since 1945），伦敦：海涅曼出版社，2005年。

112. 张戎、乔·哈利戴（Jon Halliday）：《毛泽东：鲜为人知的故事》

（Mao：The Untold Story），伦敦：乔纳森·卡普出版社，2005年。

113. 卡瑞尔·卡普兰（Karel Kaplan）：《短暂的征程：共产党接管捷克斯洛伐克，1945—1948》（The Short March：The Communist Takeover in Czechoslovakia，1945—1948），纽约：圣马丁出版社，1987年。

114. 巴里·凯茨（Barry Katz）：《武器的批判：走向战争的法兰克福学派》（The Criticism of Arms：The Frankfurt School Goes to War），《现代历史杂志》（Journal of Modern History），59卷第3期（1987年9月）。

115. 卡佐·卡瓦伊（Kazuo Kawai）：《日本的美国插曲》（Japan's American Interlude），芝加哥（伊利诺伊）：芝加哥大学出版社，1979年。

116. 乔治·F.凯南（George F. Kennan）：《乔治·凯南回忆录（1925—1950年）》（Memoirs, 1925—1950），波士顿（马里兰）：利特尔布朗（Little Brown）出版社，1967年。

117. 克里斯蒂娜·凯斯特（Krystyna Kersten）：《波兰共产主义统治的确立，1943—1948》（The Establishment of Communist Rule in Poland，1943—1948），伯克利（加利福尼亚）：加州大学出版社，1991年。

118. 亚斯敏·可汗（Yasmin Khan）：《大分裂：印度与巴基斯坦的形成》（The Great Partition：The Making of India and Pakistan），耶鲁大学出版社，2007年。

119. 欧拉格·V.赫列夫纽克（Oleg V. Khlevniuk）、尤拉姆·格里茨基（Yoram Gorlizki）：《冷酷的和平：斯大林与苏联统治圈，1945—1953》（Cold Peace：Stalin and the Soviet Ruling Circle 1945—1953），牛津：牛津大学出版社，2004年。

120. 尼基塔·赫鲁晓夫（Nikita Khrushchev）著、杰拉德·L.谢克特（Jerrold L. Schecter）和瓦亚彻拉夫·V.卢奇科夫（Vyacheslav V. Luchkov）译编：《赫鲁晓夫回忆录》（Khrushchev Remembers：The Glasnost Tapes），波士顿（马里兰）：利特尔布朗出版社，1990年。

121. 沃伦·金巴尔（Warren Kimball）：《魔术师：战时政治家富兰克林·罗斯福》（The Juggler：Franklin Roosevelt as Wartime Statesman），普林斯顿大学出版社，1991年。

122. 亨利·基辛格（Henry Kissinger）：《外交》，纽约：西蒙和舒斯特出版社，1994年。

123. 亨利·基辛格（Henry Kissinger）：《遏制的思考》（Reflections on Containment），《外交事务》（Foreign Affairs），73卷第3期，1994年。

124. 维克多·克莱普勒（Vitor Klemperer）著、马丁·查尔默斯摘编：《走向苦涩的结局：维克多·克莱普勒日记（1942—1945）》（To the Bitter End: The Diaries of Victor Klemperer, 1942—1945），伦敦：威登菲尔和尼克尔森出版社，1999年。

125. 维克多·克莱普勒（Vitor Klemperer）著：《较小的罪恶：维克多·克莱普勒日记（1945—1959）》（The Lesser Evil: The Diaries of Victor Klemperer, 1945—1959），伦敦：威登菲尔和尼克尔森出版社，2003年。

126. 和达·玛尔戈留斯·科瓦利（Heda Margolius Kovaly）著、弗兰西·艾普斯特（Franci Epstein）和海伦·艾普斯特（Helen Epstein）译：《告别布拉格》（Prague Farewell），伦敦：维克多·格兰茨（Victor Gollancz）出版社，1988年。

127. 古德伦·克拉默（Gudrun Kramer）著、格拉汉姆·哈曼（Graham Harman）译：《巴勒斯坦史：从奥斯曼帝国到以色列建国》（A History of Palestine: From the Ottoman Conquest to the Founding of the State of Israel），普林斯顿（新泽西）：普林斯顿大学出版，2008年。

128. 大卫·基纳斯顿（David Kynaston）：《勒紧腰带的英国，1945—1951：新耶路撒冷的故事》（Austerity Britain, 1945—1951: Tales of a New Jerusalem），伦敦：布鲁姆斯伯里（Bloomsbury）出版公司，2008年。

129. 安娜·拉琳那（Anna Larina）：《无法遗忘：布哈林遗孀回忆录》（This I CannotForget: The Memoirs of Nikolai Bukharin's Widow），纽约：诺顿出版社，1995年。

130. 梅尔文·莱夫勒（Melvyn Leffler）：《为了人类的灵魂：美国、苏联和冷战》（For the Soul of Mankind: The United States, the Soviet Union and the Cold War），纽约：希尔和王（Hill and Wang）出版社，2007年。

131. 沃尔夫冈·莱昂哈德（Wolfgang Leonhard）：《革命的孩子》（Child

of the Revolution），伦敦：柯林斯出版社，1957年。

132. 凯斯·劳尔（Keith Lowe）：《野蛮大陆：二战后的欧洲》（Savage Continent: Europe in the Aftermath of World War II），伦敦：维京（Viking）出版，2012年。

133. 道格拉斯·麦克阿瑟（Douglas MacArthur）：《麦克阿瑟回忆录》（Reminiscences），纽约：麦格劳-希尔（McGraw Hill）出版社，1964年。

134. 大卫·麦卡卢（David McCullough）：《杜鲁门》（Truman），纽约：西蒙和舒斯特出版社，1993年

135. 吉尔斯·麦克唐纳（Giles McDonogh）：《第三帝国之后：从维也纳解放到柏林空运》（After the Reich: from the Liberation of Vienna to the Berlin Airlift），伦敦：约翰·穆瑞出版社，2007年。

136. 沃捷提克·马斯特尼（Vojtech Mastny）：《斯大林时期的冷战与苏联的安全观》（The Cold War and Soviet Insecurity: the Stalin Years），纽约：牛津大学出版社，1996年。

137. 马克·马佐尔（Mark Mazower）：《巴尔干：被误解的"欧洲火药库"》（The Balkans: A Short History），伦敦：威登菲尔和尼克尔森出版社，2000年。

138. 马克·马佐尔（Mark Mazower）：《希特勒的希腊：占领经历，1941—1944》（Inside Hitler's Greece: the Experience of Occupation, 1941—1944），纽哈文（康涅狄格）：耶鲁大学出版社，1995年。

139. 马克·马佐尔（Mark Mazower）编：《战争之后：希腊的家园、民族和国家重建，1943—1960》（After the War Was Over: Reconstructing the Family, Nation, and State in Greece, 1943—1960），普林斯顿（新泽西）：普林斯顿大学出版社，2000年。

140. 韦德·默赫塔（Ved Mehta）：《圣雄甘地和他的传道者》（Mahatma Gandi and his Apostles），纽哈文（康涅狄格）：耶鲁大学出版社，1977年。

141. 路易斯·梅纳德（Louis Menand）：《成真：乔治·凯南的冷战》，《纽约客》，2011年11月14日。

142. V. P. 梅农（V. P. Menon）：《印度各邦一体化的故事》（The Story

of the Integration of the Indian States），伦敦：朗文格林（Longsmans Green）出版社，1956年。

143. V. P. 梅农（V. P. Menon）：《印度的权势转移》（The Transfer of Power in India），朗文格林出版社，1957年。

144. 斯坦尼斯瓦夫·米科瓦伊奇（Stanislaw Mikolajczyk）：《凌辱波兰：苏联侵略的模式》（The Rape of Poland：Pattern of Soviet Aggression），纽约：怀特利塞（Whittlesey House）出版社，1948年。

145. 威尔逊·密斯坎布尔（Wilson Miscamble）：《从罗斯福到杜鲁门：波茨坦、广岛与冷战》（From Roosevelt to Truman：Potsdam, Hiroshima and the Cold War），纽约：剑桥大学出版社，2007年。

146. 瓦西里·米特罗欣（Vassily Mitrokhin）、克里斯托弗·安德鲁（Christopher Andrew）：《克格勃在欧洲和西方》（The KGB in Europe and the West），伦敦：艾伦·雷恩出版社，1999年。

147. 彭德瑞尔·莫恩爵士（Sir Penderel Moon）：《分裂与撤退：目击印度的分治》（Divide and Quit：An Eyewitness Account of the Partition of India），德里：牛津大学出版社，1998年。

148. 莫兰勋爵（Lord Moran）：《温斯顿·丘吉尔：为生存而奋斗，1940—1965》（Winston Churchill：The Struggle for Survival, 1940—1965），伦敦：天体（Sphere）出版社，1968年。

149. 本尼·莫里斯（Benny Morris）：《正义的受害者》（Righteous Victims），纽约：古籍出版社（Vintage），2001年。

150. 罗伯特·墨菲（Robert Murphy）：《斗士间的外交家》（Diplomat Among Warriors），纽约：双日出版社，1964年。

151. 诺曼·奈马克（Norman Naimark）：《仇恨之火》（The Fires of Hatred），剑桥（马里兰）：哈佛大学出版社，2002年。

152. 诺曼·奈马克（Norman Naimark）：《俄国人在德国，1945—1949》（The Russians in Germany, 1945—1949），剑桥（马里兰）：哈佛大学出版社，2001年。

153. 尼赫鲁（Jawaharlal Nehru）：《尼赫鲁自传》（An

Autobiography），伦敦：伯德雷·海德（Bodley Head）出版社，1955年。

154. 尼赫鲁（Jawaharlal Nehru）：《发现印度》（The Discovery of India），德里：子午线（Meridian）出版社，1956年。

155. 尼赫鲁（Jawaharlal Nehru）：《尼赫鲁演讲录》（Jawaharlal Nehru's Speeches），德里：印度信息部，1968年。

156. 阿莫斯·奥兹（Amos Oz）著、尼古拉斯·兰格（Nicholas de Lange）译：《爱与黑暗的故事》，伦敦：古籍出版社（Vintage），2005。

157. 阿诺德·奥夫纳（Arnold Offner）：《另一种胜利：杜鲁门与冷战，1945—1953》（Another Such Victory：President Truman and the Cold War, 1945—1953），斯坦福（加利福尼亚）：斯坦福大学出版社，2002年。

158. 萨乌尔·帕多弗（Saul Padover）：《心理学家在德国：一个美国情报官员的故事》（Psychologist in Germany：The Story of an American Intelligence Officer），伦敦：凤凰（Phoenix House）出版社，1946年。

159. 谢尔盖·普洛基（Sergei Plokhy）：《雅尔塔：和平的代价》（Yalta：The Price of Peace），纽约：维京出版社，2010年。

160. 马加什·拉科西（Matyas Rakosi）：《回忆录，1944—1956》（Visszaemlekezesek, 1944—1956），布达佩斯：日光（Napvilág）出版社，1991年。

161. 大卫·瑞纳多斯（David Reynolds）：《冷战在欧洲的起源》（The Origins of the Cold War in Europe），纽哈文（康涅狄格）：耶鲁大学出版社，1994年。

162. 简-皮尔·里乌克斯（Jean-Pierre Rioux）著、乔费里·罗格斯（Geoffrey Rogers）译：《第四共和国，1944—1958》（The Fourth Republic, 1944—1958），剑桥：剑桥大学出版社，1987年。

163. 安德鲁·罗伯茨（Andrew Roberts）：《卓越的丘吉尔人》（Eminnet Churchillians），伦敦：威登菲尔和尼克尔森出版社，1994年。

164. 安德鲁·罗伯茨（Andrew Roberts）：《掌控者与指挥官：罗斯福、丘吉尔、马歇尔和阿兰布鲁克是如何赢得西方的战争的》（Masters and Commanders：How Roosevelt, Churchill, Marshall and Alanbrooke Won the

War in the West），伦敦：艾伦·雷恩出版社，2008年。

165. 诺曼·罗斯（Norman Rose）：《毫无意义的肮脏战争：来自巴勒斯坦的声音，1890年代—1948年》（A Senseless, Squalid War: Voices from Palestine, 1890s—1948），伦敦：兰登书屋，2010年。

166. 安德烈·萨哈洛夫（Andrei Sakharov）著、理查德·劳里（Richard Lourie）译：《回忆录》（Memoirs），伦敦：哈奇森出版社，1990年。

167. 恩斯特·冯·萨洛蒙（Ernst von Salomon）著、康斯坦丁·费兹吉本（Constantine FitzGibbon）译：《恩斯特·冯·萨洛蒙对盟军政府"问卷"的131个问题的回答》（The Answers of Ernst von Salomon to the 131 Questions in the Allied Military Government "Fragebogen"），伦敦：普特南（Putnam）出版社，1954年。

168. 弗兰西斯·斯多纳·桑德斯（Frances Stonor Saunders）：《谁做主？中情局与文化冷战》（Who Paid the Piper? The CIA and the Cultural Cold War），伦敦：格兰塔（Granta）出版社，1999年。

169. 西蒙·塞巴·蒙特弗洛尔（Simon Sebag Montefiore）：《耶路撒冷传》（Jerusalem: the Biography），伦敦：威登菲尔和尼克尔森出版社，2011年。

170. 西蒙·塞巴·蒙特弗洛尔（Simon Sebag Montefiore）：《斯大林：红色沙皇》（Stalin: The Court of the Red Tsar），伦敦：威登菲尔和尼克尔森出版社，2003年。

171. 亚瑟·施莱辛格（Arthur Schlesinger）：《冷战的起源》（The Origins of the Cold War），《外交事务》（Foreign Affairs），46卷，1967年10月。

172. 维克多·塞巴斯蒂安（Victor Sebestyen）：《1989年革命：苏联帝国的衰落》（Revolution 1989: The Fall of the Soviet Empire），伦敦：威登菲尔和尼克尔森出版社，2009年。

173. 维克多·塞巴斯蒂安（Victor Sebestyen）：《十二日：1956年的匈牙利革命》（Twelve Days: The Story of the 1956 Hungarian Revolution），伦敦：威登菲尔和尼克尔森出版社，2006年。

174. 汤姆·塞格夫（Tom Segev）：《一个巴勒斯坦：英国托管下的犹太人和阿拉伯人》（One Palestine Complete, Jews and Arabs Under the British Mandate），伦敦：阿巴卡斯（Abacus）出版社，2001年。

175. 罗伯特·塞维斯（Robert Service）：《同志：世界共产主义史》（Comrades: Communism, a World History），伦敦：潘恩（Pan Books）出版社，2008年。

176. 罗伯特·塞维斯（Robert Service）：《二十世纪俄国史》（A History of Twentieth-Century Russia），剑桥（马里兰）：哈佛大学出版社，1997年。

177. 罗伯特·塞维斯（Robert Service）：《斯大林传》（Stalin: a Biography），伦敦：麦克米伦出版社，2004年。

178. 本·谢尔菲德（Ben Shephard）：《漫漫回家路：二战的后果》（The Long Road Home: The Aftermath of the Second World War），伦敦：伯德雷·海德出版社，2010年。

179. 艾维·西伦（Avi Shilon）：《梅纳姆·贝京传》（Menachem Begin: A Life），纽哈文（康涅狄格）：耶鲁大学出版社，2012年。

180. 玛西·休尔（Marci Shore）：《鱼子酱与灰烬：一代华沙人在马克思主义下的生活与死亡（1918—1968）》（Caviar and Ashes: A Warsaw Generation's Life and Death in Maxism, 1918—1968），纽哈文（康涅狄格）：耶鲁大学出版社，2006年。

181. 阿妮塔·因德·西恩（Anita Inder Singh）：《印度分裂的起源》（The Origins of the Partition of India），牛津大学出版社，1981年。

182. 迈克尔·西森斯（Michael Sissons）、菲利普·弗兰奇（Philip French）编：《节俭年代》（Age of Austerity），伦敦：霍德和斯陶顿（Hodder and Stoughton）出版社，1963年。

183. 沃尔特·J.斯拉托夫（Walter J. Slatoff）：《美军在德国的品行》（GI Morals in Germany），《新共和》（New Republic），114卷第19号，1946年5月3日。

184. 蒂姆·斯奈德（Tim Snyder）：《血地》（Bloodlands），伦敦：维京出版社，2011年。

185. 蒂姆·斯奈德（Tim Snyder）：《国家重建：波兰、乌克兰、立陶宛、白俄罗斯（1569—1999）》（The Reconstruction of Ntions：Poland, Ukraine, Lithuania, Belarus 1569—1999），纽哈文（康涅狄格）：耶鲁大学出版社，2003年。

186. 卡罗拉·斯坦恩（Carola Stern）著、艾比·法博斯坦（Abe Farbstein）译：《乌布利希的政治生活》（Ulbricht：A Political Biography），纽约：普雷格出版社，1965年。

187. 彼特·施特隆克（Peter Strunk）：《审查与审查员》（Zensur und Zensoren），柏林：威利（Wiley）出版社，1996年。

188. 帕维尔·苏多帕拉托夫（Pavel Sudoplatov）：《特殊任务：一个苏联间谍王的回忆录》（Special Tasks：The Memoirs of an Unwanted Witness – a Soviet Spymaster），伦敦：利特尔布朗出版社，1994年。

189. 罗伯特·吉奥里·萨波（Robert Gyori Szabo）：《1945年的匈牙利共产主义与犹太人》（A Kummunismus és a zsidóság az 1945 utáni Magyarországon），布达佩斯，2009年。

190. 威廉姆·陶布曼（William Taubman）：《赫鲁晓夫：其人及其时代》（KhrusHchev：The Man and His Era），伦敦：自由出版社，2003年。

191. 弗里德里克·泰勒（Frederick Taylor）：《驱散希特勒：盟军占领德国及德国的去纳粹化》（Exorcising Hiter：The Occupation and Denazification of Germany），伦敦：布鲁姆斯伯里出版公司（Bloomsbury），2011年。

192. 休·托马斯（Hough Thomas）：《武装停战：冷战的开端》（Armed Truce：The Beginning of the Cold War），伦敦：哈密什·哈密尔顿出版社，1986年。

193. 弗拉基米尔·梯斯马尼亚努（Vladimir Tismaneanu）：《重塑东欧政治：从斯大林到哈维尔》（Reinventing Politics，Eastern Europe from Stalin to Havel），纽约：自由出版社，1992年。

194. 弗拉基米尔·梯斯马尼亚努（Vladimir Tismaneanu）编：《回首斯大林主义：东欧共产党政权的建立》（Stalinism Revisited，The Establishment of Communist Regimes In Eastern Europe），纽约、布达佩斯：CEU出版社，2009

年。

195. 哈里·杜鲁门（Harry Truman）：《亲爱的贝丝：杜鲁门致贝丝书信集（1910—1959）》（Dear Bess：the Letters from Harry to Bess Truman, 1910—1959），哥伦比亚（密苏里）：密苏里大学出版社，1998年。

196. 哈里·S.杜鲁门（Harry S. Truman）：《回忆录：审判与希望之年》（Memoirs. Vol. 2： Years of Trial and Hope），伦敦：霍德和斯陶顿出版社，1956年。

197. 阿莱克斯·冯·藤泽尔曼（Alex von Tunzelmann）：《印度之夏：一个帝国结束的秘史》（Indian Summer： The Secret History of the End of an Empire），伦敦：口袋书屋，2008年。

198. 伯纳德·沃瑟斯坦（Bernard Wassenstein）：《英国与欧洲的犹太人（1939—1945）》（Britain and the Jews of Europe, 1939—1945），牛津：犹太人事务研究所，牛津大学出版社，1979年。

199. 伯纳德·沃瑟斯坦（Bernard Wassenstein）：《英国在巴勒斯坦：托管政府与阿-犹矛盾（1917—1929）》（The British in Palestine： The Mandatory Government and the Arab-Jewish Conflict 1917—1929），牛津：牛津大学出版社，1974年。

200. 阿奇博尔德·威韦维勋爵（Lord Archibald Wavell）著、彭德瑞尔·莫恩（Penderel Moon）编：《总督日志》（The Viceroy's Journal），达卡：牛津大学出版社，1998年。

211. 文安立（Odd Arne Westad）：《全球冷战：对第三世界的干涉与当代世界的形成》（The Global Cold War： Third World Interventions and the Making of Our Times），纽约：剑桥大学出版社，2005年。

202. 约翰·威洛比（John Willoughby）：《占领德国早期时美国士兵的性行为》（The Sexual Behaviour of American Gis during the Early Years of the Occupation of Germany），《军事史杂志》（Journal of Military History），62卷，1998年1月。

203. 弗兰西斯卡·威尔逊（Francesca Wilson）：《后果：1945—1946年的法国、德国、澳大利亚和南斯拉夫》（Aftermath： France, Germany,

Austria, Yugoslavia, 1945 and 1946》），伦敦：企鹅出版社，1947年。

204. 马蒂尔德·沃尔夫-蒙克伯格（Mathilde Wolff-Monckeberg）：《另一面：给孩子们的新，1940—1945》（On the Other Side: To My Children: From Germany, 1940—1945），伦敦：泊尔塞福涅（Persephone Books）出版社，2007年。

205. 斯坦利·沃伯特（Stanley Wolpert）：《圣雄甘地的一生及其遗产》（Gandhi's Passion: The Life and Legacy of Mahatma Ghandi），纽约：牛津大学出版社，2001年。

206. 斯坦利·沃伯特（Stanley Wolpert）：《巴基斯坦的真纳》（Jinnah of Pakistan），纽约：牛津大学出版社，1984年。

207. 斯坦利·沃伯特（Stanley Wolpert）：《尼赫鲁：与命运约会》（Nehru: A Tryst with Destiny），纽约：牛津大学出版社，1996年。

208. 丹尼尔·叶尔金（Daniel Yergin）：《破碎的和平：冷战的起源与国家安全》（Shattered Peace: The Origins of the Cold War and the National Security State），伦敦：安德烈·多伊奇（Andre Deutsch）出版社，1978年。

209. 弗拉迪斯拉夫·祖波克（Vladislav Zubok）：《"见鬼的雅尔塔"：苏联选择维持现状》（"To Hell with Yalta" The Soviet Union Opts for the Status Quo），冷战国际史布告（Cold War International History Project），1995年秋季第6—7号。

210. 弗拉迪斯拉夫·祖波克（Vladislav Zubok）：《失败的帝国：从斯大林到戈尔巴乔夫》（A Failed Empire: the Soviet Union in the Cold War from Stalin to Gorbachev），教堂山（北卡罗来纳）：北卡罗来纳大学出版社，2007年。

211. 卡尔·扎克梅尔（Carl Zuckmayer）著、理查德和克拉拉·温斯顿（Richard and Clara Winston）：《时代画像》（A Part of Myself, Portrait of an Epoch），伦敦：塞克尔和沃伯格（Secker and Warburg）出版社，1970年。

202. 格奥尔吉·朱可夫（Georgy Zhukov）：《朱可夫回忆录》，伦敦：乔纳森·卡普出版社，1971年。

图书在版编目（CIP）数据

1946：现代世界的形成 /（英）塞巴斯蒂安著；李斯、易丙兰译。—太原：山西人民出版社，2015.10

ISBN 978-7-203-09266-7

Ⅰ.①1… Ⅱ.①塞… ②李… ③易… Ⅲ.①世界史—现代史—研究—1946 Ⅳ.①K15

中国版本图书馆CIP数据核字（2015）第214801号

1946：现代世界的形成

著　　者：	（英）塞巴斯蒂安
译　　者：	李　斯　　易丙兰
责任编辑：	王新斐
版式设计：	刘春瑶
选题策划：	北京汉唐阳光　　森欣文化
出　版　者：	山西出版传媒集团·山西人民出版社
地　　址：	太原市建设南路21号
邮　　编：	030012
发行营销：	010-62142290
	0351-4922220　　4955996　　4956039
	0351-4922127（传真）　　4956038（邮购）
E-mail：	sxskcb@163.com（发行部）
	sxskcb@163.com（总编室）
网　　址：	www.sxskcb.com
经　销　商：	山西出版传媒集团·山西人民出版社
承　印　者：	北京市通州兴龙印刷厂
开　　本：	655mm×965mm　　1/16
印　　张：	20.25
字　　数：	330千字
印　　数：	1-10000册
版　　次：	2015年10月第1版
印　　次：	2015年10月第1次印刷
书　　号：	ISBN 978-7-203-09266-7
定　　价：	48.00元

如发现印装质量问题请与承印厂调换